Brüchert
Autoritäres Programm

KRITISCHE THEORIE UND KULTURFORSCHUNG
Herausgegeben von Ursula Apitzsch, Alex Demirović und Heinz Steinert
Band 8

In dieser Buchreihe erscheinen „Kulturstudien" mit der theoretischen Fundierung in einer – angemessen weitergedachten – Kritischen Theorie. Dazu ist die Arbeit an zentralen Begriffen nötig: Ungleichheit und Statuskämpfe, besonders die Politik der gebildeten Klasse, Ethnizität und Verschiedenheit, subkulturelle Praktiken und Lebensweisen, Kulturindustrie, Kunst und ihre Rezeption, auch die Beziehung zur Psychoanalyse, in der das Subjekt in der Kritischen Theorie bestimmt wird, muss neu gesucht werden.

Kulturforschung legt die gesellschaftstheoretische Konzeption einer Produktionsweise nahe, ohne deshalb „Totalität" unterstellen zu müssen, sie verweist auf einen grundlegenden Vergesellschaftungsmodus („Warenförmigkeit"), ohne deshalb die Widersprüche, Ungleichzeitigkeiten, Differenzierungen zu vernachlässigen.

Kulturforschung ermöglicht, indem sie Kulturindustrie und die Stellung der Intellektuellen in ihr zum Ausgangspunkt macht, eine *reflexive* Soziologie in der Tradition der Kritischen Theorie.

Bisher erschienen:
Band 1: Christine Resch: Die Schönen Guten Waren: Kunstwelten und ihre Selbstdarsteller (1999)
Band 2: Tomke Böhnisch: Gattinen – die Frauen der Elite (1999)
Band 3: Christian Schneider/Cordelia Stillke/Bernd Leineweber: Trauma und Kritik (2000)
Band 4: Gottfried Oy: Die Gemeinschaft der Lüge – Medien- und Öffentlichkeitskritik sozialer Bewegungen in der Bundesrepublik (2001)
Band 5: Kerstin Rathgeb: Helden wider Willen. Frankfurter Swing-Jugend zwischen Verfolgung und Idealisierung (2001)
Band 6: Ursula Apitzsch/Mechtild M. Jansen (Hrsg.): Migration, Biographie und Geschlechterverhältnisse (2003)
Band 7: Christine Resch/Heinz Steinert: Die Widerständigkeit der Kunst – Entwurf einer Interaktionsästhetik (2003)

Oliver Brüchert, Dipl. Soz., Dr. phil., geb. 1968, studierte in Frankfurt/M. Gesellschaftswissenschaften und arbeitet dort am Arbeitsschwerpunkt „Devianz und Soziale Ausschließung", veröffentlichte u.a. mit Christine Resch (rsg.): *Zwischen Herrschaft und Befreiung. Politische, kulturelle und wissenschaftliche Strategien*, Münster 2002.

Oliver Brüchert

Autoritäres Programm in aufklärerischer Absicht

Wie Journalisten Kriminalität sehen

WESTFÄLISCHES DAMPFBOOT

Für Antonia und Adalet

Bibliografische Information der Deutschen Bibliothek
Die Deutsche Bibliothek verzeichnet diese Publikation in der Deutschen
Nationalbibliografie; detaillierte bibliografische Daten sind im Internet über
http://dnb.ddb.de abrufbar.

1. Auflage Münster 2005
© 2005 Verlag Westfälisches Dampfboot
Alle Rechte vorbehalten
Umschlag: Lütke Fahle Seifert AGD, Münster
Druck: Rosch-Buch Druckerei GmbH, Scheßlitz
Gedruckt auf säurefreiem, alterungsbeständigem Papier.
ISBN   3-89691-708-0

Inhalt

Dankeschön	9
Einleitung	10
Zwischen Herrschaft und Befreiung	12
Was wir alles über die Medien und ihren Beitrag zur Kriminalisierung zu wissen glauben ...	14
...und warum es lohnend sein könnte, dieses „Wissen" zu hinterfragen	17

Kapitel 1:
Warum „autoritäres Programm in aufklärerischer Absicht"?
Zugleich ein paar methodische Anmerkungen   19

Das Material	21
Interviews als soziale Interaktion	26
„Natürlich ambivalent": Das komplizierte Verhältnis der Journalisten zu ihren Kriminalitätsnachrichten	27
Professionelle Normen	30

Kapitel 2:
Die Medien und ihre Kritiker
Normative und reflexive Theorien intellektueller Produktionsbedingungen   34

Medien und Medienkritik aus der Perspektive der Soziologie abweichenden Verhaltens	34
Medien sind eine Vielfalt von Perspektiven auf „Medien"	35
Öffentliches Nachdenken von Intellektuellen über intellektuelle Produktionsbedingungen	37
Normative und reflexive Medientheorien	40
Normative Medientheorien	40
Intellektuelle als Pädagogen	41
Intellektuelle als Berater und Kontrolleure	41
Intellektuelle als Politiker und Technokraten	43
Intellektuelle als Apokalyptiker	44
Intellektuelle als autorisierte Interpreten	44
Intellektuelle als technische Elite der Zukunft	46
Nachrichtenfaktoren: Die normative Verdopplung der Alltagsideologie	47

Reflexive Medientheorien 48
    Die Attraktivität der Systemtheorie für die Medienforschung:
    Intellektuelle als Beobachter zweiter Ordnung 48
    Materialistische Kulturforschung als politische Praxis
    von Intellektuellen 51
    Kritische Theorie: Nonkonformistische Intellektuelle 52

Fazit: Reflexive Medientheorien gibt es nur als unabgeschlossenes
gesellschaftstheoretisches Projekt 54

Kapitel 3:
Journalisten als Intellektuelle der „Wissensgesellschaft" und die zugehörigen Mechanismen sozialer Ausschließung 56

Journalismus in der „Wissensgesellschaft" 56
    Warum Journalisten so selten streiken 57
    Produktionsbedingungen als Arbeitsbedingungen 59
    Klassentheoretische Bestimmungsversuche: Intelligenz als Klasse 60

Soziale Ausschließung in der „Wissensgesellschaft" 62
    Unternehmerische Logik als amoralisches Moralunternehmertum 64
    Der Beitrag der Berichterstattung zur sozialen Ausschließung 65

Kapitel 4:
Der Journalistenstolz und die unerfüllten Träume der rasenden Reporter
Selbstdarstellungen von Journalisten, alltägliche Arbeitsbedingungen und professionelle Normen 68

Beruflicher Werdegang und Selbstverständnis 68
    Karriere als Zufall: Journalismus kann man nicht studieren 69
    Journalistenstolz: „du musst irgendwie was schreiben" 71
    Journalisten als klassenlose Wesen und Generalisten 76
    Das Verhältnis der Journalisten zu den (wissenschaftlichen) Experten 79
    Zwischenfazit: Abgrenzung „nach oben" wie „nach unten" 85

Konkrete Arbeitsbedingungen von Journalisten 85
    Diktatur der Einschaltquote? 85
    Exklusivität und Geschwindigkeitsrausch 89
    Varianten des Zeitdrucks 94
    Wie Journalisten sich ein Arbeiten ohne Zeitdruck erträumen 96
    Arbeitsteilung und Entfremdung 100

Nachdenklichkeitsverhinderungsindustrie 104

Kapitel 5:
Kriminalitätsnachrichten als Unterhaltung 105

Gestörte Ordnung und ihre symbolische Wiederherstellung:
Welche Rezeptionshaltungen die alltäglichen kleinen Meldungen
über Straftaten nahelegen 105

Die Meldungen im Überblick 107

Politik und Verbrechen 108

Alltagsmoral 111

Warum Mord und Totschlag so aufregend sind 115

Erbauliche Geschichten 120

Kleiner Exkurs zum Radio 125

Zwischenfazit: Kriminalitätsnachrichten enthalten gute Geschichten
und symbolisieren Ordnung 126

Kapitel 6:
Woher kommt die Lust am Strafen? 128

Varianten von Punitivität in den Medien 128
    Expliziter Ruf nach Bestrafung 128
    Straflust zum Wohle der Täter 133
    Implizite Straflust 136
    Aufklärung als Vorwand für sekundäre Dramatisierungsgewinne? 138
    Punitivität ohne Strafe 140
    Schadenfreude und soziale Verachtung 142

Archetypen der Berichterstattung über Straftäter 144
    Straftäter als Schurken und Gauner 144
    Straftäter als Monster und Bestien 149
    Straftäter als Verlierer und Opfer 153

Gegenskandalisierungen 156

Unterhaltungskultur als Grundlage der Straflust 158

Kapitel 7:
„Die Leute sollen ja auch wissen, was bei ihnen passiert"
Journalistische Zugänge zu Kriminalitätsthemen, ihre Motive,
Darstellungsabsichten und kriminalpolitischen Positionen 160

Polizeireporter im Bündnis mit der Polizei … 160
    Harte Kerle … 161
    Gute Kontakte … 162
    Eigene Ermittlungen … 165
    Gegenprobe: Anwalt der Opfer? … 168
    Was Polizeireporter wissen können … 173

Gerichtsreportage: Voyeurismus als Aufklärung? … 176
    Gegenprobe: Der gleichgültige Gerichtsreporter … 183
    Der gemeinsame Nenner: Moral aufrechterhalten … 186

Politischer Journalismus … 188

Wie groß sind die Spielräume? … 198

Kapitel 8:
Die Permanenz des Widerspruchs … 203

Notwendige Medienmythen … 203

Selbstverständlich ist nicht selbstverständlich … 206

Warum Gegenskandalisierungen das autoritäre Programm nicht durchbrechen können … 210

Gibt es Hoffnung auf Rettung durch die Rezipienten? … 214

Doch noch ein ganz kleiner Ausblick … 217

Anmerkungen … 219

Literatur … 240

Transkription der Interviews … 248

Nachträgliche Bearbeitung der Zitate … 248

Dankeschön

Die vorliegende Untersuchung ist zuerst einmal Ergebnis einer langjährigen Zusammenarbeit am Arbeitsschwerpunkt „Devianz und soziale Ausschließung" an der Universität Frankfurt. Mein ganz besonderer Dank geht an Heinz Steinert, Christine Resch und Ursula Schmidt, ohne deren Unterstützung in allen Phasen des Projekts dieses Buch nicht zustande gekommen wäre.

Zu besonderem Dank bin ich auch den Journalisten verpflichtet, die ich interviewen durfte, sowie jenen, die mir Kontakte vermittelt und mir durch zahlreiche Tipps und kurze Auskünfte den Zugang zum Forschungsfeld wesentlich erleichtert haben.

Für gemeinsame Diskussionen und Interpretationen meines Materials, Korrekturlesen, Kritik und Anregungen danke ich außerdem Bodo Hahn, Andreas Pott, Sibel Araboglu, Helga Cremer-Schäfer, Ursula Apitzsch sowie den Teilnehmern unseres Kolloquiums „Kritische Theorie und Kulturforschung".

Einleitung

Die folgende Untersuchung ist keine mediensoziologische Arbeit, sondern schließt an die Forschungstradition der interaktionistischen Soziologie abweichenden Verhaltens, den so genannten *labeling approach* und Theorien sozialer Ausschließung an. Deren Kernaussage kann man kurz so zusammenfassen: Die Gesellschaft wird nicht durch Werte und Normen zusammengehalten, sondern durch mächtige Institutionen, die beanspruchen, diese Werte und Normen allgemeinverbindlich durchzusetzen. Die seit Durkheim in der Soziologie vorherrschende Konzeption kollektiver, allgemein anerkannter Normen und des grundlegenden Widerspruchs zwischen Individuum und Gesellschaft wurde insbesondere durch die Subkulturtheorie A. Cohens (1955) und den Sozialpathologie-Ansatz Lemerts (1951) gründlich erschüttert. Ausgehend von teilnehmenden Beobachtungen in *gangs* und Befragungen von (meist jugendlichen) Straftätern entwickelten die Devianzforscher die These, dass es Subkulturen der Abweichung gibt, in denen bestimmte Normbrüche die Regel sind, die vielmehr ihre eigenen abweichenden Normen etablieren, jenseits der und gegen die Regeln der Mehrheitsgesellschaft und des Strafrechts. Erst durch die Reaktion auf den Normbruch kommt es zum Konflikt zwischen deviantem Individuum und Gesellschaft, zu Stigmatisierung und zur Verinnerlichung der Außenseiterrolle, so genannter sekundärer Devianz. Becker (1963) hat diesen Etikettierungsansatz zugespitzt, indem er darauf aufmerksam machte, dass die Reaktion auf den Normbruch auf der situativen Zuschreibung einer Verletzungshandlung beruht. Abweichung ist nicht nur in Subkulturen die Regel, sondern in allen gesellschaftlichen Schichten, sie wird aber selektiv verfolgt und sanktioniert und diese Selektivität richtet sich gegen Subkulturen, deren abweichende Lebensweisen „behindert" und deren Angehörige als Außenseiter „gestempelt" werden. Soziale Kontrolle zielt also nicht auf die Herstellung von Normkonformität, sondern versucht bestimmte (bürgerliche) Lebensweisen als hegemonial durchzusetzen und produziert zu diesem Zweck die Außenseiter. Für diesen aktiven Prozess der Durchsetzung von Normen mit den Mitteln des Strafrechts hat Becker den Begriff des Moralunternehmertums geprägt. In der deutschsprachigen Kriminalsoziologie wurde der Ansatz weiter „radikalisiert" und auf die (Herrschaft) legitimierenden Funktionen des Strafrechts (Sack 1972), seinen Beitrag zur Aufrechterhaltung der kapitalistischen Produktionsweise und der Herstellung der dazu nötigen Arbeitsdisziplin (Steinert 1976) und den Aspekt der sozialen Ausschließung (Cremer-Schäfer/Steinert 1991) abgestellt. Von der Gründungsphase bis in die 1980er Jahre hinein war die im „Arbeitskreis Junger Kriminologen" (AJK), Herausgeber des „Kriminologischen Journals" (KrimJ), zusammengeschlossene „kritische Kriminologie" daher mehrheitlich einem strafrechtlichen Abolitionismus, also Forderungen nach einer (wie auch immer radikalen bzw. reformerischen und schrittweisen) Abschaffung der Institution Strafe verpflichtet (z.B. Schumann/Steinert/Voß 1988).[1]

Durch die Übernahme des symbolischen Interaktionismus und der ethnomethodologischen Ausrichtung der amerikanischen Subkulturforschung und Kriminalsoziologie (paradigmatisch in Steinert 1973), entwickelte sich neben der vehementen Strafrechtskritik auch eine Forschungstradition, die man unter dem Sammelbegriff Ethnographien des Alltags abweichenden Verhaltens und sozialer Kontrolle zusammenfassen könnte – um nur ein paar Beispiele anzuführen: Die Mafia-Studie von Hess (1970), die Untersuchung der Kloster- und Fabrikdisziplin durch Steinert und Treiber (1980), die kritischen Analysen der sicherheitsstaatlichen Reaktionen auf den Terrorismus (Sack/Steinert 1984), die Erhebung von Kriminalitätserzählungen im Alltag (Hanak/Stehr/Steinert 1989) und von modernen Wandersagen, die als Moralgeschichten erzählt werden (Stehr 1998). Dazu gehören auch die Erforschung von Eliten (Böhnisch 1999), von Polizistensubkulturen (Behr 2000) und der Swing-Jugend im Nationalsozialismus (Rathgeb 2001) unter dem Aspekt der Normierung und der sozialen Ausschließung und das europäische Forschungsprojekt CASE, bei dem es um die subkulturellen *coping*-Strategien der von „vieldimensionaler" Ausschließung Betroffenen ging (Steinert/Pilgram 2003). All diesen Untersuchungen ist gemeinsam, dass die herrschende Ordnung und die Kategorien, die sie hervorbringt, nicht als gegeben hingenommen, sondern aus der Perspektive der Herrschaftsunterworfenen hinterfragt werden. So wie die Kritik der Kriminologie vom Prozess der Kriminalisierung statt von strafrechtlich „festgestellter" Kriminalität ausgeht, lassen sich alle gesellschaftlichen Institutionen auf ihre Gemachtheit hin untersuchen, auf die sozialen Konstruktionen, die vorausgesetzt sind, damit sie ihre Funktionen erfüllen können. Hall et al (1978) und Cohen/Young (1981) haben das Konzept der öffentlichen Moralpaniken und der Konstruktion von *folk devils* (Cohen 1972) direkt auf die Funktionsweise der Massenmedien und der Nachrichtenproduktion übertragen: Die Medien erzeugen überhaupt erst die „Verdichtungssymbole" und „Motivvokabulare", an die politische Kampagnen und strafrechtliche Kontrolle dann anschließen können.

Mit meiner Arbeit möchte ich an diese Forschungstradition anknüpfen und ein paar lose Enden zusammenführen. Bisher fehlen nämlich Untersuchungen, die sich auf die *alltägliche* Produktion der Nachrichten in ähnlicher Weise ethnographisch einlassen, wie das für die devianten Subkulturen längst der Fall ist. Die Nachrichtenmedien wurden kriminalsoziologisch vor allem anhand ihres *output* beschrieben und als anonyme, homogene Apparate behandelt. Woher die Journalisten ihr Material für ihre Erzählungen beziehen, welche alltäglichen Handlungen sie verrichten, inwiefern ihre Motive und Absichten mit dem „autoritären Programm" in Einklang stehen und falls nicht, welche Konflikte, Widersprüche sich ergeben, ob sogar ein Befreiungspotential vorhanden ist, das sind die bislang zu wenig bearbeiteten Fragen, denen ich mich zuwenden möchte.

Zwischen Herrschaft und Befreiung

Mit dem kriminalsoziologischen Zugang ist ein normativer Ausgangspunkt gesetzt, staatliches Strafen als Herrschaftsausübung und -sicherung zu verstehen und nicht als selbstverständlichen Vorgang zu naturalisieren. Für meinen wissenschaftlichen Zugang bedeutet das die Verpflichtung, über Gesellschaft innerhalb eines befreiungstheoretischen Paradigmas nachzudenken, wie wir es zusammengefasst haben:

„Ordnungstheorien unterstellen, der Mensch sei des Menschen Wolf, der gezähmt werden müsse, damit Zusammenleben überhaupt funktionieren kann. Eine 'gute Herrschaft' muss dazu installiert werden. Befreiungstheorien setzen dagegen voraus, dass die herrschaftliche Verfasstheit von Gesellschaft ein selbstbestimmtes Leben und Zusammenleben, Glück und Freundlichkeit zwischen den Menschen verhindert." (Brüchert/Resch 2002:10)

Als „autoritäres Programm" bezeichne ich daher alle Darstellungen von Kriminalität und Strafe, die diesen Herrschaftscharakter ausblenden, verschleiern oder aktiv eine punitive Moralisierung enthalten.[2] Eine „aufklärerische Absicht" sehe ich als gegeben an, wenn zumindest der Versuch unternommen wird, Strafe unter dem Aspekt der Herrschaft zu thematisieren, zum Beispiel indem sie als soziale Ausschließung thematisiert, Moralunternehmertum als solches kenntlich gemacht oder Kriminalität als selektiver Zuschreibungsprozess sozialer Unwerturteile dargestellt wird.

Gegenstand der Untersuchung sollen die Produktionsbedingungen von Journalisten sein, die sich mit diesen Themen befassen und die Beiträge, die dabei entstehen. Daher wäre es zu eng gefasst, zwischen „strafrechtskritischen" und „affirmativen" oder „dogmatischen" Positionen zu unterscheiden. Das „autoritäre Programm" und die „aufklärerische Absicht" beziehen sich auch auf den spezifischen Modus der Nachrichtenmedien, eine große Öffentlichkeit anzusprechen und Themen für ein anonymes Publikum zu inszenieren. Journalisten, die für die Massenmedien tätig sind, haben ganz andere Arbeitsbedingungen, einen ganz anderen Bezug zum Publikum und ganz andere fachliche Hintergründe als zum Beispiel Kriminologen, Psychologen und Soziologen, die in den einschlägigen Fachzeitschriften über solche Fragen debattieren und die zumindest so tun, als würden sie sich miteinander in einem halbwegs gleichberechtigten Diskurs befinden, bei dem alle gleiches Mitspracherecht haben. Für die Massenmedien wird eher ein Sender-Empfänger-Verhältnis unterstellt und bei aller berechtigter Kritik an diesem zu simplen Modell ist die Kommunikation zwischen Journalisten und Rezipienten unbestreitbar stark asymmetrisch und Journalisten erwarten nur in Ausnahmefällen (z.B. durch Leserbriefe) inhaltliche Antworten von ihrem Publikum. Gleichwohl brauchen sie Annahmen über die Erwartungen und Reaktionen dieses Publikums, sei es, dass sie ihren Beiträgen bestimmte Informationsgehalte zuschreiben, die die Leser interessieren, sei es, dass sie Aufmerksamkeit erheischen, um die Einschaltquote zu steigern, oder dass sie bestimmte aufklärerische Effekte beabsichtigen.

Warum der Titel der Arbeit nicht „*aufklärerisches* Programm in aufklärerischer Absicht" lautet, ergibt sich aus den folgenden Analysen. Nicht ganz zufällig enthielt aber bereits der ursprüngliche Entwurf die These vom „autoritären Programm". Meine Aufmerksamkeit für dieses Problem entstand während einer früheren Untersuchung über die Darstellung von Rechtsradikalismus im Fernsehen.[3] Dieser Forschung lagen als Material einige Features und Reportagen des (öffentlich-rechtlichen) Fernsehens über „rechtsradikale Gewalt" in den Jahren 1992 und 1993 zugrunde. Aus der Analyse der Sendungen habe ich unter anderem mehrere Thesen über die zugrundeliegenden Arbeitsbündnisse entwickelt. Die Sendungen gingen von einem ungebildeten Publikum aus, das prinzipiell dazu tendiert, mit der rechtsradikalen Propaganda zu sympathisieren. Dagegen wurde eine Haltung angeboten, die sich selbst als reflektiert, aufklärerisch und multikulturell versteht, die aber stets die Bereitschaft mit einschließt, diese als liberal vorgestellten Werte gegen „Radikale" polizeistaatlich zu verteidigen. Das Fernsehen erhebt den Anspruch, soziale Probleme (auf die der Rassismus zurückgeführt wird) „intellektuell" zu lösen und muss deshalb die „Gewalttäter" attackieren. Im Zweifelsfall wurden gemäßigte, als öffentliche Meinung geadelte, rassistische und nationalistische Muster durch die Sendungen selbst unterstützt und die Distanz zu den „Radikalen" ausschließlich über den Gewalt-Vorwurf hergestellt. Das Thema Rechtsradikalismus wurde fast ausschließlich als ein Kriminalitätsproblem behandelt.

Damit folgte die Mediendarstellung nicht einfach einem politischen „Klima" oder einer allgemeinen Grundstimmung, sondern leistete einen aktiven und originären Beitrag dazu. Dieser eigene Beitrag des Fernsehens zum Thema Rechtsradikalismus war in mehrfacher Hinsicht autoritär. Er war autoritär gegenüber dem Publikum, das grundsätzlich mit dem Verdacht belegt wurde, rechtsradikal zu sein, und dem man als Erzieher mit erhobenem Zeigefinger gegenübertrat. Er war antidemokratisch, weil soziale Probleme strafrechtlich und sicherheitsstaatlich beantwortet wurden. Und er war rassistisch, weil die „Ausländer- und Asylantenflut" für den Rechtsradikalismus verantwortlich gemacht und dagegen staatliches Durchgreifen wie der „Asylkompromiss" gefordert wurde. Das Muster der Empörung über Skinheads und ihre „Gewaltbereitschaft" folgte ohnehin den seit den „Halbstarken", „Mods" und „Rockern" etablierten Moralisierungen jugendlicher Subkulturen. Teils gingen die Beiträge bruchlos zur angeblichen Bedrohung durch „Linksradikale" über.

Der Gewaltvorwurf und die damit verbundenen Stigmatisierungen scheinen sich besonders gut für die massenmediale Inszenierung und Dramatisierung zu eignen. Und es gibt guten Grund zu der Annahme, dass das auf Kriminalitätsthemen insgesamt zutrifft, dass sie sich erstens gut darstellen lassen und diese Darstellungen zweitens ins „Autoritäre" tendieren.

Was wir alles über die Medien und ihren Beitrag zur Kriminalisierung zu wissen glauben ...

Allgemein ist die These, dass die Medien einen entscheidenden Einfluss auf die gesellschaftliche Wahrnehmung von Kriminalität ausüben und dass diese Wahrnehmung von Schreckensbildern und dem entsprechenden Wunsch nach hartem Durchgreifen geprägt ist, derart anerkannt, dass es gar keines Beleges mehr zu bedürfen scheint, ob sie auch wahr ist. Jeder weiß: Die Medien skandalisieren unaufhörlich neue Kriminalitätswellen, von der angeblich wachsenden Jugendgewalt über die zunehmende Korruption bis zu terroristischen „Schläfern", die es aufzuspüren gelte. Sie geben rechten Populisten wie Schill und Haider ebenso eine Bühne wie markigen Innenministern vom Schlage Schily oder Beckstein. Kaum eine Nachrichtensendung, keine Zeitungsausgabe, die ohne eine Horrormeldung über eine besonders schwere Straftat auskommt. In den grassierenden Talk-Shows, Doku-Soaps und anderen Spielarten von Reality-TV ist Kriminalität das unbestrittene Thema Nummer Eins.

Es scheint auch keines Beleges mehr zu bedürfen, wie hoffnungslos verzerrt das Bild ist, welches die Medien von Kriminalität zeichnen. Berichtet wird über Mord und Totschlag, sexuelle Gewalt, bewaffnete Überfälle, gefährliche Banden und Millionenbetrügereien, also über Straftaten, deren quantitativer Anteil am tatsächlichen Kriminalitätsgeschehen (auch wenn man das nur sehr grob schätzen kann) verschwindend gering ist. Kein Wunder also, dass die Kriminalitätsfurcht das tatsächliche Risiko, Opfer einer Straftat zu werden, drastisch übersteigt. Kein Wunder, dass die Wähler Gesetzesverschärfungen, neue Strafformen und eine elementare Grundrechte nivellierende öffentliche Überwachung und Kontrolle befürworten. Die Massenmedien, so scheint es, sind der perfekte Erfüllungsgehilfe öffentlicher Moralunternehmer und wild gewordener Sicherheitspolitiker. Diese Annahme eines „politisch-publizistischen Verstärkerkreislaufes" (Scheerer 1978) wird von den meisten Kriminologen unhinterfragt übernommen.

Der Nachteil einer so gearteten kriminologischen Medienschelte ist ihre Scheinradikalität: Indem die Medien als allmächtiges Grundübel gebrandmarkt werden, kann man sie nur noch moralisch kritisieren und pauschal verdammen, möglicherweise an die journalistische Ethik appellieren oder die Menschen zur Abstinenz auffordern – das firmiert dann meist unter dem Etikett Jugendschutz. Es ist eine hilflose Position, die sich genau wie die Medienberichterstattung an Extrembeispielen abarbeitet und deren praktische Konsequenzen abstrakt bleiben. Zur „Medienkriminalität" (Walter 1999) als Selbstläufer gehört, wie Michael Walter herausarbeitet, auch eine „Medienkriminologie", die durch ihre Interviews und Diskussionsbeiträge unverzichtbarer Teil der Berichterstattung ist und die keinesfalls automatisch immer aufklärerisch wirkt. Günther Kaiser bringt das kriminologische Wunschdenken auf den Punkt, wenn er schreibt: „Zur Kontrolle eigenständiger Medienkriminalität hilft in erster Linie wache Beobachtung, Kritik und Produktion überlegenen Wissens." (Kaiser 2002) Hier die überlegene Kriminologie als reine Wissenschaft, dort die rückständigen Medien – so einfach ist das freilich nicht. In den Klagen über die Medien geht es nicht zuletzt um das Problem der Wissenschaftler, die sich mit ihrem überlegenen Wissen nicht ausreichend beachtet fühlen.

Zudem besorgen die Medien diese Variante von Medienschelte selbst mit Hingabe. Wenn ein Reporter zu den von der Polizei gejagten Geiselnehmern ins Auto steigt, um ein Exklusivinterview zu erhalten („Geiseldrama von Gladbeck"), wenn das ZDF ankündigt, die Öffnung einer Leiche in der Gerichtsmedizin zeigen zu wollen („Gesundheitsmagazin-Praxis-Nacht", 22.10.1998),[4] wenn ein CDU-Ministerpräsident in der *Bild*zeitung verkündet, man solle Sexualstraftäter kastrieren (*Bild* vom 23.3.2003), ist die Empörung der anderen Medien groß. Das klassische Sündenbock-Modell ist hier gut etabliert: Es werden ein paar schwarze Schafe präsentiert, um zu beweisen, dass ansonsten mit der Medienberichterstattung alles in Ordnung sei, dass die Zunft sich strenge Normen auferlege und diese auch einhalte. In einem Bericht über das Kölner Symposium „Kriminalität in den Medien" schreibt die Frankfurter Rundschau:

> „Es hätte noch spannender und informativer werden können (...) Wenn von den Kriminologen und Juristen nur ein wenig mehr differenziert worden wäre. Wenn die Schuld an wachsender Angst der Leute vor Mord und Totschlag, an verhinderten Reformvorhaben, an der Stigmatisierung ganzer Bevölkerungsgruppen nicht den Medien, der Presse ganz allgemein gegeben worden wäre. Sondern denen, die diese Kritik verdienen: Vor allem die Boulevardpresse, das marktschreierisch aufgemotzte Privatfernsehen, die schillernd auf Hochglanz präsentierten Illustrierten."[5]

Die eingeforderte „Differenzierung" bedeutet nichts anderes, als strukturelle Probleme der Kriminalberichterstattung in Probleme der Abweichung und des symbolischen Ausschlusses von Störern (Boulevardpresse, Privatfernsehen und Illustrierte) zu verwandeln. Doch auch in den kriminologischen Abhandlungen zur Kritik der Medienberichterstattung konzentriert man sich auf spektakuläre Einzelfälle: „Ronnie Rieken", „Sebnitz", „Schneider", „Mehmet" usw.[6] Wenn ausnahmsweise die alltägliche Berichterstattung in ihrer ganzen Breite und Vielfalt in den Blick genommen wird, dann vor allem in quantitativen Erhebungen als statistisch aggregierte Daten.[7]

Die kriminologische Medienkritik unterstützt eine halbherzige Selbstreflexivität der Medien, die Fehlentwicklungen zwar beim Namen nennt, sich um die strukturellen Ursachen (die Produktionsbedingungen) aber nicht kümmert, sondern stattdessen mit moralischen Diskursen reagiert. Wie sehr das selbst wiederum ein Ausschließungsdiskurs ist, kann ein Blick in das „Handbuch des Journalismus" (Schneider/Raue 1998) verdeutlichen. Dem Ratgeber ist ein Abschnitt vorangestellt, „Welche Journalisten wir nicht meinen":

„Erstens die nicht, bei denen man sich streiten kann, ob sie Journalisten zu heißen verdienen. Wer in der Branche nur einen Job finden, wer sich also lediglich marktgerecht verhalten will – der braucht wenig zu können und wenig zu wissen, und Verantwortungsgefühl schadet ihm nur. (...) Auch unter denen, die unangefochten 'Journalisten' heißen, stößt man auf vier Grundhaltungen, die wir als bedauerlich empfinden; zusammengenommen repräsentieren sie leider die Mehrheit.
Die erste bedenkliche Form ist der *Krawalljournalismus*. Da fällt die Verständigung leicht: Er ist das Lebenselixier der Boulevardzeitungen. 'Menschenfresser tanzte mit nackter Liebespuppe' – das ist keine Parodie auf die Bildzeitung, das war die Bildzeitung selber, und es kennzeichnet die Gattung. (...)
Wenn aber seriöse Zeitungen solchen Unsinn bringen (und sie bringen ihn!), dann betreiben sie an solchen Stellen eben jenen Boulevardjournalismus, den sie gleichzeitig mit Inbrunst verachten." (S. 11f., Hervorhebung im Original)

Weiter geht es mit dem „überflüssigen" Journalismus, über den „verknöcherten" bis zum „missionarischen" (der ausschließlich dem *Spiegel* zugeschrieben wird und sich auf selbstbewusste politische Einflussnahme bezieht). Auf die professionellen Normen, die so festgezurrt werden, komme ich im Laufe der Untersuchung noch oft zu sprechen. Bemerkenswert ist, dass ein solches „Handbuch" von vornherein die Mehrheit der potentiellen Leser symbolisch ausschließt – wobei natürlich unterstellt wird, dass die empirischen Leser sich auf die Seite der Autoren schlagen. Den Boulevardjournalismus (und weitere Fehlformen) zu verdammen soll integrierende Wirkung auf die „echten" Journalisten haben, soll Normen verdeutlichen und die Moral stärken. Vor allem erspart es eine kritische Auseinandersetzung mit den Formen des Journalismus, die als konform gelten. Kann ein seriöser, nach allen Regeln journalistischer Ethik und Berufskunst verfasster Beitrag folglich nicht punitiv sein? Er kann. Und er kann sich dabei mitunter auf die Vorlagen der Kriminologen stützen, die sich so fleißig über den Journalismus empören. Die Empörung über die Medien erspart den Kriminologen die Auseinandersetzung mit der ihrem eigenen Fach inhärenten Punitivität.[8] Der kritischen Kriminologie eröffnet das, wie Lehne in seiner Replik auf Sessar et al (1996) darlegt, die Möglichkeit, sich darüber zu beklagen, dass man ihr allgemein zu wenig Gehör schenke, dass man, wie Sack es ausdrückte auf die Rolle einer „Dementierkriminologie" zurückgeworfen werde, die zu jeder neuen Moralpanik und Kriminalisierungswelle stets nur sagen könne: Ist alles nicht so schlimm. Lehne weist zumindest darauf hin, dass es um ein strukturelles Problem geht:

„Es findet nicht eine Zensur im Sinne der Unerwünschtheit kritischer Stimmen aus der Wissenschaft, sondern eher eine 'Zensur' der Strukturbedingungen der medialen Öffentlichkeit statt. Das Interesse der Redakteure ist weniger ein inhaltliches als ein professionell-formales. Sie wollen keine bestimmten Inhalte, sondern ein 'mediengerecht' vorgetragenes Statement, das bei der Konsumentin/beim Konsumenten den Eindruck von Relevanz hervorruft (Status des Sprechers/der Sprecherin als WissenschaftlerIn) und auf Interesse stößt; ob das zustimmendes oder ablehnendes Interesse ist, ist weitgehend egal." (Lehne 1996:303f.)

Er verweist als Hintergrund auf die kulturindustriellen Produktionsbedingungen „Nachrichten sind eine Ware" und skizziert als Problemstellung, „wie die vor-

findbaren Strukturen mit ihren impliziten Beschränkungen für eine aufklärerische oder sonst wie fortschrittliche Berichterstattung genutzt werden können."
(ebd.:304) Realpolitisch muss man sich entscheiden, ob man innerhalb der „vor-
findbaren Strukturen" agieren will und kann, ohne die eigenen Inhalte zu kor-
rumpieren, oder, wie Mathiesen (1995:9) es vorschlägt, eine alternative Öffentlichkeit jenseits der Massenmedien herzustellen. Eine wissenschaftliche (Gesellschafts)Kritik kommt hingegen nicht umhin, diese Strukturen im Hinblick auf
ihre theoretische und praktische Veränderbarkeit zu untersuchen.

...und warum es lohnend sein könnte, dieses „Wissen" zu hinterfragen

Indem das kriminologische „Wissen" über die Medien deren Strukturbedingungen
als unveränderlich hinnimmt, reduziert es Medienkritik auf die Frage des Mit-
machens oder der Verweigerung. Wollen wir hingegen verstehen, wie die Medien
intern funktionieren, um nach Widersprüchen und Ansatzpunkten für Veränderung zu suchen, ist es hilfreich, dieses „Wissen" zu hinterfragen: Welchen Nutzen
haben gängige Unterscheidungen zwischen seriösem und Boulevardjournalismus?
Wie wirkt sich die warenförmige Distribution der Nachrichten auf ihre Herstellung aus? Sind die Journalisten wirklich nur an ihrer Verkäuflichkeit interessiert?
Kann man die Attraktivität von Kriminalitätspaniken und Horrormeldungen für
die Medien erklären, ohne auf die Quote und damit auf die Sensationslust der
Zuschauer zu rekurrieren?

Der ethnographische Zugang erfordert, dass man die aktive Rolle des Forschers
im Forschungsprozess mit reflektiert. Natürlich waren meine Erwartungen durch
die geschilderten theoretischen Vorannahmen und die (kriminalsoziologischen)
Vorurteile gegenüber den Medien geprägt und ich habe in den Interviews entsprechend agiert und reagiert. Das ist, wenn man den Forschungsprozess als soziale
Interaktion ernst nimmt, der Forscher sich also selbst auch zum Objekt der Forschung macht, nicht nur unvermeidlich, sondern auch ein aufschlussreiches
Material: Meine Gegenübertragungen repräsentieren häufig die gesellschaftlichen
Vorurteile, mit denen die Journalisten auch in anderen Situationen konfrontiert
sind, oder die typische Haltung eines kritischen Kriminologen, und sie reagieren
darauf in der eingeübten Form. Andere normative Erwartungen werden von den
Beforschten nachdrücklich bestätigt und selbst zum Moralisieren genutzt, wie
zum Beispiel die Unterscheidungen zwischen Nachrichten und Unterhaltung und
zwischen Boulevard und seriösem Journalismus. Das führte zu Konflikten und
Missverständnissen, aber auch zu einvernehmlichem Moralisieren. In der Interpretation dieses Forschungs-Arbeitsbündnisses[9] geht es darum, diese impliziten
Normen und Haltungen mitsamt ihren sozialstrukturellen Voraussetzungen sichtbar zu machen. Statt analog zur kriminologischen Medienkritik mein vermeint-

lich überlegenes Wissen über Kriminalität und Ausschließung gegen die vermeintlich schlechte Praxis der Journalisten auszuspielen, wollte ich verstehen, wie die Journalisten über Kriminalität denken, woher sie ihr Wissen beziehen und welche kriminalpolitische Funktion sie ihrer Arbeit zuschreiben. Im geglückten Fall wird so eine kritische Reflexion beider Perspektiven möglich, lösen sich die Vorurteile des Forschers ebenso auf wie die berufsbedingten blinden Flecken der „Praktiker". Der normative Ausgangspunkt fungiert, sofern er nicht als absolute Wahrheit der Reflexion entzogen wird, als eine Art Kontrastfolie, die eine nicht-normative Empirie überhaupt erst ermöglicht: Ein Journalist, der mit derselben Fragestellung aber mit seinem journalistischen Wissen dieselbe Untersuchung angestrebt hätte, hätte völlig andere Situationen hergestellt und viele implizite Normen nicht entdecken können.

Damit soll kein grundsätzlicher Vorrang der Wissenschaft gegenüber anderen Praxisformen, in diesem Fall dem Journalismus, behauptet werden. Im Gegenteil: Gerade beim Thema Kriminalität und Strafe gäbe es viel Anlass für die Medien, den wissenschaftlichen „Wahrheiten" sehr viel gründlicher zu misstrauen, als sie es üblicherweise tun. Einige der wichtigsten Varianten von Ausschlusswissen sind über die Kriminologie in die Medien gewandert: von der klassischen Täter-Ätiologie über den soziale-Probleme-Diskurs bis zur jüngsten Renaissance des Opfers als Legitimation von Strafe. Es ist die Forderung nach einer reflexiven Sozialwissenschaft, die ihre eigenen Wahrheitsansprüche ebenso kritisch und distanziert überprüft wie die praktischen Ideologien des Alltags.

Kapitel 1: Warum „autoritäres Programm in aufklärerischer Absicht"?
Zugleich ein paar methodische Anmerkungen

> „Die Konsumenten sind die Arbeiter und Angestellten, die Farmer und Kleinbürger. Die kapitalistische Produktion hält sie mit Leib und Seele so eingeschlossen, dass sie dem, was ihnen angeboten wird, widerstandslos verfallen. Wie freilich die Beherrschten die Moral, die ihnen von den Herrschenden kam, stets ernster nahmen als diese selbst, verfallen heute die betrogenen Massen mehr noch als die Erfolgreichen dem Mythos des Erfolgs. Sie haben ihre Wünsche. Unbeirrbar bestehen sie auf der Ideologie, durch die man sie versklavt."
> (Theodor W. Adorno)[1]

Öffentlichkeit im Zeitalter der Kulturindustrie erzeugt einen eigentümlichen Typus scheinbar paradoxer Herrschaftsmechanismen. Adorno bringt das am Schluss des Kulturindustriekapitels auf die allgemeine Formel einer „zwangshafte(n) Mimesis der Konsumenten an die zugleich durchschauten Kulturwaren." (Horkheimer/Adorno 1969:176). Die Manipulation des Publikums, der Konsumenten erfolgt also entgegen einer verbreiteten Lesart keinesfalls hinterrücks: Die Manipulierten wissen, dass sie manipuliert werden, sie wirken bisweilen sogar aktiv daran mit (indem sie sich als Publikum zur Verfügung stellen, den „Führer" wie die Fernsehstars verehren und die in der Werbung angepriesenen Produkte kaufen). Was bei Adorno noch auf einer weitsichtigen Analyse der totalitären Sprache in der Reklame basiert, ist inzwischen als allgemeines Grundprinzip warenförmiger Vergesellschaftung durchgesetzt: Die Herrschaft versteckt sich nicht, wird durchschaut, macht sich selbst durchschaubar und dennoch bzw. gerade darum arbeiten die Menschen an ihrer eigenen Unterdrückung mit. In der Kriminalsoziologie fanden solche Phänomene in den letzten Jahren verstärkt Beachtung unter dem Stichwort einer Kommodifizierung der Kontrolle nach dem Modell von *Disney World*:[2] Wie die Besucher eines Vergnügungsparks unterwerfen sich die Menschen in stark überwachten öffentlichen Räumen (das Paradebeispiel ist die *shopping mall*)[3] freiwillig dem rigiden Kontrollregime und nehmen deutliche Einschränkungen ihrer Bewegungs- und Handlungsfreiheit in Kauf, zugunsten eines vermeintlich freien und ungehinderten Konsums.

Es handelt sich um besonders fortgeschrittene, raffinierte und wirkungsvolle Herrschaftsmechanismen – insofern auch nur *scheinbar* um Paradoxien. Aus der

Durchschaubarkeit folgt ja gerade keine Widerständigkeit, sondern vollkommene Unterwerfung. Die Konsumenten sehen sich in ihrem Konsum nicht als Opfer warenförmiger Ideologien, sondern glauben sich in deren Vollzug selbst zu verwirklichen, die Passanten in den Städten nehmen die Durchdringung öffentlicher Räume mit Überwachungs- und Kontrolltechniken im Alltag gar nicht wahr, weil sie die Kontrolle schon verinnerlicht haben und in Straßenumfragen zum „Lauschangriff", „Videoüberwachung" oder „Rasterfahndung" wird immer wieder kundgetan: „Ich habe ja nichts zu verbergen". „Durchschaut" wird nicht der Vorgang der Entfremdung und Verdinglichung der Menschen durch die Kulturwaren, sondern lediglich, dass ihnen kein tieferer Sinn, keine über den bloßen Konsum hinausweisende Bedeutung zukommt. „Durchschaut" wird nicht Herrschaft (als etwas, was mir angetan wird, wovon ich mich befreien müsste), sondern lediglich, dass (Kriminal)Politik nach den Gesetzmäßigkeiten der Reklame funktioniert – kritisiert wird dann häufig, dass sie diesem Maßstab nicht gerecht werde.

Nach der „Dialektik der Aufklärung" – man könnte hier auch Marcuses „Eindimensionalen Menschen" (1967) anführen, Harbermas' „Strukturwandel der Öffentlichkeit" (1962), Günther Anders' „Antiquiertheit des Menschen" (1956) oder Foucaults „Sexualität und Wahrheit" (1983)[4] – kann man den Begriff „Aufklärung" nicht mehr unschuldig verwenden. Aufklärung selbst ist umgeschlagen in „Massenbetrug", wie es im Untertitel des Kulturindustriekapitels heißt. Wenn hier dennoch von einem Widerspruch zwischen „autoritärem Programm" und „aufklärerischer Absicht" ausgegangen werden soll, geschieht das auf Basis eines sehr zurückgenommenen Begriffsverständnisses, das eher dem alltäglichen Sprachgebrauch entspricht als dem emphatischen philosophischen einer *Befreiung* aus der selbstverschuldeten Unmündigkeit. Gesellschaftlich etabliert sind vor allem das positivistisch-naturwissenschaftliche Verständnis einer uneingeschränkten Verbreitung von Wissen über Fakten und Gesetzmäßigkeiten sowie das bürgerliche Ideal einer humanistischen Bildung der Individuen auf der Basis vermittelbaren (kanonisierten) Wissens. Doch selbst in diesem zurückgenommen Begriffsverständnis, fällt es schwer, den Massenmedien aufklärerisches Potenzial zuzuschreiben, wie es Habermas für die entstehende bürgerliche (d.h. räsonierende im Unterschied zur feudalen repräsentativen) Öffentlichkeit festhält:

„Die inhibierten Urteile heißen 'öffentlich' mit Blick auf eine Öffentlichkeit, die fraglos als eine Sphäre der öffentlichen Gewalt gegolten hatte, nun aber von dieser sich als das Forum ablöste, auf dem die zum Publikum versammelten Privatleute sich anschickten, die öffentliche Gewalt zur Legitimation vor der öffentlichen Meinung zu zwingen. Das publicum entwickelt sich zum Publikum, das subjectum zum Subjekt, der Adressat der Obrigkeit zu deren Kontrahenten." (Habermas 1962:84)

Wie Habermas weiter ausführt, war „die bürgerliche Kultur (...) nicht bloße Ideologie" (ebd.:248),[5] dennoch ist der Übergang „vom kulturräsonierenden zum kulturkonsumierenden Publikum" im Modell der bürgerlichen Öffentlichkeit bereits angelegt, indem die Kulturgüter „für den Markt hergestellt" werden: „als Waren werden sie im Prinzip allgemein zugänglich" (ebd.:97f.). Dieser „Verlust der Aura" ermöglicht einerseits die „rationale Verständigung", eröffnet „einen lebendigen Prozess der Aufklärung" (ebd.:105), andererseits ist darin die Tendenz zur Verselbständigung der Warenform und die Verkürzung politischer Öffentlichkeit als „Demonstration konkurrierender Interessen" schon enthalten. Herrschaft wird umso perfekter der Kontrolle und Kritik durch die öffentliche Meinung entzogen:

> „Das mediatisierte Publikum ist zwar, innerhalb einer immens erweiterten Sphäre der Öffentlichkeit, unvergleichlich vielseitiger und häufiger zu Zwecken der öffentlichen Akklamation beansprucht, aber gleichzeitig steht es den Prozessen des Machtvollzugs und des Machtausgleichs so fern, dass deren Rationalisierung durch das Prinzip kaum noch gefordert, geschweige denn gewährleistet werden kann." (ebd.:273f.)

Je weiter sich die Produktionsbedingungen der Massenmedien vom Ideal einer kritischen Öffentlichkeit entfernen, je weniger die warenförmig zirkulierenden Informationen politisches Herrschaftswissen allgemein zugänglich machen, desto unerbittlicher wird jedoch das bürgerliche Ideal als Norm hochgehalten, wird der Aufklärungsanspruch zur eigentlichen Existenzberechtigung der Medien stilisiert. Die großen politischen Tages- und Wochenzeitungen von der *Süddeutschen* („Wer sie liest, sieht mehr") über die F.A.Z. („Dahinter steckt immer ein kluger Kopf") bis zum *Spiegel* („Spiegel Leser wissen mehr") arbeiten in ihrer Werbung alle mit diesem Anspruch, selbst noch in den „Fakten, Fakten, Fakten" des *Focus* steckt eine positivistische Vorstellung von Aufklärung als Aufdeckung und die *Bild*zeitung fordert gar – wenn auch nicht ohne Selbstironie – den mündigen Bürger: „BILD' dir deine Meinung!".

Das Material

Insbesondere für die Journalisten selbst – so die erste Arbeitshypothese – gilt diese Aufklärungs-Norm noch weitgehend ungebrochen. Andererseits sind sie sehr direkt an der Produktion von Artikeln, Sendungen und Filmen beteiligt (d.h. sie verstehen sich trotz aller Arbeitsteilung in der Regel als deren geistige Urheber), die von Stereotypen, Vorurteilen und Strafwünschen durchsetzt sind. Diese Diskrepanz wird besonders deutlich, wo es um Fragen der Abweichung, strafrechtlicher Kontrolle und sozialer Ausschließung geht.

Das in meiner bereits erwähnten Untersuchung über die Entdeckung des Rechtsradikalismus im Fernsehen herausgearbeitete Arbeitsbündnis eines autoritären Programms in aufklärerischer Absicht lässt sich in mehrfacher Hinsicht auf andere Kriminalitätsthemen verallgemeinern: Komplexe soziale Probleme und Konflikte werden jeweils als „Kriminalität" und somit als lösbar (weil polizeilich und strafrechtlich zu bearbeiten) präsentiert; die moralische Haltung des Publikums, gesellschaftliche Normen und Werte sollen durch die gemeinschaftliche Empörung über die Straftäter gefestigt werden; es wird personalisiert, dramatisiert, kategorisiert. Doch es gibt auch Unterschiede: Anders als bei den Berichten über Rechtsradikale fällt z.B. beim Thema Sexualstraftäter der Generalverdacht gegenüber dem Publikum weitgehend weg – eher wird unterstellt, dass „so etwas" allgemein als widerlich empfunden wird; der autoritäre Gehalt muss auch in kriminalpolitischer Hinsicht nicht immer in Forderungen nach harter Strafe bestehen – gegenüber jugendlichen Straftätern schließen sich die Medienberichte häufig dem kriminalpolitischen Hang zur Pädagogik an, die Terminologie der „Schwäche & Fürsorge" ersetzt jene von „Verbrechen & Strafe".[6] In Beiträgen über die Polizei, die Justiz – und insbesondere wenn es um den Strafvollzug geht – kommt es häufiger zu „Gegenmoralisierungen", die der Zuschreibung von Kriminalität insgesamt entgegenarbeiten oder Strafe problematisieren. Oft wird auch einfach die Perspektive der Regierenden, der Verwaltung oder anderer Herrschaftsfraktionen eingenommen. Weitere Formen sind vorstellbar: die populistische Berufung auf den „Unmut des Volkes" als Anlass, entschiedenes „Durchgreifen" von den Politikern zu fordern, oder Versuche, die divergenten Sichtweisen von „Opfern und Tätern" mittels dokumentarischer Methoden sichtbar zu machen. Die verschiedenen Ausprägungen des „autoritären Programms" (wie auch die Gegenbeispiele) sind Gegenstand des ersten Teils der vorliegenden Untersuchung. Für die Inhaltsanalyse wurden alle Artikel und (nicht fiktionalen) Sendungen, die sich in irgendeiner Form mit dem Themenfeld Kriminalität beschäftigen in den in der folgenden Tabelle aufgeführten Medien zu mehreren Stichtagen im Herbst 1998 erhoben:[7]

Wochenmagazine	Spiegel, Focus, Stern
Wochenzeitungen	Die Zeit, Die Woche
Tageszeitungen	Frankfurter Rundschau, Frankfurter Allgemeine Zeitung, Die Welt, tageszeitung, BILD Frankfurt, Frankfurter Neue Presse
Radio	HR3, HR1, Deutsche Welle, Deutschlandfunk, FFH
Fernsehen	Hessen 3, ZDF, Phoenix, RTL, N-TV

Die Auswahl der Medien erfolgte nach mehreren Kriterien: In den vier Sparten (Tageszeitungen, Wochenzeitungen, Radio, Fernsehen) sollten jeweils – sofern vorhanden – private und öffentliche, regionale/lokale und überregionale, nachrichtenorientierte („seriöse") und unterhaltungsorientierte („Boulevard") Medien vertreten sein. Da insbesondere Zeitungen häufig für eine bestimmte politische Linie stehen (liberal vs. konservativ), habe ich darauf geachtet, hier jeweils beide Positionen mit in die Stichprobe zu nehmen. Da diese Querschnittserhebung sehr früh im Forschungsprozess erfolgte, wurde die Materialsammlung im Verlauf der weiteren Forschung (durch mehr oder weniger zufällige Funde) ergänzt. Auf eine Auszählung der gefundenen Beiträge zum Themenbereich Kriminalität habe ich bewusst verzichtet, somit auch auf eine quantitative Einschätzung des Anteils der Kriminalitätsnachrichten an der Gesamtberichterstattung und im Vergleich der einzelnen Medien. Vorerst soll nur festgehalten werden, dass aus allen untersuchten Medien zahlreiche Beispiele vorliegen, und Kriminalität ein zentraler Bestandteil der gesamten Berichterstattung ist.

Gegen qualitative Forschung wird häufig der Einwand erhoben, es mangele ihr an Repräsentativität. Das ist unbestreitbar richtig, stellt jedoch nicht unbedingt einen Nachteil dar, sondern kann auch ein Vorzug sein. Ganz abgesehen von der Frage, ob Repräsentativität in der Sozialforschung überhaupt annähernd erreichbar ist, wenn sich in der Regel nicht einmal die Grundgesamtheit vernünftig bestimmen lässt, lassen sich wissenschaftliche Forschungsfragen prinzipiell nicht auf Auszählungen nach Köpfen reduzieren, weil Soziologie nicht von Personen und ihren Eigenschaften handelt, sondern von Interaktionen und sozialen Situationen. Um alle Kriminalitätsnachrichten auch nur zu zählen, bräuchte es einen gigantischen Forschungsapparat. Der Erkenntnisgewinn wäre gleich null. Ob eine Interpretation gültig ist oder nicht, hängt auch nicht davon ab, wie groß der Ausschnitt aus der gesellschaftlichen Wirklichkeit ist, den das interpretierte Ereignis oder Material repräsentiert. Die Verallgemeinerbarkeit der Ergebnisse – durch die gesellschaftswissenschaftliche Forschung sich unbestreitbar auszeichnen sollte – lässt sich mitunter erhöhen, wenn man auf Repräsentativität zugunsten von Offenheit und Neugier verzichtet. Viele in der vorliegenden Untersuchung behandelte Themen wären bei einer methodischen Beschränkung auf das in der ursprünglichen Stichprobe gewonnene Material überhaupt nicht vorgekommen. Manche der untersuchten Beiträge sind mir zufällig in die Hände gefallen, weil Kollegen beim Zeitung Lesen an mich und mein Forschungsprojekt gedacht haben. Andere habe ich gezielt gesammelt, nachdem ich durch erste Interpretationen auf bestimmte Themen aufmerksam geworden war (wie zum Beispiel die „Straftäter als Schurken und Gauner"-Erzählungen, die vergleichsweise selten sind, aber dennoch für das Gesamtbild eine wichtige Rolle spielen). Wir haben das an anderer Stelle einmal so formuliert: „Forschung basiert nicht auf präzisem Messen, sondern auf Sammeln und Ordnen von Wissen, sie liefert keine quantitativen Daten, sondern sich um Plausibilität bemühende Interpretationen." (Brüchert/ Sälzer 1998:207) Beim *sampling* der Beiträge für die Inhaltsanalyse war das vorrangige Ziel die Erzeugung einer breiten Streuung und möglichst großen Vielfalt von Beispielen, die ich im ersten Schritt nur gesammelt und von denen ich dann nur einen Bruchteil anhand der thematischen Zugänge für die Interpretationen ausgewählt habe. Obwohl es sich an den Stichtagen jeweils um eine Vollerhebung handelt, sind die gefundenen Beiträge mit Sicherheit *nicht* repräsentativ für die jeweiligen Medien, da der Zeitpunkt der Erhebung völlig willkürlich nach forschungspraktischen Gesichtspunkten festgelegt wurde. Weil die Berichterstattung nicht nur von Tag zu Tag variiert, je nachdem, welche Themen und Ereignisse zur Auswahl stehen, sondern sich jedes Medium über die Zeit ständig verändert, könnte man selbst mit einer großen Zufallsstichprobe bestenfalls etwas über die Berichterstattung im Erhebungszeitraum sagen. Vor allem aber: Welchen Erkenntniswert hätte ein Ergebnis der Art, dass eine Ausgabe der Frankfurter Rundschau im Schnitt 15 Beiträge zu Kriminalitätsthemen enthält, die Bildzeitung hingegen nur 11 (errechnet aus den jeweils 12 Ausgaben beider Zeitungen, die in die Stichprobe fielen)? Man könnte das noch zur Gesamtzahl der Beiträge zu Länge und Fläche in Beziehung setzen, es wäre alles wenig erhellend ohne eine Interpretation der Inhalte. Ein solches Vorgehen hätte den Anschein wissenschaftlicher Gründlichkeit und exakter Messbarkeit erhöht, ohne mich der Bearbeitung der Fragestellung auch nur einen Schritt näher zu bringen. Um zu verstehen, wie es zu einem „autoritären Programm" kommen kann, ist es vor allem notwendig die innere Logik der Kriminalitätsgeschichten nachzuvollziehen, die darin aufscheinenden Gesellschaftsbilder, Normen und Moralvorstellungen.

Da sich Fragen nach den Aufklärungsabsichten der Journalisten und warum diese – sofern vorhanden – sich nicht im Programm realisieren, schwerlich anhand der veröffentlichten Arbeitsprodukte alleine beantworten lassen, war ein zweiter empirischer Zugang nötig. Die Wahl fiel auf leitfadengestützte, narrative Interviews mit Journalisten, da damit die Möglichkeit bestand, sowohl etwas über die individuellen Ideale und Zielvorstellungen der Journalisten wie auch über die konkreten Arbeitsbedingungen zu erfahren, die – so die These – der Verwirklichung dieser Ziele entgegenstehen. Durch die Beschäftigung mit den konkreten, alltäglichen Produktionsbedingungen von Nachrichten werden nicht zuletzt die häufig isoliert behandelten Dimensionen einer ökonomischen und berufssoziologischen Betrachtung der Medien auf die konkreten inhaltlichen Auswirkungen bezogen. Das einfachste und wohl am weitesten verbreitete Argument, warum Medien so viel über Kriminalität berichten, ist die „Einschaltquote". Gedruckt und gesendet wird, was sich gut verkauft und dazu gehört neben „Sex" und „Gesundheit" eben auch „Kriminalität". Und von diesen Top-Themen hat „Kriminalität" noch den Vorzug, dass Material in Fülle per Polizeiticker in die Redaktionen gespeist wird. Doch in der Praxis stellt sich die Sache komplizierter dar: Auch Kriminalitätsmeldungen werden ausgewählt, gewichtet, bearbeitet und dienen als Orientierung für eigene Recherchen. Alle diese Entscheidungen müssen die Journalisten treffen, bevor sie die „Einschaltquote" eines konkreten Beitrags kennen.[8] Sie müssen Kriterien und Routinen entwickeln, anhand derer sie die Bedeutsamkeit und den Erfolg einer Story im Vorhinein abschätzen können. Sie bringen eigene Vorstellungen ein, welche Themen wichtig sind, und ziehen Grenzen, wenn ihnen etwas abverlangt werden soll, das sie mit ihrer beruflichen Grundhaltung nicht vereinbaren können.

Dem zweiten Teil der Untersuchung liegen acht Interviews mit Journalisten zugrunde. Von Repräsentativität kann also wiederum nicht die Rede sein. Eine vernünftige Bestimmung der Grundgesamtheit aller Journalisten in Deutschland ist schlechterdings unmöglich.[9] In einem Verständnis von Interviews als soziale Situationen, in denen eine Interaktion (zumindest) zwischen zwei Beteiligten stattfindet, (vgl. dazu Steinert 1998b) könnte man auch fragen, was denn die Grundgesamtheit der möglichen Situationen wäre - und wie man eine Stichprobe der Interviewer zu bilden hätte. Aber die Ergebnisse sollten zumindest insofern verallgemeinerbar sein, dass möglichst viele verschiedene Medien und vor allem unterschiedliche Berufspositionen vertreten sind. Dazu wurde das folgende theoretische *sample* typischer Berufspositionen ausgearbeitet:
- Freie Journalisten mit autonomen Produktionsbedingungen, die ihre Produkte verschiedenen Sendern und Zeitungen anbieten (1)[10]
- Freie Journalisten mit starker Abhängigkeit von einem regelmäßigen Auftraggeber und strikten Vorgaben für Themen und Produktionszeiten (2)
- Fest angestellte Journalisten in abhängigen Positionen mit redaktioneller Bindung und hierarchischer Produktion (2)
- Fest angestellte Journalisten und Redakteure mit Entscheidungskompetenz und Weisungsbefugnissen (2)
- Fest angestellte Journalisten oder Mitarbeiter autonomer Produktionsfirmen mit langen Produktionszeiten und thematischer Unabhängigkeit (1)

Ferner sollten die verschiedenen Mediensparten (aktuell arbeiteten drei Befragte vorwiegend für die Zeitung, drei für das Fernsehen, einer für eine Presseagentur und eine für das Radio), sowie Männer (6) und Frauen (2)[11] und Personen mit unterschiedlichen Bildungswegen vertreten sein (vom nachgeholten Abitur bis zum abgeschlossenen Studium, wobei die meisten der Befragten während des Studiums in den Journalistenberuf eingestiegen sind, vier haben ein Volontariat absolviert, einer besuchte eine Journalistenschule). Im Verlauf der Untersuchung kamen zwei Auswahlkriterien hinzu: 1/ Nach der Analyse der kurzen Kriminalitätsmeldungen in der Tagespresse (vgl. Kapitel 5), die sich als Informationsgrundlage fast ausschließlich auf Agenturmeldungen stützen, lag es nahe, auch einen Redakteur einer Presseagentur zu interviewen. 2/ Ein anderer Befund aus den Inhaltsanalysen lautete, dass Kriminalitätsnachrichten in erster Linie als Unterhaltung verstanden werden können, dennoch unter der Fiktion präsentiert werden, es handle sich um Informationen. Als Gegenprobe wurde ein Journalist gesucht, der möglichst selbstbewusst als Unterhalter auftritt.[12]

Interviews als soziale Interaktion

Die Interviews habe ich so angelegt, dass lediglich durch wenige Leitfragen bestimmte Themen vorgegeben werden, im Wesentlichen aber die Narrationen der Befragten den Gesprächsverlauf bestimmen sollten. Meine angestrebte Haltung als Interviewer war die eines interessierten Zuhörers, dessen Nachfragen dem besseren Verständnis der Erzählung dienen. Die Leitfragen wurden daher ohne feste Reihenfolge (mit Karteikarten als Gedächtnisstütze) bei Bedarf ins Gespräch eingeführt. Der Einstieg erfolgte immer gleich über die Frage, wie die Befragten zum Journalistenberuf gekommen seien. Zur Gesprächssituation ist noch zu sagen, dass fünf Interviews am Arbeitsplatz der Journalisten stattfanden, zwei an meinem Arbeitsplatz an der Universität und eines bei mir zu Hause (im Wohnzimmer). Alle Gespräche wurden auf Band aufgezeichnet und anschließend transkribiert.[13] Für alle Interviews gilt, dass die angestrebte narrative Struktur nie wirklich zustande kam. Das mag mit der Präsenz der Karteikarten zusammenhängen, mit der Zusicherung, das Gespräch dauere nicht länger als eine oder eineinhalb Stunden – eine Festlegung, die bereits bei der telefonischen Gesprächsanbahnung in fast allen Fällen gefordert wurde – oder auch mit zu stark steuernden Fragen meinerseits. Es hat jedenfalls auch eine inhaltliche Dimension, dass nämlich die Journalisten mit einer bestimmten Form von Interview vertraut sind, deren Grundsatz lautet: schnelle präzise Fragen, kurze konkrete Antworten. Ihre Erwartungshaltung war deutlich von dieser Vorstellung geprägt – nicht zuletzt auch verbunden mit der Sorge, hinterher „veröffentlicht" zu werden mit Aussagen oder internen Informationen, zu denen man sich unbedacht hat hinreißen lassen.[14] Dass man wildfremde Leute ausfragt, ist ihnen zwar ein vertrauter Vorgang, aber auch mit der Befürchtung verknüpft, in ein falsches Licht gerückt zu werden, obwohl von vornherein Anonymität zugesichert wurde.

Ausgangspunkt der Interpretation der Interviews war dementsprechend die Rekonstruktion dieser schwierigen Interaktionen, der unterschiedlichen Situationsverständnisse, der ausgetragenen Konkurrenzen und Konflikte. Dem liegt die Theorie zugrunde, dass der entscheidende Bezugsrahmen für den Interpretationspunkt[15] solcher biographisch orientierter „Erzählungen" die konkrete Erzählsituation ist – weil so etwas wie „Biographie" überhaupt erst durch die Rekonstruktion vergangener Erfahrungen entsteht. Sowohl die Erzählstrategie als auch die Gegenübertragungen des Interviewers lassen sich dann auf die sozialen Positionen und Positionierungen beziehen, für die sie relevant sind. Konkurrenzen traten z.B. immer dann auf, wenn es inhaltlich um das Thema Kriminalität ging – ein deutlicher Hinweis, dass zwischen Wissenschaft und Presse um die Deutungshoheit solcher sozialer Phänomene gerungen wird. Vorstellbar (und bei den Interpretationen zu berücksichtigen) ist auch, dass die Journalisten etwas von der medienkritischen Perspektive der gesamten Untersuchung und der entsprechend pessimistischen Einschätzung ihrer Rolle als Journalisten geahnt haben – auf Grundlage ihres Bildes der Sozialwissenschaft, ihrer unmittelbaren Einschätzung des Interviewers oder latenter „Mitteilungen" durch denselben.[16]

In einem ersten Analyseschritt möchte ich prüfen, ob und in welcher Weise die beschriebene Diskrepanz zwischen autoritärem Programm und Aufklärungsabsicht von den Journalisten in den Interviews artikuliert wird und wie sie damit umgehen. Wie bewerten sie die Auswirkungen der Kriminalitätsberichterstattung? Wo sehen sie die Ursachen, sofern sie problematische Tendenzen wahrnehmen: z.B. ein verzerrtes Bild der „Kriminalitätswirklichkeit", das Schüren der Kriminalitätsfurcht oder die Medien als Forum für populistische Strafwünsche? Identifizieren sie sich mit (der Kriminalberichterstattung in) „den Medien" oder zumindest mit ihrer Zeitung bzw. ihrem Sender? Oder distanzieren sie sich und versuchen ihre Anliegen gegen die wahrgenommene Gesamttendenz durchzusetzen? Welche Faktoren wirken ihrer Erfahrung nach einem aufklärerischen Programm entgegen? Besonders interessant ist, inwieweit sie dabei lediglich eine abstrakte Medienkritik reproduzieren, ohne auf eigene Erfahrung zu rekurrieren. Die Interviews würden dann vor allem etwas darüber aussagen, mit welchen normativen Erwartungen Journalisten sich in einem bestimmten (noch genauer zu klärenden, jedenfalls durch die Interviewsituation aktivierten) Kontext konfrontiert sehen. Ziehen sie hingegen eigene Erfahrungen und konkrete Beispiele heran, setzen sie damit einen Erfahrungs- und Wissensvorsprung voraus: Der Wissenschaftler ist davon abhängig, was sie ihm erzählen. Die Interviews wären dann stärker im Hinblick auf die individuellen Strategien hin zu interpretieren, die zahlreichen – oft widersprüchlichen – Anforderungen ihres Berufs zu bewältigen. Es geht im folgenden Abschnitt also nicht zuletzt auch um die Frage, um was für eine Art Material es sich bei den Interviews tatsächlich handelt: um einen Ausschnitt des öffentlichen Redens und Moralisierens über die Medien, journalistische (Berufs)Ethik, schwarze Schafe und einzelne Skandale, oder (zumindest auch) um Einblicke in und Reflexionen über die alltäglichen Produktionsbedingungen von Nachrichten.

„Natürlich ambivalent": Das komplizierte Verhältnis der Journalisten zu ihren Kriminalitätsnachrichten

In allen Interviews finden sich Hinweise, dass die Journalisten die autoritäre Tendenz der Medien (bezüglich des Kriminalitätsthemas) zwar insgesamt „durchschauen", sie dezidiert kritisieren und auch Erklärungen bereit haben, wie es dazu kommt, dass damit aber auch die Erkenntnis verbunden ist, bestimmten Produktionsanforderungen unterworfen zu sein, die man zwar problematisieren, denen man sich aber nicht entziehen kann. Ich möchte das anhand eines längeren Auszugs aus dem Gespräch mit dem Gerichtsreporter einer Nachrichtenagentur illustrieren, in der die Komplexität dieser Diskrepanz und ihrer praktischen Bewältigung deutlich wird, um in der Folge mehrere Dimensionen als Gegenstände der weiteren Untersuchung herauszuarbeiten.

Frage: Ja zu dem Kriminalitätsthema noch mal, weil ich ja auch schon vorher erzählt habe, dass mir es auch darum geht, in welcher Art und Weise Kriminalität in den Medien auftaucht. Wie würden Sie das denn beurteilen? Was für eine Rolle spielen Medien im Zusammenhang mit Kriminalität?

Antwort: Na ja, eine sehr ambivalente natürlich. Das ist ja ein riesiges Themenfeld also. Das ist jetzt so als Frage ziemlich ... ziemlich unspezifisch. ...

Wir können auch versuchen, sie klein zu arbeiten ...

Also ich würde mal sagen: Medien sind für die Kriminalitätswahrnehmung der Bevölkerung sehr entscheidend. Sehr viele Leute sind davon überzeugt, dass es mit der Kriminalität immer schlimmer wird. Dass sie auch und insbesondere in den Großstädten sehr gefährdet sind, Opfer von Kriminalität zu werden. Und sind insbesondere davon überzeugt, dass das in der weiteren Umgebung, die man selber gar nicht so genau kennt – also wo man vielleicht sagt, ach in meinem Stadtteil ist es noch ganz in Ordnung, aber in der nächsten größeren Stadt ist es schon ganz schlimm und in Russland ist es sowieso am allerschlimmsten. Dieser Eindruck wird von den Medien gespeist. Nicht gezielt – oder nicht in allen Fällen gezielt – aber der entsteht durch Medienkonsum und bildet die Realität eigentlich nicht ab.

Es bildet die Realität nicht ab? Das interessiert mich: in welcher Hinsicht nicht?

Das kann man z.B. ganz gut festmachen an diesen Sexualmorden an Kindern und insbesondere an Mädchen, die ja in letzter Zeit ... ja breiteste Aufmerksamkeit finden, in Boulevard-Zeitungen und in den Boulevard-Magazinen, nicht nur der privaten, sondern auch der öffentlich-rechtlichen Sender, die da breitgetreten werden bis ins Letzte, bis hin zu Reality-Filmen dann, wo irgendwelches Geschehen nachgestellt wird, um dann pünktlich zum Prozessbeginn versendet zu werden. Also ... da entsteht also auch – bei meinen Bekannten z.B. höre ich immer, also man kann ja seine Kinder nicht mehr auf die Straße schicken usw., es passiert so viel. Und das ist blanker Unsinn. Es passiert weniger als in den sechziger und siebziger Jahren, das ist statistisch erwiesen. Die Leute ... man kann es den Leuten hunderttausendmal erzählen oder auch schreiben in Agentur-Artikeln, das interessiert keinen. Das wollen die Leute nicht wissen, sie wollen diesen Grusel. Und das ist was, was mich stört. Aber das ist auch ein Geschäft, an dem wir uns beteiligen, weil es ist eine unheimliche Nachfrage ... nach solchen, nach solchen Themen da. Wenn ... wenn so ein Fall gerade wieder aktuell ist ... selbst die seriösesten Zeitungen machen da Riesengeschichten drüber, gespeist natürlich von den Nachrichtenagenturen auch, von unserem Material. Und ... was ich Ihnen so vorhin geschildert habe, also so dieses ... Rumstromern dann da so rund um den Tatort. Also ich weiß immer nicht so ganz genau, wozu das eigentlich gut sein soll, aber da sehe ich auch unsere Rolle kritisch, wenn auch nicht so kritisch wie die von den Fernsehstationen, die ja Bilder brauchen, die gnadenlos Witwen schütteln.

Witwen ... ?

Witwen schütteln.

Ist das eine feste Redewendung?

Das ist eine feste Redewendung ja. (*Lachen*). Da geht es halt da drum z.B. Bildmaterial über Opfer oder auch Täter zu beschaffen. Also so was machen wir nicht, aber das machen etliche Boulevard-Medien, die dann halt zu den nächsten Angehörigen gehen, also den Witwen und dann ...

[Pause]

... also Sie haben jetzt selber schon sehr stark ja gesagt, das ist im Prinzip schon ein Widerspruch, also man ist einerseits schon auch Teil der Medien, die damit arbeiten. Vielleicht bestimmte Sachen kann man vermeiden, kann man sagen, das ... machen wir nicht. Aber wie sehr hat man das bei der konkreten Arbeit mit einem *Thema* dann im *Kopf,* diese allgemeine Problematik, diese Ambivalenz, die Sie geschildert haben. Dass das irgendwie auch wieder dazu beiträgt, dass irreale oder unrealistische Ängste geschürt werden. Kann man das immer im Kopf haben?
Nein, kann man natürlich nicht. Abgesehen davon, wenn einem die Zentrale im Nacken sitzt, man möge doch bitte bis 16.00 Uhr eine vernünftige Meldung haben. Man kann nur dem halt eine vernünftige Recherche entgegenhalten, indem man versucht andere Fakten ... halt zu transportieren, indem man auch drauf achtet, dass man in den Berichten die Betroffenen nicht vorverurteilt z.B. – da gibt es ja <u>immer wieder</u> Rügen des Presserates, wo genau so was passiert ist. Da kann man schon drauf achten, das kann man auch permanent im Kopf haben. Aber nichtsdestotrotz, ... also die Auswahl, ob ich über irgendwas berichte oder nicht, habe ich dann in <u>so</u> einem Fall nicht. Da ist ja nur noch die Frage über das <u>Wie</u>. (Redakteur einer Presseagentur)

Diese längere Passage entwickelt sich sehr dynamisch und ist daher zuerst einmal im Verlauf der Interaktion zu interpretieren. Die Eingangsfrage kann man als meinen misslungenen Versuch deuten, als Interviewer einen Themenwechsel herbeizuführen, ohne eine inhaltliche Tendenz vorzugeben. Jedenfalls liefert der Befragte spontan die Antwort, die auf diese Frage „natürlich" von ihm erwartet wird: Die Rolle der Medien sei „ambivalent". Erst mit dem zweiten Satz konzediert er, dass man die Frage auch offen auffassen kann, allerdings mit der negativen Konnotation, das sei doch „ziemlich unspezifisch". Offene Fragen decken sich nicht mit journalistischen Erwartungen an ein Interview, sie lösen Irritation aus, werden als handwerkliche Fehler wahrgenommen. Auf das Angebot, die Frage „klein zu arbeiten" geht er dennoch nicht ein, sondern setzt mit einer ausführlicheren Version bzw. Erläuterung der „natürlichen" Antwort fort. „Ambivalent" ist nicht nur die spontane Antwort, es kennzeichnet auch die Situation, wie sie unwillkürlich entsteht: Einerseits ein wahrgenommener Bekenntniszwang gegenüber dem Interviewer – dem als Frankfurter Soziologen ohnehin eine kritische Haltung gegenüber „den Medien" unterstellt werden dürfte[17] –, dann aber doch ein eigenes Mitteilungsbedürfnis, bei dem er sich nicht durch weitere Fragen des Interviewers unterbrechen lassen will. In dieser Passage redet er noch von den Medien insgesamt, kritisiert insbesondere die nicht intendierten Wirkungen der Kriminalberichterstattung. Auf die Konkretisierung erheischende Nachfrage („Das bildet die Realität nicht ab?") geht er ein, indem er das Thema „Sexualmorde an Kindern" als Beispiel mit der Art der Berichterstattung in den „Boulevard-Medien" verknüpft. Tatsächlich handelt es sich dabei weniger um ein konkretes Beispiel aus der Praxis, sondern um ein bekanntes Thema, unter dem sich jeder (irgend)etwas vorstellen kann. Statt konkret zu werden, weicht der Befragte aus auf das unverfängliche Terrain moralischer Empörung. Doch schwenkt er ohne Eingreifen des Interviewers wieder um: „Aber das ist auch ein Geschäft, an dem wir uns auch beteiligen". Mehrfach wechselt er in den folgenden Passagen die Perspektive, setzt einerseits an, die Medien strukturell (und somit auch den eigenen Beitrag) kritisch zu reflektieren, zieht sich andererseits immer wieder auf das vermeintlich sichere Terrain normativer Urteile über „die Medien" zurück. Den Zwischenruf des Interviewers zum „Witwen schütteln" nutzt er, um sich noch einmal gemeinsam von den Methoden der Boulevard-Medien zu distanzieren – es kommt zu einer deutlichen Entspannung der Gesprächssituation. Das Moralisieren ist also nicht nur einem latenten Bekenntniszwang geschuldet, es ermöglicht gefahrlosen *small talk*, bei dem man nicht viel von sich selbst preisgeben muss, die Übereinstimmung mit dem Gegenüber voraussetzen und bisweilen sogar die angespannte Atmosphäre etwas auflockern kann. Seine Versuche, sich selbst als Teil dieser Medien zu reflektieren, sind wesentlich zurückhaltender. Spricht er vorher noch dezidiert im Singular („das ist was, was mich stört", „ich weiß immer nicht so ganz genau, wozu das eigentlich gut sein soll"), wechselt er dabei jeweils in den Plural („Aber das ist auch ein Geschäft, an dem wir uns auch beteiligen", „da sehe ich auch unsere Rolle kritisch"). Im letzten Abschnitt, in dem er erstmals konkret auf seine praktischen Arbeitsbedingungen eingeht, verwendet er schließlich das ganz unpersönliche „man". Erst wo es wieder um Selbstverständlichkeiten geht, worüber „man" berichten *muss,* kehrt er zurück zur Rede in der ersten Person: „die Auswahl (...) habe ich (...) nicht." Das Grundmuster ist: je konkreter es zur Sache geht, desto abstrakter wird die Sprache und umgekehrt.

Ähnliche Gesprächsdynamiken entwickelten sich in allen Interviews. Sie waren einerseits gekennzeichnet durch das Misstrauen, zum Objekt einer Forschung zu werden, die sich ihnen gegenüber undurchschaubar macht, dennoch wurde die Situation immer wieder als Gelegenheit zur Selbstreflexion genutzt. Ein Gesprächspartner äußerte bei der Verabschiedung (nachdem das Band aus war und ich offener über meine Absichten geredet hatte) explizit als positive Erfahrung, dass er „so noch nie über diese Dinge nachgedacht" hätte. Für die inhaltliche Fragestellung lässt sich festhalten, dass die befragten Journalisten sich zwar kritisch mit den Medien und deren Beitrag zu problematischen Kriminalitätsdiskursen auseinandersetzen, dieses Nachdenken jedoch immer wieder überlagert wird von der abstrakt-unverbindlichen Ebene der Moral und Ethik.

Professionelle Normen

Mehr oder weniger nachdrücklich äußerten alle Journalisten auch den Wunsch, gegenüber ihrem Publikum aufklärerisch zu wirken und dem allgemeinen Horrorbild einer stetig wachsenden Kriminalität durch sachliche Informationen zu begegnen. Die Diskrepanz zwischen diesen hehren Zielen und ihrem negativen Gesamtbild der Medien überbrücken sie, indem sie sich auf Professionalität beziehen und die handwerklichen Normen ihres Berufs betonen. So werden die abstrakten moralischen Bezüge in handhabbare praktische Regeln verwandelt, die angesichts einer spürbaren Verunsicherung über die fragwürdige Rolle der Medien wieder Halt und Schutz vor Anfeindungen versprechen. Die mit Abstand wichtigste Norm ist gründliche und umfassende Recherche:

Ich informiere mich erst mal umfassend. Ich rede mit allen, von denen ich denke, dass sie mir Informationen geben können. Und wenn ich einem nicht so recht glaube oder auch wenn ich ihm glaube ... Ich weiß: diese Info kannst du nicht allein aus dieser Quelle, da musst du noch eine andere, das muss jetzt unabhängig von ihm noch mal jemand sagen. Ich kann mich nicht auf den Standpunkt stellen, es wird behauptet der Bundesgrenzschutz hat Ausländer verprügelt ... und dann sage ich: jaja, das ist bestimmt so. Obwohl es bestimmt so ist. Aber da kann ich nicht sagen: das ist bestimmt so, sondern das muss ich recherchieren. Das muss ich prüfen, ob das so ist. (Freie Journalistin)

Kann man nachweisen, dass man gut recherchiert hat, macht man sich nahezu unangreifbar. Man darf sogar, wie es in dem Zitat anklingt, die eigene (vorgefasste) Meinung einfließen lassen. So scheint es möglich, gleichzeitig die eigenen Aufklärungsabsichten zu verfolgen, während man der ebenfalls häufig betonten „Chronistenpflicht" einer möglichst umfassenden und erschöpfenden Berichterstattung nachkommt. Es gibt keine Tabuthemen, die man nicht durch sorgfältige Arbeit in eine vertretbare Form bringen könnte. Es gibt nichts, worüber man nicht „berichten" dürfte. Im Gegenteil: Nichts darf verschwiegen werden – häufig war in diesem Zusammenhang auch von „Wahrheit" und „Authentizität" die Rede. Aber wie entscheidet man im konkreten Einzelfall, ob und wie über ein bestimmtes Ereignis berichtet werden soll? Es erwies sich als schwierig, in den Interviews über die Kriterien zu reden, die diesen Entscheidungen zugrunde liegen. Sie ergeben sich scheinbar naturwüchsig, ohne eigenes Zutun – „Da ist ja nur noch die Frage über das *Wie*" (s.o.). Als Journalist weiß man einfach, worüber man berichten muss, selbst wenn man es persönlich für verzichtbar oder problematisch hält:

Wenn man als Journalist dann da sitzt und diese Meldungen schreibt, hat man da auch das Gefühl, dass das im Prinzip die Leute nur noch ängstlicher macht, wie geht man damit um?

Ja, das ist ein Thema, das ich auch schon vor Jahren versucht hab zu diskutieren, was aber im Sande verlaufen ist. Also meiner Meinung nach müsste man sozusagen diese Routinemeldungen überhaupt nicht bringen. Das ist erstens vom Nachrichtenwert her nahe null, weil ... ein Raub, eine Oma wird beraubt ... das ist nun wirklich was, was auch oft vorkommt und das braucht man nicht im Blatt zu haben. Das ist einfach Standard. Ich würde also wirklich, ich würde grade auf diesen Kram, würde ich echt verzichten.

Und stattdessen?

Und stattdessen halt natürlich an den spektakulären Sachen, wo man nicht vorbeikommt, wenn einer umgebracht wird und es im Bahnhofsviertel eine Schießerei gibt und so Sachen, klar da kommt man einfach nicht dran vorbei, die muss man dann auch bringen, ja? (Polizeireporter)

Hier deuten sich mehrere Gründe an, warum die kritische Haltung bezüglich der negativen Effekte einer skandalisierenden Medienberichterstattung über Kriminalität sich nicht in der konkreten Praxis niederschlägt. Die wenig quotenträchtigen Bestandteile der Berichterstattung, der Standard, die Routinemeldungen werden für verzichtbar gehalten. Doch sein Vorschlag, sie tatsächlich wegzulassen, „ist im

Sande verlaufen", ließ sich redaktionsintern nicht durchsetzen. Im Berufsalltag gilt es, möglichst effizient und schnell eine große Zahl von Beiträgen zu produzieren. Das lässt sich nur mit einem hohen Anteil routinemäßiger Abläufe bewältigen. Alles an guten Quoten zu messen, kann man sich gar nicht leisten. Für die Journalisten ist die Routine lästig, weil sie ihnen wenig Entfaltungsmöglichkeiten bietet, sich mit eigenen Anliegen und Ausdrucksmitteln einzubringen.

Am anderen Ende der Skala stehen die „spektakulären Sachen", an denen man „nicht dran vorbei" kommt. Das sind Ereignisse, mit denen sich die Routine durchbrechen lässt, die Spannung nicht zuletzt für die Journalisten selbst versprechen:

> Also da gab es mal diesen sehr spektakulären Fall, der auch durch alle Nachrichten lief, das war dieser Mirko, der sich vor einen S-Bahnwagen warf, weil er von Jugendlichen abgezockt wurde und sich nicht mehr zu helfen wusste. Also so das Gangwesen. Und dann gab es also noch so ein paar spektakuläre Fälle, die alle so in diesem Milieu spielten, auch in anderen Städten der Bundesrepublik. Und dann habe ich mich einfach mal ganz grundsätzlich mit dem Thema auseinander gesetzt. (Ressortleiter einer Wochenzeitung)

Besonders spektakulär sind solche Ereignisse, wenn sie Teil einer größeren Geschichte sind und Anlass für eine fortgesetzte, ausführliche Berichterstattung mit weiteren Recherchen bieten (die Betonung von Professionalität dient also nicht zuletzt dazu, einen abwechslungsreicheren Arbeitsalltag zu begründen). Aus Sicht der Journalisten ist Kriminalität vor allem dann interessant, wenn sich daraus eine „gute Geschichte" machen lässt. Leider sind gute Geschichten häufig Moral- und Bestrafungsgeschichten, gute Gegenerzählungen hingegen rar. Darauf werde ich in den folgenden Abschnitten noch anhand einiger Beispiele eingehen. Am plausibelsten ist der Aufklärungsanspruch der Journalisten, wenn sie schildern, wie sie versuchen, sich selbst zu Experten zu machen. Doch die Möglichkeit, sich „grundsätzlich" mit einem Thema befassen zu können, wird stets als seltener Glücksfall geschildert. Es kommt in erster Linie auf schnelle Reaktionen an, will man kein wichtiges Thema verpassen. Ein häufig erwähntes Kriterium ist, ob sich auch andere Medien demselben Ereignis widmen.

Sie müssen schnell auf Themen aufspringen, die andere gerade groß herausbringen, sie müssen routinemäßig eine Vielzahl kleiner Meldungen abarbeiten, und sie können sich kaum einmal den inhaltlichen Schwerpunkten widmen, die ihnen wirklich am Herzen liegen. Sie sind beständig auf Eingaben von außen angewiesen und haben doch – anders als es das Bild des *gatekeepers*[18] nahe legt – keinen Überblick. Wenn sie dann nach guten Geschichten suchen, müssen sie assoziativ vorgehen. Je weniger Raum sie haben, selbst eine Erzählung zu etablieren, desto mehr müssen sie auf Bekanntes zurückgreifen, auf den Fundus immer schon erzählter (und immer wieder erzählbarer) Geschichten und ewiger Mythen, bei denen man davon ausgehen kann, dass sie beim Publikum die gleichen Assoziationen auslösen. Sie reagieren auf Grundlage ihrer eigenen spontanen Faszination für Gewalt, Spannung, Grusel, etc. und verbinden sie mit etablierten Narrationen über Gesellschaft, Moral und Geschlechterverhältnisse. Dabei können sie auf fiktive Erzählstrukturen vom Krimi über die Abenteuer- bis hin zur Horrorgeschichte zurückgreifen. Aber auch auf die etablierten „Erzählungen" von Wissenschaftlern, Politikern und anderen Experten der Verwaltung sozialer Ausschließung und sozialer Kontrolle.

Es eröffnet sich eine Vielzahl von Kontexten, in denen die Diskrepanz zwischen Aufklärungsabsichten und autoritärem Programm sich weiter untersuchen lässt. Auf der Ebene der abstrakten Moral und Medienethik stellt sich die Frage nach der Herkunft der zugrundegelegten Normen: Wie sind die Wechselwirkungen zwischen Medien-Selbstkritik und wissenschaftlicher Medienkritik (Kapitel 2), welche Interessen und selbstverständlichen Normen liegen dem Journalistischen Blick auf Kriminalität zugrunde (Kapitel 3), welche Rolle spielen dabei die alltäglichen Produktionsbedingungen, die konkrete Arbeitssituation? (Kapitel 4) Die autoritären Tendenzen der Berichterstattung möchte ich insbesondere anhand von Materialbeispielen weiter untersuchen: Was sind die zentralen narrativen Motive der Berichterstattung, wo kommen sie her und was bedeutet das für den gesellschaftlichen Umgang mit Kriminalität und Straftätern? (Kapitel 5 und 6) Die Aufklärungsabsichten werden schließlich noch einmal mit Bezug auf kriminalpolitische Fragen untersucht: Wie nehmen Journalisten überhaupt Kriminalität und Strafrecht wahr, was „wissen" sie und wer sind ihre Bündnispartner, wer ist ihr Publikum? (Kapitel 7)

Kapitel 2: Die Medien und ihre Kritiker
Normative und reflexive Theorien intellektueller Produktionsbedingungen

Medientheorien werden hier aus der relativen Distanz einer Soziologie abweichenden Verhaltens kritisiert. Damit soll gerade kein „objektiver" Standpunkt außerhalb der Medien und der Medientheorie beansprucht werden, sondern beide „Seiten" mit demselben befremdeten Blick betrachtet werden. Medien und Medienkritik sind unlösbar miteinander verstrickt und auch mein devianzsoziologischer Zugang bleibt davon nicht unberührt. Er ermöglicht aber, einige Selbstverständlichkeiten offenzulegen, die Medien und Medienkritik teilen und die nur in einer dritten Perspektive „sichtbar" werden. Dafür nehme ich freilich einige blinde Flecken dieser dritten Perspektive in Kauf. Das betrifft insbesondere die Feinheiten der kommunikationstheoretischen Debatten zwischen den verschiedenen mediensoziologischen Ansätzen und der jeweils immanenten Begriffs„gebäude" – die können andere wesentlich besser kritisieren. Mein Beitrag bescheidet sich damit, auf einige gemeinsame Hauptlinien von im Detail sehr unterschiedlichen Theorien und Kritikmodellen hinzuweisen, die auffallen, wenn man die impliziten Normen der Theoriebildung hinterfragt.

Medien und Medienkritik aus der Perspektive der Soziologie abweichenden Verhaltens

Aus der Perspektive einer normenkritischen Soziologie gilt es zuerst einmal zu vergessen, was wir über die Medien (und Medienkritik) zu wissen glauben. Das ist nicht ganz einfach, wenn man berücksichtigt, dass wir im Alltag mit den Medien völlig selbstverständlich und kompetent umgehen. Wir bewegen uns routiniert, wie die sprichwörtlichen „Fische im Wasser",[1] und eben darum machen wir uns keine Gedanken darüber, wie uns das gelingt. Wir nutzen Bücher, Zeitungen, Telefon und Fernsehen usw., ohne uns jedes Mal bewusst zu machen, dass wir uns eines Kommunikationsmediums bedienen. Daher kann man sich für die Bestimmung des Gegenstands nicht einfach auf etablierte Grenzziehungen berufen: Wo fangen die Medien an, wo hören sie auf? Wenn dieser Text als Buch vorliegt, ist er selbst Teil der Medien und das hat Rückwirkungen auf seine Produktion. Während ich das schreibe, habe ich immer auch ein(e Idee von meinem impliziten) Publikum im Kopf. Medien lassen sich auch nicht in Abgrenzung zu einer vorgängigen Sphäre der „wirklichen Wirklichkeit" bestimmen, die sie abbilden (oder auch manipulieren, verzerren usw.). Unsere alltägliche Erfahrung ist so weitgehend von Medien durchdrungen, dass die Medien-Wirklichkeit realer erscheint, als unmittelbare, lebendige Erfahrung. Das ist, wie Keppler (1994) in ihrer Studie zum „Realitätsfernsehen" herausarbeitet, nicht einfach eine naive Verwechslung: Die Zuschauer des so genannten „Reality-TV" wissen sehr genau, dass sie einer Inszenierung beiwohnen (anders sind die Sendungen nicht sinnvoll und vergnüglich zu rezipieren) und nutzen dies als bewusste „Unterbrechung" des Alltags.[2] Aber es ist eine mächtige Realitätskonstruktion. Aufgrund der medialen Darstellungsmuster entsteht eine „Wirklichkeit eigener Art" als „Wirklichkeit politischer Verhältnisse, die nicht länger Gegenstand sind, sondern unhinterfragte Voraussetzung von Gesprächen und Erörterungen über politische Ereignisse." (Keppler 1985:165) Wenn wir uns abends mit Freunden treffen und über den neuesten Gesetzentwurf zum Sexualstrafrecht diskutieren, dann tun wir das auf Grundlage dieser medialen Konstruktion von Wirklichkeit und wir konstruieren daran mit.

Ebenso naturgegeben nehmen wir die hegemonialen Medientheorien wahr. Das klingt schon in der eben diskutierten Unterscheidung von Wirklichkeit und Abbildung an: Mit solchen Problemen der Unterscheidung von Realität und Fiktion, von medialer Wirklichkeit und Lebenswelt, mit unterschiedlichen Annahmen über die Art und das Ausmaß der Konstruktion von Wirklichkeit, beschäftigen sich fast alle Medientheorien. Sozialwissenschaftliche Ansätze gehen inzwischen fast ausnahmslos von einem (wie auch immer radikalen oder gemäßigten) Konstruktivismus aus und unterstellen jedenfalls das so genannte Thomas-Theorem[3]: Menschen handeln auf Basis der Wirklichkeit, wie sie sie wahrnehmen, selbst wenn diese wahrgenommene Wirklichkeit künstlich, konstruiert, verzerrt, usw. sein sollte. Somit können wir, ohne uns auf Debatten über die angemessene Radikalität des Konstruktivismus einzulassen, mit der Grundannahme über die Medien und Medientheorien arbeiten, dass die Medien Teil der gesellschaftlichen Wirklichkeit sind, zu der eben auch derartige Grenzziehungen gehören; sie sind als relevante Konstruktionen ernst zu nehmen, die im Reden über die Medien oft unhintergehbar sind, die man aber nicht als naturalistisch mystifizieren muss.

Medien sind eine Vielfalt von Perspektiven auf „Medien"

Dennoch macht es Sinn, von „den Medien" als gesellschaftliche Institution zu sprechen, insofern man damit im Sinne einer reflexiven Soziologie[4] keinen empirisch abgrenzbaren *Bereich* von Gesellschaft bezeichnet, sondern eine Vielfalt von *Perspektiven* aller an der gesellschaftlichen Konstruktion von „Medien" und von Wissen über die „Medien" Beteiligten, von den Produzenten über die Rezipienten bis zu den Kritikern und Wissenschaftlern. Es gibt keine privilegierte Perspektive. Es gibt nur verschiedene Grade von Reflexivität, mit der die an der gesellschaftlichen Konstruktion von „Medien" Beteiligten ihr je eigenes Bild der Medien und ihre je eigene Rolle darin auf die spezifischen sozialstrukturellen, institutionellen und situativen Voraussetzungen zurückbeziehen, die ihrer Perspektive zugrunde liegen. Als Zuschauer und Leser hat man andere Interessen und andere Erwartungen an die Medien als jemand, der an der Produktion von Beiträgen beteiligt ist, oder als jemand, der sein Brot mit der (öffentlichen) Kritik daran verdient. Ein Mediensoziologe hat ein anderes Wissen über die Medien als ein Funktechniker oder Drucker, ein Journalist hat andere Probleme mit der Ethik des Journalismus als ein Philosoph, der ein Buch darüber schreibt. Während man einen Leserbrief verfasst, geht man eine andere Beziehung zur Zeitung ein, als wenn man sich über den ärgerlichen Beitrag mit den anderen Anwesenden am Frühstückstisch unterhält.

Eine der grundlegenden Selbstverständlichkeiten des öffentlichen Nachdenkens über die Medien besteht darin, diese Spezifik der einzelnen Perspektiven zu ignorieren und über „die Medien" als etwas zu sprechen, das alle in der gleichen Weise betrifft. Öffentlichkeit soll ein Ort sein, der alle angeht, die Inhalte sollen möglichst universell und nicht von subjektiven Präferenzen überlagert sein. Nachrichten sollen wichtige Informationen von allgemeiner Relevanz objektiv wiedergeben. Das Denken in Kategorien dieser Art, die Unterscheidung zwischen Privatheit und Öffentlichkeit, Allgemeinem und Partikularem, Lokalem und Globalem usw. entspringt einer ganz bestimmten Tradition der Philosophie der Aufklärung (der rationalistischen im Unterschied zur humanistischen, wie Toulmin 1991 herausarbeitet), kann also selbst nicht als universell gültig behauptet werden. Die erfolgreiche Durchsetzung dieser Kategorien basiert auf dem historischen Siegeszug der Intellektuellen als autorisierte Interpreten der Gesellschaft.[5] Auf die Medien übertragen ergibt sich die folgenreiche Unterscheidung zwischen Sendern und Empfängern von Informationen. Die behauptete Allgemeinheit der Aussagen wird vertreten durch eine kleine Klasse von Spezialisten: Journalisten, Experten, Politiker und Medienkonzerne – nicht als kritische Zustandsbeschreibung, sondern als normativer Anspruch. Es wäre eine eigene Untersuchung wert, wie sich diese Arbeitsteilung historisch durchgesetzt hat und wer davon profitiert. In einem ersten Schritt wäre zu klären, welche unhinterfragten Voraussetzungen dieser Unterscheidung Plausibilität verleihen. Wenn wir annehmen, dass die Welt groß, unübersichtlich und kompliziert geworden ist und wir von Informationen „überflutet" werden, liegt es nahe, eine Klasse von *gatekeepers* zu engagieren, die die Flut eindämmen. Wenn wir annehmen, dass es für Handarbeit und Kopfarbeit unterschiedlich begabte Spezialisten gibt und eine moderne Gesellschaft eine entsprechende Arbeitsteilung vornehmen muss, liegt es nahe, den Kopfarbeitern die Zuständigkeit für das Allgemeine, das Globale, kurz „das Große und Ganze", zu überlassen. Wenn wir annehmen, dass Bildung etwas ist, das man mitteilen oder vermitteln kann – und nicht etwas, das aus „lebendiger Erfahrung" entspringt – liegt es nahe, die entsprechenden Mitteilungsapparate zu institutionalisieren und ein erzieherisches, autoritäres Verhältnis zu den Rezipienten einzunehmen. Und es liegt nahe, die Erfahrung der handarbeitenden, der proletarischen Klasse zu entwerten, wie es Negt und Kluge (1972) noch klassenkämpferisch formulierten – inzwischen haben sich ihre Thesen so sehr bewahrheitet, dass diese klassenkämpferische Medienkritik selbst völlig antiquiert klingt.

Die verschiedenen Perspektiven auf die Medien verraten uns also etwas über die soziale Position jener, die sie vertreten, über ihre Interessen und die politischen (Klassen)Kämpfe, die sie ausfechten. Um etwas Ordnung in die Perspektivenvielfalt zu bringen, möchte ich im nächsten Schritt klären, von welchen sozialen Positionen das Nachdenken über die „Medien" üblicherweise ausgeht, und welche Perspektiven das nahe legt.

Öffentliches Nachdenken von Intellektuellen über intellektuelle Produktionsbedingungen

Das öffentliche Nachdenken über die Medien wird dominiert von der wissenschaftlichen Medienkritik sowie der Kritik der Medien *in den* Medien und *durch die* Medien selbst. Medienkritik, wie sie in den Medien häufig von Journalisten selbst betrieben wird, läuft fast immer darauf hinaus, dass eine Fraktion der Praktiker der anderen ein Fehlverhalten vorwirft.[6] Es geht also vor allem um moralunternehmerische Strategien zur Durchsetzung der Normen, deren Verletzung beklagt wird und die mehr über die Interessen der Moralunternehmer aussagen als über die kritisierten Praktiken. Medienkritik in den Medien und durch die Medien könnte durchaus reflexiv sein, wenn die Kritiker sich auf ihre eigenen Erfahrungen (als Journalisten, Publizisten, Verleger etc.) beziehen würden. Stattdessen werden Einzelfälle als Abweichung skandalisiert: Gefälschte Hitler-Tagebücher, gestellte Szenen, die als „echt" verkauft werden, Gerüchte, die ungeprüft die Runde machen, oder einfach die Übertretung der Grenzen guten Geschmacks, wie die bereits geschilderte Öffnung einer Leiche vor laufender Kamera. Derlei moralische Kritik hat nicht nur die Funktion, die „schwarzen Schafe" symbolisch auszuschließen, sie hat vor allem die Funktion, die Medien insgesamt als moralisch intakt und selbstkritisch zu charakterisieren. Praktisch hat die Skandalisierung in den Massenmedien häufig gerade keinen ausschließenden Effekt, sondern erfüllt die Funktion einer zusätzlichen Werbung – nur in den seltenen Fällen strafrechtlich relevanter Vergehen, kommt es tatsächlich zu negativen Konsequenzen für die „Täter".

Die wissenschaftliche Medienkritik geht nicht weniger normativ vor, wenn sie beansprucht, der Standpunkt des Kritikers sei den beklagten Zwängen der Produktion enthoben: hier die objektive Wissenschaft, dort die reißerischen, der Kulturindustrie unterworfenen Medien. Damit verbunden ist beinahe zwangsläufig die unreflektierte Verallgemeinerung der eigenen Position – das gilt, wie Christine Resch gezeigt hat, auch für Ansätze, die sich explizit mit der so genannten Populärkultur befassen und die Rezipienten als kritisches, rebellisches, widerständisches Publikum feiern: Das von den (späten und populistischen Varianten der) *Cultural Studies* entworfene „widerspenstige Publikum" sind im Endeffekt die Kulturforscher selbst.

> „Der (populistische) Intellektuelle darf sich als Volksaufklärer feiern, indem er das aufgeklärte Publikum feiert. Das wird ihm dann allerdings von Kollegen vorgeworfen, die sich selbst im 'Besitz' der 'richtigen' *Cultural Studies* sehen. (...) Die Studien, so kann man zusammenfassen, handeln weniger von den Rezipienten der Populärkultur als den Intellektuellen, die darüber schreiben. Das 'widerspenstige' Publikum ist man selbst: Immun gegen die herrschende Ideologie, aber ohne Ressourcen, selbst eine 'Weltsicht' zu etablieren. Die *Cultural Studies* sind eine Theorie über den sozialen Status von Intellektuellen." (Resch 1999:120f.)

Diese populistische Wendung der *Cultural Studies* hängt ironischerweise mit ihrem Erfolg und ihrer internationalen Wahrnehmung zusammen. Sie stellen einen attraktiven Bezugspunkt für eine neue Generation von Kulturforschern dar, die, um sich mit diesem Ticket zu etablieren, im Namen des Publikums alle anderen Konzepte von Kulturkritik als „elitär" abwerten. Gewissermaßen bilden sie damit das Gegenstück zur (halbherzigen) Selbstkritik der Medien: Ihre Entwertung von Wissen geht „nach oben" im Sinne eines akademischen Konkurrenzkampfes aus der Position der Nachrückenden. Einerseits sind sie damit eine „Theorie über den sozialen Status von Intellektuellen" und haben vermutlich einen entsprechenden Erfahrungshintergrund, andererseits beanspruchen sie eine Theorie über den sozialen Status des Publikums zu sein, dessen Erfahrungen in der Forschungspraxis aber kaum berücksichtigt (und damit ebenfalls entwertet) werden.

Medien sind Teil der wissenschaftlichen Produktionsbedingungen auch in ganz praktischer Hinsicht: Wissenschaftler und andere Intellektuelle lesen Bücher und Zeitungen, sie sehen fern und hören Radio, als Medien- oder Kulturforscher tun sie das nicht nur im Sinne einer persönlichen „Bildung" oder eines bürgerlich-kritischen Engagements, sondern sie nutzen Medien als „Material" für ihre wissenschaftliche Arbeit. Auf der Produktionsseite veröffentlichen sie Bücher und Aufsätze, manchmal treten sie auch im Fernsehen auf, geben Interviews oder schreiben Beiträge für Tageszeitungen. Sie hoffen auf Publizität ihrer Forschungsergebnisse, auf Rezensionen zu ihren Büchern, treten auf Tagungen oder bei Preisverleihungen auf, über die die Medien dann berichten, so hoffen sie zumindest. Wissenschaft und Medien sind praktisch sehr eng miteinander verflochten. Auch wenn Wissenschaftler über die Medien nachdenken und sie kritisieren, dann tun sie das fast immer in den Medien oder jedenfalls in einer Form, die die Aufmerksamkeit der Medien in Gestalt einer Berichterstattung über dieses Ereignis erheischt. Ein plakatives Beispiel ist Pierre Bourdieu, der seine Auseinandersetzung mit dem Medium Fernsehen in zwei Fernsehauftritten präsentierte (die dann hinterher in Buchform gebracht wurden). Darin arbeitet er heraus, wie sehr die Wissenschaft auf die Medien angewiesen ist, will sie öffentliche Wirkung entfalten:

> „Die schlichte Weigerung, sich überhaupt im Fernsehen zu äußern, scheint mir nicht vertretbar. Ich denke sogar, dass man in bestimmten Fällen förmlich dazu verpflichtet ist – allerdings

müssen vernünftige Voraussetzungen dafür gegeben sein. Bei der Entscheidung ist das Spezifische des Instruments Fernsehen in Rechung zu stellen. Wir haben es hier mit einem Instrument zu tun, das jedenfalls theoretisch die Möglichkeit gibt, jedermann zu erreichen. Daher sind ein paar Vorfragen zu berücksichtigen: Geht das, was ich zu sagen habe, jeden an? Bin ich bereit, meine Rede formal so zu gestalten, dass sie alle verstehen? Verdient sie von allen verstanden zu werden? Mehr noch: Soll sie überhaupt von allen verstanden werden? Eine Aufgabe gerade der Forscher und Wissenschaftler – und vor allem vielleicht der Sozialwissenschaftler – besteht darin, die Erträge allen zugänglich zu machen." (Bourdieu 1998:17f.)

Ausgehend von diesen Überlegungen fragt Bourdieu, welche Verfügungsgewalt der Wissenschaftler, wenn er im Fernsehen auftritt, dabei eigentlich über seine „Produktionsmittel" hat – ob er selbst bestimmen kann, was er sagt und wie er es sagt. Diese weitgehende Kontrolle, so Bourdieu, kann nur in Ausnahmefällen gelingen. Der Grund dafür liegt in der Organisationsstruktur der Medien, die von der Konkurrenz um Märkte geprägt ist und deshalb kaum Raum für Nachdenklichkeit (die vor allem Zeit braucht) lässt. Im Unterschied zur Situation des Vortrags im Kontext der Wissenschaft kann das Interesse und die Aufmerksamkeit des Publikums nicht vorausgesetzt, sondern muss durch die Präsentation selbst erzeugt werden. Für die Arbeit der Journalisten bedeutet das, dass sie permanent damit beschäftigt sind, Aufmerksamkeit zu erzielen, und es gar keine Rolle mehr spielt, ob das Gesendete diese Aufmerksamkeit überhaupt wert ist. Die Manipulation des Publikums wird zur Selbstmanipulation – kritische Inhalte sind Bourdieu zufolge (im real existierenden Fernsehen und mit wenigen Ausnahmen) strukturell ausgeschlossen. Indem Bourdieu die Medien kritisiert, stellt er implizite Normen auf, die Wissenschaft kennzeichnen sollen: In der Sphäre der Wissenschaft nimmt er die Verfügungsgewalt über die Produktionsmittel als gegeben an – erst wenn er im Fernsehen auftritt, muss er sich fragen, ob er einer Zensur ausgesetzt ist. Wissenschaft zeichne sich ferner durch Nachdenklichkeit und gegenseitiges Interesse aus und sei offen für Kritik. Das sind alles gewagte Annahmen, die er jedenfalls nicht, wie er das bezüglich der Medien vorgibt, an die Produktionsbedingungen von Wissenschaft zurückbindet. Möglicherweise gelten diese Voraussetzungen für einen Professor Bourdieu, aber schon nicht für einen „Juniorprofessor" an einer deutschen Universität. Nachdenklichkeit, Autonomie und Kritik sind für viele am Wissenschaftsprozess Beteiligte eher schöne Ideale, die sie zwar andauernd darstellen müssen, die sich aber angesichts der bürokratisch angeheizten Konkurrenz und den realen Arbeitsbedingungen an den modernen Massenuniversitäten kaum noch realisieren. Die scheinbar reflexive Medienkritik gerät zur normativen Demonstration von Wissenschaftlichkeit, wie sie sein sollte.

Will man bei aller Uneinheitlichkeit der Medientheorien und Medienkritiken ein gemeinsames Moment ausmachen, dann besteht das darin, dass Intellektuelle öffentlich über Öffentlichkeit nachdenken. Öffentlichkeit wiederum wird konzipiert als Sphäre der Intellektuellen, als Ort, an dem sie ihrer gesellschaftlichen Funktion der (wissenschaftlichen) Aufklärung und (Gesellschafts)Kritik nachgehen. Medientheorien sind also Theorien von Intellektuellen über intellektuelle Produktionsbedingungen. Der Grad ihrer Reflexivität ließe sich danach bestimmen, inwieweit sie sich dieser impliziten Grundannahme ihrer Theorie bewusst sind, oder sie einfach normativ verallgemeinern.

Normative und reflexive Medientheorien

Im Folgenden stelle ich einige der einflussreicheren Medientheorien bezüglich der darin enthaltenen Annahmen und Normen über die intellektuellen Produktionsbedingungen dar. Dabei unterscheide ich zwischen normativen und reflexiven Theorien, die sich des Umstands gewahr sind, dass sie eine Perspektive von Intellektuellen auf die *eigenen* intellektuellen Produktionsbedingungen beschreiben, also weder die Populärkultur (populistisch) noch die eigene oder idealisierte Position des Kritikers (elitär) verallgemeinern, sondern sich mit den eigenen impliziten Voraussetzungen der Kritik befassen: Welche Erfahrungen *mit Wissenschaft* macht der Wissenschaftler, wenn er im Fernsehen auftritt, welche Erfahrungen *mit den Medien* liegen der journalistischen Kritik der Medien zugrunde? Im empirischen Teil der Arbeit habe ich versucht, Situationen herzustellen, in denen diese Erfahrungen zur Sprache kommen und die Interviews bezogen auf die Interviewsituation ausgewertet. Das erfordert wiederum die eigenen Gegenübertragungen zu kontrollieren. Was erwarte ich von den Journalisten? Worüber ärgere ich mich? Welche Konkurrenzen tragen wir aus? usw. Die meisten Medientheorien umgehen diese Komplikationen, indem sie eine normative Unterscheidung zwischen Medien und Wissenschaft setzen.

In den normativen Medientheorien erfahren wir wenig über die Medien, aber einiges über die Rolle, welche die Theoretiker sich für sich selbst in der Gesellschaft wünschen. Für meine Untersuchung sind sie interessant, weil sie als normative Entwürfe der Intellektuellenposition wichtige Bezugspunkte für die Selbstdarstellung und Rollenvorlagen von Journalisten anbieten.

Normative Medientheorien

Um Missverständnissen vorzubeugen noch einmal der Hinweis: Bei den folgenden kurzen Theorieskizzen geht es *ausschließlich* um die Perspektive dieser Theorien auf die intellektuellen Produktionsbedingungen, ihre Einordnung als „normativ" bezieht sich *ausschließlich* darauf, dass sie diese Position festschreiben, exklusiv machen oder ihre eigene soziale Rolle verallgemeinern, statt sie zu hinterfragen. Unbestritten haben alle hier aufgeführten Ansätze ihre spezifischen Stärken und Deutungspotentiale, die ich aus Gründen der Darstellung jedoch hier nicht entsprechend würdigen kann.

Intellektuelle als Pädagogen

In den Medien treten wissenschaftliche Medienkritiker häufig als um das Problem der „Gewalt" in den Medien und ihrer Auswirkung auf das Publikum, insbesondere den Schutz der Jugend, besorgte Menschen auf. Die generelle These ist, dass die Medien zu viel Gewalt darstellen und dass diese Gewaltdarstellung vor allem junge Menschen zur Nachahmung animieren oder ihnen seelischen Schaden zufügen könnte. Diese Position ist deshalb so attraktiv, weil sie unmittelbare (politische) Handlungsmöglichkeiten suggeriert: Schädigende Programmelemente sind durch „Selbstkontrolle", Indizierung, Verbot oder Zensur zu entfernen und durch medienpädagogisch wertvolle Programmteile zu ersetzen. Die Medien haben eine beeindruckende Bürokratie der „Selbstkontrolle" etabliert, das Problem hält zahlreiche Medienkritiker in Lohn und Brot, füllt eigene Zeitschriften und dient immer wieder als Anlass wissenschaftlicher Tagungen. Die Idee, dass bestimmte Inhalte der Medien die Sitten schädigen und zum moralischen Zerfall beitragen, gibt es seit der Entstehung des Romans (bzw. seit sich herausstellte, dass vor allem Frauen diese Romane lesen) und sie scheinen immer wieder aktuell, weil sich die skandalisierten Inhalte beständig wandeln und immer wieder mit der (noch) herrschenden Moral in Konflikt geraten. Die Zusammenarbeit zwischen Medien, Medienselbstkritik und wissenschaftlicher Medienkritik funktioniert hier besonders reibungslos. Alle gemeinsam erzeugen ein moralisierendes, pädagogisches Arbeitsbündnis mit dem Publikum.

Generell wird Forschung über die Wirkung von Medien in vielerlei Hinsicht nachgefragt. Erst einmal interessieren sich Firmen, die durch ihre Werbung einen Großteil der Massenmedien finanzieren, dafür, ob (und wie und auf wen) ihre Werbung wirkt. Auch die oft von staatlicher Förderung abhängigen „Bildungsprogramme" sind auf Erfolgsmeldungen angewiesen und lassen daher ihr Publikum gründlich auf die Effekte der Medienpädagogik hin erforschen. Wenn die ARD-Zuschauer sich als gebildeter erweisen als die RTL-Gucker, kann der Bildungsauftrag als erfüllt angesehen, die Förderung aufrechterhalten werden. Dass Medien „wirken", ist für Journalisten eine fast schon existenzielle Voraussetzung ihrer Arbeit, nicht nur in materieller Sicht, auch bezüglich der Sinngebung. Wenn Medien keine Wirkung hätten, wäre ihre Tätigkeit überflüssig, zumindest wäre es irrelevant, wie sie ihre Aufgabe erfüllen. Als Erzieher ihres Publikums haben sie hingegen eine verantwortungsvolle, wichtige Funktion in der Gesellschaft, eine angesehene Intellektuellen-Position.

Intellektuelle als Berater und Kontrolleure

Ein weiterer großer Bereich der empirischen Medienforschung bezieht sich auf die quantitativen und ökonomischen Aspekte der Industrie, auf die Bestimmung von Märkten und Zielgruppen. Das geschieht einerseits in der direkten Form der

Markforschung, die Daten über Reichweiten, Marktanteile und andere Produktionsfaktoren gegen Entgelt zur Verfügung stellt. Auch hier wird die Nachfrage vor allem durch die Werbenden erzeugt, die sich an Auflagen, Einschaltquoten und aufwendig ermittelten „Zielgruppen" orientieren. Für die Medien ist es eine Überlebensfrage, solche Daten zu erheben, um ihr Publikum an die Werbeindustrie verkaufen zu können.[7] Neben dieser unmittelbar auf Verwertbarkeit durch die Medien selbst ausgerichteten (und von diesen finanzierten, oft auch gegründeten und getragenen) Auftragsforschung, gibt es den noch im Aufbau befindlichen Bereich der so genannten medienökonomischen Forschung, die Medienmärkte und ihre Veränderung vor allem unter wirtschaftswissenschaftlichen Gesichtspunkten betrachtet und die kritischen Gehalte einer ökonomischen Kritik der Medienökonomie weitgehend neutralisiert.[8] Kritisiert werden allenfalls Konzentrationsprozesse (die die freie Entfaltung der Konkurrenz und der Marktkräfte verhindern), zu deren Kontrolle bereits die Einrichtung einer „Kommission zur Ermittlung der Konzentration im Medienbereich" (KEK) eingerichtet wurde, deren zweiter Bericht 2003 vorgelegt wurde und der akribisch den hohen Konzentrationsgrad und die internationalen Verflechtungen der deutschen Medienunternehmen auflistet, ohne jedoch politischen Handlungsbedarf zu sehen. Da auch die „kritischen" Varianten der Medienökonomie (z.B. Prokop 2000) vor allem diese Makrostrukturen beschreiben, kommen sie lediglich zu einer anderen Bewertung: Die Medien sind bereits so durchkapitalisiert, dass eine politische Kontrolle gar keine Chance mehr hätte – helfen kann allein noch die (kritische Medien)Wissenschaft.

Die Position der Intellektuellen als Berater und Kontrolleure ist attraktiv im Sinne einer unmittelbaren ökonomischen Verwertbarkeit und eines praktischen Erfolgs ihres Wissens. Durch den naheliegenden Fokus auf eine globale Makroperspektive scheint sich die medienökonomische Forschung mit besonders folgenreichen und bedeutsamen Vorgängen zu befassen und sie bietet Anschlussmöglichkeiten für verschiedene neoliberale bis kapitalismuskritische Moralisierungen. Dem Journalismus droht in dieser Perspektive eine zunehmende Instrumentalisierung für die ökonomischen Verwertungsinteressen mit der Folge, als bloße „Bühnenvermietungsgesellschaft" (Münch 1995:131) „endgültig auf den *Zwischenhandel* mit der Ware Information reduziert zu sein" (Baum 1996:238). Andererseits öffnet das den Markt für die Entwicklung von Qualitätsstandards und Ausbildungsinstitutionen für einen Journalismus, der diesen neuen Herausforderungen gewachsen sein soll (z.B. Münch 1995:138). In der Konsequenz laufen diese Qualitätsdebatten vor allem auf eine Schließung des Berufs, auf immer striktere (faktische) Zugangsbeschränkungen aus. Die zugrundeliegende Annahme ist, dass die professionellen Öffentlichkeitsarbeiter, wenn man ihnen nur das richtige *know how*, Qualitätsmaßstäbe und eine solide Ethik mitgibt, sich der Medienmacht erfolgreich entgegenstemmen werden. So rücken viele Journalisten selbst in die Position von Beratern und Kontrolleuren für andere Journalisten auf – ein Berufszweig, der dringend erforscht werden müsste. Indem sie gemeinsam mit den Medienforschern der Politik nachdrücklich zu einer staatlich reglementierten Journalistenausbildung raten, für die sie gleichzeitig die Konzepte liefern, sichern sie sich auch die fortdauernde Position als Ausbilder.

Die Marktforschung und die Medienökonomie nehmen (seitens der Medienökonomie problematisierte, seitens der Marktforschung gefeierte) wirtschaftliche Entwicklungstendenzen zum Anlass, die Rolle der professionellen Öffentlichkeitsarbeiter umzudefinieren und legen als zukunftsträchtige Position von Intellektuellen die Schaffung von Aufgaben im Bereich der kommerziellen Beratung, der Kontrolle von Qualitätsstandards und der Ausbildung des journalistischen Nachwuchses nahe.

Intellektuelle als Politiker und Technokraten

Unter dem Etikett der „Informationsgesellschaft" werden widersprüchliche Erwartungen an die gesellschaftlichen Entwicklungstendenzen zusammengeführt. Einerseits die Hoffnung auf fortschreitende Demokratisierung durch die beschleunigte und grenzüberschreitende (im technischen, sozialen und geographischen Sinne) Verbreitung von „Informationen". Die „Informationsgesellschaft" ist die soziale Vision zur technischen Medieneuphorie. Andererseits wird (von derselben Intellektuellenfraktion) vor den Gefahren einer Entdemokratisierung aufgrund zunehmender Kommerzialisierung und nicht mehr kontrollierbarer politischer Macht der Medien gewarnt. Um dem entgegenzuwirken, werden Vorschläge zur staatlichen Regulierung (der Telekommunikation, der Presse, des Rundfunks, des Internet...) gemacht, die „politische Macht der Medien" zu begrenzen.[9] Vertretern dieser Kritikvariante ist häufig bewusst, dass sie über ihre eigenen Publikationsmöglichkeiten und damit über einen zentralen Aspekt intellektueller Produktionsbedingungen handeln. Es sind Politiker und Technokraten, die über die konkreten Gestaltungsmöglichkeiten der „Informationsgesellschaft" im Sinne ihrer Interessen nachdenken. Problematisiert werden daher Verselbständigungstendenzen des Journalismus. Journalisten sollen Demokratie von den Berufspolitikern und ihren administrativen Gehilfen zu „den Menschen" vermitteln. Politischer Journalismus wird als tendenziös und antidemokratisch bekämpft.

Die Journalisten werden damit aus der Bestimmung der Intellektuellenposition ausgeschlossen, auf die Funktion von Erfüllungsgehilfen und Vermittlern zurückgewiesen (und wenn sie sich mehr anmaßen, als „entfremdete Elite" kritisiert, vgl. Scholl/Weischenberg 1998:26). „Informationsgesellschaft" enthält das Versprechen von mehr Demokratie, zu deren Verwirklichung die Kommunikations-Profis einen wichtigen Beitrag leisten. Tatsächlich geht es um die autoritäre Verkündung von Demokratie.

Intellektuelle als Apokalyptiker

Ein wichtiger Strang der intellektuellen Kritik bezieht sich negativ auf diese autoritären Tendenzen einer Medien- oder Informationsgesellschaft. Dabei geraten sie schnell in die Haltung konservativer Kulturpessimisten, die als „Apokalyptiker" (Eco 1984) in der heraufziehenden Populärkultur nur den Untergang der alten, elitären Hochkultur sehen. Wenn Postman (1985) kritisiert, dass alle Kommunikation in den Massenmedien den Charakter von „Unterhaltung" annehme, und dagegen ein entmystifiziertes „Medienbewusstsein" für „die Leute" (ebd.:193) fordert, schreibt er den Intellektuellen wiederum die Rolle von Erziehern des Massenpublikums zu. Dazu verwendet er aber die Drohung des Untergangs: Ironischerweise ist diese apokalyptische Formel „wir amüsieren uns zu Tode" wesentlich erfolgreicher im Sinne des internationalen Bekanntheitsgrades als die eigentliche Botschaft seines Buches. Auch die Kulturindustriekritik der kritischen Theorie ist häufig in diese Richtung fehlinterpretiert worden.[10]

Die Rolle der Apokalyptiker ist mehr eine Zuschreibung von außen, die sich (neben wissenschaftspolitischen Manövern) besonders für mediale Dramatisierungen eignet. Aber es mangelt auch nicht an Wissenschaftsdarstellern, die diese Rolle ausfüllen und immer neue Untergangsszenarien heraufbeschwören: Vom allgemeinen *information overkill* über den „Informationskollaps" bis zum gezielten „Cyberterrorismus". Den Journalisten kommt dann die Aufgabe zu, die „Informationsflut" als „Schleusenwärter" einzudämmen.

Intellektuelle als autorisierte Interpreten

In den von Saussure und Pierce inspirierten Zeichentheorien wird Gesellschaft (bzw. Welt) insgesamt als „Text" verstanden, den es zu interpretieren gilt. Um die Welt zu verstehen, muss man die Symbole entschlüsseln, den „Text" interpretieren können. Insofern handelt es sich nicht um Medien- oder Kommunikationstheorien im engeren Sinne, sondern um umfassende Gesellschaftstheorien, die unterstellen, dass Gesellschaft und Wissen über Gesellschaft sich nur als medial vermittelte beobachten und kritisieren lassen. An diese Praxis werden hohe Anforderungen gestellt, die jedem bewusst sein dürften, der zum Beispiel schon einmal Derrida gelesen hat. Das impliziert, dass es mehr oder weniger befähigte und autorisierte Interpreten gibt. Aus der Linguistik und der Literaturwissenschaft kommend, tendieren die Vertreter semiotischer und strukturalistischer Ansätze dazu, die an Werken der Hochkultur geschulten Interpretationsverfahren auf die Medien sowie auf alltägliche und populärkulturelle Erscheinungen zu übertragen. Es entstehen gelehrte Interpretationen der Populärkultur (z.B. Eco 1984) und des Alltags, die dem Alltagsverstand, der nicht über die entsprechende wissenschaftliche Qualifikation verfügt, freilich verborgen bleiben. Roland Barthes zufolge bleibt der Alltagsverstand in mythischen Weltbildern befangen, weil er die von ihm ausgeführten Feinheiten der Beziehung zwischen Signifikant und Signifikat nicht hinreichend berücksichtigt:

„Was dem Leser ermöglicht, den Mythos unschuldig zu konsumieren, ist, daß er in ihm kein semiologisches, sondern ein induktives System sieht. Dort, wo nur eine Äquivalenz besteht, sieht er einen kausalen Vorgang. Das Bedeutende und das Bedeutete haben in seinen Augen Naturbeziehungen. Man kann diese Verwirrung auch anders ausdrücken: jedes semiologische System ist ein System von Werten. Der Verbraucher von Mythen fasst die Bedeutung als ein System von Fakten auf. Der Mythos wird als Faktensystem gelesen, während er doch nur ein semiologisches System darstellt." (Barthes 1964:115).

Für Barthes (der damit auf den Punkt bringt, was zeichentheoretische Ansätze insgesamt implizieren) besteht die Rolle der Intellektuellen in der Gesellschaft darin, ideologiekritische Lesarten der „Mythen des Alltags" zu praktizieren und zu verbreiten. Die Gesellschaftskritiker sehen sich in der Rolle der ausgewiesenen Interpreten einer rätselhaften und geheimnisvollen Fiktionalität, an der alle herkömmlichen Formen der (Gesellschafts)Kritik, die sich auf eine greifbare, materielle Welt beziehen, versagen. Dazu verfassen sie selbst rätselhafte und geheimnisvolle Texte und entwickeln hermetische Begriffswelten, die nur noch eingeweihten Experten zugänglich sind. Die Kommunikation um der Kommunikation willen, der „Aufstand der Zeichen" (Baudrillard 1978) beschreibt zuerst einmal die Konstruktionsprinzipien der theoretischen Texte selbst, die sich als „spielerisch" verstehen, aber für Ungeübte kaum zu entziffern sind. Damit nehmen sie letztendlich die klassische Intellektuellen-Position ein, qua überlegener Bildung als autorisierte Interpreten einer den im Mythos Befangenen unverständlichen Welt. Aber sie beziehen das nicht auf ihre soziale Praxis und ihre Position als akademische Intellektuelle, sondern naturalisieren es als einzig adäquate (Rezeptions)-Haltung. Das ist gewissermaßen auch der Ausgangspunkt von Halls Kritik (und Erweiterung) des klassischen semiotischen Kommunikationsmodells in seinem berühmten „*encoding/decoding*"-Aufsatz (1980): Die soziale Position der Rezipienten (= der Interpreten) wird nicht beachtet und damit eine „hegemoniale" Lesart festgelegt, abweichende Lesarten („*oppositional readings*") strukturell ausgeschlossen.

Diese Haltung ist attraktiv, wo es um die Darstellung von Intellektualität geht, um hohes gesellschaftliches Ansehen und entsprechende Auftrittsmöglichkeiten. Auch in dieser Hinsicht konnten einige Vertreter noch einmal die Position des bürgerlichen Intellektuellen beerben. Damit stellen sie sich den Medien persönlich als „öffentliche Intellektuelle" zur Verfügung, die im Sinne einer lateinischen Messe vor Gläubigen, die kein Latein sprechen, mehr zur sinnlichen als zur kognitiven Rezeption einladen – darin steckt dann doch wieder ein antiautoritäres Moment.[11]

Intellektuelle als technische Elite der Zukunft

Die technologischen Varianten von Medientheorie beschreiben die Entwicklung der Medien anhand der Veränderung der technischen Möglichkeiten, Informationen zu speichern, weiterzugeben und über größere Distanzen in immer höherer Geschwindigkeit zu transportieren. Vertreter des technologischen Paradigmas berufen sich meist auf Marshall McLuhan (1962) und seine historische Herleitung der Massenmedien aus dem Buchdruck und der Telegraphie. Demnach determinieren die technischen Produktionsbedingungen der Massenkommunikation die Art und Weise ihrer Nutzung und prägen die Kultur insgesamt: „Das Medium ist die Botschaft". Mit der Verbreitung des Internets und der Etablierung einer neuen Netz-Kultur erlebte McLuhans Ansatz eine Renaissance. Technologische Medientheorien stellen einen für diese Subkultur attraktiven Gesellschaftsentwurf dar. Die Wissenschaftler und Unternehmerpioniere, die diese Techniken erfinden, weiterentwickeln und als Vorboten einer neuen Ära der Kommunikation einsetzen, sind die großen Helden dieser Theorien. Die tatsächliche Praxis der Kommunikation und die konkreten Inhalte interessieren hier kaum. Intellektuelle werden hauptsächlich als Ingenieure (oder besser Erfinder) charakterisiert, allerdings ausgestattet mit dem Geist von Visionären, die ihrer Zeit voraus sind. Die Cyberspace-Aktivisten praktizieren den fließenden Übergang von *science fiction* und wissenschaftlicher Forschung. Sie schreiben sich selbstbewusst die Rolle künftiger Eliten zu und setzen ihre Technologien mit der gesamten gesellschaftlichen „Zukunft" in eins. So beschreibt Howard Rheingold, einer der populären Vertreter dieser Technik-Elite, wie er auf seinen „Reisen im Cyberspace" den VR(Virtual Reality)-Forschern begegnete:

„Menschen, wie ich sie bei NTT und ATR getroffen habe, setzen sich sehr intensiv mit dem 21. Jahrhundert auseinander. Bereits 1990 arbeiteten sie Details eines Entwurfs für eine kommunikationsorientierte Zukunft aus, an dem sich die Forschungsarbeiten des nächsten Jahrzehnts orientieren sollten. Das war keine theoretische Fingerübung, denn unter den beteiligten Wissenschaftlern und Technikern war ein großer Teil der Forschungselite der wichtigsten japanischen Nachrichtengesellschaften vertreten." (Rheingold 1995:253)

Zukunft wird als technisch machbar imaginiert, soziale und politische Widersprüche völlig ausgeblendet.[12] Technik wird auch nicht als Handwerk, sondern als intellektuelle Produktion von Ideen und Gesellschaftsentwürfen verstanden. Die Lenker der zukünftigen Gesellschaft sind die Technik-Pioniere, die für den entsprechenden Nachschub an Innovation sorgen. Jedenfalls erheben sie diesen Anspruch und begnügen sich nicht damit, wirtschaftlich Erfolg zu haben. Sie reklamieren für sich, nicht nur ihrer Zeit voraus zu sein, sondern die *bessere* Zukunft zu „kennen", in der soziale Widersprüche und gesellschaftliche Konflikte technisch gelöst sind. Innerhalb dieses Paradigmas lässt sich aber auch über Demokratisierung nachdenken. Etwa vergleicht Latzer in seinem „Mediamatik"-Buch die Technik-Pioniere mit den Anfängen der Umweltbewegungen und fordert politische Integrationskonzepte für den Umgang mit den neuen Technologien:

„Im physischen Raum sind Raumplaner, Architekten und die dafür verantwortlichen Politiker zentral mit der Gestaltung befasst und beeinflussen somit auch die sozialen Interaktionen im Raum. [...] Ähnlich verhält es sich auch im elektronischen Raum. Vergleichbar mit den Architekten und Raumplanern sind es im elektronischen Raum Techniker, Manager, Medien- und Kommunikationspolitiker, die die soziale Interaktion im elektronischen Raum, beispielsweise in elektronischen Einkaufszentren beeinflussen. [...] Neben dem Zugang wird die Überwachung und Kontrolle des elektronischen Raumes festgelegt, die Unterteilung des Cyberspace in öffentlichen und privaten Raum. [...] In den USA sind es v.a. 'grassroots'-Bewegungen, die seit Jahrzehnten Pionierleistungen bezüglich der Gestaltung des elektronischen Raumes erbringen und neben wirtschaftlichen Aspekten auch gesellschaftspolitische Ziele forcieren. Die Cyberspace-Aktivisten können mit der frühen Grünenbewegung verglichen werden." (Latzer 1997:46f.)

In der demokratischen Variante der technik-zentrierten Medientheorie wird der Versuch unternommen, die klassische geisteswissenschaftliche Intellektuellenposition mit der neuen technischen in Einklang zu bringen. Diese Aktivisten, die zugleich Techniker und Gesellschaftskritiker sind, stellen ein wichtiges Leitbild des öffentlichen Nachdenkens über die neue Netzkultur dar und bringen u.a. neue Formen von Gegenöffentlichkeit (z.B. www.indymedia.org) hervor. Die Vorstellung neuer technischer Möglichkeiten der „Vernetzung" in einer globalisierten Welt ist auch in die marxistische Theoriebildung, wie z.B. in das Konzept der „Multitude" von Hardt und Negri (2002), eingegangen, allerdings ohne die Techniker als besondere (oder gar besonders avancierte) Intellektuellengruppe herauszuheben. In der strengen Variante ist das Technikparadigma eine Theorie von Intellektuellen als technischer Elite der Zukunft, die insbesondere der Selbstdarstellung jener dient, die sich dazuzählen. Darüber hinaus bietet es Anschlussmöglichkeiten für Theorien und Aktivisten sozialer Bewegungen, die herrschaftskritische und demokratische Formen der Aneignung von Technik beabsichtigen und die Zukunft letztendlich nicht den technischen Eliten (und den wirtschaftlichen Kräften, die dahinter stehen) überlassen wollen – und sich dabei wiederum auf McLuhan berufen (z.B. Bolz 1993).

Nachrichtenfaktoren: Die normative Verdopplung der Alltagsideologie

Allen Varianten normativer Medientheorie und Medienkritik ist gemeinsam, dass sie die realen Produktionsbedingungen von Wissenschaft und Journalismus gleichermaßen ausblenden oder verschleiern. Sofern sie sich überhaupt auf empirische Beschreibungen stützen, sind das meist aggregierte Daten über ökonomische und technische Rahmenbedingungen der Produktion. Selbst in den berufssoziologischen Zugängen (z.B. Duchkowitsch et al. 1998) werden die konkreten, alltäglichen Praktiken der Journalisten kaum in den Blick genommen.

Für die Untersuchung von „Gatekeepern" und „Nachrichtenwerten" geht die Forschung hingegen von der journalistischen Praxis aus. Diese Ansätze erheben den Anspruch zu beschreiben, wie Journalisten empirisch Nachrichten selektieren und beziehen auch qualitative Daten ein.[13] Sofern die Empirie sich nicht ohnehin auf den Vergleich fertiger Nachrichten als *output* des Selektionsvorgangs bezieht (wie bei Galtung/Ruge 1965), werden die von den Journalisten benannten Auswahlkriterien als bewusste und mitteilbare Entscheidungsprozesse interpretiert. Beide Ansätze leiten daraus eine Reihe von „Faktoren" oder „Werten" ab, die längst als normative Orientierungen für Journalisten kanonisiert sind.[14] Die relevanten Mystifikationen gehen selbstredend in die Faktoren mit ein: So werden stark wertende Begriffe wie „Bedeutsamkeit", „Aufmerksamkeit", „Negativität" etc. zu objektivierbaren Fakten erhoben und fungieren als normative Verdopplung der journalistischen Alltagsideologie.

Reflexive Medientheorien

Die Attraktivität der Systemtheorie für die Medienforschung: Intellektuelle als Beobachter zweiter Ordnung

In der aktuellen deutschsprachigen Medien- und Journalismusforschung dominieren seit einigen Jahren systemtheoretische Ansätze. Das dürfte einerseits auf die Hegemonie der Systemtheorie in der Soziologie insgesamt zurückführbar sein, andererseits lassen sich auch immanente Gründe benennen, warum die Systemtheorie für die Medienforscher einen derart attraktiven theoretischen Rahmen darstellt. Sie liefert nämlich eine einfache Lösung für das Problem jeder (wissenschaftlichen) Medienkritik, die eigene Verstrickung in jene gesellschaftlichen Erscheinungen, die man kritisieren möchte, zu reflektieren: Die Wissenschaftler nehmen die Rolle von „Beobachtern zweiter Ordnung" ein. Nur in dieser Außenperspektive werden die Operationen des Systems im Hinblick auf die ihnen zugrundeliegende spezifische Leitdifferenz beobachtbar. Sie können das, obwohl wir das, „was wir über unsere Gesellschaft, ja über die Welt, in der wir leben, wissen", ausschließlich „durch die Massenmedien" wissen (Luhmann 1996:9) und das explizit auch für Soziologen gelten soll. Die Perspektive des Beobachters zweiter Ordnung ergibt sich nicht aus einer sozialen Position, sondern aus spezifischen Operationen (in diesem Fall den Operationen des Systems Wissenschaft und dessen Leitdifferenz „wahr vs. unwahr"). Luhmann legt seine Theorie der Massenmedien[15] reflexiv und konstruktivistisch an. Die Beobachter der Beobachter haben keinen privilegierten Zugriff auf eine wirkliche Wirklichkeit hinter der Medienrealität oder gar auf eine höhere Wahrheit. Aber da die Massenmedien analog zu den Systemen Recht, Politik oder Kunst als autopoietisches System vorgestellt werden, können die Systemgrenzen „von innen" nur im Code von „Information vs. Nicht-Information" bezeichnet werden:

„Der Code des Systems der Massenmedien ist die Unterscheidung von Information und Nichtinformation. Mit Information kann das System arbeiten. Information ist also der positive Wert, der Designationswert, mit dem das System die Möglichkeiten seines eigenen Operierens bezeichnet." (ebd.:37)

Etwas kann überhaupt erst den Status von (berichtenswerter) Information erlangen, wenn es vom System Massenmedien zu einer solchen verarbeitet wird. Durch das Aktualitätsgebot wird Information aber auch beständig wieder in Nichtinformation zurücktransformiert – entwertet: „Das System veraltet sich selber" (ebd.:42). Aus der Perspektive des Systems Massenmedien beobachtet stellt sich dieser Vorgang als beständige Irritation dar, die zu Information verarbeitet wird. Das System „tut das und *kann nur das tun*, was intern nach Struktur und historischer Lage des Systems anschlussfähig ist" (ebd.:50, Hervorhebung von mir). Im Code „Information vs. Nichtinformation" ist keinerlei thematische Beschränkung angelegt und durch die selbst erzeugte Unsicherheit sind die Massenmedien beständig auf Nachschub angewiesen. Luhmann kann zeigen, wie bestimmte Formen von Kritik an den Massenmedien fehlgehen, wie diese sich gegen moralische Kritik an ihrer „Oberflächlichkeit" oder den Manipulationsverdacht ebenso immunisieren, wie sie sich der (Selbst)Kontrolle durch eine Ethik oder professionelle Normen entziehen.

Gegenüber den zuvor geschilderten normativen Medientheorien erscheint Luhmanns Analyse reflexiv und normenkritisch: Er beobachtet die Operationen des Systems Massenmedien lediglich, ohne einen intellektuellen Standpunkt festzuschreiben. Allerdings tut er das um den Preis, dass er die Position des Beobachters nicht mitreflektiert: „Die Beobachtungsoperation ist in diesem Sinne ihr eigener blinder Fleck, der überhaupt erst ermöglicht, etwas bestimmtes zu unterscheiden und zu bezeichnen." (ebd.:169) Theorieimmanent gibt es gar keine andere Möglichkeit. Aber wir können versuchen, die (Beobachtungs-)Operationen des Systemtheoretikers wiederum von der Warte eines Beobachters zweiter (möglicherweise auch dritter) Ordnung zu betrachten, seinen blinden Fleck aufzuhellen. Für Luhmann stellt sich die Frage nicht, wie er seinen Code „Information vs. Nichtinformation" gefunden hat. Er kann und muss das (seiner Theorie zufolge) nicht begründen, sondern stellt ihn ebenso „induktiv" fest, wie die Differenzierung der drei „Programmbereiche" Nachrichten, Werbung und Unterhaltung:[16]

„Ohne Absicht auf eine systematische Deduktion und Begründung einer geschlossenen Typologie unterscheiden wir rein induktiv: Nachrichten und Berichte (Kap. 5), Werbung (Kap. 7) und Unterhaltung (Kap. 8). Jeder dieser Bereiche nutzt den Code Information/Nichtinformation, wenngleich in sehr verschiedenen Ausführungen; aber sie unterscheiden sich auf Grund der Kriterien, die der Auswahl von Informationen zugrundegelegt werden." (ebd.:51)

Da er sie nicht herleitet, können wir nur vermuten, woher Luhmann seinen Code und die Unterscheidung der Programmbereiche bezieht. Das fällt allerdings nicht schwer, entspricht doch beides den in der Praxis etablierten *normativen* Selbstverständnissen. Jeder Journalist kann sich mit diesen Unterscheidungen der Programmbereiche und der Vorstellung, er handele mit Informationen, identifizieren. Indem die systemtheoretischen Medientheorien sich normativ auf die Produzenten stützen, bleiben die Rezipienten meistens völlig unberücksichtigt bzw. werden nur als „Umwelt" wahrgenommen. Aufgrund seiner treffenden Analysen zu den einzelnen Bereichen, scheint Luhmann selbst zu ahnen, dass sein Code sich nicht gut mit empirischen Beobachtungen der Massenmedien deckt:

> „Die drei Programmbereiche, die wir separat behandelt haben, lassen sich in ihrer Typik deutlich voneinander unterscheiden. Das schließt wechselseitige Anleihen nicht aus. Berichte sollten nach typischer Journalistenmeinung unterhaltsam geschrieben werden (aber was heißt das? leicht lesbar?); und viele Sensationsnachrichten der Boulevard-Presse werden im Hinblick auf ihren Unterhaltungswert ausgewählt (aber auch hier wäre Unterhaltung breiter verstanden und nicht im oben präzisierten Sinne als Abbau einer selbsterzeugten Unsicherheit). Vor allem Werbung, deren Bezugsrealität Markt nicht gerade besonders inspirierend wirkt, muss sich etwas einfallen lassen, also Unterhaltung und Berichte über schon Bekanntes aufnehmen." (ebd.:117)

Die „wechselseitigen Anleihen" beziehen sich alle auf die Nähe der anderen Teilsysteme zur Unterhaltung. Läge es da nicht nahe, sich gleich für Unterhaltung vs. Nichtunterhaltung als operativen Code zu entscheiden? Das entspräche meinen (in den Kapiteln 5 und 6 zusammengefassten) Beobachtungen über die Arbeitsbündnisse der Nachrichtenberichterstattung. Wenn Luhmann trotz der offensichtlichen Schwierigkeiten am Code Information vs. Nichtinformation festhält, hat das eher den Sinn, ein bestimmtes Wissenschaftsverständnis zu verteidigen, als Beobachter zweiter Ordnung Distanz zum Gegenstand zu bewahren und seine eigenen kulturindustriellen Verstrickungen auszublenden. Theorieimmanent hat es den Sinn, dass man über den Code Unterhaltung vs. Nichtunterhaltung kaum ein operativ geschlossenes System konstruieren könnte. Man müsste sich vielmehr fragen, welche unterhaltenden Anteile die Wissenschaft aufbringen muss, um in den Medien verarbeitet werden zu können. Luhmanns reflexive Medientheorie enthält eine normative Vorstellung von Wissenschaft, von intellektuellen Produktionsbedingungen, die in Freiheit und Unabhängigkeit allein der Wahrheit verpflichtet sind. Das ist nichts anderes als die klassische Behauptung wissenschaftlicher Autonomie. Information vs. Nichtinformation verhält sich, wie er ausführlich darstellt, neutral zu den Inhalten – insofern werden wissenschaftliche Erzeugnisse durch ihre Verarbeitung in den Massenmedien auch nicht tangiert. Sich als Wissenschaftler als Teil oder jedenfalls als Stichwortgeber der Unterhaltungsindustrie zu reflektieren, stellt einen hingegen vor größere Probleme.

Materialistische Kulturforschung als politische Praxis von Intellektuellen

Der Ausgangspunkt der materialistischen Kulturforschung der Gründerväter der *Cultural Studies* war die Kritik der konservativen Verurteilung der Populärkultur als Verfallsform von „Hochkultur", als „Massenkultur" im Gegensatz zu einer elitären *„minority culture"*, wie sie u.a. von dem einflussreichen Kulturkritiker F. R. Lewis in den 30er und 40er Jahren vertreten wurde (vgl. Göttlich 1996:184ff). Dagegen setzte Raymond Williams die Vorstellung von „Kultur als Lebensweise" (*culture as a whole way of life*). Er bezieht insbesondere die materiellen Bedingungen der Produktions- und Reproduktionsweisen in die Analyse mit ein. Exemplarisch für diesen Ansatz stehen sowohl die frühen literaturwissenschaftlichen Studien (z.B. Williams 1952) und Thompsons sozialhistorische Untersuchung zur englischen Arbeiterklasse (1973), aber auch die Analyse der (Aneignung der) Massenmedien in Williams Fernsehstudien (1973). Indem er die etablierte Unterscheidung von Kunst und Populärkultur kritisiert und aufzulösen trachtet, strebt Williams auch die Überwindung der Trennung von Kunst und Gesellschaft, von Kultur- und Gesellschaftskritik an:

„The suggestion that art and culture are ordinary provokes quite hysterical denials, although, with every claim that they are essentially extraordinary, the exclusion and hostility that are complained of are practically reinforced. The solution is not to pull art down to the level of other social activity as this is habitually conceived. The emphasis that matters is that there are, essentially, no 'ordinary' activities, if by 'ordinary' we mean the absence of creative interpretation and effort. Art is ratified, in the end, by the fact of creativity in all our living. Everything we see and do, the whole structure of our relationships and institutions, depends, finally, on an effort of learning, description and communication. We create our human world as we thought of art being created. Art is a major means of precisely this creation. Thus the distinction of art from ordinary living, and the dismission of art as unpractical or secondary (a 'leisure-time activity'), are alternative formulations of the same error." (Williams 1961:54)

Gegen die kulturkonservativen Elitetheorien bringen die frühen *Cultural Studies* Gramscis Hegemonietheorie in Anschlag (vgl. Hall 1989:52ff) und beschreiben die traditionellen Intellektuellen als Herrschaftsfraktion, die normative Deutungen der politischen, ökonomischen und kulturellen Verhältnisse hervorbringt. Die ökonomischen und sozialstrukturellen Ungleichheiten sind kulturell überformt und erlangen erst so ihre Permanenz. Diese hegemonialen Deutungen sind aber stets umkämpft. Die Aufgabe von Intellektuellen besteht daher in einer politischen Praxis der *Kritik* des Alltagsverstands. Im Unterschied zu den späteren, popularisierten Varianten der *Cultural Studies* beziehen sie sich nicht einfach affirmativ auf eine „culture of everyday life" (Fiske 1989:47), die grundsätzlich widerständig sei, sondern sehen die Kulturindustrie und die Massenmedien eher skeptisch als Mittel der zunehmenden Indoktrinierung der Arbeiterklasse.[17] Demontiert wird die Deutungshoheit der Hochkultur im Gegensatz zur alltäglichen (*ordinary*) Kultur und damit auch ihr Monopol auf gesellschaftskritische Potentiale: Auch Hochkultur ist alltäglich. Damit ist die Alltagskultur aber nicht per se kritisch, sondern umkämpft und durchsetzt mit herrschenden Ideologien. Die politische Praxis der Intellektuellen besteht darin, in diese Kämpfe einzugreifen, indem sie widerständige Lesarten aufgreifen und kritische Praktiken verstärken. Die kritischen Lesarten werden nicht durch die Kulturforscher oder andere autorisierte Interpreten vorgegeben, sondern in den alltäglichen Praktiken der Rezipienten entdeckt und durch die Forscher in einem größeren, gesellschaftskritischen Rahmen reinterpretiert.[18]

Die Medien werden als Machtinstrumente vorgestellt, die herrschende Ideologien verbreiten. Hegemoniale Muster gehen durch die Medien in die Alltagskultur ein, prägen die Lebensverhältnisse und Denkweisen der „einfachen Leute". Als „Durchgangspunkte des Sozialen" legitimieren die Massenmedien die Welt, wie sie ist. Auch die widerständigen Potentiale der Alltagskultur können nur entfaltet werden, wenn die Kritik in den Medien und durch die Medien artikuliert wird. Allerdings wird damit die Frage nach der Rolle der Intellektuellen nicht befriedigend beantwortet, werden die Bedingungen der eigenen gesellschaftskritischen Praxis unzureichend reflektiert, was auch der späteren Popularisierung der *Cultural Studies* Vorschub leistete.[19]

Kritische Theorie: Nonkonformistische Intellektuelle

Die Kulturindustriekritik der Kritischen Theorie setzt bei den (intellektuellen) Produktionsbedingungen von Kultur an, genauer bei der Kritik der warenförmigen Produktion und Distribution von Kultur vor dem Hintergrund der vorangehenden bürgerlichen Epoche einer zwar elitären, aber dennoch potentiell kritischen, auf Transzendenz zielenden Hochkultur. Das ist der gemeinsame Ausgangspunkt, aus dem dann unterschiedliche Schlüsse gezogen werden. Während Benjamin in seinem Kunstwerk-Aufsatz (1936) den Verlust der „Aura" durch die „zerstreute Rezeption" des Kinopublikums als Befreiungsmoment interpretiert, weil er den „Kultwert", der dem bürgerlichen Kunstwerk anhaftete, zerstört, halten Horkheimer und Adorno an der Unterscheidung zwischen (bürgerlicher) Kunst und Massenkultur fest, um ihren emphatischen Befreiungsbegriff gegen die kulturindustrielle Verdinglichung in Anschlag bringen zu können:

„Die Reinheit der bürgerlichen Kunst, die sich als Reich der Freiheit im Gegensatz zur materiellen Praxis hypostasierte, war von Anbeginn mit dem Ausschluß der Unterklasse erkauft, deren Sache, der richtigen Allgemeinheit, die Kunst gerade durch die Freiheit von den Zwecken der falschen Allgemeinheit die Treue hält." (Horkheimer/Adorno 1944:157)

Marcuse (1967) kritisiert das verdinglichte Bewusstsein als „Verlust von Transzendenz", während Habermas (1962) in der Degradierung des „Publikums" von aktiv räsonierenden Teilnehmern zu passiven Konsumenten und Wählern (usw.) vor allem den Verlust der aktivierenden und befreienden Potentiale einer bürgerlich-liberalen politischen Öffentlichkeit sieht.

Es ergeben sich unterschiedliche intellektuelle Praktiken. Benjamin bezog sich mit der Forderung nach einer „Politisierung der Ästhetik" (im Gegensatz zur faschistischen „Ästhetisierung der Politik") auf Brechts Theatertheorie und war mit seinen Hörspielen und „Hörmodellen" selber im Radio praktisch tätig. Löwenthal wiederum forderte „qualitative und quantitative Bestandsaufnahmen vom Inhalt der Massenliteratur" (1980:343) und hat letzteres mit seinem Aufsatz „Die biographische Mode" (1950) selbst in die Tat umgesetzt.[20] Ihre Aufgabe als Intellektuelle sehen sie also (jedenfalls auch) darin, die Massenmedien für eine den veränderten Rezeptionsweisen angemessene politische Bildung zu nutzen. Marcuse wurde zum öffentlichen Intellektuellen der Studentenbewegung, während Habermas sich der Wiedergewinnung einer räsonierenden demokratischen Öffentlichkeit verschrieben hat. Alle diese Praxisformen enthalten insofern eine reflexive Theorie intellektueller Produktionsbedingungen, als sie die Frage nach der Möglichkeit von Gesellschaftskritik unter Bedingungen der Warenförmigkeit ins Zentrum stellen. Aber sie beziehen sich damit auf die Bildung und Aufklärung des Publikums, auf die Praxis der sozialen Bewegungen, auf eine normative Idee bürgerlicher Öffentlichkeit, die wieder herzustellen sei, jedenfalls nicht auf ihre Produktionsbedingungen als Gesellschaftskritiker.

Horkheimer und Adorno wird aufgrund ihrer theoretischen Prämissen eine grundsätzliche Distanz oder gar Abstinenz gegenüber der Populärkultur angedichtet. Doch Adorno hat nicht nur, wie man sich heute gerne erzählt, regelmäßig „Daktari" geschaut, sondern auch einige Fallstudien zu Erzeugnissen der Kulturindustrie und der Populärkultur beigetragen, insbesondere zum Jazz,[21] aber auch zu Chaplin, Horoskopen und zu einem faschistischen Radioprediger. Vor allem aber untersuchte er Kulturindustrie in ihren Rückwirkungen auf jene Bereiche von (Hoch)Kultur, in denen er noch befreiende Momente zu erkennen glaubte, auf die „Neue Musik", die Literatur von Proust, Beckett und Kafka und auf die Position des Kulturkritikers als Gesellschaftskritiker. In „Kulturkritik und Gesellschaft" (1952) wird der Zusammenhang seiner Kulturindustriekritik mit den eigenen intellektuellen Produktionsbedingungen explizit:

> „Der absoluten Verdinglichung, die den Fortschritt des Geistes als eines ihrer Elemente voraussetzte und die ihn heute gänzlich aufzusaugen sich anschickt, ist der kritische Geist nicht gewachsen, solange er bei sich bleibt in selbstgenügsamer Kontemplation." (ebd.:30)

Das ist das Gegenteil von Abstinenz gegenüber der Populärkultur. Abstinenz ist gar nicht *möglich*, will Gesellschaftskritik sich nicht auf „selbstgenügsame Kontemplation" beschränken. Gesellschaftskritik wird als intellektuelle Praxis konzipiert, mit dem Ziel, die Trennung von Theorie und Praxis aufzuheben. Das erfordert auch, dass die Theoretiker sich aktiv einmischen, dass die Theorie eingebettet ist in politische und institutionelle Praktiken, die das Ziel haben, die (möglichst autonome Kontrolle über die) intellektuellen Produktionsmittel abzusichern. Wie Demirović (1999) ausführlich schildert, haben Horkheimer und Adorno sich selbst beim Wort genommen, haben sich eingemischt und konnten so als „nonkonformistische" Intellektuelle für die Bundesrepublik der 50er und 60er Jahre eine nachhaltige „Wirkung" entfalten. Allerdings haben sie diese intellektuelle Praxis selbst nicht zum Gegenstand ihrer Theoriebildung gemacht:

> „Horkheimer und Adorno betonen gegen ein traditionelles Wissenschaftsverständnis immer wieder, daß Theorie eine Praxis sei. Demnach finden sich für eine Analyse dieser theoretischen Praxis in der Kritischen Theorie wenn überhaupt, dann nur 'indirekte' Begriffe. Denn selbst dort, wo sich entsprechende Ansätze andeuten, werden sie nicht verfolgt. Das Theorem der Kulturindustrie wurde immer als Fortentwicklung der Kapitalismustheorie begriffen, jedoch kaum zum Anlaß genommen, konkrete empirische Untersuchungen über die Akteure im gesamten Apparat der Produktion der symbolischen Welt und des Sinns durchzuführen." (Demirović 1999:953)

Horkheimer und Adorno haben zwar eine hochreflexive Theorie intellektueller Produktionsbedingungen vorgelegt und diese ausdrücklich auf die Frage der Möglichkeiten von Gesellschaftskritik unter Bedingungen der „Kulturindustrie" bezogen. Dazu haben sie eine erfolgreiche Hegemoniepolitik praktiziert. Die konkreten institutionellen und administrativen Manöver, die sie dabei praktizierten, haben sie aber selbst wiederum der Reflexion entzogen und in diesem Sinne nicht als wichtigen Bestandteil ihrer theoretischen *Praxis* erkannt.

Die genannten Arbeiten von Demirović, Resch und Steinert verstehen sich als aktuelle Versuche, an das reflexive Potential der Kritischen Theorie, insbesondere Adornos, anzuknüpfen mit dem Ziel ihrer Aktualisierung und Fortsetzung. Dazu gehört die Untersuchung ihrer intellektuellen Praxisformen im Lichte ihrer eigenen theoretischen Prämissen. Zu diesem *work in progress* möchte ich mit dieser Arbeit auch einen kleinen Beitrag leisten. Reflexivität wird damit nicht abgeschlossen, wird nicht Methode, kein Rezept, das man sich aneignen kann, sondern besteht in der beständigen Kritik und Erweiterung der bisherigen Versuche.

Fazit: Reflexive Medientheorien gibt es nur als unabgeschlossenes gesellschaftstheoretisches Projekt

Eingangs habe ich den Grad ihrer Reflexivität zum Maßstab der Aussagekraft von Medientheorien gemacht, will man sie als das verstehen, was sie sind: als Auseinandersetzungen mit den intellektuellen Produktionsbedingungen. In Theorien über Intellektuelle als Pädagogen, Berater und Kontrolleure schreiben sich die Autoren selbst wichtige Funktionen zu. Sie funktionieren in der Regel als positiver Verstärkerkreislauf wissenschaftlicher und praktischer journalistischer Normen. Derlei normatives Wunschdenken verrät zwar etwas über die Position derjenigen, die es öffentlich äußern, und ist als Ausdruck von verdinglichtem Bewusstsein gesellschaftlich hochgradig wirksam, aber man kann ihm kaum ernsthaft den Status einer Theorie beimessen. Andere Theorien, wie die von Intellektuellen als technische Elite der Zukunft oder der autorisierten Interpreten, können für sich ein hohes Maß an empirischer Plausibilität und theoretischer Durchdringung in Anspruch nehmen, bezogen auf die Medien gehen sie aber nicht reflexiv vor, sondern beanspruchen eine nicht zu begründende Deutungshoheit der Intellektuellen gegenüber anderen gesellschaftlichen Gruppen. Selbst bei den als reflexiv eingestuften Theorien, die sich auch dadurch auszeichnen, dass sie als Medientheorien nur im Sinne umfassender Kultur- und Gesellschaftstheorien gelten können, und die sich alle explizit mit den intellektuellen Produktionsbedingungen befassen, ließen sich jeweils klare Grenzen der Reflexivität angeben. Die Systemtheorie hat diesen „blinden Fleck" ohnehin als Element in ihr theoretisches Modell eingebaut, die *Cultural Studies* haben im Laufe ihrer Entwicklung ihr ursprüngliches, aus der Anknüpfung an Gramscis Hegemonietheorie gewonnenes, Reflexionspotential eher eingebüßt, die Kritische Theorie hat es als fortzusetzende Aufgabe einer „kritischen Kulturforschung" hinterlassen.

Eine (vollständig) reflexive Medientheorie gibt es also nicht, daher auch keine Ableitung der Empirie aus einer fertigen theoretischen Blaupause. Es ging mir mit diesem Kapitel vor allem darum, die Aufmerksamkeit (die eigene und die der Leser) für die Formen zu schärfen, in denen gesellschaftlich häufig über Medien nachgedacht wird, und in Erinnerung zu rufen, dass damit jeweils auch eine Position der Medien- bzw. Gesellschaftskritik bezeichnet ist. Bezogen auf die Empirie kann das helfen, die eigenen Normen und Selbstverständlichkeiten - z.B. als unbewusste Beiträge zur Interviewsituation und eintrainierte Lesarten von Kriminalitätsnachrichten - besser in den Blick zu bekommen. Für die theoretischen Verallgemeinerungen bedeutet das, die Ergebnisse im Lichte konkurrierender Theorien zu betrachten, die gegenseitig ihre „blinden Flecken" etwas aufhellen können.

Kapitel 3: Journalisten als Intellektuelle der "Wissensgesellschaft" und die zugehörigen Mechanismen sozialer Ausschließung

Journalismus in der "Wissensgesellschaft"[1]

Eine der erfolgreichsten und politisch folgenreichsten Gesellschaftsdiagnosen der letzten Jahrzehnte ist die der "Wissensgesellschaft", die besagt, dass mit der Krise des Fordismus und im Zuge der Bildungsexpansion die Ökonomie zunehmend "wissensbasiert" geworden sei. Entscheidend in der Konkurrenz sei nicht mehr Massenproduktion von Konsumgütern, sondern die "New Economy", der Wettkampf um "Ideen", um Patente und Urheberrechte. Bezogen auf das Individuum bedeutet das "lebenslanges Lernen", Flexibilität und "Wissensmanagement". Damit "Wissen" einen Konkurrenzvorteil sichert, muss beständig Nichtwissen erzeugt werden, müssen Kompetenzen und Fertigkeiten von vor zwei Jahren heute schon als veraltet gelten. Soziale Ausschließung wird immer stärker direkt über Bildung vermittelt: Wissensgesellschaft braucht die "Unqualifizierbaren" (Willke 1998), die "Entschleuniger" (Glotz 1999) und die "Überflüssigen" (Bude 1998), PISA-Studien und Bildungsnotstand, damit das, was sie als Wissen hervorbringt, attraktiv erscheint. Den so Kategorisierten wird nach und nach die gesellschaftliche Teilhabe verwehrt, nicht nur durch Ausschluss von Lohnarbeit, sondern durch den Entzug vieler traditionell daran gekoppelter sozialer Ressourcen. Indem immer neue Qualifikationsanforderungen geschaffen werden, hält sich die Intelligenz in Lohn und Brot. An die Stelle von erfahrungsbasiertem Wissen tritt zunehmend Rezeptwissen, bei dem man auf die Vermittlung durch Lehrer, Trainer, Kurse und Berater angewiesen ist. Es reicht eben nicht mehr, einen Computer bedienen zu können, man muss beständig neue Software "lernen". Handwerker tauschen ohnehin in vielen Bereichen nur noch Module aus, müssen also nicht mehr "geschickt" sein, sondern vor allem "informiert" über den Stand der Technik, Kosten und Lieferzeiten, müssen Aufträge, Lieferpapiere und Rechnungen schreiben können (und brauchen dafür jede Menge fachliche Beratung). Schulen und Universitäten sollen vom "Ballast" befreit werden und mehr berufsbezogene Kompetenzen vermitteln. "Wissensgesellschaft" basiert zuerst einmal auf der Entwertung von Wissen. Was hingegen an Wissen erzeugt wird, ist die warenförmige Distribution von Gebrauchsanweisungen, Trends und Anweisungen zur Selbstinstrumentalisierung. Angefangen bei den Schulaufgaben über die Examensprüfung bis zum Bewerbungsgespräch lässt sich keine Situation mehr ohne Beratungsliteratur und bezahlte Trainer bewältigen und die verbleibende Freizeit muss effektiv genutzt werden, um sich für die nächsten Herausforderungen fit zu machen – wobei auch hier stets die neuesten Diäten und Trainingsgeräte her müssen und die neuesten wissenschaftlichen Trainingsprogramme, die üblicherweise alles auf den Kopf stellen, was wir bis dahin über Ernährung und Sport zu wissen glaubten.

Warum Journalisten so selten streiken

Für Journalisten ist das Konzept „Wissensgesellschaft" plausibel und verlockend. (Es wäre eine eigene Untersuchung wert, den Beitrag der Medien zur Etablierung der „Wissensgesellschaft" als Begriff und Gesellschaftsdiagnose nachzuzeichnen.) Plausibel ist es, weil es ihrer Tätigkeit entspricht und die Inhalte aufwertet, die sich in der kulturindustriellen Öffentlichkeit ohnehin durchsetzen. Beständig müssen sie Neues berichten, Altes entwerten. Täglich müssen sie sich in neue Themen einarbeiten, flexibel auf Trends reagieren und Themen fallen lassen, die sich verbraucht haben. Gemeinsam mit Trainern und Beratern sind sie die prototypischen Intellektuellen der „Wissensgesellschaft". Verlockend müsste ihnen „Wissensgesellschaft" erscheinen, weil sie damit sowohl in der Konkurrenz mit anderen Fraktionen der gebildeten Klasse ihre Position verbessern können als auch gegenüber den Ausgeschlossenen.

Die unter dem Etikett „Wissensgesellschaft" betriebene neoliberale Umstrukturierung lief im Presse- und Verlagswesen nach dem idealtypischen Muster ab: Im ersten Schritt wurde hochqualifizierte Handarbeit entwertet durch die Einführung elektronischer Druckmaschinen und Abschaffung des Bleisatzes. Tausende von Druckern und Setzern wurden entlassen. Die Druckerstreiks der 70er und 80er Jahre in England gehörten zu den größten Streikbewegungen neben dem Bergarbeiterstreik. Auch in Deutschland kam es zu heftigen Arbeitskämpfen. Die *Zeit* vom 10.3.1978 berichtete:

„Seit Tagen müssen Millionen Zeitungsleser in der Bundesrepublik auf ihre gewohnte Lektüre verzichten. Am vergangenen Montag erschienen über hundert Blätter mit einer Auflage von 14 Millionen Exemplaren nicht, das sind siebzig Prozent der verkauften Auflage. Der Dienstag sah nicht viel besser aus. (...) Worum es geht? Mit dem Einzug neuer elektronischer Satzsysteme sind zahlreiche Arbeitsplätze von Fachkräften in Gefahr. Die Geräte können nach Ansicht der Arbeitgeber auch von Schreibkräften oder Journalisten bedient werden."

Die Redaktionen waren von dieser Rationalisierungswelle nicht betroffen oder profitierten gar davon, indem sie auch die technische Seite der Produktion an sich zogen. Entsprechend gering fiel die Solidarität mit den streikenden Druckern aus. Zu größeren Journalistenstreiks kam es erst um 1990 und mit eher offensiven berufsständischen Zielen wie der (erfolgreichen) Einführung eines Ausbildungsvertrags für Volontäre, Arbeitszeitverkürzungen und Lohnerhöhungen. Die Rationalisierungen auf Kosten der Facharbeiter, ein *boom* des Anzeigenmarktes im Zeitungswesen und die Expansion des privaten Rundfunks sicherten die gesamten 90er Jahre hindurch noch gute Beschäftigungsbedingungen bei einer wachsenden

Zahl von Journalisten.[2] Im zweiten Schritt der Rationalisierung wurden die Bildungsanforderungen für Berufseinsteiger verschärft und Bestrebungen zur Berufsschließung verstärkt.[3] Empfohlen wird heute (von den Berufsverbänden und der Ratgeberliteratur wie dem bereits in 16. Auflage vorliegenden Standardwerk „La Roche" 2003 oder bei Schneider/Raue 1998) mindestens ein abgeschlossenes Hochschulstudium. Es gibt zahlreiche Journalistenschulen, die teils inzwischen ein abgeschlossenes Studium voraussetzen, und journalistische Studiengänge an den Universitäten, wobei die Ratgeberliteratur eher zum Fachstudium rät. Das Volontariat gilt zwar immer noch als guter Einstieg in den Beruf, die Voraussetzungen, eine Volontärsstelle zu ergattern, sind aber ebenfalls hochgeschraubt worden, so dass dem Volontariat oder der Journalistenschule meist ein Studium vorgeschaltet wird.[4]

Seit dem Jahr 2001 ist jedoch von einer Krise des Zeitungsmarktes die Rede (vgl. Meyer-Lucht 2003). Viele Tageszeitungen haben Redakteure entlassen. Die Zahl der arbeitslos gemeldeten Journalisten stieg von ca. 700 im Jahr 2000 auf über 7.000 im Jahr 2003. Die Ursachen der Krise sind vielschichtig und haben einerseits mit der allgemeinen Wirtschaftskrise und Umstrukturierungen (sprich Monopolisierungstendenzen) auf dem Medienmarkt zu tun. Vermutet wird aber auch, dass die Tageszeitungen durch „Online-Journalismus" eine neue Konkurrenz bekommen haben und auch der Zusammenbruch des Anzeigenmarktes (insbesondere Stellenanzeigen) ebenfalls durch das Internet mit verursacht wurde. Es zeichnet sich der dritte Schritt der Rationalisierung ab: die Verschärfung der Konkurrenz unter denen, die gemeinsam mit dem Bildungsfahrstuhl oben angekommen sind, ihre „Freisetzung" in prekäre Beschäftigungsverhältnisse.

Journalisten sind ein paradigmatischer Fall, an dem sich Wissensgesellschaft untersuchen lässt. Einerseits gehören sie zu den Apologeten und Profiteuren dieses Gesellschaftsentwurfs, andererseits drohen sie selbst gerade unter die Räder zu geraten. Was sie über Gesellschaft denken, wie sie sich im Verhältnis zu anderen sozialen Gruppen positionieren, kann davon nicht unbeeinflusst bleiben, erst recht, wenn es um Fragen der Kriminalität und der sozialen Ausschließung geht, um elementare Fragen der gesellschaftlichen Teilhabe. Das sind die beiden Dimensionen, die ich ins Zentrum der Untersuchung stellen und miteinander ins Spiel bringen möchte: die klassentheoretische Frage der sozialen Lage von Journalisten in der Wissensgesellschaft und das inhaltliche Themenfeld Kriminalität und soziale Ausschließung. Es sollen die strukturellen Ursachen der (wie eingangs ausgeführt) tendenziell autoritären Berichterstattung geklärt werden, die Produktionsbedingungen, auf denen sie basiert. Eine wiederkehrende Frage wird sein, ob es einen gemeinsamen Standpunkt gibt, von dem aus Journalisten auf die Gesellschaft blicken, einen gemeinsamen sozialen Hintergrund, der Journalisten als relativ homogene Gruppe (und in Abgrenzung zu anderen gesellschaftlichen Gruppen) auszeichnet. Mit anderen Worten: welcher sozialen Klasse Journalisten angehören bzw. ob sich deren soziale Lage überhaupt klassentheoretisch bestimmen lässt.

Bezogen auf die Inhalte der Berichterstattung ist dann zu klären, ob und in welcher Weise diese sozialstrukturellen Bedingungen sich auf die Beschäftigung mit Kriminalitätsthemen auswirken und ob dabei überhaupt explizit kriminalpolitische Positionen zum Tragen kommen oder ob eher allgemeine politische und soziale Konflikte auf diesem Feld zum Ausdruck gebracht werden.

Produktionsbedingungen als Arbeitsbedingungen

In den skizzierten Medientheorien werden die Produktionsbedingungen meist anhand der großen ökonomischen Strukturen der global agierenden Konzerne und ihrer Monopol-Strategien beschrieben. Für meine Untersuchung möchte ich eine Perspektivumkehr versuchen und die Produktionsbedingungen „von unten" aus der Sicht der handelnden Personen betrachten. Es soll um die praktischen Arbeitsbedingungen gehen, die alltäglichen Abläufe, die konkreten Umstände, unter denen Journalisten ihre Beiträge produzieren, wie sie an Informationen kommen, wie sie sich ihre Zeit einteilen, aber auch um die Frage, mit welchen Anforderungen seitens ihrer Arbeits- und Auftraggeber sie dabei konfrontiert sind und inwiefern die allgemeinen ökonomischen Prozesse und Strategien der Medienkonzerne sich auf diese alltägliche Praxis auswirken. Und es geht darum zu ergründen, welche Freiräume die Journalisten innerhalb ihrer (sehr unterschiedlichen) institutionellen Einbindung haben und wie sie diese Freiräume nutzen. Die konkreten Inhalte der Berichterstattung lassen sich nicht einfach aus den Verwertungsinteressen der Medienkonzerne (bzw. anderer institutioneller Rahmenbedingungen wie dem öffentlich-rechtlichen Rundfunk) ableiten.

Vom ökonomischen Rahmen her betrachtet, steht es mit den journalistischen Arbeitsbedingungen nicht zum Besten und es müsste eine zunehmende Verschlechterung in Form verschärfter Konkurrenz und „flexibilisierter" Arbeitsbedingungen beobachtbar sein. Kaum ein anderer Markt ist so hochgradig konzentriert wie der der Massenmedien. Der neoliberale Umbau hat inzwischen auch die Redaktionsstuben erreicht mit den entsprechenden Folgen prekarisierter Arbeitsverhältnisse: Arbeitszeitverlängerungen, Lohnkürzungen, Öffnungsklauseln etc.[5] Entsprechend sinkt der Anteil redaktioneller Beiträge zugunsten von Agenturmeldungen und anderen vorkonfektionierten Inhalten bis hin zur kaum mehr verdeckten Produktwerbung (für eine neue Wunderpille der Pharmaindustrie, die neueste Platte eines Popstars, Bücher und Filme aller Genres oder die neueste Raumfahrtmission der NASA und nicht zuletzt das eigene „Produkt": die Zeitung oder den Sender), so genannte *public relations* (PR). Weite Teile der Medienproduktion erfordern keine qualifizierten journalistischen Tätigkeiten des Recherchierens und Schreibens mehr, sondern beschränken sich auf die technische Zusammenführung und Verarbeitung anderswo erzeugter Beiträge. Anderseits steigt die Zahl der Journalisten in den Statistiken weiter, wobei ein immer größerer Anteil von ihnen freiberuflich tätig ist, nach Angaben der dju bereits mehr als die Hälfte ihrer Mitglieder.[6] Die wesentliche Verschiebung findet also von einer Berufsposition (der festangestellten Redakteursposition) zu anderen, ökonomisch weniger gesicherten Berufspositionen statt. Ein interessanter Vergleich ist demnach, welche Auswirkungen die freiberufliche Tätigkeit auf die konkreten Arbeitsbedingungen hat, welche (zusätzlichen) Zwänge sich daraus ergeben oder ob sich sogar ein höherer Grad an Autonomie erreichen lässt. Im Sinne der Kulturindustrie ist es auch vorstellbar, dass die Medienunternehmen wenig Interesse an einer direkten inhaltlichen Kontrolle der Journalisten haben, weil sie ja gerade Meinungsvielfalt und Pluralismus suggerieren möchten. Zu den neoliberalen Strategien gehört auch, die Selbstausbeutungspotentiale der Arbeitskraft effizienter zu nutzen, indem individuelle Selbstverwirklichungsansprüche, gerade in den so genannten Wissensökonomien, in den Produktionsprozess eingebunden werden. Zufriedene Journalisten sind in überdurchschnittlichem Maße zu unbezahlter Mehrarbeit bereit, auch nachts und am Wochenende.

Es kann also nicht von einem hohen Grad an direkter interner Kontrolle ausgegangen werden, das wäre gerade im Sinne der ökonomischen Verwertung der journalistischen Arbeitskraft kontraproduktiv. Dass Journalisten meist ohnehin tun und wollen, was mit den Zielen des Verlags oder der Anstalt vereinbar ist, könnte auch Folge einer Selektion bei der Ausbildung und Arbeitssuche sein. Möglicherweise haben journalistische Selbstverständnisse und Selbstverständlichkeiten aber auch mit ihrer sozialen Herkunft zu tun: Sie sind nicht nur Teil der Gesellschaft, über die sie von Berufs wegen berichten, sie sind ein ganz *bestimmter* Teil. Ihr Blick auf die Gesellschaft ist geprägt von ihrem sozialen Hintergrund, ihrem Einkommen und anderen Ressourcen, die ihnen zur Verfügung stehen (oder nicht) und die sie anstreben (oder nicht). Anders ausgedrückt: Sie haben eine Klassenlage. Versucht man, die Klassenlage der Journalisten zu bestimmen, ergeben sich aufschlussreiche Schwierigkeiten, denn sie passen nicht gut in die vorhandenen Modelle.

Klassentheoretische Bestimmungsversuche: Intelligenz als Klasse

Journalisten passen nicht gut ins traditionelle Bild des Arbeiters. Immer mehr von ihnen sind als „Arbeitskraftunternehmer" oder prekär beschäftigt (als „feste Freie", auf Stundenbasis oder befristet). Im einfachen dichotomen Klassenmodell (Kapital vs. Arbeit) wären sie dennoch eher der Arbeiterklasse zuzurechnen. Sie verkaufen ihre Arbeitskraft und befinden sich gegenüber ihren Auftrag- und Arbeitgebern in einer abhängigen Position – selbst wo sie formal „selbständig" sind. Andererseits arbeiten sie in einem Kernbereich der Kultur, der bürgerlichen Öffentlichkeit und sind entscheidend an der Produktion gesellschaftlicher Ideologien beteiligt. Kurzum: sie arbeiten am „Überbau", nicht in der Produktion, ihre soziale Lage und ihre Arbeitsbedingungen sind von denen eines industriellen Proletariats weit entfernt.[7] Obwohl nicht „Kapitalisten", wären sie doch eher Teil der bürgerlichen Klasse. Journalisten sind das klassische Beispiel jener neuen Mittelschichten, deren sozialer Aufstieg durch Bildung ermöglicht wird und die mit dem tradierten Klassenmodell nicht adäquat zu erfassen sind. In unterschiedlicher Weise führen daher alle differenzierteren Klassenmodelle (vgl. Koch 1994 und Wright 1997) „Bildung" als relevanten Faktor ein. Auch wenn die Gebildeten keine Klasse im Sinne von Marx darstellen, sind sie von den Hauptklassen der bürgerlichen Gesellschaft zu unterscheiden, spielen sie ihre eigene Rolle im Klassenkampf. Im Laufe des 20. Jahrhunderts haben sich die neuen Mittelschichten derart ausgeweitet, hat sich ihre Kultur, ihre Lebensweise so sehr verallgemeinert, dass Bourgeoisie und Arbeiterklasse quantitativ zu Randerscheinungen verdrängt wurden. Im Zuge der Bildungsexpansion, wird Bildung aber auch entwertet. Bildung sichert nicht mehr sozialen Aufstieg, sondern umgekehrt wird fehlende Bildung zum Kriterium für sozialen Ausschluss. Intellektuelle Arbeit wird standardisiert, formalisiert und die Beschäftigten austauschbar. Statt bürgerlichen Intellektuellen werden nunmehr *intellektuelle Fließbandarbeiter* hervorgebracht, kommt es wieder zu einer Proletarisierung der Kopfarbeit, ein Vorgang, der in der Soziologie vornehmlich unter dem Etikett „Dienstleistungsgesellschaft" beschrieben wird. Analytisch bringt die Kategorie „gebildete Klasse" wenig, da damit der größere Teil der Gesellschaft erfasst ist und die Binnendifferenzierung entscheidend wird.

In seinen „16 Thesen zur Zukunft der Intelligenz als neuer Klasse" führte Gouldner (1980) die viel zitierte Unterscheidung zwischen Intellektuellen und technischer Intelligenz ein: Ausgangspunkt war die (seinerzeit noch dynamisch fortschreitende) Vergrößerung der gebildeten Klasse und die Beobachtung, dass die Kontrolle über die Unternehmen zunehmend nicht mehr von den Kapitalisten selbst ausgeübt wird, sondern von „Managern", von Angestellten also, die aufgrund ihres Fachwissens besser qualifiziert sind, Entscheidungen zu treffen als die Eigentümer. Die Stärke und Eigenständigkeit der „Intelligenz" gegenüber der alten Herrschaft der Bourgeoisie, verdankt sich einer öffentlichen „Kultur des kritischen Diskurses". Gouldner geht in seiner ersten These auf die „Unzulänglichkeiten" des marxistischen Klassenmodells ein: Erstens habe es die Rolle der Bauernschaft bei den revolutionären Kämpfen des zwanzigsten Jahrhunderts vernachlässigt (in Russland, vor allem aber in China). Zweitens vernachlässige es die Rolle der Intellektuellen:

„Das marxistische Szenario des Klassenkampfes war nie in der Lage, das eigene Handeln zu erklären, d.h. das Handeln derjenigen, die das Drehbuch schrieben, das Handeln von Marx und Engels selbst. Wie passten die *Theoretiker* dieses Klassenkampfes in die behauptete Aufspaltung der Gesellschaft in Proletariat und Kapitalistenklasse. Wenn die Frage jemand gestellt wird, begegnet man nur verlegenem Schweigen. (Niemand erwartet, dass man das Fernsehpublikum fragt, welche Rolle der Kameramann spielt.)" (S. 24, Hervorhebung im Original)

In der fortgeschrittenen Industriegesellschaft beschränkt sich die Funktion der Intellektuellen nicht mehr darauf, als Theoretiker und Avantgardepartei eine Massenbewegung anzuführen, sie ist „nicht mehr sporadisch politisch revolutionär, sie revolutioniert vielmehr beständig die Produktionsweise." (ebd.:28) Sie beginnen an der Verbesserung der eigenen Position zu arbeiten und entwickeln eigene Interessen. Als erstes Indiz für diesen „*take-off*" der Intelligenz, für die wachsende „Entfremdung und Politisierung" der (amerikanischen) Intellektuellen, nennt Gouldner die „Muckraker"-Bewegung (ebd.:35).[8] Öffentlichkeit und Journalismus sind zentrales Bestimmungsstück der neuen Klasse als Keim einer „universellen Klasse". Gouldners Unterscheidung zwischen „technischer Intelligenz" und „Intellektuellen" ist dabei nicht rein analytisch zu verstehen, es ging ihm gerade darum zu zeigen, dass die „neue", gebildete Klasse sich stets in dem Widerspruch bewegt, der alten Herrschaft einerseits zu dienen, indem sie deren Geschäfte führt, und selbst aus der „alten", bürgerlichen Klasse hervorgegangen zu sein, ihr andererseits eine Tendenz zur „Radikalisierung" innewohnt, da die „Kultur des kritischen Diskurses" eigene „Ideologien" (von der „Frauenbewegung" über den Antifaschismus hin zur Ökologie und anderen „neuen sozialen Bewegungen") entwickelt und der alten Herrschaft entgegensetzt. Dieser Widerspruch ist eine allgemeinere, die ganze gebildete Klasse umfassende Konzeption dessen, was ich mit Blick auf die Journalisten als Spannungsfeld von autoritärem Programm und Aufklärungsabsicht beschrieben habe.

Die These einer verselbständigten Intellektuellenklasse ist mit Blick auf die Klassenlage der Journalisten überzeugend. Zu berücksichtigen ist aber auch, dass sie sich innerhalb dieser Klasse in einer relativ schwachen Position befinden. Je mehr sie der Konkurrenz ausgesetzt sind, besteht ihre Interessenposition immer weniger in der Erweiterung – bis hin zur universellen Verallgemeinerung – der gebildeten Lebensweise (wie Gouldner das für die Intellektuellen insgesamt unterstellt), sondern im Gegenteil darin, ihre Position so exklusiv wie möglich und die Konkurrenz entsprechend klein zu halten (z.B. indem Bildungsnormen etabliert oder explizite Berufsschließungspolitiken betrieben werden).

Soziale Ausschließung in der „Wissensgesellschaft"

Jenseits der – gesamtgesellschaftlich kleinen – Kreise von Personen, die sich wissenschaftlich oder praktisch mit strafrechtlicher Kontrolle im Kontext der sozialen Ausschließung[9] beschäftigen, gilt Kriminalität als gesellschaftliche Tatsache auf die selbstverständlich sanktionierend zu reagieren sei. Da in dieser Untersuchung von der gegenteiligen Grundannahme ausgegangen wird, dass nämlich Kriminalität erst durch den strafrechtlichen Zugriff konstruiert wird, ist an den Charakter von Strafe als absichtliche Zufügung von Leid zu erinnern. Im Kernbereich des Strafrechts haben wir es einerseits mit einer besonders drastischen Form der Ausschließung durch Einsperrung zu tun – mit den Extremfällen der lebenslangen Freiheitsstrafe (in Deutschland und den meisten europäischen Ländern) und der Todesstrafe (in den meisten anderen Ländern) – und es ist immer wieder nötig, die Brutalität dieser Vorgänge in Erinnerung zu rufen. Ihr Herrschaftscharakter tritt sehr offen zu Tage. Andererseits steht das Gefängnis in einer Reihe mit anderen totalen Institutionen, die vom Kloster (Steinert/Treiber 1980) und der Schule über die Kaserne (Foucault 1976) und Irrenanstalt (Goffman 1973) bis zum Konzentrationslager (Sofsky 1993, Armanski 1993) die ganze Bandbreite von Anstalten repräsentieren, die mit der Herstellung einer disziplinierten Lebensweise und dem Aussortieren der „Überflüssigen", „Unerziehbaren", „nicht Resozialisierungsfähigen" bis hin zu „Feinden", „Schädlingen" usw. beschäftigt sind. Nahezu jeder Verwaltungszugriff teilt Menschen in Kategorien wie „zugehörig" und „nicht zugehörig", „berechtigt" und „unberechtigt" oder „willig" und „unwillig" ein – die Freiheitsstrafe ist, wie liberale Strafrechtler nicht müde werden zu betonen, nur ein letztes Mittel, diese Etiketten durchzusetzen. Insofern macht die Rede von der „ultima ratio" auch darauf aufmerksam, dass neben bzw. vor der Freiheitsstrafe noch eine ganze Reihe weiterer herrschaftlicher Zugriffe auf das Individuum erfolgen. Neben dem Gefängnis als eine der brutaleren und offensichtlicheren Formen von Ausschließung, operiert das Strafrecht schon lange vor der Erfindung von Alternativen wie der gemeinnützigen Arbeit und des Täter-Opfer-Ausgleichs mit der Geldstrafe als weniger eingriffsintensiver, nicht körperlicher Sanktion. Die Funktion des Strafrechts geht weit über die eigentliche Strafe hinaus: Polizeiliche Strafverfolgung und Gerichtsverfahren als Degradierungsprozedur (Garfinkel 1977) stellen soziale „Unwerturteile" (Sumner 1991) her, schreiben Kategorien zu und orientieren sich selbst an der sozialen Herkunft als Selektionskriterium (Peters 1973). Strafe soll den Präventions- und Abschreckungstheorien zufolge eben nicht nur auf die Sanktionierten wirken, sondern auf alle Mitglieder der Gesellschaft. So werden andere Formen von Ausschließung unterstützt und legitimiert: Wenn die Armen, die Jugendlichen, die Fremden nicht kriminell wären, wenn also das Strafrecht diese Zuschreibung nicht immer wieder erfolgreich herstellen würde, könnten sie möglicherweise wesentlich mehr Zuspruch für ihre Belange gewinnen, würde Ungleichheit viel eher als Ungerechtigkeit verstanden werden. In dem EU-Forschungsprojekt CASE[10] wurden Erfahrungen mit sozialer Ausschließung aus der Perspektive der Betroffenen untersucht. Es stellte sich heraus, dass Coping-Strategien in erster Linie dann scheitern, wenn sich unterschiedliche Formen der Ausschließung gegenseitig verstärken. Viel bedeutsamer als der strafrechtliche ist dabei der soziale Bereich: Arbeit, Wohnung, Schulden, Gesundheitsprobleme. Indem das Strafrecht Sündenböcke präsentiert, indem es Etiketten wie „Störer", „Gewalttäter", Rabenmütter", „Sozialbetrüger", „Kinderschänder" etc. hervorbringt, trägt es auch dazu bei, dass von anderen sozialen Problemen abgelenkt wird. Wenn die Armen selbst „schuld" sind an ihrer Lage, muss man, wie Wacquant (1999) es auf den Punkt bringt, nicht weiter *Armut*, sondern „*die Armen* bekämpfen".

Unternehmerische Logik als amoralisches Moralunternehmertum

Wenn in der Logik der „Wissensgesellschaft" über Kriminalität und soziale Ausschließung nachgedacht wird, stellen sich entsprechende Fragen: Was gibt es für neue Konzepte? Wie stehen wir im internationalen Wettbewerb da? Wie geht das alles billiger und effizienter, vor allem aber: anders als bisher? Es entsteht ein Innovationsdruck, wie man ihn auf vielen politischen Feldern beobachten kann. Eine Reform jagt die vorhergehende. Im Bereich des Strafrechts und der inneren Sicherheit bedeutet das vor allem eine rasante Privatisierung und Technisierung der Kontrolle. Man könnte das als „amoralisches Moralunternehmertum" deuten, geht es doch nicht mehr um die Durchsetzung herrschender Normen als Arbeitsmoral und die Disziplinierung der Herrschaftsunterworfenen. Die als Arbeitskräfte entbehrlichen „Überflüssigen" werden nicht mehr benötigt, um die Wirtschaft voranzubringen. Sie bedrohen die herrschende Ordnung nicht als politische Klasse oder „soziales Problem" (für das man strukturelle Lösungen finden müsste), sondern nur noch als dissoziale Einzelne, als Psychopathen, Gewalttäter, Störer usw. Einerseits wird so die Furcht vor Gewalt und Kriminalität weiter geschürt, andererseits entwickelt sich eine Kultur des emotionslosen Wegsperrens, das nur noch eins sein soll: billig. Das ist wohlgemerkt nur *eine* Tendenz, die noch von zahlreichen herkömmlichen Legitimationsformen überlagert wird.

„Wissensgesellschaft" erzeugt nicht nur einen eigenen Modus von Ausschließung qua (fehlender) Bildung, sie stellt auch ein bestimmtes Verhältnis zu anderen Formen von Ausschließung her. Politische, rechtliche und moralische Fragen werden in ökomisch-technische übersetzt. Daran beteiligt sich auch die wissenschaftliche Kriminologie und fragt: *what works*?[11] Gut ist, was wirkt, d.h. was einen (wie auch immer) messbaren Effekt hat, vor allem aber eine positive Kosten-Nutzen-Relation. Damit macht sie sich tendenziell überflüssig und überlässt das Feld den Managern und Beratern, die längst die Verwaltung, die soziale Arbeit und das Gefängnis als (bzw. für den) Markt erschlossen haben.[12] Ehemalige Polizisten bieten Anti-Aggressions-Kurse an, entwickeln kommunale Präventionsstrategien und gründen Sicherheitsdienste. Sie stellen damit erfolgreich Situationen her, auf die sich die Berichterstattung beziehen kann. In der Wissensgesellschaft besteht Wissenschaft in den gelegentlich eingeblendeten Zitaten und „O-Tönen", die aus dem Zusammenhang gerissen jeglicher Aussagekraft beraubt sind. Dagegen haben die Trainer, Berater, aber auch die traditionellen Praktiker mehr zu bieten, sie sind mitten im Geschehen: Gefängnisaufseher, Sozialarbeiter in den sozialen Brennpunkten, Polizisten im Einsatz und „gnadenlose" Richter. Für die

Kontrolleure gilt wie für die Kontrollierten Normabweichung als Aufmerksamkeitsnorm.

Die amoralische Kriminalpolitik kann gelegentlich auch dazu führen, dass ein Übermaß an Strafe ineffizient oder einfach zu teuer erscheint: In den USA zeichnet sich nach der enormen Steigerung der Gefangenenraten in den letzten Jahrzehnten eine Trendumkehr ab. Einige Staaten haben die „three-strikes"-Gesetze wieder abgeschafft, die erheblichen Einfluss auf die Inhaftierungsraten hatten, denen dann selbst mit einer privatisierten Gefängnisindustrie nicht mehr beizukommen war. In Deutschland konnte die elektronische Fußfessel sich jenseits des hessischen Modellversuchs unter anderem deshalb noch nicht etablieren, weil umstritten ist, ob sich damit Kosten senken lassen (vgl. Bernsmann 2000). Im Allgemeinen erlaubt die ökonomische Logik jedoch, soziale Ausschließung wesentlich ungehemmter zu betreiben. Dass es sich bei der Strafe, wie Strafrechtler noch sehr genau wissen, um eine Übelszufügung, um eine absichtliche Schädigung handelt, gerät aus dem Blickfeld. Bei den Moralunternehmern der Wissensgesellschaft liegt die Betonung auf dem Wort *Unternehmer*.

Der Beitrag der Berichterstattung zur sozialen Ausschließung

Die gesellschaftliche Funktion des Strafrechts weist weit über den unmittelbaren Zusammenhang von „Kriminalität" und Strafe hinaus. Es geht um die Absicherung von Herrschaft, die Legitimierung von Ungleichheit und die Ablenkung von gesellschaftlichen, sozialen Problemen auf Sündenböcke. Diese Funktion kann das Strafrecht nur erfüllen, wenn es öffentlich wahrgenommen wird. Die Kategorien, auf die es dabei zurückgreift, werden durch andere Institutionen erzeugt und gleichfalls öffentlich verfügbar gemacht. Auch wenn es keine öffentlichen Hinrichtungen als Spektakel vor einem Publikum mehr gibt (auf die verschiedenen kulturindustriellen Surrogate komme ich im Laufe der Untersuchung noch zu sprechen), sind die Institutionen sozialer Ausschließung auf Öffentlichkeit angewiesen, um ihre Herrschaftsfunktionen zu erfüllen.

Berichterstattung über Kriminalität und Strafe kann also von vornherein nicht „neutral" sein – wenn sie keinen Standpunkt bezieht, macht sie sich zum Komplizen. Aber sie greift auch in mehrfacher Hinsicht aktiv ein und leistet ihren eigenen, spezifischen Beitrag zur sozialen Ausschließung. Wenn es konkret um Strafgesetzgebung und Kriminalpolitik geht, stellt sich die Frage, ob Strafe legitimiert oder kritisiert wird, ganz direkt. Dann wird für oder gegen eine bestimmte Politik öffentlich „Meinung gemacht". Viele Themen werden jedoch nicht von der Politik vorgegeben und haben vordergründig keinen politischen Charakter: Die alltäglichen kleinen Meldungen über einzelne Straftaten, Polizeireportagen, Milieustudien oder emotionale Portraits von Opfern und Tätern. Diese Berichterstattung ist geprägt von der Eigenlogik der Nachrichtenmedien, von der Art und

Weise, wie sie Ereignisse darstellen: mit den Stilmitteln der Personalisierung, der Dramatisierung und durch die Herstellung von Verdichtungssymbolen. Personalisierung im Zusammenhang mit Kriminalitätsthemen bedeutet, dass nahezu immer Täter und Opfer identifiziert und die Ursachen der Tat in ihrer „Persönlichkeit" (meist der des Täters) gesucht werden. Das bietet die Möglichkeit, nah an die „Menschen hinter der Geschichte" heranzugehen, Emotionen zu wecken und Milieuschilderungen einzuflechten. Im Bündnis mit der wissenschaftlichen Kriminologie und ihren kruden Sozialisationstheorien[13] werden die Ursachen der kriminellen Persönlichkeit besonders häufig in der Kindheit vermutet und über Erziehung und Schule, aber auch über soziale Probleme räsoniert. Dabei kommt das zweite Stilmittel zum Tragen: die Dramatisierung von Problemen. Nicht dass es Armut, Verzweiflung, Drogenelend gibt, ist Anlass der Sorge, sondern dass die Armen, Verzweifelten, Drogensüchtigen zur kriminellen Bedrohung werden könnten. Es werden gefährliche Räume und Gruppen ausgedeutet, beständig tickt die „Kriminalitätsuhr", steigt die Zahl der registrierten Delikte, gibt es eine neue Bedrohungslage. Die Strukturmerkmale einer Moralpanik sind erfüllt, ohne dass bestimmte Gruppen oder Personen sie mit Interesse betreiben – auch wenn solche Berichterstattung für derartige Instrumentalisierungen durchaus anfällig ist: Die symbolische Verdichtung von Problemen, das Ausdeuten von *folk devils* und der Ruf nach Ordnung sind so selbstverständlich etablierte Darstellungsmuster, dass es offenbar keine Moralunternehmer mehr braucht. Das würde auch erklären, warum manche dieser Kampagnen gar nicht mehr auf Gesetzesinitiativen, die Schaffung neuer Straftatbestände oder andere praktische Konsequenzen hin ausgerichtet sind, sondern sich von vornherein auf moralische Appelle beschränken (z.B. „Autobahndrängler", Verrohung der Jugend durch Computerspiele). In den meisten Fällen dauert es freilich nicht lange, bis derartige Vorschläge aufkommen. Die „symbolische" Ausschließung hat in der Regel Folgen für die Ausgeschlossenen, sie hat Opfer. Den Medien kommt bei der Produktion des dafür nötigen Ausschlusswissens, eine aktive Rolle zu – sie verstärken nicht nur den *spin*, sie erzeugen beständig neue „Probleme" und Kategorien von Personen, die „Probleme machen". Populistische Politik kann dann bei Bedarf aus diesem Repertoire schöpfen.

Eine reflexive Medientheorie muss davon ausgehen, dass die Massenmedien weder objektive noch unabhängige Beobachter gesellschaftlicher Prozesse sein können, sondern dass sie jeweils selbst Akteure der öffentlichen Auseinandersetzungen sind – und dabei nicht selten die Macht haben, Themen zu setzen. Die Frage ist also nicht, ob „Realität" verzerrt abgebildet wird oder wie dem Ideal einer „objektiven" Berichterstattung am nächsten gekommen werden kann, die Frage kann nur sein zu ergründen, *wie* in den Massenmedien (über Kriminalität) berichtet wird und wie es dazu kommt, was die strukturellen, materiellen und ideologischen Voraussetzungen sind, die genau diese Berichterstattung möglich machen. Damit wären zugleich die Ansatzpunkte für Veränderungen benannt – ob und in welche Richtung an solchen Veränderungen gearbeitet wird, ist wiederum eine Frage sozialer Kämpfe. Den spezifischen Beitrag der Medien zur Ausschließung zu kritisieren, führt uns gerade nicht zu Forderungen nach einer „neutralen" Berichterstattung und kriminalpolitischer Abstinenz der Medien. Noch weniger geht es darum, irgendeine „Schuld" zuzuweisen (das wäre genau die Logik, die hier kritisiert wurde). Natürlich gibt es auch die Möglichkeit der Gegenskandalisierung und nicht nur seriöse, liberale Medien machen davon regen Gebrauch. Eine Frage, die ich im Rahmen dieser Untersuchung daher immer wieder aufgreife, ist, ob und wie sich solche Gegenskandalisierungen von der vorherrschenden kriminalisierenden Berichterstattung unterscheiden: Gibt es überhaupt einen Unterschied in der Darstellungsweise oder wird lediglich unter umgekehrten Vorzeichen moralisiert? Gibt es Produktionsbedingungen, die das unterstützen, oder hängt es an individuellen Strategien einzelner Journalisten? Ist die Unterscheidung „kriminalisierend/nicht kriminalisierend" für die an der Nachrichtenproduktion Beteiligten überhaupt relevant?

Kapitel 4: Der Journalistenstolz und die unerfüllten Träume der rasenden Reporter
Selbstdarstellungen von Journalisten, alltägliche Arbeitsbedingungen und professionelle Normen

> „Der Reporter hat keine Tendenz, hat nichts zu rechtfertigen und keinen Standpunkt. Er hat unbefangen Zeuge zu sein und unbefangene Zeugenschaft zu liefern, so verläßlich, wie sich eine Aussage geben läßt – jedenfalls ist sie (für die Klarstellung) wichtiger, als die geniale Rede des Staatsanwalts oder des Verteidigers.
> Selbst der schlechte Reporter – der, der übertreibt oder unverläßlich ist – leistet werktätige Arbeit: denn er ist von den Tatsachen abhängig, er hat sich Kenntnis von ihnen zu verschaffen, durch Augenschein, durch ein Gespräch, durch eine Beobachtung, eine Auskunft.
> Der gute braucht Erlebnisfähigkeit zu seinem Gewerbe, das er liebt. Er würde auch erleben, wenn er nicht darüber berichten müßte. Aber er würde nicht schreiben, ohne zu erleben. Er ist kein Künstler, er ist kein Politiker, er ist kein Gelehrter."
> (Egon Erwin Kisch im Vorwort zu seiner Reportagesammlung „Der rasende Reporter")

Beruflicher Werdegang und Selbstverständnis

Bevor ich mich in den folgenden Kapiteln damit auseinander setze, wie Medien über Kriminalität und Strafe berichten und wie die beteiligten Journalisten damit umgehen, möchte ich zuvor die Interviews hinsichtlich der darin von den Journalisten vorgenommenen sozialen, gesellschaftlichen und beruflichen Positionsbestimmungen interpretieren. Wie verhalten sich ihre individuellen Aussagen und die konkreten Arbeitsbedingungen zu den aus der Theorie und der Berufsforschung hergeleiteten Überlegungen über Klassenlage und zu der darin angelegten Kritik von Wissensgesellschaft als verallgemeinerter Kulturindustrie?

Karriere als Zufall: Journalismus kann man nicht studieren[1]

Bezüglich der Ausbildungswege und des Bildungshintergrunds entsprechen die Befragten in etwa den in den Beraterhandbüchern und berufssoziologischen Untersuchungen beschriebenen Trends:[2] Alle haben zumindest Abitur und bis auf eine Ausnahme haben sie alle irgendwann ein Volontariat absolviert. Von den acht Befragten haben drei ein abgeschlossenes Hochschulstudium, nur einer ist Jurist. Drei haben ihr Studium abgebrochen, um direkt in den Journalistenberuf einzusteigen, weil sie z.B. eine Volontärsstelle angeboten bekamen. Außer dem Juristen haben sie alle Geschichte oder Sprachwissenschaften studiert, in vier Fällen verbunden mit Soziologie oder Politikwissenschaft im Nebenfach. In der Tendenz also Fächer, die eher allgemeinbildend als berufsbezogen angelegt sind und die insgesamt weder auf die handwerklichen Aspekte des Journalismus vorbereiten, noch einen besonderen Bezug zum Themenfeld Kriminalität und Strafe aufweisen. Die Befragten stellen auch keinen solchen Zusammenhang zwischen Studium und journalistischer Tätigkeit her, sondern betonen pragmatische Gründe, z.B. dass sie „mehrgleisig fahren" oder „einen Fuß in der Tür haben" wollten. Es geht um den formalen Abschluss, nicht um eine Qualifikation in der Sache. Sie arbeiteten alle schon während des Studiums neben- oder freiberuflich als Journalisten oder absolvierten Praktika im Medienbereich. Für mehrere Befragte stellte sich irgendwann die Frage, ob sie nun entweder ihr Studium abschließen oder voll in den Beruf einsteigen. Die meisten entschieden sich für den Abbruch, einer lehnte hingegen (vorübergehend) eine feste Redakteursstelle ab, um sein Studium abschließen zu können. Für jene Befragten, die ihr Hochschulstudium zum Abschluss brachten, ermöglichte das insofern den Einstieg in den Journalismus, da die ersten Berufsjahre durch ungesicherte Beschäftigungsverhältnisse geprägt sind und noch nicht absehbar ist, ob man im Beruf langfristig Fuß fassen kann. Für den Notfall haben sie ein Bildungszertifikat in der Hinterhand, das den Wechsel in einen anderen Beruf möglich erscheinen lässt. So können sie sich auf das Wagnis der journalistischen Laufbahn einlassen. Das Sicherheitsdenken dieser Teilgruppe kommt auch darin zum Ausdruck, dass sie alle zum Zeitpunkt der Befragung eine unbefristete Festanstellung hatten. Die Studienabbrecher betonten hingegen mehrheitlich, dass sie ohnehin nur studierten, weil sie sich dazu gezwungen sahen, um bessere Chancen auf ein Volontariat zu haben oder auf eine andere gute Gelegenheit zum Berufseinstieg zu warten:[3]

> Dann hieß es eigentlich: ja, jetzt ist das Praktikum zu Ende, wir haben keinen Volontariatsplatz und so - und dann hatte ich schon einen Studienplatz in ASTADT - ich wollte eigentlich studieren ... und zwar Geschichte ... ich glaub sogar Geschichte und Soziologie oder so was, ja? witzig ... und dann hatte ich da aber noch mal angerufen, weil ich das Zeugnis haben wollte und dann hatten zufälligerweise an dem Tag grade zwei Leute gekündigt gehabt ... und dann hab ich (lacht), hab ich gleich geschaltet und hab gesagt: verbind' mich mal mit dem Ressortchef, und der sagte dann: Ja, willst Du eigentlich noch hier so zu uns kommen? Und da hab ich

natürlich gesagt: Ja klar... und dann so mal fünf Tage später habe ich dann hier so meinen kleinen Käfer gepackt und bin dann nach BSTADT gefahren. (Polizeireporter)

Die „witzige" Übereinstimmung seiner Studienwahl mit meinem Fach, die dem Befragten erst in diesem Moment auffällt und bei der er sich nicht einmal sicher ist, ob er das wirklich studieren wollte, ist zwar situativ durchaus freundlich gemeint, da sie so eine Gemeinsamkeit mit mir als Interviewer herstellt, drückt ungewollt jedoch ein hohes Maß an Gleichgültigkeit gegenüber dem ehemals angestrebten Studienfach aus. Eine freie Journalistin, die lange studiert, aber keinen Abschluss gemacht hat, erklärt mir, was Journalisten können müssen unter anderem mit dem Seitenhieb: „Ich weiß, wie man einen Artikel für die WOCHEN-ZEITUNG schreibt. Ja? Also ich weiß, dass man da kein Referat schreibt." Referate schreibt man in Universitätsseminaren, als Journalistin verdirbt man sich damit nur den Stil. Außer dem Juristen, bei dem ein inhaltlicher Bezug zu seiner journalistischen Arbeit nahe liegt, brachte keiner der Befragten eine besondere Begeisterung für sein Studienfach zum Ausdruck[4] oder stellte irgend einen Zusammenhang mit seiner beruflichen Qualifikation her. Eher im Gegenteil: Die Wahl des Studienfaches wird als beliebig und jedenfalls nicht zweckrational beschrieben:

Also wenn ich mir jetzt richtig vernünftig überlegt hätte: ich will Journalistin werden, also was mach ich? Dann hätte ich zum Beispiel, was weiß ich, ich hätte mir jederzeit ... mach doch mal Naturwissenschaften, ja? Dann, wie ... diese Fachjournalisten, ja? Das ist was ganz Vernünftiges. Die werden gebraucht. Die brauchen Leute, die nicht nur rumlabern, ja? wie Politologen und Publizisten, sondern was Richtiges können, ja? (Freie Journalistin)

Studium und Journalismus sind zwei weitgehend unabhängig voneinander verfolgte Karrierepfade. Nur zwei der Befragten nannten überhaupt Alternativen, welche beruflichen Perspektiven sie sich außerhalb des Journalismus vorstellen könnten, und nur in einem Fall - es ging um Erwachsenenbildung - hatte es einen fachlichen Bezug zum Studium. Das andere Beispiel war der Plan, ein Hotel zu eröffnen, ohne dafür den Journalismus jedoch völlig aufgeben zu müssen.

Ein in der Berufshierarchie weit aufgestiegener Fernsehredakteur wollte mir seine Biographie bereits am Telefon erzählen, was bedeutet, dass er sie sich nicht erst auf die Interviewsituation bezogen zurechtlegen musste, sondern „parat hat". Der Eindruck, dass er über diesen Aspekt seiner Selbstdarstellung nicht lange nachdenken musste, wird verstärkt durch den stenographischen Stil des folgenden Zitats. In seiner biographischen Erzählung betont er Bildung als Möglichkeit, sich von Handarbeit zu befreien:

Abgang Hauptschule, gelernter Tischler, dann Tischlerlehre beendet, noch vier Jahre als Geselle gearbeitet und zwischendurch irgendwann schon gedacht, das kann es eigentlich nicht sein, was ich mein Leben lang machen möchte ... wusste aber nicht, was ich so richtig werden wollte, hab dann überlegt ein breites Fundament zu schaffen, hab dann auf der Abendschule über fünf Jahre Realschule und Abitur nachgemacht, hab zu dem damaligen Zeitpunkt sehr viel Squash gespielt, bin über Squash eigentlich an Leute rangekommen, die im Journalismus arbeiten und da ich eh nicht so richtig wusste, in welche Richtung ich gehen wollte, fand ich das relativ interessant, hab dann angefangen für kleinere Zeitungen von unseren Squash-Turnieren und von Meisterschaften zu schreiben, bin dann irgendwann durch Zufall an die TAGESZEITUNG gekommen (...) (Fernsehredakteur)

Den höheren Schulabschluss bezeichnet dieser Befragte als „Fundament", den Einstieg in den Journalismus stellt er hingegen als „Zufall" dar. Auf Basis eines soliden Fundamentes konnte er die Dinge auf sich zukommen lassen und sehen, was sich ergibt, jedenfalls so lange er „nicht so richtig wusste, in welche Richtung" es weiter gehen soll. Obwohl die meisten Befragten angeben, sich schon früh für diesen Beruf entschieden zu haben (als erste Erfahrung wird ganz oft die Schülerzeitung genannt), wird deutlich, dass der Einstieg in den Journalismus von vielen günstigen Umständen abhängig ist und sich schlecht planen lässt. In den ersten Jahren wechseln alle Befragten zwischen verschiedenen Arbeitgebern und Mediensparten, sie arbeiten frei, machen Praktika und ergattern meist erst nach mehreren Jahren ein Volontariat, das ihnen als entscheidender Wendepunkt gilt: Wer ein Volontariat absolviert hat, *ist* Journalist. Das Studium dient für die Übergangsphasen als legitime Beschäftigung, zu der man immer zurückkehren kann, wenn es mit dem Einstieg in den Journalismus gerade nicht vorangeht. Es verschafft einen sozial anerkannten Status während der ungeordneten ersten Berufsjahre, bedeutet eine reale soziale Absicherung, indem es andere Berufschancen offen hält, wovon die Befragten aber nicht gerne Gebrauch machen würden: Sie bekunden unisono, am liebsten weiter als Journalisten arbeiten zu wollen. Auch mit ihrer konkret erreichten Berufssituation zeigten sich alle Befragten zufrieden bis begeistert. Sofern sie sich höhere Ziele stecken, liegen diese innerhalb des Berufsfeldes.

Journalistenstolz: „du musst irgendwie was schreiben"

Das Selbstwertgefühl der Journalisten speist sich in erster Linie aus dem beruflichen Erfolg, sie vergleichen sich mit einem „self made man" (freie Journalistin) und bezeichnen sich als „privilegiert" (Fernsehreporter). Da wir es mit retrospektiven Selbstdarstellungen derjenigen zu tun haben, die sich in diesem Berufsfeld durchgesetzt haben, ist es auch nicht verwunderlich, dass vorwiegend Erfolgsgeschichten erzählt werden.[5] Bemerkenswert ist aber, dass diese Erfolgsgeschichten auf kontingenten und wechselhaften Karriereverläufen basieren. Ein Beispiel kann das verdeutlichen. Die erste Frage des Interviews lautete immer ähnlich:

Ich würde Sie bitten, dass Sie einfach erst mal erzählen, wie Sie zu dem Journalistenberuf gekommen sind. Wann die ursprüngliche Idee entstand, wie der Ausbildungsweg war.

Darauf erhielt ich von einer Gesprächspartnerin die folgende Antwort:

Ja, indem ich eigentlich Sozialpädagogik studieren wollte – heute sage ich: gottlob keinen Studienplatz bekommen habe – dann ein Praktikum bei der Zeitung, nämlich bei der TAGESZEITUNG hier in GROSSSTADT gemacht habe, direkt nach dem Abitur. Und dann, wahrscheinlich auch, weil ich Liebeskummer hatte und mich da so reingestürzt hatte, ganz begeistert davon war, mich beworben hab für ein Volontariat. Es hieß: das könne ich nicht bekommen, dafür müsse ich erst mal studiert haben. Dann bin ich als Au-Pair-Mädchen nach Amerika gegangen, dann bin ich aus Amerika zurückgekommen und dachte: okay, also wenn du studieren musst, musst du irgendwas studieren, was dazu passt – ich wollte immer praktisch arbeiten, ich wollte nie studieren – und hab dann Anglistik, Amerikanistik und Theater-Film- und Fernsehwissenschaften studiert, fand das aber gleich relativ doof, weil ich fürs theoretische Arbeiten nicht so <u>furchtbar</u> geeignet bin. Jedenfalls hab ich dann gedacht: du musst irgendwie was schreiben und hab wieder, <u>wieder</u> bei der TAGESZEITUNG angeklopft, dann haben die gesagt: okay, Freie Mitarbeiterin, und hatte das Glück, dass ich zur Regionalausgabe nach ... in den UMLAND-Kreis gekommen bin – das Glück deshalb, weil da unglaublich viele Freie Mitarbeiter, weil sie da, weil sie günstig sind, gebraucht werden und das heißt, man kann da viel machen. Dann hab ich da gearbeitet und eher nebenbei studiert als andersrum. Hab mich überworfen, bin zum LOKALBLATT gegangen, vom LOKALBLATT wieder zurück zur TAGESZEITUNG nach KLEINSTADT ... und dort hab ich halt gesagt, nun wolle ich aber wirklich mal jetzt langsam volontieren, weil jetzt hab ich schon so viel gemacht, und dann haben die mich über den Tisch gezogen: musste ich ein Jahr Anzeigenblatt machen ... dafür hab ich aber dann ein Volontariat bekommen. (Radioreporterin)

Den ursprünglichen Studienwunsch schildert die Befragte als Irrtum, weil sie es seinerzeit noch nicht besser wusste. Dahinter steht auch die soziale Norm innerhalb der gebildeten Schichten, im Zweifelsfall zu studieren, wenn man keine andere legitime Beschäftigung nachweisen kann,[6] jedenfalls, wenn auch widerwillig, grundsätzlich dazu in der Lage zu sein. Aus dem studieren „wollen" wird sehr bald ein „müssen",[7] aus der weichen wird eine harte Norm, die dennoch nur der Form halber und „nebenbei" erfüllt wird. Den Grund, warum ihr das Studium nicht liegt, sucht sie jedoch bei sich selbst: sie „muss schreiben" („müssen" jetzt nicht mehr als äußere Norm sondern als innerer Drang), was sie mit „praktisch arbeiten" gleichsetzt im Gegensatz zum „theoretischen Arbeiten", zu dem sie sich nicht „geeignet" sieht. Schreiben bedeutet auch hier wieder: kein Referat, sondern journalistisch und jedenfalls anders zu schreiben, als es im Studium verlangt wird. Es bedeutet, nicht erst lange nachzudenken, zu theoretisieren, ehe man schreibt. Offensiv bedient sie das weibliche Rollenklischee, die Dinge gefühlsbetont, aus dem Bauch heraus anzugehen: Als Antrieb, sich in die journalistische Arbeit „reinzustürzen", führt sie neben der Begeisterung für die Sache selbst auch den zufällig zu dieser Zeit eintretenden „Liebeskummer" an.[8] Das Muster „Bauch" gegen „Kopf" ist in diesem Beispiel besonders ausgeprägt und mit Weiblichkeit verknüpft. Doch auch die männlichen Kollegen stellten sich eindeutig nicht als „Kopfmenschen" im Sinne von Intellektuellen dar, sondern grenzten sich dagegen immer als bodenständig ab. Die „weibliche" Form der Selbstdarstellung umfasst neben dem „Glück", das nötig ist, damit sich die Dinge günstig entwickeln, auch Durchsetzungsvermögen und Standhaftigkeit als hilfreiche Eigenschaften: Obwohl der Weg in den Beruf alles andere als vorgezeichnet und steuerbar ist, trifft sie wichtige Entscheidungen selbstbewusst und souverän. Sich mit der einen Zeitung „überworfen" zu haben oder hinsichtlich des Volontariats „über den Tisch gezogen" zu werden, sind weder Rückschläge noch einfach „weibliche" Launen, sondern originäre Bestandteile der Entwicklung, die schließlich zum Ziel führt. So jedenfalls wird es im Rückblick erzählt.

Eine ähnliche Mischung aus Zufall und Selbstbewusstsein findet sich in der Schilderung eines inzwischen zum Ressortleiter aufgestiegenen männlichen Kollegen:

Und da ich damals noch auf meine Ergebnisse des zweiten Staatsexamens wartete – also sowieso Däumchen drehte – habe ich überlegt, da gehe ich da hin und mache diese zweiwöchige Hospitanz, und ging dann durch die verschiedenen Abteilungen beim SENDER, war auch in der Nachrichtenredaktion und wurde am nächsten Tag dann gerufen von dem Chef der Nachrichtenredaktion und der sagte: Was Sie da gemacht haben, das finde ich eigentlich ganz gut, ob ich eigentlich schon mal überlegt hätte, da in den Journalismus zu gehen. Und dann (lacht) sage ich: Eigentlich ist es das, aber jetzt muss ich erst mal mein zweites Staatsexamen machen und dann reden wir weiter. Und das ging ja alles im Laufe von mehreren Wochen dann. Ich hatte da auch schon mal eine ... Bewerbung zum Richter-Wahlausschuss und Verwaltungsdienst und all so was, weil ich einfach mehrgleisig fahren wollte. Und kaum hatte ich mein zweites Staatsexamen in der Tasche, da kriegte ich einen Anruf noch mal vom SENDER und [die] fragten: was ist denn nun? Ähm ... okay sagte ich, jetzt wir jetzt mal drüber reden. Kriegte ein Gespräch beim Hörfunk der beiden Chefredakteure anberaumt, ging da hin und unterhielt mich mit denen eineinhalb Stunden und durfte am nächsten Tag anfangen. Also das muss ich mal ehrlich sagen, das war wirklich ... viel Glück. Also das, das weiß ich nicht, ob das heute noch so funktionieren würde, nicht? (Ressortleiter)

Sein Selbstbewusstsein bezieht er aus dem abgeschlossenen Studium und seinen „mehrgleisigen" Berufsaussichten. (Wobei nicht auszuschließen ist, dass er die juristische Laufbahn vorgezogen hätte, was aber aus nicht genannten Gründen gescheitert ist, und er den Journalismus als zweite Option wählte. Wenn dem so sein sollte, rekonstruiert er es in seiner Erzählung dennoch nicht als Scheitern.) Seine Selbstdarstellung ist weniger intellektuellenfeindlich als die der anderen Befragten. Aber seine eigentliche Qualifikation als Journalist muss er praktisch beweisen und auch er schließt sich der generellen Losung an: Man braucht Glück, aber man muss es auch im richtigen Moment beim Schopfe packen. Journalismus ist nichts für (reine) Kopfmenschen und auch nichts für Duckmäuse. Das ist das Grundmuster der Selbstdefinition, mit dem sich Journalisten von anderen Intellektuellen abgrenzen, kurz: der „Journalistenstolz".[9]

Die zahlreichen Abgrenzungen gegenüber dem Studium und dem wissenschaftlichen Arbeiten waren nicht zuletzt an mich als unmittelbares Gegenüber adressiert. Das gilt nicht nur für die offensichtlichen Seitenhiebe. Ein für das Privatfernsehen tätiger Reporter hat mich zum Beispiel seit der ersten Kontaktaufnahme durchgängig als „Student" angesprochen, auch nachdem ich ihm erzählt habe, dass ich eine Stelle an der Universität habe und nicht mehr als Student gelte. Mein Bedürfnis, meinen Status zu klären, weist auf gekränkte Eitelkeit hin. Es gibt aber keinen Grund anzunehmen, dass er mich absichtlich kränken wollte (er war insgesamt extrem freundlich und hilfsbereit). Viel eher geht es um das eigene Selbstbewusstsein, sich als Reporter gegenüber der Wissenschaft nicht klein machen zu müssen. Ein Statuskonflikt soll gerade nicht herausgefordert, sondern vermieden werden.[10] Das Schreiben der dann von Sprechern als Vertonung seiner Filmbeiträge aufgenommenen Texte bezeichnet er als Handwerk in Abgrenzung zu künstlerischen Ambitionen mancher Kollegen, die er von sich weist:

> Natürlich ist das dann, diesen Text schreiben und so, das ist natürlich Routine, dadurch dass man das lange gemacht hat, weiß man wie es geht ... eben ja ...
>
> *Aber, es ... ist Routine, aber ... es ist nicht langweilig? [nee, nee] Nur dass ich das richtig verstehe.*
>
> So als ... ich würde sagen: viel ist Handwerk so, ich sehe das nicht so als groß künstlerisch, ich sehe mich nicht unbedingt als Künstler an, wie sich ja auch einige Reporter ansehen, sondern eher so als Handwerker. (Fernsehreporter)

Dass Texte zu schreiben „natürlich Routine" sei, eben keine aufregende intellektuelle Tätigkeit, kann man unter Journalisten offenbar voraussetzen. Nachdem ich (im unkontrollierten Reflex) den typischen Intellektuellen gebe und seine „Routine" sogleich mit „langweilig" assoziiere, würde man im Sinne intellektueller Statuskonflikte eigentlich erwarten, dass er sich herausgefordert sieht, mir zu erklären, wie anspruchsvoll und bedeutsam seine Arbeit in Wahrheit sei. Er hat es aber gar nicht nötig, sich auf diesen Statuskampf einzulassen, indem er solche hochgesteckten Erwartungen als künstlerische Ambitionen karikiert, die er bei manchen Kollegen am Werke sieht. Für einen Handwerker bedeutet Routine nichts Negatives, weist eher darauf hin, dass man die Abläufe wirklich beherrscht und seine Arbeitskraft ökonomisch einsetzt. Künstlerallüren wären da kontraproduktiv. Damit gesteht er aber zugleich den wirklichen Künstlern ihre Extravaganzen zu – und dem Soziologen seine überzogene Vorstellung vom Schreiben. Er signalisiert: Wir gehören eben in verschiedene Welten, daher müssen wir uns nicht streiten.

So klar und unproblematisch war die Abgrenzung zu den nicht nur von mir als Interviewer ins Spiel gebrachten intellektuellen Normen keinesfalls durchgängig. In der einen oder anderen Weise haben alle Gesprächspartner eigene intellektuelle Ansprüche geltend gemacht. Dass es erstrebenswert sei, höhere Bildung, möglichst einen Studienabschluss vorweisen zu können, wird als gültige soziale Norm anerkannt, aber nicht als Messlatte, die man sich (vom anwesenden Wissenschaftler oder weil einem das ohnehin dauernd passiert) vorhalten lassen möchte. Der Journalistenstolz besagt: Wir müssen uns vor anderen Fraktionen der gebildeten Klasse nicht verstecken. Wir tragen vielleicht keinen Doktortitel, aber wir müssen uns von niemandem erzählen lassen, wie wir unseren Job zu erledigen haben. Was man dafür können muss, lernt man nicht an der Hochschule, sondern ausschließlich durch praktische Erfahrung. In den Reaktionen auf die Interviewsituation machten sie zum Beispiel deutlich, dass sie als Journalisten besser wissen, wie man ein vernünftiges Interview zu führen hat und dass die offene, befragtenzentrierte Form des wissenschaftlichen Interviews ihnen umständlich und ungeschickt erschien, als handwerklicher Fehler.[11] Sie gaben wiederholt zu verstehen, dass meine Fragen „komisch", „schwierig", „unpräzise" oder schlicht nicht zu beantworten seien. Sie haben sich zwar auf meine „komischen" Fragen eingelassen, oft sogar versucht, meine Fragen so präzise und umfassend zu beantworten, wie sie es sich von ihren Interviewpartnern wünschen würden. Aber sie signalisierten: Mit Interviews kennen wir uns eindeutig besser aus. Wir wissen als Journalisten genau, was wir fragen müssen, um an „Informationen" zu kommen:

> Also da kriegst du einfach Routine, du kriegst immer mehr Kontakte, du kennst immer mehr Leute, du weißt, wen du was fragen musst, wenn du mal selber grade gar keine Ahnung davon hast, ja? wie du dich schnell informierst, wie du dich seriös informierst: wodurch unterscheidest du einen ... Dummschwätzer von einem, der weiß, was er sagt, also einfach so einen Überblick zu kriegen, ich denke, das hat was mit ... Routine zu tun. Und dass man dann schreiben lernt ... also das weiß ich jetzt nicht. Ich denke, es gibt ... ich glaube nicht ... ich glaube, dass jeder schreiben lernen kann. Ich glaube nicht, dass es die Leute gibt, die es können und andere, die können es nicht. Wenn ich auch manchmal drüber lachen kann, wenn ich irgendwas lese, aber das hat was mit klarem Denken zu tun ... (Freie Journalistin)

Die Behauptung, dass jeder schreiben lernen könne, unterstellt, dass dafür weder eine höhere Bildung vorausgesetzt ist noch ein besonderes Talent oder eine Begabung. Der Nachsatz, bei dem offen bleibt, was die Voraussetzung für „klares Denken" wäre, legt dann doch eher nahe: Es gibt Menschen, die es nie lernen. Später schildert sie noch einmal, wie sie ohne Berufsausbildung den Journalismus erlernt hat:

> Also ich denke, dass ich in meine Arbeit auch reingewachsen bin, dass ich heute Sachen kann, die ich damals ganz bestimmt nicht gekonnt hätte. Ja? Also ich denke, ich habe ... ich denke, ein intelligenter Mensch ist in der Lage, ein Problem zu lösen. (Freie Journalistin)

Zwar ist sie in den Beruf „reingewachsen", aber nur, weil sie ein „intelligenter Mensch" ist, der Probleme lösen kann. Das muss nicht unbedingt elitär gemeint sein, sie lässt wiederum offen, wie viele solcher intelligenter Menschen es ihrer Ansicht nach gibt. Aber es ist die Grenze, die sie zieht, die potentielle Journalisten von jenen unterscheidet, die keine Chance haben, den Beruf zu erlernen. Von einem anderen Befragten wurde die Abgrenzung zu jenen, die es nie lernen, ähnlich bestimmt: „Ich halte auch den Journalismus nach wie vor für einen Talentberuf."[12] Alle Befragten haben von Anteilen berichtet, die erlernbar sind, die einem jemand zeigen kann oder die man sich abschauen muss. Mehrere Gesprächspartner berichteten, von älteren Kollegen eingearbeitet worden zu sein, einen „Mentor" oder „Lehrmeister" gehabt zu haben. Techniken lassen sich vermitteln, handwerkliche Fertigkeiten werden tradiert von den älteren zu den jüngeren Kollegen und nach und nach mit eigenen Erfahrungen angereichert. Das Lernen kann jedoch Talent nicht ersetzen, es ist nur eine notwendige Ergänzung. Was „jeder" (lernen) kann, eignet sich nicht zur Distinktion:

> Jaja klar, man muss im Grunde ... man muss ja alles, alle Formen beherrschen können, ja? von der Nachricht über das Feature und die Reportage bis zum Kommentar. Das ist ja sozusagen, gehört ja zum Handwerkszeug. (Polizeireporter bei einer Tageszeitung)

Sein Handwerk muss man zwar beherrschen, aber es ist nichts Besonderes daran, was einen als Journalisten und gegenüber anderen Journalisten auszeichnen würde. Der Journalistenstolz lässt sich nicht darauf reduzieren, ein guter Handwerker zu sein. Auf die Frage, was die größte Motivation bei seiner Arbeit sei, antwortet derselbe Polizeireporter:

> Das Schreiben auch. Weil das, ich meine grade bei den freien Formen, bei den ... bei der Kür halt, beim Feature und der Reportage, da kann man natürlich auch dann feilen am Text und am Schreiberischen und sich da auch austoben, ja? Was oft genug auch ein großer Kampf ist, aber naja (lacht) ... (Polizeireporter bei einer Tageszeitung)

Im journalistischen Berufsalltag ist diese Form zu schreiben aber nur die „Kür", bei der man sich auch mal selbst verwirklichen darf. Diese leidenschaftliche Seite des Schreibens – das „Feilen am Text", das „sich Austoben", der „große Kampf" – erscheint eher als privates Laster, das man sich gelegentlich gönnen darf, wenn es der wirklichen Arbeit nicht schadet. Kurz zuvor hatte er klargestellt, dass er keinesfalls jeden Tag „den großen Leitartikel" schreiben wolle. Jeden Tag einen „großen Kampf" zu fechten, wäre zu anstrengend, aber hin und wieder braucht man eine Herausforderung. Freie Journalisten nehmen auch gerne die Position des ökonomisch denkenden Realisten gegenüber naiven idealistischen Träumereien ein. Ein selbständiger Fernsehreporter erklärt, warum er keine großen Reportagen machen kann: „Ich kann mir das nicht leisten, irgendwelche Filme zu machen nur für mein Ego." Offensichtlich würde er gerne solche Reportagen machen, die Haltung des Realisten schützt ihn aber davor, es als Mangel zu empfinden, dass er praktisch nie dazu kommt. Indem er sich als kühler Rechner darstellt, der seine Extravaganz zügeln kann, zeigt er sich als guter Unternehmer, der sich dennoch seine Träume als Träume bewahren darf. Als Mitteilung ist auch enthalten: Für mein Ego würde ich viel bessere Filme machen, als ich das unter diesen Bedingungen tue. Es fehlt nicht an Begabung, nicht einmal am Ehrgeiz, sondern einfach am Geld. Im Unterschied zur Handwerkerehre weist der Journalistenstolz dann doch intellektuelle Ambitionen auf, die man zwar realistisch im Zaum halten muss, auf die man aber auch nicht verzichten mag.

Journalisten als klassenlose Wesen und Generalisten

Die Ambivalenz zwischen den eigenen Selbstverwirklichungstendenzen und der Abwehr überzogener intellektueller Ansprüche wird nie ganz aufgelöst. Der Journalistenstolz nimmt sowohl intellektuelle wie auch handwerkliche Normen auf, betont aber das „weder noch" gegenüber einem „sowohl als auch". Journalisten stellen sich als klassenlose Wesen dar. Als solche grenzen sie sich auch untereinander ab. Über die Kollegen reden sie oft negativ. Einer journalistischen Subkultur (nach der ich in einigen Interviews explizit gefragt hatte) wollte sich keiner der Befragten zuordnen. Ihre sozialen Beziehungen untereinander sind geprägt von Konkurrenz und der andauernden Bereitschaft, die anderen für unfähig zu halten. Die Gerichtsreporterin bringt das auf den Punkt, indem sie zugleich vorführt, was sie kritisiert:

Gibt es Dinge, die vermittelbar sind, die man beigebracht bekommt auch?
Ja natürlich, unglaublich viel! Welche Worte ich benutze, wie ich Sätze aufbaue ...
... und wer sagt einem das?
Och, das lernt man schon, das lernt man so ... ich, ich habe das gelernt, indem einem das immer Kollegen gesagt haben und die sagen das einem ziemlich rau! Also das ist ja nicht sehr sanft, wie da umgegangen wird mit den Menschen.
Die kucken dann also da drüber und sagen: das ist so nix?
Ja, wenn sie es freundlich formulieren, sagen sie es so, ja?
Ach so (lacht), das ist schon die freundliche Version?
(nicht belustigt) Ich hab das ganz brutal erlebt, ja? „Gequirlte Scheiße", ja? „so ne gequirlte Scheiße kann man doch nicht drucken" – so was hab ich ...
Das waren dann Vorgesetzte oder jetzt ... ?
Jaaaa, auch ein Vorgesetzter. Diese Journalisten [...]
Das interessiert mich: ist das die Hierarchie oder ... ?
Ja, neeeee, ach, diese Journalisten, das sind doch alles, das ist doch ein Volk von Künstlern, jedenfalls meinen sie eins zu sein. Das heißt: alles, was sie da machen, ist ja auch doch sehr persönlich ... das ist, glaube ich, was anderes, als wenn man irgendwie mit Akten oder so zu tun hat, das mag schon auch persönlich so sein, aber hier ... wenn ich was schreibe, das ist doch was ganz Persönliches, und wenn ihnen einer sagt, „das ist gequirlte Scheiße", dann ist das ziemlich vernichtend, ziemlich vernichtend, ja? Oder, wenn am nächsten Tag der Text komplett umgeschrieben ist, ist das nicht sehr schön. Das ist gar nicht angenehm. So, und was sie alle aber irgendwie nicht können, ist so was wie ... ein solidarisches Gefühl empfinden, das haben die ja alle nicht, ja? Das sieht man ja doch auch bei den Streiks: die Drucker streiken immer und die Journalisten, da kämpft da einer, wurschtelt da, wie die [u: Mütter], einer wurschtelt da, jeder wurschtelt da vor sich hin, ja? Das heißt: so was wird da ja nicht gepflegt.
(Gerichtsreporterin)

Erst einmal ist von relativ banalen, praktischen Aspekten der Arbeit die Rede, die man in der Praxis lernt und sich gegenseitig beibringen kann. Das klingt eigentlich positiv im Sinne des bereits erwähnten Mentorenmodells, doch dann fügt sie hinzu, dass die Umgangsformen „nicht sehr sanft" seien. Es geht ihr dabei nicht, wie die Nachfrage unterstellt, um eine Kritik an den Vorgesetzten oder an hierarchischen Strukturen, sondern um die „Kollegen" und in der Folge darum, sich ganz pauschal von „diesen Journalisten" abzugrenzen, die sich für ein „Volk von Künstlern" halten und entsprechend herabwürdigend über die Arbeiten anderer urteilen. Der Hinweis auf die „Akten" dient noch einmal dazu, die von ihr immer wieder betonte und positiv besetzte Außenseiterrolle der Gerichtsreporterin innerhalb des Journalismus herauszustellen. Das würde eigentlich bedeuten, dass sie dem Konkurrenzmechanismus der gegenseitigen Herabwürdigung nicht ausgesetzt ist. Doch dann beginnt eine andere Assoziationskette und sie spricht überraschend in der ersten Person: „wenn *ich* was schreibe, das ist doch was ganz Persönliches" – zuvor bezog sich das „Persönliche" noch auf das „was *die da* machen". Nun ist sie selbst diejenige, die sich als Künstlerin darstellt, die es als „vernichtend" empfindet, wenn ihre Arbeit herabgewürdigt und umgeschrieben

77

wird. So sehr unterscheidet sie sich eben doch nicht von „diesen Journalisten". Damit wird auch die nächste Wendung verständlich: Wenn sie selbst zum Volk der Künstler gehört, wäre es möglicherweise klug, sich zu solidarisieren, um sich gegen die herablassende Behandlung durch die Vorgesetzten zu wehren. Sie hat hingegen selbst gerade kein sehr freundliches Bild von den Kollegen gezeichnet, die so unsanft mit ihr umspringen. So erfüllt sie auch die andere Seite der künstlerischen Eitelkeit, sich von den anderen Künstlern abzusetzen, indem man sie beschimpft: „ein solidarisches Gefühl empfinden, das haben *die* ja alle nicht". Wohlgemerkt gibt sie nicht an, selbst gestreikt zu haben; das ist Sache der Drucker, der Handwerker. Es ist Kennzeichen der gebildeten Klasse insgesamt, Statuskämpfe durch Herabwürdigung der (potentiellen) Konkurrenten auszufechten – und zwar als eingeübter Reflex auch in Situationen, wo es um nichts geht („nichts" im Sinne eines materiellen Konkurrenzvorteils). Das gilt für die Wissenschaft genauso wie unter „Kunstfans" (vgl. Resch 1999:195ff.) oder für die Literaturkritik. Mit der Ausrufung der „Wissensgesellschaft" wird diese Konkurrenz um Wissen als Motor der gesellschaftlichen Entwicklung geadelt. Wissensgesellschaft bedeutet nicht allein eine Abwertung der Handarbeit inklusive der daran gekoppelten Gesellschaftsformation des Fordismus mit dem auf Massenproduktion basierenden korporatistischen Wohlfahrtsstaat. Damit „Wissen" als Ware fungieren und einen Konkurrenzvorteil sichern kann, bedarf es vornehmlich der Herstellung von Nicht-Wissen. Wissensgesellschaft basiert gerade nicht auf der Herstellung von immer mehr Wissen, sondern auf dessen Entwertung und Begrenzung, „ihr Rohstoff ist nicht, wie behauptet wird, Wissen und Information, sondern das Bewusstsein ihres Fehlens." (Resch/Steinert 2003:335)

Diese Funktion von „Wissensgesellschaft" kommt den Journalisten in ihrer Selbstdeutung als klassenlose Wesen entgegen, weil sie zugleich nach „unten" *und* „oben" nivellierend wirkt – nach „unten", weil alle der verschärften Konkurrenz um „Wissen" ausgesetzt werden, nach „oben", weil Wissen entwertet und zur Ware wird. Die Journalisten möchten weder einfach Handwerker noch extravagante Intellektuelle sein, in ihrem Gesellschaftsbild spielen Klassenunterschiede keine Rolle. Ein Fernsehredakteur, der auch Erfahrungen „vor der Kamera" hat, benennt als wichtiges Talent, dass Journalisten sich flexibel auf Menschen aus allen gesellschaftlichen Schichten einstellen können müssen:

> Wo man wirklich Talent braucht, um ... da sind ja so viele Sachen auch gefragt und gefordert dabei. Kann ich mit Menschen reden, kann ich in kurzer Zeit ein Vertrauensverhältnis aufbauen, kann ich mich nur auf Akademiker einstellen, oder kann ich mich auch auf den Penner auf der Straße einstellen? Kann ich mit einem Wirtschaftsmenschen reden genauso wie mit einem Promi? Oder ... diese ... ja, diese Fähigkeit, sich darauf einzustellen, mit diesen Leuten in irgendeiner Form eine Ebene zu finden. (Fernsehredakteur)

Soziale Ungleichheiten werden zu Rollen, in die man schlüpfen kann, ohne jemals irgendwo wirklich dazu zu gehören.[13] Das bedeutet nicht, dass die Journalisten nicht gegen Ungerechtigkeiten und soziale Missstände Partei ergreifen. Diesen Anspruch haben sie nicht nur in den Interviews erhoben, er kommt auch in ihrer Arbeit zum Ausdruck. Aber sie ergreifen dabei stets *für andere* Partei, greifen Probleme und Konflikte stellvertretend auf als „Öffentlichkeit", als „Allgemeinheit", als „Chronisten" (alles Begriffe, die sie in den Interviews gebraucht haben, um ihre Rolle zu skizzieren). Das hat einerseits etwas mit professionellen Normen zu tun – auf die ich im nächsten Abschnitt zurückkommen werde – andererseits steckt darin auch eine soziale Positionsbestimmung: Indem Journalisten für alles zuständig sind, für das Große und Ganze, kommen sie nicht in Statuskonflikte mit anderen Intellektuellen, mit Spezialisten, Experten und Fachleuten. Als Generalist kann man flexibel zwischen widerstreitenden Positionen rangieren, kann das Thema von allen Seiten beleuchten und im selben Beitrag erst für die „kleinen Leute" Partei ergreifen, sich dann das Problem der politischen und wirtschaftlichen Eliten zu eigen machen, die sich vom Volk nicht verstanden fühlen, und schließlich fordern, dass dem Gutachten einer sachkundigen Kommission mehr Beachtung geschenkt werden solle. So erweist es sich als Vorteil, nicht zu fachspezifisch gebildet zu sein, so kann man auch mehrfache Wechsel der (journalistischen) Fachrichtung als vorteilhafte Entwicklungsschritte deuten. Nach ihrem Interesse am Kriminalitätsthema gefragt, betonten mehrere Interviewpartner, dass sie auch zu anderen Themen arbeiten. Darin klingt die Sorge an, als „Spezialist" auf irgendeinen Bereich festgelegt zu werden, wenn man sich zu lange ausschließlich damit beschäftigt.

Wobei ich mich eigentlich ... man findet zwar das Wort Gerichtsreporterin gut, aber gleichwohl verstehe ich mich als ein bisschen mehr, ne? Also da gehört auch noch Justiz dazu. Natürlich ist es in der Hauptsache die Berichterstattung über Prozesse. Aber es ist auch mehr. (Gerichtsreporterin beim Radio)

Selbst die hoch identifizierte Gerichtsreporterin, die gerne für immer in diesem Bereich arbeiten möchte, versteht sich als „mehr" – auch wenn ihr nichts wirklich Substantielles in den Sinn kommt, wofür dieses „mehr" steht. Es geht gar nicht um faktische Zuständigkeiten – in dieser Hinsicht ist sie sehr stark festgelegt –, sondern um einen grundsätzlichen Anspruch, „mehr" zu können und kein Fachidiot zu sein.

Das Verhältnis der Journalisten zu den (wissenschaftlichen) Experten

Die Distanz zu den Experten hat auch instrumentelle Gründe. Man braucht sie als autorisierte Quellen, von denen man einen „O-Ton" oder ein Zitat einstreut und an die man Verantwortung delegieren kann. Der Agenturjournalist berichtet, was seiner Ansicht nach im Fall „Sebnitz"[14] falsch gelaufen ist und warum viele Kollegen einer Zeitungs-Ente aufgesessen seien:

Aber haben Sie ... wissen Sie etwas drüber oder haben Sie eine Vorstellung davon, wie so Fehlleistungen zustande kommen?
Ja, das verstärkt sich gegenseitig. Da bringt die Bildzeitung eine große Geschichte – und die Bildzeitung hat eine große ... also es gibt ja auch eine sehr große Kollegen-Orientierung im Journalismus ... wenn man das mal so <u>nett</u> ...
Wenn die das haben, müssen wir auch was dazu haben?
Müssen wir nachziehen sozusagen, ja, müssen wir auch was dazu haben, ne?
Ja, das habe ich schon oft gehört.
Und dann hat man sich dann natürlich seinen eigenen Vorurteilen hingegeben, ohne halt irgendwie groß zu recherchieren, und natürlich bei jedem Fitzelchen, was dann vielleicht auch gegen die vorgefasste Meinung ... vielleicht ein bisschen dagegen gesprochen hat, natürlich auch sofort den Verdacht gehabt, dass die ja vielleicht sowieso alle unter einer Decke stecken und das nur vertuschen wollen usw. So schaukelt sich das halt hoch und wenn dann noch Leute hergehen, wie der eigentlich sehr angesehene Kriminologe Pfeiffer aus Hannover, der dann inzwischen Justizminister geworden ist, und sagt ... in einem Gutachten für die Mutter dann feststellt, das kann alles ... war alles bestimmt genau so, wie die das gesagt hat und ... die Polizei dort hat ... also aus der <u>Ferne</u> hat der sich da hingestellt und hat gesagt: was die Polizei und die Staatsanwaltschaft da ermittelt haben, ist alles Unsinn. Also das fand ich schon einen unglaublichen Vorgang so im Nachhinein betrachtet. (Agenturjournalist)

„Kollegen-Orientierung" ist die „nette" Umschreibung für die Problematik, dass die erste und oft genug auch einzige Informationsquelle vieler Journalisten andere Medien sind. Das funktioniert so lange reibungslos, so lange niemand nachweislich Falschmeldungen skandalisiert und dadurch offensichtlich wird, dass alle voneinander abgeschrieben haben, ohne (wie die Journalisten das ausdrücken) gegenzuprüfen. Bis zu diesem Punkt folgt die Erzählung dem etablierten Kritikmodell und stützt sich auf das herkömmliche journalistische Wahrheitsregime: Wer gründlich recherchiert und sich an überprüfbare Fakten hält, der macht sich als Journalist unangreifbar. Die vorliegende Schilderung nimmt aber eine andere Wendung: Es ist nicht das bloße Abschreiben ohne eigene Gegenrecherche, kein Mangel an „wahren" Informationen, der die Geschichte entgleisen lässt, sondern ein Übermaß an „falschen" Informationen. Es sind die „Vorurteile", die „vorgefasste Meinung" und der „Verdacht" einer Verschwörung und schließlich das wissenschaftliche Gutachten, das die Journalisten dazu bringt, jene Fakten zu ignorieren, die „vielleicht ein bisschen dagegen gesprochen" haben. Der „unglaubliche" Aspekt besteht darin, dass die Journalisten ihre professionelle Distanz aufgeben, ihre Objektivität, die sich aus der überparteilichen Position außerhalb des sozialen Konfliktgeschehens ergibt, und selbst Partei werden. So weit wäre es aber gar nicht gekommen, wenn nicht als zweiter „unglaublicher Vorgang", der „angesehene Kriminologe" mit seinem Gutachten, den Vorurteilen Nahrung gegeben hätte. Die Rollenverteilung ist klar: Wenn das journalistische Wahrheitsregime „gründliche (Gegen)*Recherche*" versagt, muss stattdessen das wissenschaftliche wirksam werden, das – so wird hier nahegelegt – in erster Linie auf *Ansehen* basiert. Versagen auf beiden Seiten die *internen* Kontrollmechanismen, kommt es zwangsläufig zur Katastrophe, denn eine *externe*, gegenseitige Kontrolle findet nicht statt. Sie kann nicht stattfinden, weil Medien und Wissenschaft als getrennte Welten konzipiert werden, deren Akteure sich zum Zweck der Konkurrenzvermeidung und gegenseitigen Hochachtung nicht ins Handwerk pfuschen sollen. Nur so ist es möglich, dass diese getrennten Welten andauernd aufeinander verweisen. Ein paar Minuten später kommen wir noch einmal auf das Thema zu sprechen:

(...) wenn man mit Experten viel arbeitet, muss man denen ja vertrauen können. Also weil wir eben das Beispiel hatten mit Herrn Pfeiffer, der dann ...
Ja, da kann man sehen, dass man auch Universitätsprofessoren ....
... die Journalisten, die dann auf ihn gebaut haben, die waren dann natürlich verloren.
Nun ja gut. Das war an dem Tag dann natürlich die Story, nicht? Und irgendwie letztendlich ist es natürlich nicht auf die Journalisten zurückgefallen, die das verbreitet haben, sondern auf Herrn Pfeiffer selber. Außerdem wenn ... - der ist wirklich hoch angesehen, dieser Mensch - wenn der so was verbreitet, dann hat das per se auch einen Nachrichtenwert. Da ... da hat es auch ... ist es irgendwie letztendlich sinnlos, dann einen zweiten Kriminologen anzufragen, ob er denn das auch mal ... (Agenturjournalist)

In der ersten Schilderung hat er das Ansehen des Wissenschaftlers noch relativiert („eigentlich") und ihm sogar handwerkliche Fehler vorgehalten, wobei er ihn implizit an journalistischen Kriterien misst: Der Kriminologe hat „aus der Ferne" geurteilt, anstatt sich selbst vor Ort ein Bild zu machen, und sich gegen die Polizei und Staatsanwaltschaft gestellt. Mehrere meiner Gesprächspartner - nicht nur Polizeireporter - zogen als Vorbild für ihre Arbeit explizit die polizeiliche Ermittlung heran, die eben darin bestehe, vor Ort zu gehen und „Fakten" zu sammeln.[15] Im zweiten Zitat wird die Grenze zum wissenschaftlichen Experten hingegen wieder klar gezogen. Sofern er „wirklich hoch angesehen" ist, kann er ungeprüft sagen, was immer er will, es ist auf jeden Fall eine Nachricht wert. Es ist dann freilich noch einmal eine Nachricht wert, wenn sich herausstellt, dass sich die hoch dekorierten Experten (und in ihrem Fahrwasser nicht nur die Medien, sondern auch wichtige Politiker und andere Personen des öffentlichen Lebens) geirrt haben. Allerdings ist in dieser Hinsicht das mediale Gedächtnis kurz: „an dem Tag" war das „die Story". Obwohl solche als glatter Fehler skandalisierten Expertisen seltene Ausnahmen sind, da die Zusammenarbeit mit den „angesehenen" Experten grundsätzlich unterstellen muss, dass die keinen Unsinn reden, verdeutlicht diese Episode, welche gegenseitigen Instrumentalisierungen dem Arbeitsbündnis „wissenschaftliche Experten in den Medien" zugrunde liegen. Die Medien haben eine „Story" bei der sie nichts verkehrt machen können, weil andere den Kopf dafür hinhalten (wenn möglich auch als „Kopf im Bild"). Die Experten steigern ihr Ansehen, das ganz wesentlich davon abhängt, in den Medien präsent zu sein - und selbst wenn sie sich irren, hat das langfristig kaum negative Auswirkungen. Darauf angesprochen zuckte mein Gesprächspartner nur die

Schultern und meinte: „Es gibt natürlich immer Leute, die sich zu all ... die zu allem eine Meinung haben, aber ... die muss man ja auch nicht immer anrufen. Obwohl man die manchmal auch braucht." Man braucht sie, weil sie zu allem etwas zu sagen haben, weil sie sich den Medien bereitwillig zur Verfügung stellen. Außerdem sei es schwer, andere Experten zu finden: „Es gibt natürlich auch nicht so fürchterlich viele. Graben Sie mal einen aus, den noch keiner kennt! Ist das dann unbedingt ein guter?" Der Bekanntheitsgrad ist nicht nur das stillschweigende Auswahlkriterium, anhand dessen die Medien ihre Experten rekrutieren, er gilt auch als ein Qualitätsmerkmal – wen keiner kennt, der kann auch nicht wirklich gut sein, ist die Unterstellung. Die wechselseitige Instrumentalisierung kommt noch einmal in seiner abschließenden Feststellung zum Ausdruck: „Es gibt Medienprofessoren. Es ... ist doch ganz klar." Meinen Erklärungsversuch, es seien „ja auch nicht alle (Professoren) bereit, sich alle zwei Tage vor eine Kamera zu stellen" kontert er mit den Worten: „Es gibt viele, die da auch total geil drauf sind." Damit ist das Thema für ihn erledigt. Es ist eigentlich nicht seine Aufgabe, die Motive und die Kompetenz jener Wissenschaftler in Zweifel zu ziehen, die er als Darsteller unantastbarer Fachkompetenz braucht. Das müssten die Wissenschaftler schon untereinander regeln. Hauptsache sie erfüllen weiter ihre Funktion in der Öffentlichkeit.

Wenn die Glaubwürdigkeit der Experten auf Ansehen basiert, versieht das Wissenschaft zwar mit einer Aura, wertet sie zugleich aber ab und zwar nicht nur im Hinblick auf die eigenen handwerklichen Maßstäbe: Die eigentliche wissenschaftliche Arbeit wird unsichtbar gemacht, langwierige Forschungsprozesse reduziert auf die öffentliche Präsentation von Ergebnissen. Es reicht aus, eine Handvoll „Medienprofessoren" zur Hand zu haben, die bei Bedarf wissenschaftliche Wahrheiten verkünden. Als Generalisten müssen die Journalisten nicht mit den fachlichen Experten konkurrieren und kennen sich dennoch besser aus als alle Spezialisten:

Also ich hatte dann irgendwann mal den Eindruck: Derjenige, der momentan am meisten zu diesem Thema in Groß stadt weiß, bin ich und nicht der Mensch bei der Polizei und nicht der Mensch am Gericht und nicht der Sozialarbeiter und nicht... (Redakteur einer Tageszeitung)

Er schildert gerade, wie er eine größere Serie zum Thema Jugendkriminalität erstellt hat. Ein Thema, in das er sich besonders gründlich eingearbeitet hat: „Ich war da bestimmt, also reine Arbeitszeit, ich hab nebenher ja auch noch was anderes gemacht, aber bestimmt sechs, sieben Wochen, vielleicht sogar noch mehr." Die verschiedenen Fachleute, die er aufzählt, haben zwar jahrelange Erfahrung, aber ihnen fehlt der Überblick:

Es sind, es sind an dieser Problematik unheimlich viele Instanzen beteiligt und ... aber alle haben nur ihr eingeschränktes Wissen, was ihren Arbeitsbereich angeht, und es hat keiner so den großen Überblick und das ist, das ist Teil des Problems schon. Bei diesem Thema Jugendkriminalität. Weil das so ist, sieht das eben auch so düster aus da in dem Bereich. (Redakteur einer Tageszeitung)

Der Vorteil des Generalisten besteht darin, sich schnell in ein Thema einzuarbeiten, sich einen Überblick zu verschaffen. Der erste Weg führt dann üblicherweise in das zeitungseigene Archiv. Wenn er, wie im vorliegenden Fall, überdurchschnittlich viel Zeit hat, sich einzuarbeiten, zieht er auch wissenschaftliche Literatur heran: „dann hab ich halt noch mir andere Literatur besorgt von Kriminologen, die halt da auf dem Gebiet forschen." Aber auch das hat ihm nicht den angestrebten Überblick verschafft:

Ja gut und natürlich wirklich auch Information, weil ... ich hab, es ist ja auch so ein Anlass gewesen, es wird, es gibt eine ziemlich emotionale und auch mittlerweile recht lang anhaltende Debatte über dieses Thema, aber es fehlt einfach viel an ... überhaupt mal an Basisinformationen, ja? Also grad auf der politischen Ebene wird da mit allen möglichen Schlagwörtern argumentiert und aufeinander eingedroschen, aber letztlich wissen die auch gar nicht so genau, worum es da eigentlich geht und kennen die Zusammenhänge nicht und der normale Sterbliche kennt die auch nicht. Ich meine, ich hab ja da schon ... das war ja, gehört ja auch zu den Vorarbeiten, dass man erst mal guckt, was ... welche Mengen gibt es denn zu dem Thema überhaupt? ja? Und da haben wir einfach festgestellt, also, diese große Zusammenschau, wo man wirklich mal guckt: wie hängt was mit was zusammen, die gab es einfach nicht, ja? (Redakteur einer Tageszeitung)

Hier wird noch einmal pointiert dargestellt, was er anstrebt und warum das ausschließlich durch seinen journalistischen Zugang erreicht werden kann: Eine große Zusammenschau von Basisinformationen. Alle anderen (von den „normalen Sterblichen" über die Kriminologen bis zur „politische Ebene") können das nicht leisten, weil sie in ihren jeweiligen sozialen Rollen gefangen sind und deshalb immer nur einen Ausschnitt des Ganzen wahrnehmen und weil sie zu sehr Partei sind, was dazu führt, dass sie mit „Schlagwörtern" argumentieren statt mit (Basis-) Informationen. So gesehen steht der Journalist als klassenloses Wesen nicht nur *außerhalb* der sozialen Kämpfe, sondern *darüber*. Der Journalistenstolz und die Distanz zu den Intellektuellen sind kein Ausdruck von Bescheidenheit.

Die Vogelperspektive des Generalisten ergibt sich geradezu daraus, dass er sein Wissen in einem überschaubaren Rahmen hält, nur so kann er jenen Überblick erlangen, der den anderen Beteiligten verwahrt bleibt:

Also jetzt ein Jugendrichter, der kann, der weiß natürlich über das ganze Prozedere Bescheid, was da sich vor Gericht abspielt: der kennt natürlich seine Klientel, der kennt seine Wiederholungstäter, der ... über Jahre zum Teil schon, ja? Der weiß aber, der weiß aber zum Beispiel ... nicht, oder nur sehr schemenhaft ... was es ... zum Beispiel an, an, an ... an Hilfsangeboten für diese Jugendlichen gibt, ja? Der weiß zum Teil auch nicht so genau, wie er ... standardisiert sozusagen die soziale Lage der Täter ist, so dieses soziale Täterprofil, da gibt's ja schon so gewisse, gewisse Ähnlichkeiten so bei den ... bei den jungen Kriminellen ... (Redakteur einer Tageszeitung)

Der Jugendrichter interessiert sich für „seine Klientel", für einzelne Fälle und er kennt das „ganze Prozedere", also juristische Details und Verfahrensregeln. Der

Journalist hingegen verfügt über ein standardisiertes Wissen über die „soziale Lage der Täter" im Allgemeinen, was ihm seiner Ansicht nach den Vorteil verschafft, auch besser über Hilfsangebote „für diese Jugendlichen" auf dem Laufenden zu sein. Er kennt die fortschrittlichen Lösungen, die der in den juristischen Routinen gefangene Richter allenfalls „schemenhaft" wahrnehmen kann. Er steht für Innovation und Aufklärung.

Die Vorstellung von Basisinformationen kommt auch in einem anderen Interview zur Sprache, im Zusammenhang mit dem Anteil der Routinearbeiten an den alltäglichen Prozeduren:

Also man ist nicht, nicht jeden Tag voll im Stress. Also wer das sagt, also gut, das mag es geben, aber das würde ich erst mal keinem Kollegen so ohne weiteres glauben. Aber man kann bei, bei noch so kleinen Angelegenheiten kann man viel recherchieren, gut recherchieren und dann ist möglicherweise am Ende kommt nachher sogar ... ist sogar die Geschichte kaputt ... also man kann auch in kleine Dinge viel Arbeit reinstecken, wenn man denn die Zeit hat. Von daher würde ich sagen, der Anteil von Routinegeschichten, der ist naja ... deutlich unter der ... Wenn Sie das unter Routine meinen, dass man Leute kennt, die einem schnell das Richtige sagen oder die das wissen, von denen man weiß, dass es sie wissen, dann ist natürlich fast jede, fast jeder Arbeitsvorgang Routine. Aber wenn Sie, sagen wir ... wenn Sie unter Routine verstehen wollen, dass man irgendwelche Sachen so mal schnell runterreißt, dann würde ich sagen, ist das vielleicht so dreißig Prozent.

Ja, also das wäre im engeren Sinne Routine, wo man sagt, da brauch ich eigentlich gar nicht recherchieren?

Ja gut, das kommt natürlich auch da von ... von den Basisinformationen hängt das natürlich auch ab, die sie so haben. Also das kann man nicht in jedem Fall sagen, da muss man jetzt nicht weiter recherchieren, nur weil das so ... das kommt schon darauf an, was einem sozusagen geliefert wird dann auch von den Informanten. (Agenturjournalist)

Das implizierte Bild ist das einer gesättigten Lösung: Man kann zu wenig recherchieren, dann ist sie noch nicht gesättigt, zu dünn, man kann aber auch zu viel recherchieren, dann ist sie übersättigt und am Boden sammelt sich nutzloser Ausschuss: Dann ist die Geschichte „kaputt". „Basisinformationen" scheinen vor allem ein quantitatives Maß für den idealen Zustand einer gesättigten Lösung zu sein. Sie sind auch ein Maß für die Informationen, die man mit einem vertretbaren Aufwand zusammen bekommen kann. Es gibt nicht wirklich „zu viel" Informationen, aber man kann sich „zu viel Arbeit" machen, für die man meistens nicht genug Zeit hat. Ein guter Generalist muss nicht nur wissen, wie er schnell an Informationen kommt, wen „man schnell anrufen kann" und von wem man weiß, dass er „schnell das Richtige sagen" kann etc. Er muss auch wissen, wann er genug „weiß", damit er die Sache zu einem Abschluss bringen kann. Und er muss in der Lage sein, kleine Geschichten auch „schnell runterzureißen". Diese zugespitzte Form der Routine in Stresssituationen, wenn die Informationslösung, um im Bild zu bleiben, „untersättigt" ist, bemisst er immerhin noch mit einem Anteil von dreißig Prozent. Er muss also viele Arbeiten erledigen, ohne sich selbst auf dem Wissensstand zu fühlen, den er für angemessen hält. „Basisinformationen" sind standardisiertes Wissen, sind Fakten, sind schnelles Wissen und Auskünfte von Informanten, denen man vertraut. Aber sie sind auch überlegenes Wissen der Generalisten gegenüber den Fachleuten.

Zwischenfazit: Abgrenzung „nach oben" wie „nach unten"

Den *typischen Journalisten* oder die *typische Journalistin* gibt es nicht. Selbst bei dieser kleinen Untersuchungsgruppe treten vielfältige unterschiedliche Haltungen und Einschätzungen hervor. Dennoch gibt es einige Gemeinsamkeiten, die ich hier noch einmal zusammenfassen möchte: Ein bestimmtes Maß an Bildung wird von den Befragten zwar als selbstverständlicher Hintergrund vorausgesetzt, manchen gibt ein Studienabschluss eine zusätzliche Sicherheit. Sie haben auch (mehr oder weniger ausgeprägte) intellektuelle Ansprüche, sehen das aber als individuelle Extravaganz, die man im Zaum halten muss, damit die eigentliche Arbeit nicht darunter leidet. So lässt sich im Verhältnis zur Wissenschaft auch Konkurrenz vermeiden. Vorausgesetzt sind zwar Talent und in der Praxis erlernte handwerkliche Fertigkeiten. Der Journalistenstolz bedeutet jedoch, weder Intellektueller noch Handwerker zu sein, sondern als Generalist jenseits aller Klassen zu stehen und anders als die Spezialisten stets den Überblick zu haben.

Im Folgenden möchte ich mich den strukturellen Ursachen dieser gemeinsamen Grundhaltungen zuwenden und überprüfen, ob und wie diese mit den Produktionsbedingungen der Journalisten zusammenhängen. Einige der bisher zitierten Beispiele deuten schon an, wie diese Haltungen mit den Besonderheiten der Rekrutierung und Ausbildung für den Journalistenberuf und den alltäglichen Arbeitsumständen zusammenhängen. Eine klassische Ausbildung für den Journalismus gibt es nicht, also muss man sich in der Praxis bewähren.[16] Die Notwendigkeit, das eigene „Ego" realistisch zu zügeln, wurde von den freien Journalisten auf wirtschaftliche Erfordernisse zurückgeführt. Klagen über fehlende Solidarität und gegenseitige Herabwürdigung weisen auf verschärfte Konkurrenz hin.

Konkrete Arbeitsbedingungen von Journalisten

Diktatur der Einschaltquote?

In Überlegungen zu Fehlentwicklungen in den Medien spielt die Konkurrenz um Einschaltquoten und Abonnenten eine entscheidende Rolle. Im Verlauf meiner Untersuchung ist mir bewusst geworden, dass dieses Argument, die Konkurrenz um das zahlenmäßig größere Publikum sei die Ursache aller Fehlentwicklungen bei den Massenmedien, abstrakt zwar stimmen mag – die Quote ist zumindest ein Faktor, den man nicht ignorieren kann –, dass es aber nichts erklärt. Es erklärt schon deshalb nichts, weil es grundsätzlich zwei widerstreitende Konkurrenzmechanismen gibt, derer sich die Medienunternehmen bedienen: Entweder möglichst genau das Gleiche zu machen, mit dem die Konkurrenz gerade Erfolg hat, um ihr das Publikum abspenstig zu machen, oder etwas ganz anderes zu machen als die Konkurrenz, um ein eigenes „Profil" zu entwickeln, mit dem man ein eigenes Publikum anspricht. In der Praxis kommt es nicht nur zur andauernden Vermischung dieser beiden Strategien, es kommt als dritter und herausragender Faktor die Gewohnheit hinzu: Etwas so zu machen, wie es schon immer gemacht wurde, um Leser und Zuschauer zu binden, weil sie wissen, was sie erwarten dürfen und um intern Routinen entwickeln zu können, die den reibungslosen Ablauf einer arbeitsteiligen Produktion ermöglichen. Völlig ungeklärt bleibt in dieser Perspektive, wie die konkreten einzelnen Beiträge und Sendungen auf dieses Gesamtbild abgestimmt werden. Mit der Behauptung, es gänge allein um Einschaltquoten wird unterstellt, dass die einzelnen Journalisten reine Erfüllungsgehilfen der wirtschaftlichen Interessen jener Unternehmen sind, für die sie arbeiten oder denen sie als Selbständige ihre Beiträge verkaufen. Das wäre erst einmal zu prüfen. Es wäre zu fragen, wie die einzelnen Journalisten dazu gebracht werden, dem zuzuarbeiten. Durch Befehl und Gehorsam? Arbeitsteilung und Entfremdung? Sozialisation in den Beruf? Weil jede Institution die Individuen hervorbringt, die sie benötigt? Oder auch: weil es egal ist, was der einzelne Journalist denkt und tut, weil in der Gesamtschau alle Unterschiede und Widersprüche nivelliert werden?

In den Interviews habe ich die Journalisten direkt nach dem Einfluss der Quoten gefragt, wie sie damit umgehen und nach anderen Erfolgskriterien und Erfahrungen mit Konkurrenz. Alle Interviewten bestätigten, dass Auflagen und besonders die Quoten beim Fernsehen eine große Rolle spielen, die meisten von ihnen sahen sich aber persönlich in ihrer Arbeit nicht besonders davon beeinflusst. Sie schildern zwar, dass sie bestimmte Themen nicht durchsetzen können, weil das „Minderheitenprogramm"[17] sei oder schlicht „niemanden interessiert" und schlagen diese Themen deshalb häufig gar nicht erst vor. Dennoch werten sie es als Erfolg, wenn sie ein Thema durchsetzen können, das ihnen wichtig ist, auch wenn (oder: gerade weil) es keine hohe Quote bzw. Auflage bringt. Einerseits gibt es Hinweise auf eine vorwegnehmende Selbstzensur, weil man weiß, dass man bestimmte Themen mit Blick auf die Quote nicht durchsetzen kann. Andererseits identifizieren die Journalisten sich nicht ernsthaft mit der Quote als Erfolgsmaßstab: Sie sehen ihre Vorgesetzten und Auftraggeber als Hüter der Quote und versuchen realistisch einzuschätzen, was sie ihnen in diesem Rahmen verkaufen können und was nicht. Der für das Privatfernsehen tätige freie Reporter war derjenige unter den Befragten, der sich am stärksten danach beurteilt sieht, welche Quoten seine Beiträge einspielen:

Ja natürlich interessiert mich die Quote. Also wenn ich zum Beispiel jetzt selber ne Idee gehabt habe für einen Film ... ja, oder ich den gemacht habe, dann möchte ich doch schon, an der Quote sieht man ja ... hat den Zuschauer das interessiert oder nicht, ist er dran geblieben, bei dem, was ich gemacht habe. Ja und wenn die Quote dann gut verläuft, dann hat man ja nicht so viel falsch, verkehrt gemacht, dann hat man's wohl richtig gemacht. Wenn die Quote aber abkackt, dann kann das zwei Gründe haben: Entweder ist der Bericht nach hinten hin langweilig geworden, oder vielleicht lief plötzlich auf der Konkurrenz ein super Fußballspiel oder so was, ja? Gibt's immer zwei Möglichkeiten (lacht).

Deshalb frage ich. Also wie ... wie stark ist das Maß für Sie? Also wenn Sie überzeugt sind: das war super und die Quote ist niedrig ...

Die Quote ist wichtig zum Beispiel, wenn der Kunde, wenn der Kunde ... die Quote ist schon wichtig, weil wenn ich einen Film mache und der hat ne gute Quote, dann sagen die: Ja, der WILHELM hat wieder einen Film gemacht, der hat uns eine gute Quote gebracht, geben wir ihm mal den nächsten Auftrag. Je besser man quasi eine gute Quote serviert ... wenn die dann sagen: na ja ... es gibt Filme, die würden die vielleicht bei einem anderen Reporter, wenn der die vorschlägt, nicht bestellen. Weil die sagen: okay, ja, der hat ja schon ein paar Berichte in der Richtung gemacht, die sind alle gut gelaufen, also geben wir ihm auch den Auftrag. Also ... das ist immer so, der Anschlussauftrag, der kommt auch dadurch, daher, wie gut man beim letzten Mal gewesen ist. (Fernsehreporter)

Weitgehend sieht er die Quote positiv als Maßstab, den er auch an sich selbst anlegt. Wer die Zuschauer bei der Stange hält, der hat etwas „richtig gemacht", der ist beim letzten Mal „gut gewesen". Wenn die Zuschauer hingegen wegschalten, kann man sich immer noch damit trösten, dass es möglicherweise nicht an der eigenen Arbeit lag, die „nach hinten hin langweilig geworden" ist, sondern an der übermächtigen Konkurrenz: Fußball. Ein inhaltliches Anliegen, warum viele Leute seinen Beitrag sehen sollen, bringt er (an dieser Stelle) nicht zum Ausdruck, vielmehr deutet er an, dass es in der Sache völlig beliebig sei, ob die Zuschauer eine Polizeireportage oder Fußball sehen. Beides ist Teil eines großen Unterhaltungsprogramms, bei dem es um nichts weiter geht, als Aufmerksamkeit zu erzeugen. Sein Bild vom Publikum ist das der zerstreuten Entspannung auf dem Sofa mit der Fernbedienung in der Hand, jederzeit bereit umzuschalten. Das empfindet er als völlig legitime Haltung gegenüber seiner Arbeit: Wenn der Zuschauer sich langweilt, hat er, der Reporter, etwas falsch gemacht. Dann muss man sich weder resigniert zurückziehen noch sein Publikum beschimpfen, sondern es eben in Zukunft besser machen. Er verrät uns auch, warum diese Orientierung an der Quote für ihn so attraktiv ist: Damit sichert man sich das Vertrauen der Kunden und somit künftige Aufträge. Die Beziehung zum großen Publikum ist eigentlich eine Beziehung zu seinen „Kunden", also seinen unmittelbaren Auftraggebern, mit denen er eine langfristige Geschäftsbeziehung pflegt (d.h. er ist im Wesentlichen von einem großen „Kunden" abhängig). Denen muss er ein großes Publikum verkaufen. Jedenfalls müssen sie ihm zutrauen, dass er dazu imstande ist, ihnen eine gute Quote zu „servieren". Geschäftlich könnte er es sich gar nicht leisten, sich nicht an der Quote zu orientieren – dann macht er es doch lieber gleich von sich aus gerne und erfolgreich als widerwillig und zynisch, lautet das implizite Motto. Doch obwohl er den Maßstab Quote für sich völlig akzeptiert, deutet er an, dass es zumindest im Vorfeld unterschiedliche Auffassungen geben kann, ob ein Thema gut funktionieren wird oder nicht. Wenn man sich langfristig als Reporter mit dem richtigen Gespür erwiesen hat, verschafft man sich die Freiheit, Themen durchzusetzen, die der „Kunde" eigentlich mit Verweis auf die mangelnde Quotenträchtigkeit ablehnen würde. Davon wussten einige Gesprächspartner in ganz verschiedenen Positionen zu berichten: Je „besser" man auf Dauer seine Arbeit macht, desto weniger steht man im Einzelfall unter Druck – wobei die Qualitätsmerkmale ganz verschieden sein können: von der Einschaltquote über das Arbeitstempo bis zu ästhetischen Kriterien. Auf meine beharrliche Nachfrage, ob ihm die Quote wirklich so ein wichtiger Maßstab für die eigene Arbeit sei, räumte er schließlich ein:

> Es gibt auch manchmal, es gab auch einen Film, da hat die, die ganze Redaktion war begeistert, fand den toll, wurde mir so gesagt, aber die Quote war nicht so gut ... ja, dann bin ich aber trotzdem zufrieden. (Fernsehreporter)

„Manchmal" und „trotzdem" gelten auch für ihn andere Qualitätsmaßstäbe. Die „Kunden", hier in der Erscheinungsform der „ganzen Redaktion", sind sein eigentliches Problem, möglicherweise traut er ihnen als Kollegen auch das fachlich bessere Urteil zu. Wenn die sich begeistert zeigen, kann er über eine schlechte Quote auch einmal hinwegsehen. Die mit Zeitvertrag für das öffentlich-rechtliche Fernsehen tätige Kollegin, kann sich deutlich mehr Distanz zur Quote erlauben:

> Also nach meiner Erfahrung hat die Bedeutung dieser Quoten in der Redaktion maßgeblich was mit dem Standing vom Chef zu tun. Der ... der sagen kann: ich mache das, ja? und wenn mir die Quote dann halt runtergeht, und dann ... diskutiere ich das. Ja? (lachen) Also, ja? Du kannst das ja auch so sehen. Du kannst dich im Prinzip auf den Standpunkt stellen: Die Quote ist mir irgendwo egal. Vor allen Dingen möchte ich jetzt endlich ... wüsste ich ja mal gerne, woher man eigentlich immer diese Gewissheit nimmt, was jetzt quotenmäßig supergut läuft und was quotenmäßig superschlecht läuft. Ja? Wenn du erstmal in einem gewissen ... wenn du erstmal ein gewisses Niveau halten willst, spielt das keine Rolle. (...) Also ... entweder sagst du, du machst von vornherein eine Sendung, die ... die Leute interessiert. Was weiß ich: so was wie Bärbel Schäfer ... da ist es auch scheißegal, was du für Themen nimmst, ja? Oder du hast einen gewissen journalistischen Anspruch und dann kann dir die Quote nicht mehr so ... wichtig sein, weil, also, finde ich. (Freie Journalistin)

Sie verachtet die Quote, weil diese für die Orientierung an einem vermeintlichen Massengeschmack steht, den sie als niveaulos und thematisch beliebig empfindet. Insofern grenzt sie sich gegenüber dem Publikum als Träger dieses Massengeschmacks ab: Was „die Leute interessiert" ist das Gegenteil von „journalistischem Anspruch". Aber sie lässt auch die Möglichkeit offen, dass dieser Massengeschmack nur dem Vorurteil jener Kollegen entspricht, die sich daran orientieren, und gar nicht dem, was die Mehrheit der Zuschauer wirklich interessieren würde, wenn man es ihnen anböte: Eine Gewissheit, welches Konzept „quotenmäßig" besser läuft, gibt es nicht. Der „Chef" kann sich zumindest entscheiden, einfach nur etwas zu machen, bei dem er „von vornherein" weiß, dass es sich verkauft (die oben skizzierte Strategie, das Gleiche zu machen wie die Konkurrenz), oder er hat „einen gewissen journalistischen Anspruch" und versucht damit ein Publikum zu erreichen (das entspricht wiederum eher der Strategie, einen Unterschied zu machen). Das heißt auch, dass die Quote keinesfalls bedeutungslos wird, selbst wenn man sich auf den Standpunkt stellt, sie sei „irgendwo egal". Ein anspruchsvolles Programm darf ein großes Publikum haben, es *muss* das langfristig sogar: Wenn die Quoten einbrechen, muss man das zumindest „diskutieren". Kritisiert wird nicht die Zielvorgabe, ein möglichst großes Publikum anzustreben, kritisiert werden Strategien, diese Vorgabe durch Aufgabe der eigenen inhaltlichen Ansprüche erfüllen zu wollen.

Exklusivität und Geschwindigkeitsrausch

In letzter Instanz stellen freilich alle Qualitätskriterien eine Operationalisierung der Quote dar – wer möchte schon etwas veröffentlichen, das dann keiner hören, sehen, lesen mag?[18] Das bedeutet aber auch, dass trotz allgemeiner Anerkennung des Leistungsmerkmals „Größe des Publikums" in der Alltagspraxis sehr unterschiedliche Strategien verfolgt werden, das umzusetzen. Auch beim Boulevard ist die Sorge um die Auflage Chefsache, der Reporter hat ein anderes Problem:

(...) als normaler Reporter interessiert einen weniger die Auflage als solches, das ist mehr die Sache des Chefredakteurs. Mich hat mehr interessiert, dass ich mehr Geschichten hatte, als die Konkurrenz sie hatte. (ehemaliger Boulevard-Polizeireporter)

Mit der „Konkurrenz" meint er die konkurrierenden Boulevardzeitungen. Es geht also nicht einfach darum, zahlenmäßig mehr Beiträge unterzubringen. „Mehr Geschichten" bedeutet vielmehr: Geschichten zu haben, die die anderen Zeitungen nicht haben, von denen sie nichts mitbekommen haben, die ihnen nicht eingefallen sind oder zu denen ihnen wichtige Informationen fehlen. Diese Form der Konkurrenz entspricht dem, was ich als (Kritik der) Wissensgesellschaft bereits ausgeführt habe: die Erzeugung von Nicht-Wissen durch Exklusivität. Eine Geschichte exklusiv zu „haben" ist der entscheidende Konkurrenzmechanismus im Boulevardjournalismus – es ist zugleich der Aspekt in meiner Untersuchung, den ich als den markantesten Unterschied zwischen „Boulevardjournalisten" und „Seriösen" feststellen konnte (eine Unterscheidung, die häufig zur Distinktion eingesetzt wird, obwohl die tatsächlichen Grenzen weit weniger klar gezogen sind und sich oft an ganz anderen Kriterien festmachen lassen). Während Erstere wiederholt auf das Exklusivitätsproblem zu sprechen kamen, war es bei Letzteren nie Thema. Sehr ausführlich schildert ein für das Privatfernsehen tätiger Boulevardreporter diese Konkurrenz um Exklusivität:

Da war ich eben auch der Erste – ist auch immer wichtig, wenn man bei solchen, ich sag mal: ganz heißen Geschichten erfolgreich sein <u>will</u>, dann sind die Chancen um fünfzig oder sechzig Prozent höher, wenn man der Erste ist. Also der Zweite hat eigentlich schon fast gar keine Chance mehr. Weil es gibt gewisse Leute, die geben halt eben dann nur ein Interview. (Boulevardreporter)

Darauf kann man sich offenbar nicht immer verlassen. Kurze Zeit später fährt er fort:

> Ich wollte noch mit der einen Vertrag machen ... das ist auch immer so ne Sache, die mache ich eigentlich nicht so gerne, aber es hat sich halt leider so eingebürgert: Dann kommt natürlich von der Redaktion der Auftrag, die soll für uns exklusiv das machen, ja? also, dass kein anderer das kriegt. (Boulevardreporter)

Der Erste zu sein bei einer „ganz heißen" Geschichte, ist nicht nur eine Notwendigkeit, das ist sein eigener Ehrgeiz, das *will* er wirklich. Anders sieht das mit dem Vertrag im zweiten Teil der Episode aus. Sein Unwohlsein rührt daher, dass er die Betroffene (in dem Fall eine „Mutter, die ihr Kind getötet hat") überrumpeln muss, für ein geringes Honorar („seinerzeit 200 Mark", glaubt er sich zu erinnern) die Exklusivrechte an ihrer Geschichte abzutreten. Ihm ist bewusst, dass er ihr weder mit seiner Berichterstattung noch mit diesem Vertrag einen Gefallen tut. Aber er stellt sich auch nicht als Zyniker dar: Exklusivverträge macht er nur widerwillig, weil er den expliziten Auftrag dazu bekommt. So unterscheidet er zwischen der *guten, fairen Konkurrenz* unter Kollegen, die darauf basiert schneller zu reagieren, als erster erkannt zu haben, was eine „heiße" Geschichte wird, und innerhalb kürzester Zeit eine Reportage dazu auf die Beine zu stellen und der *schlechten, unfairen Konkurrenz* der Medien (in Erscheinung der Auftraggeber, der Redaktionen). Das Verhältnis zu den Konkurrenten beschreibt er als freundschaftlich und hilfsbereit:

> *Sie haben jetzt insgesamt das Verhältnis zu den Kollegen vor allem als eine Konkurrenz dargestellt...*
> Ja, das ist aber auf freundschaftlicher Basis. Also mit vielen Leuten, mit denen ich in Konkurrenz stehe ... man hilft sich auch mal, ja? sagt okay, hier hast du die Adresse und so was, ja, und so. Es ist nicht so eine harte Konkurrenz unbedingt. Aber man steht natürlich, wenn der ... es kommt immer drauf an auch, wie man mit den Einzelnen klarkommt und so was, ja? (Boulevardreporter)

Ihr Konkurrenzverhältnis beschränkt sich auf bestimmte Anlässe, in denen man sich gegenseitig eine gute Geschichte wegschnappen könnte. Dieses Ethos entlehnt er dem sportlichen Wettkampf: Schnell, fair und zeitlich begrenzt. Später gebrauchte er tatsächlich Sport als Metapher um zu erklären, was ihn an seiner früheren Rolle als Polizeireporter so fasziniert hat:

> Das muss ich sagen, das hat mir auch im Prinzip bei diesen Polizeireportagen, also wenn ich Polizeireportagen gemacht hab, was mir – ich denke, das ist auch für Ihre Untersuchung vielleicht interessant – man entwickelt auch so eine Art Sportsgeist, ja? Man will das schaffen, man will das Foto besorgen, man will besser als die Konkurrenz sein und man muss morgens kurz und abends muss das in der Sendung sein. Das heißt, man arbeitet den ganzen Tag unter einem ziemlichen Druck. Und das euphorisiert einen irgendwie in gewisser Weise, ne? Das gibt einem einen gewissen Adrenalinkick und ... der ist ... das war eigentlich so eine Sache: hat mir immer wahnsinnig Spaß gemacht, ne? Man kann dann zwar sagen: ja, und die Leute, die du interviewt hast, tun sie dir nicht vielleicht teilweise leid, oder ... überrumpelt, oder was weiß ich (macht

Geräusch: schnelles Einsaugen der Luft). Ja, aber man freut sich abends auf jeden Fall über ... man sieht dann direkt das Erfolgserlebnis. Man hat den ganzen Tag gearbeitet und abends ist es auf Sendung. Das ist einfach ein schönes Gefühl. Ne? Während jetzt so bei den Sachen, die ich langfristig mache: jetzt hab ich das Donnerstag gedreht, Freitag geschnitten, jetzt wird sich das heute angeguckt, vielleicht läuft das Mittwoch oder Donnerstag, das ist irgendwie nicht so spannend, ne? (Boulevardreporter)

Besonders pointiert tritt hier der Aspekt des Leistungsdrucks hervor, der ebenfalls in der Sportmetapher angelegt ist: Unter „einem ziemlichen Druck" dennoch „besser" sein zu wollen als die Konkurrenz, das gibt den „Adrenalinkick". Unter Zeitdruck zu arbeiten macht Spaß, weil man beweisen kann, dass man dem gewachsen ist, und weil man direkt ein Erfolgserlebnis sieht (in diesem Sinne ist schon ein Produktionszyklus von einer Woche „langfristig"). Der Zeit- und Leistungsdruck hilft auch, mögliche Skrupel beiseite zu schieben – von denen unklar bleibt, ob sie eine Konzession an die vermutete Einstellung des Interviewers sind oder ob sie ihm auch in anderen Situationen in den Sinn kommen. Der ehemalige Boulevard-Journalist beschreibt ebenfalls, wie die Konkurrenz um Exklusivität Zeitdruck erzeugt:

Der Zeitdruck ist generell groß im Journalismus, ja weil ... die Konkurrenz natürlich sehr groß ist, und ich muss immer sehen, wenn ich auf die Idee gekommen bin, dass da eine Geschichte hinter stecken könnte, dann tun das andere vielleicht auch. (Boulevardreporter)

Die Boulevardjournalisten entwerfen sich als „rasende Reporter"[19] mit einer „Spürnase" für gute Geschichten und einer ausgeprägten Fähigkeit, mit Druck und Skrupeln umzugehen. „Spaß" als Selbstbehauptung in schwierigen Situationen hat auch etwas von Mut- und Tapferkeitsproben, wie sie vor allem als Initiationsrituale unter jungen Männern (zur Aufnahme in eine Mannschaft, in eine „Bande" oder ins Militär)[20] vorkommen. Sie legen damit zugleich nahe, dass man diese Rolle nur eine begrenzte Zeitlang ausfüllen kann: Beide machen zwar zum Zeitpunkt des Interviews noch Polizeireportagen, ihre Zeit als reine Polizeireporter haben sie jedoch hinter sich. Es ist eine Statuspassage, in der man sich ein Ansehen als harter Bursche verdienen kann. So wird auch verständlich, warum es unter Journalisten allgemein als gute Referenz gilt, bei der Bildzeitung gearbeitet zu haben.[21]

Die Risikobereitschaft der Reporter, ihr „Spaß" daran, den Zeit- und Leistungsdruck auszuhalten, und ihr sportlicher Wettkampf um die exklusive *story* machen sie zu effektiven und beherrschbaren „Kriegern", die den Chefredakteuren das Material liefern, das diese brauchen, um ihre Auflagen zu steigern. Das steht scheinbar im Widerspruch zu der von den Reportern angestrebten „guten", auf gegenseitiger Hilfsbereitschaft fußenden Konkurrenz unter Kollegen in Abgrenzung zur „schlechten" Konkurrenz der Medienunternehmen. Aber es steckt viel mehr dahinter, als einfach nur zu tun, was ihnen aufgetragen wird. Es hat sich ein eigener Berufsmythos herausgebildet, der einen viel besseren Ansporn liefert, als auf Kommando höhere Auflagen zu erzielen. Auch wenn er dem Unternehmen nützt, lässt sich dieser Berufsmythos nicht darauf reduzieren, dass die Reporter einfach wissen, was von ihnen erwartet wird. Wer einen „Adrenalinkick" hat, braucht sich für die Quote wirklich nicht zu interessieren, der muss nicht lange nachdenken, ob das, was er gerade tut, zweckmäßig ist. Er muss auch nicht über den gesellschaftlichen Sinn oder Unsinn, über Moral und Amoral seines Handelns nachdenken. In der folgenden Erzählung eines vor der Kamera tätigen Fernsehreporters wird deutlich, dass er sich in dieser Hinsicht durchaus der Kontrolle durch seinen Arbeitgeber ausgesetzt sieht:

Ich musste um 18 Uhr auf Sendung und fünf Minuten vor sechs kommt mein Kameramann, der sich mit den Polizisten den ganzen Tag an der Sperre unterhalten hat und praktisch Kontakte aufgebaut hat mit ihnen, er hat ein Vertrauensverhältnis geschaffen und der Polizist hat ihm irgendwann gesagt: „Wir haben grade eben ... die ersten Überreste einer Leiche gefunden." Und da hat natürlich <u>alles</u> drauf gewartet. Da standen irgendwie, ich weiß nicht, zwanzig Übertragungswagen, da waren irgendwie 300 Journalisten vor Ort und alle warteten auf diese Information. Und ich hatte sie, die anderen hatten sie nicht. Und ... da ...

Sie mussten in dem Moment entscheiden: kann ich dem vertrauen?

Ich musste entscheiden: kann ich dem vertrauen. Und das ist dann die Frage. Das <u>kann</u> ich in der kurzen Zeit nicht mehr abchecken. Also ich kann da nicht die hundertprozentige Bestätigung bekommen, sondern da liegt es dann in meiner ... sag ich mal: Erfahrung, in meinem Bauchgefühl, im ... zu sehen, wie ist diese Information zustande gekommen, wie logisch ist es, dass es stimmt? Ich hab dann gesagt: „Pass auf, tu mir den Gefallen, versuch es noch zu verifizieren, noch ne zweite Quelle, die uns sagt: das stimmt so. Dass wir nicht nur auf einen Polizisten setzen." Er ist dann noch mal hingegangen und hat noch mal nachgefragt, daraufhin hat dieser Mensch per Funk - und da stand mein Kameramann dabei - noch mal nachgefragt: „Ist das gesichert, dass wir ... die erste Leiche gefunden haben?" und es kam über Funk zurück „ja, es ist gesichert". Das heißt: da hab ich dann zwar auch nur <u>eine</u> Quelle, aber ne sehr glaubwürdige Quelle. Und daraufhin hab ich mich dann hingestellt - und ich hab auch nicht gesagt, dass ... dass es <u>hundert</u> Prozent so ist. Ich hab gesagt: nach unseren Informationen, die wir haben, hat man grade die erste ... Okay, da ist man als Journalist dann weit vorne. Das ist so das, wo man sagt: ja, strike! Wir waren schneller, wir waren besser als die anderen. Aber es fällt einem ein Stein vom Herzen, wenn dann die offizielle Bestätigung kommt ... und je mehr man in diesem Bereich arbeitet, dass man eben versucht ... ja ... schneller zu sein als die anderen, um so größer sind die Gefahren, die ja auch dort lauern. Aber man kann sich's auch nicht erlauben ... man kann einmal einen Fehler machen, aber wenn mir das zweimal passiert, dass ich irgendwas erzähle, was so nicht stimmt, muss ich, glaube ich, mir irgendwie überlegen, wo ich dann demnächst arbeiten werde.

Hab ich das jetzt dann richtig ... also Sie würden schon auch sagen, dass da aber dann auch eine interne Kontrolle funktioniert: Wenn man ein paar mal sich zu weit aus dem Fenster hängt, dann ist man auch in dem Beruf weg vom Fenster?

Ja, ja klar. Klar. Und das ist ein Ruf, den hat man dann nicht nur beim eigenen Sender, sondern es wird ja auch die anderen. Die anderen verfolgen ja, was wir machen. Ne? Das ist ja ein gegenseitiges Belauern und Beobachten ... und das wäre schlecht. (Fernsehredakteur)

Ob er sich auf ein Gerücht verlassen kann, sagt ihm sein „Bauchgefühl" und die Logik, dennoch versucht er es noch zu verifizieren und versieht es dann mit der Einschränkung „nach unseren Informationen". Das sind alles Mechanismen, die es ihm letztendlich erlauben, etwas zu senden, das er nach seinen eigenen Qualitätsmaßstäben nicht hinreichend überprüfen konnte. Das ist natürlich auch dem Sender dienlich, der dem Publikum pünktlich um 18 Uhr eine Leiche präsentieren möchte. Es ist nicht Sache dieser Untersuchung, die Haltungen der Befragten moralisch zu beurteilen, im Gegenteil: Es geht darum zu zeigen, warum Moral ein untauglicher Maßstab ist, wenn es darum geht, die Handlungen und Haltungen von Menschen zu erklären, die (und das ist notwendig immer der Fall) in gesellschaftliche Strukturen eingebettet sind. Aus der geschilderten Erzählung ergibt sich überhaupt nicht erst die Frage nach dem moralischen Sinn von „300 Journalisten vor Ort", die alle darauf warten, ihrem Publikum eine Leiche präsentieren zu können. Den jungen Kriegern des Boulevardjournalismus eine Moralpredigt zu halten wäre nutzlos, weil sie gar nicht für sich in Anspruch nehmen, moralisch zu handeln. Ihre Ideologie besteht ja gerade darin, sich gegen solche Kritik zu immunisieren. Auf handwerkliche Einwände können sie reagieren wie ein Extremsportler, den man darauf hinweist, dass sein Sport lebensgefährlich sei: Das macht ja gerade den „Adrenalinkick" aus. In dem Zitat steckt eine etwas sanftere Sportmetapher: Ein „strike" ist, wenn man beim Bowling alle Kegel in einem Wurf abräumt. Das erreicht der Reporter nur, indem er zuvor etwas riskiert hat. Er will einfach „schneller" sein und „besser als die anderen". Auch schärfere Kontrollen und Sanktionen (wie sie gegenüber dieser Praxis mitunter gefordert werden, die er aber als ohnehin vorhanden und funktionierend voraussetzt) würden wenig ausrichten. Es mangelt nicht an Moral und auch nicht an Normen: Die handwerklichen Normen des Journalismus, etwa: wie man verständlich schreibt, was eine gute Geschichte ist und wie man gründlich recherchiert, werden gerade von den Boulevardreportern betont. Darin glauben sie im Zweifelsfall besser zu sein als die „langsame" Konkurrenz, gerade weil sie das Risiko aus eigener Erfahrung kennen.

Obwohl für sie der Kampf um Exklusivität keine oder zumindest nur eine untergeordnete Rolle spielt, kennen auch die „seriösen" Journalisten die Anforderung, schneller sein zu müssen als die Konkurrenz. Die Nachrichtenagenturen zum Beispiel stehen nicht nur im Wettbewerb miteinander, sie müssen möglichst auch allen anderen Medien zuvorkommen, damit ihnen jemand ihre Meldungen abkauft:

Das haben nicht wir zuerst rausgefunden, sondern das hat der „Spiegel" herausgefunden. (...) Dann ärgere ich mich erst mal, dass die mehr gewusst haben als ich (lachen) und dann äh dann schreibe ich aber eine Meldung darüber. Dann versucht man natürlich das noch mal irgendwie zu verifizieren oder noch mal ... ein bisschen anzureichern. (Agenturredakteur)

Es ist das Wesen einer Nachrichtenagentur, *nicht* exklusiv zu berichten. Sein Ärger bezieht sich entsprechend nicht darauf, dass die Geschichte für ihn nun „tot" wäre (wie für den Boulevardreporter), weil der *Spiegel* ihm zuvorgekommen ist. Für ihn ist das keine Frage der Geschwindigkeit, sondern eine des Wissens: „... dass die mehr gewusst haben als ich". Er schreibt trotzdem eine Meldung. Aber es ist nicht *seine* Geschichte, er kann sie lediglich noch „mal irgendwie verifizieren" und „ein bisschen anreichern". Das klingt freudlos und geht ihm offenbar gegen die Ehre. Auch sein Ehrgeiz, mehr zu wissen und eigene Geschichten zu haben, ist kompatibel mit den Anforderungen seiner Position. Eine Agentur möchte, dass andere bei ihnen „abschreiben" und nicht umgekehrt. Dafür braucht sie keine *exklusiven* Informationen – jedenfalls ist das nicht der Kern ihres Geschäfts –, sondern möglichst *umfassende* Informationen über alles, was ihre Kunden interessieren könnte. Beide Wissensformen, die der exklusiven Information gegenüber der Konkurrenz wie die des schnellen, aber breit angelegten Basiswissens, erzeugen Nicht-Wissen, indem sie solche Wissensformen und Erfahrungen tendenziell ausschließen, die Zeit und Geduld brauchen und die sich nicht in die Form verifizierbarer Fakten bringen lassen.

Varianten des Zeitdrucks

Zeitdruck hatte für die Befragten in allen Berufspositionen eine herausragende Bedeutung bei der Beschreibung ihrer Arbeitsbedingungen. In den anderen Sparten lässt er sich aber nicht wie beim Boulevard in eine Ideologie des sportlichen Wettbewerbs übersetzen. Für den Agenturjournalisten ist Zeitdruck deutlich negativer konnotiert:

Also arbeiten Sie einfach viel oder ... unter Zeitdruck?
Na, sie stehen halt unter einer besonderen Anspannung, unter Zeitdruck. Sie stehen sehr stark im Konkurrenzverhältnis und je wichtiger das Ereignis ist, desto stärker ist ja auch die Konkurrenz. Also es gibt natürlich auch etliche Termine, (...) da arbeitet man dann faktisch ohne Konkurrenz. Und es gibt aber Termine, wie – was weiß ich, die Zeugenvernehmung von Joschka Fischer im OPEC-Prozess. Da sind natürlich alle da, da sind auch welt[weit] ... also da ist: Englischsprachige Agenturen sind da und französischsprachige Agenturen und was weiß ich alles. Und da arbeiten sie unter einem Druck, den man sich kaum vorstellen kann.
Was ist der Druck? Als Erster da zu sein mit der Meldung?
Als Erster z.B. mit einer wichtigen Meldung da zu sein und dann innerhalb kürzester Zeit, weil die ... es geht ja da wirklich dann um ... na vielleicht nicht um Sekunden, aber es geht schon um Viertelstunden oder so. Wenn Sie sich überlegen, dass also große überregionale Zeitungen ihre ersten Ausgaben um 17 Uhr andrucken und sagen wir mal der Prozess ist um 16 Uhr zu Ende, dann müssen Sie innerhalb einer Stunde, oder innerhalb einer halben Stunde, weil das braucht ja auch noch Zeit, das alles umzuschlagen, innerhalb einer halben Stunde einen gut lesbaren konkurrenzfähigen Text schreiben. Das ist schon ein irrer Stress. Na ja und das ... solche Situationen hat man halt häufiger. (Agenturredakteur)

Derartige Klagen über Stresssituationen im Beruf enthalten – jedenfalls so lange sich daraus keine Krisengeschichte entwickelt – die Mitteilung, dass man dem gewachsen ist. Trotzdem dürfen wir annehmen, dass „irrer Stress" wenig mit „Spaß" zu tun hat. Es ist eine große Herausforderung, sich der internationalen Konkurrenz zu stellen und innerhalb kürzester Zeit einen „konkurrenzfähigen Text" zu formulieren. Wenn man das schafft, kann man hinterher zufrieden und stolz sein. Aber es ist nicht das, was den Beruf erstrebenswert macht. Druck und Stress sind negative Aspekte der Arbeitssituation, die sich dennoch zur positiven Selbstdar-

Wollen Sie sich ausführlich über unsere Titel informieren?
Unter www.dampfboot-verlag.de finden Sie alles über unsere Titel und AutorInnen.

Anzahl	Kurztitel / ISBN

Unterschrift ....

Datum ....

WESTFÄLISCHES DAMPFBOOT

Hafenweg 26a · 48155 Münster · Tel. 0251/3900480 · Fax 0251/39004850
e-mail: info@dampfboot-verlag.de · Homepage: www.dampfboot-verlag.de

Zum Verlag:

Woher der Verlagsname, der manchen kurios oder auch nur lustig erscheint? Mit ihm knüpft der Verlag an die Zeitschrift *Westphälisches Dampfboot* an, die im Vormärz von 1845 bis 1848 im Kraftfeld zweier Industrialisierungsgebiete – der bergisch-märkischen Eisenindustrie und der ravensbergischen Leinenindustrie – erschien. Mit ihr wurde versucht, aufklärend in die gesellschaftlichen und politischen Auseinandersetzungen einzugreifen.

Die Anknüpfung hat in der Entwicklung des Verlages zur Herausbildung seiner spezifischen Schwerpunkte geführt.

Bestellungen

▼ **per Post**
Hafenweg 26a
D-48155 Münster

▼ **per Fax**
**49 (0) 251/ 390 048 50

▼ **per Telefon**
**49 (0) 251/ 390 048 0
(Anrufbeantworter)

▼ **per E-Mail**
info@dampfboot-verlag.de

über Ihre Buchhandlung:
Jede gute Buchhandlung kann Ihnen unsere Titel innerhalb weniger Tage besorgen.
Andernfalls können Sie rund um die Uhr auch gern direkt bei uns bestellen (zzgl. Porto und Verpackung)

Möchten Sie regelmäßig unser Gesamtverzeichnis erhalten?
O ja / O nein

Name

Straße

PLZ, Ort

E-Mail

Beruf

Interessengebiete

Antwort

Verlag
Westfälisches Dampfboot
Hafenweg 26a
48155 Münster

Bitte
freimachen

stellung eignen. Der hier geschilderte Konkurrenzmechanismus dreht sich nicht darum, schneller zu sein, sondern darum, in der vorgegebenen Zeit einen „gut lesbaren" Text zu formulieren, der sich qualitativ abhebt im Sinne einer schnellen, knappen und dennoch verständlichen Vermittlung dessen, was alle (Journalisten) wissen. Das erfordert eine Orientierung an „Basisinformationen" im Sinne eines akkumulativen lexikalischen Bildungsbegriffs. Überflüssige Informationen, Komplikationen und Widersprüche müssen weggestrichen werden.

Der Ressortleiter kennzeichnet den Zeitdruck als strukturelles Problem des Journalismus, das auch ihn betrifft:

Also ich finde, es ist eher ein grundsätzliches Problem ... ist schon dieses ganz Schnelllebige. Das ... also, wie gesagt, jeden Tag rennt eine neue Sau durchs Dorf. Dadurch kommt auch eine wahnsinnige Oberflächlichkeit zustande. Also wenn ich allein schon diese Berichte jetzt nach Erfurt lese, was da so schnell geschrieben wird, das ist eigentlich ... kaum noch zu verantworten manchmal. Und das ist natürlich - dieser Aktualitätsdruck ist enorm - unter dem stehen wir auch, dem kann sich keiner ganz entziehen. (Ressortleiter)

Die strukturell erzeugte „Schnelllebigkeit" und der „Aktualitätsdruck", dem sich „keiner ganz entziehen" kann, führen zu einer „Oberflächlichkeit", der er persönlich aber nicht anheim zu fallen scheint, die er anderen zuschreibt: „was da so schnell geschrieben wird". Insofern führt er das „grundsätzliche" Problem wieder auf eine Frage der individuellen Verantwortung zurück, wie man mit diesen schwierigen Bedingungen umgeht. Man kann vermuten, dass er sich nicht zuletzt aufgrund seiner gehobenen Stellung der „Oberflächlichkeit" besser entziehen zu können meint, aber diese materielle Erklärung spricht er im Interview nicht an.

Für frei arbeitende Journalisten stellt sich der Zeitdruck noch einmal anders dar. Eine Befragte schildert das im Kontrast zu ihren (jeweils zeitlich begrenzten) Erfahrungen der Arbeit in einer Redaktion:

Kannst Du langfristiger arbeiten, wenn Du frei arbeitest, oder ändert das daran eigentlich nichts?
Äh, die Frage versteh' ich jetzt nicht, ob ich langfristiger ...
Also wenn Du sagst, da gibt es einen klaren Termin, bis dann muss das fertig sein. Ist jetzt die Frage, wenn Du frei arbeitest, ob das auch bedeutet, dass Du mehr Zeit hast, um was zu bearbeiten, effektiv [ja, das kommt...] je nachdem, wann Du wieder Geld brauchst?
Ja gut, das ist genau der Punkt. Also dieses ... dieses freie Arbeiten hat ja einen ganz zentralen Zwang und das ist der des Geldverdienens. Ja? Also da darf man sich überhaupt nichts vormachen, ja? Das heißt du, du hast in der Redaktion ... also wenn ich jetzt mal sage Redaktion SENDUNG, wenn ich dort sage: Ach ich finde aber, wir sollten das und das unbedingt mal machen und da würde ich gerne mal ... auch mal ein bisschen recherchieren und mal kucken, ob das, was weiß ich, was hergibt. Und wenn sie dann sagt: „Oh ja, das ist aber wirklich eine gute Idee, machen Sie das - dann habe ich Zeit." Dann habe ich überhaupt kein Problem. Da kann ich mir auch zwei Wochen Zeit lassen, ja? Und wenn ich an einem Tag nicht so intensiv arbeite, dann halt am nächsten Tag noch, ja? Weil ich weiß: ich werde dafür ja bezahlt. Und wenn ich das frei mache, dann, dann habe ich wesentlich ... gebe ich mir wesentlich weniger Zeit, weil ich ... ja, weil ich ja immer nur eine bestimmte Summe dafür bekomme. Und da macht das eben einen Un[terschied] ... das ist ganz klar: Ich kann, was weiß ich, tausend Mark in einer Woche verdienen, oder tausend Mark in drei Monaten verdienen. Also das rechnet sich

ja dann nicht mehr. Ich kann so lange recherchieren und so viel Kosten damit verursachen, dass sich das, was ich hinterher bekomme, überhaupt nicht mehr rechnet, oder, ... ich kann es auch anders machen. Das ist, denke ich, das Grundproblem beim freien Arbeiten. (Freie Journalistin)

In dieser Darstellung hat der Zeitdruck nichts mehr mit der Geschwindigkeit der Veröffentlichung zu tun. Keine der beiden kontrastierten Positionen scheint diesem Konkurrenzprinzip unterworfen zu sein. Die freie Journalistin arbeitet auch mit wesentlich größeren Zeitrahmen, als sie in den bisher zitierten Beschreibungen anderer Berufspositionen zur Sprache kamen – eine Woche setzt sie als untere Grenze (das fände der Kollege vom Privatfernsehen schon nicht mehr „spannend" genug). Dennoch ist der Zwang, mit der Zeit zu haushalten ein unmittelbar materieller: Wenn man nicht für Arbeitszeit bezahlt wird, sondern pauschal (bzw. pro Zeile/Sendeminute), wird die verausgabte Arbeitszeit zum entscheidenden ökonomischen Faktor. Dagegen erscheint die Angestelltenposition (beim öffentlich-rechtlichen Fernsehen) als behüteter, materiell abgesicherter Rahmen, in dem man sowohl gründlicher als auch angenehmer arbeiten kann. Mit Ausnahme der hier zitierten Passage (in deren Fortsetzung die Befragte auch ein Beispiel bringt, welche inhaltlichen Kompromisse das mitunter erfordert) wird von allen frei arbeitenden Journalisten diese Freiheit durchweg positiv als Autonomie charakterisiert. Erst durch meine Unterstellung, wenn sie „frei" arbeite, müsse sie auch mehr Zeit haben, wird die Befragte dazu provoziert, die andere Seite der „Freiheit" deutlich zu akzentuieren. Während ich meine Frage formuliere, möchte sie mir offenbar noch halbwegs zustimmen: „ja, das kommt (vor)". Das Stichwort „Geld" nimmt sie dann aber zum Anlass klarzustellen, dass ihr (überwiegend) freies Arbeiten eigene Herausforderungen und Einschränkungen aufweist, die es zu meistern gilt – und die sie selbstredend meistert.

Im Arbeitsalltag aller Journalisten gehört es zu den zentralen Erfahrungen, unter Druck zu stehen und wenig Zeit zu haben. Dieser Druck entspringt sowohl den internen Konkurrenzmechanismen, wie den Vorgaben durch die „Chefs" und den materiellen Zwängen des freien Arbeitens. Ihm gewachsen zu sein, ist elementarer Bestandteil der Selbstdarstellungen, sei es als junger Krieger, der einen „Kick" sucht, als effizienter Wissensvermittler oder als hart kalkulierende Geschäftsfrau, die sich selbst mehr Disziplin abverlangt, als von ihr als Angestellte erwartet werden würde. Wenn auch nicht immer freiwillig, sind sie doch alle *tough*.

Wie Journalisten sich ein Arbeiten ohne Zeitdruck erträumen

Die andere Seite des Zeitdrucks kommt in Schilderungen darüber zum Ausdruck, was Journalisten gerne tun würden, wenn sie nicht so unter Zeitdruck stünden. Mehrfach kam in den Interviews der Wunsch zur Sprache, dass sie gerne mehr Zeit zum Schreiben hätten:

Manchmal vermisse ich so ein bisschen das Schreiben oder ein bisschen mehr Schreiben. Da kommt man hier nicht so wahnsinnig viel, weil sie als Ressort-Chef halt ja auch ... ja auch sehr viel planerische Aufgaben haben. Sie müssen halt das Blatt gestalten nicht und überlegen, was da rein kommt. Und in der Innen- und der Außenpolitik mit den Korrespondenten sprechen, sich selbst informieren, herumreisen – natürlich auch: Repräsentationsdienste gehören auch dazu – alles mögliche so. Also ich mache also noch relativ viel für meine Verhältnisse. Also das ...

Sie schreiben noch viel ...

Ich schreibe noch ...

... für die Position?

Ja, ich schreibe für diese Position noch relativ viel, aber manchmal würde ich gerne auch mal wieder so ein, zwei Wochen irgendwie raus und in Ruhe ... aber das ist im Moment nicht möglich.

Das ist sehr wahrscheinlich auch keine 40-Stunden-Woche ... (lacht)

Nein, das ist .... da können Sie ... und keine 60-Stunden-Woche, 60 ist schon wenig. (Ressortleiter)

In der gehobenen Position dieses Ressortleiters entsteht die Zeitknappheit vor allem dadurch, dass sein Arbeitsalltag mit anderen Aufgaben angefüllt ist, die von der ursprünglichen („ursprünglich" im Sinne seiner eigenen berufsbiographischen Erzählung) journalistischen Arbeit relativ weit entfernt sind, bis hin zu „Repräsentationsdiensten". Alle Redakteursstellen werden von den Befragten als stark mit organisatorischen Aufgaben belastet charakterisiert: Redakteure müssen planen, disponieren, redigieren, Überschriften machen, jeden Tag ihre Seite füllen. Diese Aufgaben werden teils als lästige Pflicht, teils aber auch als Merkmale einer abwechslungsreichen Tätigkeit wahrgenommen. In jedem Fall stehen sie für lange Arbeitszeiten und eingeschränkte Möglichkeiten, sich mit den Dingen zu beschäftigen, die wirklich „Spaß" machen:

Bei der Zeitung war ich fest angestellt, als Redakteurin, so dass ich das Gericht immer neben der normalen Redakteursarbeit, die bei kleinen Zeitungen mehr ist, weil die Aufgaben nicht so aufgeteilt sind wie bei großen Zeitungen: Da haben sie die Blattmacher und da haben sie die Schreiber und so, ne? ... und die Redigierer und alles, das haben sie bei einer kleinen Zeitung nicht, da muss einer alles machen.

Das heißt jeden Tag, einfach bestimmte Abläufe müssen da sein?

Jeden Tag muss die Seite fertig sein, am Abend musste die Seite zu sein und bei Zeitungen geht's ja immer erst spät los, gell? Da geht's um elf los und am Gericht geht's um neun los. Also das hat für mich auch Mehrarbeit bedeutet und das habe ich auch gern in Kauf genommen, weil mir das so einen Spaß gemacht hat. Ja, und so bin ich dann eben zum HÖRFUNK und ausschließlich zur Gerichtsberichterstattung gekommen. (Seinerzeit feste Redakteurin)

Die Redaktionsarbeit bei einer „kleinen" Zeitung erlaubt es ihr nicht, innerhalb der vorgesehen Arbeitszeiten ihrem neu entdeckten Interesse an der Gerichtsreportage nachzugehen. (Wieder erscheint inhaltliches Interesse als privates Laster neben der eigentlichen Arbeit.) Die daraus resultierende Mehrarbeit nimmt sie zwar gerne in Kauf, letztendlich wechselt sie jedoch in eine Position, in der sie sich „ausschließlich" der Gerichtsberichterstattung widmen kann. So gesehen hat sie als freie Mitarbeiterin, die nach Sendezeit bezahlt wird, *mehr Zeit*, sich um das Thema zu kümmern, das ihr wirklich am Herzen liegt. Das macht noch einmal darauf aufmerksam, wie sehr es bei der subjektiven Beurteilung der eigenen Arbeitssituation auf die ganz spezifische Konstellation ankommt. Allgemeine Formeln wie „Freie Journalisten setzen sich stärker unter Zeitdruck als Angestellte" lassen sich nicht etablieren. Es fällt aber auf, dass beide Frauen in der Untersuchungsgruppe Positionen anstreben, in der sie die Freiheit haben, sich ihre Themen selbst auszusuchen. Für die Hörfunkjournalistin ist die Leidenschaft für die Gerichtsreportage zentrales Moment ihrer Selbstdarstellung im gesamten Interview. Ihre unabhängig arbeitende Kollegin begründet ihre Präferenz für den freien Journalismus bündig: „Dass ich mir die Themen selber aussuche." Beide betonen Aspekte inhaltlicher Autonomie wesentlich nachdrücklicher als die männlichen Befragten.

Meine abschließende Frage zu den Arbeitsbedingungen bezog sich auf Vorstellungen und Wünsche der Journalisten für ihre berufliche Zukunft. Abgesehen von einem Befragten, der das auf den Aufstieg in der Hierarchie bezieht (bis hin zum Chefredakteur), knüpfen sie in ihren Antworten an der aktuellen Berufsposition an, mit der sie sich zufrieden zeigen, für die sie aber gewissermaßen Verbesserungsvorschläge entwickeln:

Ich möchte also erst mal auf jeden Fall im Journalismus bleiben. Ich möchte jetzt nicht mit der Nummer kommen, vielleicht irgendwann mal ein Buch zu schreiben oder so, das weiß ich nicht (lacht). Aber ... nee, ich fühle mich eigentlich in meinem Beruf ... sehr, sehr wohl, ich fühle mich privilegiert, dass ich mir mit eigenen Augen viele Sachen ankucken kann, dass ich Möglichkeiten habe, die viele andere nicht haben, mir Informationen zu beschaffen ... und würde gerne noch mal irgendwann vielleicht als Korrespondent <u>fest</u> im Ausland, in einem Land arbeiten ... um ... mehr Zeit zu haben, mich mit dem Land zu beschäftigen ... und würde mir wünschen, dass wir irgendwann mal ganz, ganz viel Geld für ein Reportage-Magazin haben, wo wir nur völlig unabhängig von Geld und irgendwelchen anderen Hindernissen versuchen können, <u>tolle</u> Reportagen zu machen.

Und was wären so Dinge, die Sie da machen würden, die jetzt im normalen Betrieb nicht gehen? Haben Sie da konkrete Phantasien, [ach, das...] oder geht es nur generell drum, dass es ohne diesen Druck wäre?

Ohne diesen Druck. Ohne diesen Druck, denn auch das Finanzielle ist ja ein immenser Druck mittlerweile geworden ... Früher ist man irgendwo hingefahren und hat gesagt: Wir machen eine Reportage aus ... aus [unverständlich] ... wir fahren da hin, wir bleiben dort zwei Wochen, wir machen eine Dreißig-Minuten-Reportage ... und dafür waren wir mit fünf Leuten unterwegs. Heute fährt man zu zweit hin, bleibt vier Tage und macht auch eine Dreißig-Minuten-Reportage ... die qualitativ <u>völlig</u> okay sein kann, aber, die nicht dieses letzte I-Tüpfelchen besser sein kann, als man sie eigentlich machen kann. Denn im Grunde arbeiten wir so - man tagesaktuell arbeitet oder so - man arbeitet ja eigentlich immer nur gegen die Fehler an. Es gibt ... einen schönen Ausspruch von einem meiner Chefredakteure, die ich mal hatte. Der hat gesagt: „Wenn man tagesaktuell arbeitet, habe ich jeden Tag die Chance, hundert Fehler zu machen. Wenn ich abends nach Hause komme und stelle fest, ich habe 95 nicht gemacht, dann war es ein guter Tag." Weil es ist immer Zeitdruck, es kommt neue Information: Wie viel Zeit hab ich noch, sie zu hinterfragen, zu recherchieren? (Fernsehreporter)

Er beantwortet meine Frage gleich auf vier Ebenen:

1/ *Reflexion der Fragestellung:* „Irgendwann mal ein Buch zu schreiben" wird als stehende Redewendung eingeführt, als standardisierte Antwort, die ich auf meine Frage erwarten könnte. Das heißt auch: Die Frage fand er nicht besonders originell. Oder es kann selbstironisch bedeuten: Ausschließen will ich es nicht, aber ich werde mich nicht bloßstellen, indem ich das jetzt sage. In einem anderen Interview taucht tatsächlich genau diese Redewendung als mögliche Zukunftsperspektive wieder auf: „Ich kann mir auch vorstellen, irgendwann mal ein Buch zu schreiben." (Redakteur einer Wochenzeitung)

2/ *Realismus:* Als Ressourcen, die seine Arbeitssituation verbessern würden, fallen ihm Zeit und Geld ein. Die Zeit würde er verwenden, um sich „mit dem Land zu beschäftigen", in dem er als fester Korrespondent arbeiten will. Das ist eine realistische Perspektive, die sich aus seiner aktuellen (Angestellten-)Position ergibt.

3/ *Wunschträume:* Mit seinen Wünschen wagt er sich weiter vor: Das viele Geld möchte er nicht als Gehaltserhöhung, sondern um Autonomie bezüglich seiner Produktionsmittel zu erlangen: um sich die Zeit zu kaufen, die er benötigt, damit er ohne Hindernisse an „tollen Reportagen" arbeiten kann. Der Journalismus, den er sich erträumt, der Journalist, der über sich selbst hinauswächst, seine Arbeit sogar noch besser macht, „als er sie eigentlich machen kann", ist nur denkbar, wenn man ihn aus der Warenförmigkeit befreit – wenn er so viel Geld hat, dass Geld kein Hindernis mehr darstellt (quasi als Umkehrung des Sprichworts: „Geld ist Zeit" statt „Zeit ist Geld").

4/ *Reflexion der aktuellen Arbeitsbedingungen:* Eingangs bekundet er, mit seiner Arbeit zufrieden zu sein, sich „sehr, sehr wohl" und „privilegiert" zu fühlen. Nach dem Exkurs in den Wunschtraum bezieht er jedoch kritischer Position. Das Hauptproblem ist abermals die Zeitfrage: Wenn man „tagesaktuell" arbeitet, steht man immer unter Zeitdruck und macht unvermeidlich Fehler.

Auf allen Ebenen spielt der Faktor Zeit eine tragende Rolle: In den Wunschträumen, den realistischen Zukunftsplänen wie in der kritischen Auseinandersetzung mit den aktuellen Arbeitsbedingungen. Selbst das ironisch ins Spiel gebrachte Bücherschreiben stellt eine ausgesprochen zeitaufwändige Tätigkeit dar. Aus der Perspektive der Journalisten hängt die Qualität ihrer Arbeit entscheidend davon ab, ob sie Zeit haben oder ob sie unter Zeitdruck stehen. Unter den Bedingungen von Warenförmigkeit und Konkurrenzmechanismen, die in letzter Instanz stets auf Zeitnot hinauslaufen, können sie ihrer Selbsteinschätzung zufolge nur einen Teil ihres wahren Potentials abrufen.

Arbeitsteilung und Entfremdung

Weniger akzentuiert, aber doch in mehreren Interviews manifest, sind Hinweise auf eine durch arbeitsteilige Produktion erzeugte Entfremdung der Journalisten gegenüber ihren Arbeitsprodukten. Als Rezipienten unterstellen wir in der Regel, dass Texte und Filmbeiträge *einen* Urheber, *eine* Autorin haben, der oder die sich mit dem Ergebnis identifiziert. Ganz explizit unterstellen das Debatten, die im Zusammenhang mit der Qualität und beim Beklagen von Fehlentwicklungen der Medien in erster Linie die Eigenverantwortung und die journalistische Ethik beschwören. Auch Journalistenpreise und andere Ehrungen stellen Personen ins Zentrum. Diese Wahrnehmung unterschlägt, in welch hohem Maß gerade Nachrichten heute arbeitsteilig produziert werden. In den Schilderungen der konkreten Arbeitsabläufe kommt das immer wieder zum Ausdruck. In Zeitungsredaktionen gibt es „das System" (die EDV-Anlage), in das man seinen Beitrag „stellt". Danach wird am „Produktionstisch" getitelt, gekürzt, die Bilder zugeordnet und die Beiträge auf der Seite platziert. Die ursprünglichen Autoren bekommen ihre zum Teil völlig umgeschriebenen Texte bei vielen Zeitungen gar nicht mehr zu lesen (obwohl ein Gesprächspartner betonte, dass man das jederzeit einfordern könne – seiner Meinung nach, ist es den meisten Kollegen aber gleichgültig). Der Agenturjournalist arbeitet im „Schichtbetrieb" und ist sich ohnehin bewusst, dass er nur Rohmaterial für die „Kunden" der Agentur liefert, dazu schreibt er dann „über ein und dieselbe Sache" am Tag bis zu fünf „Wasserstandsmeldungen". Neu sei hingegen das „reporting on demand", wenn ein „Kunde" gerade keine „Kapazitäten" frei habe, ein Thema selbst zu bearbeiten. Die Radioreporterin bekommt aus den verschiedenen Redaktionen, die sie „bedient", mitgeteilt, ob sie bis zum Mittag einen „Dreizeiler" liefern soll, einen „O-Ton" oder eine „Anmoderation". Der freie Fernsehjournalist schickt sein „Rohmaterial" per Boten an einen „CVD" (Chef vom Dienst), der dann über Länge und Format des Beitrags entscheidet. Dabei noch gar nicht berücksichtigt sind Fotografen, Kameraleute und Cutter, Moderatoren, Sendeleiter und Sekretärinnen (ich gebe hier die Geschlechterhierarchie so wieder, wie ich sie üblicherweise vorgefunden habe), Lektoren, Grafiker und PR-Leute. Insofern ist es nicht verwunderlich, dass die Nachrichtenjournalisten sich mit ihren Beiträgen kaum persönlich identifizieren. Das erlaubt ihnen, über als belanglos geschilderte Vereinstreffen von „Kleintierzüchtern" zu berichten oder Kriminalitätsmeldungen zu schreiben, die sie in der Summe für problematisch oder zumindest für verzichtbar halten. Die Arbeitsteilung ermöglicht Formen von Berichterstattung, die unter der Bedingung, dass jeder Journalist voll hinter dem zu stehen habe, was er schreibt und sendet, kaum durchsetzbar wären.

Die größte Katastrophe ... also das war wirklich für mich das Schlimmste überhaupt, ja? Als ich im letzten Jahr das erste Mal einen Auftrag von der WOCHENZEITUNG zum Thema „Lebenslange Freiheitsstrafe". [Ein] Thema, was mir sehr am Herzen lag, was ich unbedingt machen wollte, wo ich sehr froh darüber war. Habe ich halt diese ... dieses Ding geschrieben und hab's an die WOCHENZEITUNG geschickt. Dann kam der Anruf: ja, ähm, müsste eben 'n bisschen umgearbeitet werden, hin und her. (...) ich hatte überhaupt keine Zeit mehr, die wollten es wegen dem Weimar-Prozeß schon eine Woche vorher machen, als sie es ursprünglich geplant hatten, weil das eben so ein schöner ... begleitender ... Hintergrund war. Und da gab es also jede Menge Probleme. Und dann ist der Artikel von der WOCHENZEITUNG, äh, redigiert worden (...) Und da ist es dann halt so gelaufen, dass der Artikel in einer Weise geschrieben wurde, dass ich wirklich dachte, meine Güte, wenn der mit meinem Namen erscheint, dann, ... wie entsetzlich, ja? Das fing, was weiß ich, also ... total reißerisch, überhaupt nicht mehr ... also ich fand es auch stellenweise unseriös. Aber einf[ach] ... unseriös formuliert, ja? (...) Es war wirklich so ... einfach ätzend geschrieben und: nie, nicht mein Stil. Ja? Überhaupt nicht mein Stil. Und zwar so wenig mein Stil, dass ich auch nicht mehr damit leben konnte, dass ich es wirklich unangenehm fand. Und dieses Ding haben sie mir dann nach GROSSTADT gefaxt, das macht die WOCHENZEITUNG ja, dann kannst du es noch mal lesen ... unter dem Aspekt, ob das so okay ist, und dann halt sagen: ja, können sie veröffentlichen, können sie nicht veröffentlichen. Und da wollte ich eigentlich das nicht mehr veröffentlichen. Dass ich es dann doch ... das o.k. gegeben habe, hatte mehrere Gründe: Einmal (...) diese Journalistinnen, die da mit mir zusammen waren, haben das Ding dann (...) gelesen und gemeint: ja, sie können schon verstehen, dass ich damit nicht so glücklich sei und so glücklich wär's auch wirklich nicht, aber ich soll es doch mal so sehen, das würde ... beim Fernsehen sagt man immer: das versendet sich ... Also die haben im Prinzip gemeint, das würde keinem so weiter auffallen, das würde man einfach lesen und dieses Thema in so einer Länge in so einer Zeitung ... ja? Da muss ich dieses Zugeständnis machen. Ja? Sonst kommt das eben nicht in dieser Länge in so eine wichtige Zeitung, ja? (...) das war dann halt der eine Grund. Und der andere Grund war natürlich der, dass ich 1.500 Mark für den Artikel gekriegt habe. Ja? Also dass, wenn ich jetzt aus irgendwelchen ... äh, kleinlichen Formulierungsproblemen heraus, ja? Also es wäre auch einfach ... und das war mein erster Auftrag von dieser ... von dieser ... von dieser Zeitung. Äh, und ich hatte natürlich das Interesse, auch weiter für die was zu machen. Weil das ist nicht so einfach, ja? für die WOCHENZEITUNG zu arbeiten. Und mit diesem Artikel bin ich extrem unglücklich gewesen und den schicke ich auch heute nie mit, wenn irgendjemand Arbeitsproben von mir haben will. (...) Und so im Fernsehen ... habe ich mich vielleicht eher damit abgefunden, dass das immer Teamarbeit ist. Das ist nicht ... so ein Text, den du schreibst und der veröffentlicht wird, das ist so dein Kind. Ja? Aber, was weiß ich, eine Sendung, an der du mitarbeitest ... oder auch einen Film, den du machst, den machst du ja auch mit einem Kameramann, und mit, mit einem Cutter, also so ... das ist nicht so das eigene Ding. So geht's mir zumindest. Da bin ich nicht so in dem Maße unzufrieden ... wie bei Artikeln. (Freie Journalistin)

Die hier schon stark gekürzt wiedergegebene, zusammenhängende Rede enthält zahlreiche Hinweise auf eine arbeitsteilige Produktion, die dazu führt, dass ein Beitrag, den die Befragte als „reißerisch", „unseriös" und „ätzend" empfindet, so weit von ihren Ansprüchen entfernt, dass sie eigentlich „nicht mehr damit leben konnte", in ihrem Namen veröffentlicht wird. Es ist die einzige konkrete Konfliktgeschichte dieser Art, obwohl ich in allen Interviews danach gefragt habe, und sie wird ausgerechnet von der einzigen freien Journalistin mit autonomen Produktionsbedingungen geschildert – „autonom" weil sie keine feste Bindung an einen bestimmten Auftraggeber hat. Es ist also zu vermuten, dass die meisten potentiellen Konflikte dieser Art schon im Vorfeld durch (unbewusste) Anpassungsleistungen der Journalisten vermieden werden. Auch in diesem Beispiel sitzt die Journalistin am „kürzeren Hebel". Schritt für Schritt schildert sie, wie sie ihre zuerst als unhintergehbar charakterisierten Ansprüche aufgibt:

1. Schritt: Sie fragt die Kolleginnen um Rat. Damit hat sie noch einmal Gelegenheit, ihren unumstößlichen Standpunkt zu manifestieren. Die Kolleginnen leiten den Rückzieher ein, so kann sie nachgeben, ohne ihr Gesicht zu verlieren. In der Arbeitsteilung kann man Verantwortung auf mehrere Schultern verteilen.

2. Schritt: Sie beruhigt sich damit, dass sich die problematischen Anteile „versenden", dass also mit anderen Worten die Leser das ohnehin nicht merken. Produziert wird für ein anonymes Massenpublikum und in der Massenproduktion ist die Qualität des einzelnen Stücks vernachlässigbar. Das Urteil des Publikums interessiert sie nicht, weil das Publikum zu keinem vernünftigen Urteil fähig ist und die Kolleginnen, die fachlich dazu in der Lage sind, ohnehin schon zugestimmt haben.

3. Schritt: Ihre Arbeit hat sie schon getan. Die Vertragsbedingungen sind offenbar so, dass dafür nur bezahlt wird, wenn sie der Veröffentlichung einer völlig veränderten und von ihr nicht mitgetragenen Fassung zustimmt. Die Arbeitsteilung weist ein deutliches hierarchisches Gefälle auf.

Die Ursache des Konflikts liegt zwar im arbeitsteiligen Vorgehen begründet, in dem Umstand, dass jemand ihren Beitrag umschreiben darf, die Arbeitsteilung ermöglicht es ihr aber auch, inhaltliche Kompromisse einzugehen, die sie unter anderen Umständen nicht aushalten würde. Im Fernsehen kommen solche Konflikte gar nicht erst auf, weil die Strukturen der Arbeitsteilung viel weiter fortgeschritten sind. Dort nennt sie das „Teamarbeit", und die Sendungen sind „nicht das eigene Ding". Deshalb braucht man sich nicht so verrückt zu machen wie bei einem Artikel, der „dein Kind" ist. Es liegt auch nahe, dass die hier durch die vorverlegte Veröffentlichung entstandene, knapp bemessene Zeit beim Fernsehen der Normalfall ist. In der Schilderung hebt sie es als nicht selbstverständlich hervor, dass sie ihren Beitrag überhaupt noch einmal zu lesen bekam: „das macht die WOCHENZEITUNG ja". Ob sie unter anderen Umständen, wenn mehr Zeit gewesen wäre, den Beitrag ihrerseits noch einmal hätte umschreiben dürfen, ist zweifelhaft. Sie erwähnt nur die Wahlmöglichkeiten: „können sie veröffentlichen, können sie nicht veröffentlichen". Autonomie und intellektuelle Urheberschaft erweisen sich in der Praxis als Fassade für eine hierarchische, entfremdete Produktion. Die fortgeschrittene Arbeitsteilung des Fernsehens ermöglicht, sich Konflikte zu ersparen, die ohnehin nur der idiosynkratischen Selbstvergewisserung dienen und die man nicht gewinnen kann.

Der ehemalige Boulevardreporter schildert eine ganz einfache Möglichkeit, der Entfremdung zum eigenen Arbeitsprodukt Ausdruck zu verschaffen, indem man die „Autorenzeile" weglässt:

Ja, also manchmal ist es einsehbar ... es gibt so, was man gerne macht, wenn man mit einer Geschichte nicht einverstanden ist, man sagt: „Okay, ich schreib sie dir, so wie ich sie noch vertreten kann, aber bitte keine Autorenzeile drüber. Will ich nicht." Das heißt ich mache meine Arbeit, kann damit noch leben – das ist eine Entscheidung, die jeder selber für sich treffen muss – und nehme dann aber zumindest meine Autorenzeile weg, um mich davon zu distanzieren. Das ist so ein bisschen so eine fadenscheinige ... Geschichte. Weil letztendlich schreib ich sie ja und ... das ist so, hat sich so ein bisschen unter Journalisten eingebürgert. Heute sage ich eher: Wenn ich sie mache, dann stehe ich auch dazu ... aber das muss jeder ... das sind auch so Situationen, die muss man, die kann man nicht so generell über einen Kamm scheren. (ehemaliger Boulevardreporter)

Diese Praxis, Beiträge ohne Kennzeichnung des Autors zu publizieren, beschränkt sich, so bekundet er, keinesfalls auf den Boulevard. Er drückt aber auch sein Unbehagen damit aus und deutet eine persönliche Entwicklung an: „Heute sage ich eher: Wenn ich sie mache, dann stehe ich auch dazu." Auf der Grundlage meiner Empirie kann ich keine Aussage darüber treffen, wie weit der Übergang zur anonymen Fließbandarbeit in den Redaktionen insgesamt fortgeschritten ist. Aufgrund der geschilderten Selbstbilder, die neben den eher selbstironisch als Luxus deklarierten intellektuellen Eitelkeiten einige weitere, mit der Berufspraxis kompatible Formen von Stolz und Ehre umfassen, würde ich vermuten, dass die meisten Journalisten damit auf Dauer nicht gut zurechtkämen. Allerdings haben wir auch gelernt, dass die Journalisten im Konfliktfall kaum Durchsetzungschancen haben. Langfristig dürfte der Trend zur zunehmenden Taylorisierung kaum aufzuhalten sein.

Wie ich bereits ausgeführt habe, wird in der Medienforschung viel darüber nachgedacht, was Journalisten denken *sollen* und wie ihre Arbeitsbedingungen beschaffen sein *müssten*, damit eine Berichterstattung dabei herauskommt, die uns, den Wissenschaftlern, Politikern und Handbuchautoren, genehm ist. Auf die Idee, die Produktionsbedingungen aus der Sicht jener zu untersuchen, die tagtäglich damit zu tun haben, kommt selten jemand.[22] Selbst die journalistische Berufsforschung beschäftigt sich vornehmlich mit allgemeinen statistischen Trends, Ausbildungskonzepten und abstrakten Qualitätsstandards statt mit einer Analyse der konkreten Arbeitsorganisation. Lediglich in der Debatte um die Redaktionsstatuten in den 70er Jahren rückte diese kurzzeitig ins Zentrum der Aufmerksamkeit, wenn auch abermals beschränkt auf Fragen „innerer Pressefreiheit" (wenn es also zum Konflikt kommt) und redaktioneller Mitbestimmung bei Personalentscheidungen und der betrieblichen Organisation. Die entscheidenden Fragen der Arbeitsteilung und der Verfügung über Ressourcen wie Zeit und Geld werden ausgeklammert.

Viele der so von außen zugeschriebenen, sowohl moralischen als auch kritisch-intellektuellen, Erwartungen an ihre Produkte und ihre Arbeitsbedingungen nehmen die Journalisten selbst gar nicht für sich in Anspruch. Sie haben Strategien entwickelt, sich mit den vorgefundenen Strukturen der arbeitsteiligen Produktion zurechtzufinden, ohne dabei unglücklich zu werden. Im Konfliktfall hilft die Entfremdung von den eigenen Produkten, die eigenen Selbstverwirklichungsansprüche zurückzunehmen, ohne sie ganz aufgeben zu müssen – nach dem Motto: Wenn es nicht von mir ist, muss ich mich auch nicht dafür schämen.

Nachdenklichkeitsverhinderungsindustrie

In der Zusammenschau stechen zwei Merkmale der journalistischen Arbeitsorganisation hervor: Die Bedeutung handwerklicher Normen und des klassenlosen Generalistentums für das Selbstbild sowie der Faktor Zeit als Kennzeichen der äußeren Arbeitsumstände. Die Betonung von Professionalität und politischer Neutralität hat den Zweck, Konkurrenzen zu vermeiden, trägt aber auch dazu bei, dass inhaltliche Konflikte nicht ausgetragen werden. Konkurrenzmechanismen wie die Quote, der sportliche Wettbewerb oder die materiellen Zwänge der Selbständigkeit liefern alternative Erfolgskriterien, die neutral zu den Inhalten sind. Unter den Bedingungen ständig knapper Zeit bleibt ohnehin wenig Raum, sich Gedanken zu machen. Eine kritische Auseinandersetzung mit den Arbeitsbedingungen wird auch aktiv verhindert, indem strukturelle Probleme persönlicher Verantwortlichkeit zugeschrieben werden:

> Es gibt ja immer mal wieder die Geschichten, dass jemand irgendwie – ob das damals bei Stern-TV, bei Jauch dieser Michael Bornemann war, der für Stern-TV Geschichten gemacht hat. Es ist wie bei allem: Eine hundertprozentige Kontrolle gibt es nicht, aber es gibt eine Kontrolle, die auf Dauer hoffentlich hervorbringt, dass da irgendwas schief läuft. Ne? Ich meine auch der Stern ist mal auf die Hitler-Tagebücher reingefallen und ... es lässt sich nie ausschließen bei aller Kontrolle, aber ich glaube, dass die Eigenverantwortung, die Journalisten haben, sehr groß sein sollte, vor allem auch sich selbst gegenüber: Was erzähle ich und was erzähle ich nicht. (Fernsehreporter)

Problematisiert werden die bekannten Medienskandale, die selber wieder ein Medienereignis darstellen und den Beteiligten einen zweifelhaften Ruhm einbringen. Das Muster der sozialen Ausschließung wird als Erfolgsmodell für Bekämpfung von schlechtem Journalismus angepriesen. Verantwortung wird individualisiert und Probleme durch Konstruktion von „Außenseitern" symbolisch bewältigt.

Eine Berichterstattung auf dem Niveau, das die Journalisten (jedenfalls in der Selbstdarstellung mir als Soziologen gegenüber) von sich selbst erwarten würden, erscheint daher ebenso unwahrscheinlich wie die kritischen Auseinandersetzungen mit den entfremdeten Arbeitsbedingungen.[23] Aus Sicht der Betroffenen erscheinen die journalistischen Produktionsbedingungen als Nachdenklichkeitsverhinderungsindustrie. „Nachdenklichkeitsverhinderungsindustrie" wäre mein Vorschlag, die Rückwirkungen der Kulturindustrie für die Produktionsseite der Massenkultur auf den Begriff zu bringen. So wird auch deutlich, dass es nicht um eine einseitige Manipulation des Publikums/des Massengeschmacks durch die Produzenten geht, wie das Konzept der Kulturindustrie gerne missverstanden wird, sondern um einen Vorgang, der zuerst und in erster Linie die Produzenten selbst betrifft. Bei ihnen ist zwar ein Bewusstsein des Mangels vorhanden und auch Träume, wie es anders ginge, es werden sogar konkrete Ressourcen benannt, die zur Verwirklichung dieser Träume fehlen. Als moralische Kritik, die ein eigenes (Klassen-)Interesse und die Möglichkeit der Veränderung der Produktionsbedingungen von vornherein kategorisch ausschließt, bleibt sie jedoch wirkungslos.

Kapitel 5: Kriminalitätsnachrichten als Unterhaltung

Gestörte Ordnung und ihre symbolische Wiederherstellung: Welche Rezeptionshaltungen die alltäglichen kleinen Meldungen über Straftaten nahe legen

Medien als Verstärkerkreislauf von übertriebener Kriminalitätswahrnehmung und daraus folgender Repression – das ist eine zutreffende Beschreibung, die man nicht noch einmal durchexerzieren muss. Es handelt sich um eine bekannte, allseits geteilte „Wahrheit": Kriminalität wird in den Medien skandalisiert, dramatisiert und verzerrt dargestellt. Diese Form der Berichterstattung wird maßgeblich für den Anstieg der Kriminalitätsfurcht in den neunziger Jahren verantwortlich gemacht (vgl. Reuband 1999, 2000). Es ist jedoch, wie ich zeigen möchte, nur die halbe „Wahrheit". Indem die Kriminologie und andere Wissenschaften nicht müde werden zu betonen, dass das mediale Bild der Kriminalität dem „wirklichen" Kriminalitätsgeschehen nicht entspricht, unterstellen sie immer wieder, dass es bei der Berichterstattung vor allem um Wahrheit, Authentizität und Information ginge. Sie alle lesen Nachrichten als „schlechte" Darstellung von Fakten und unterstellen eine entsprechende Rezeptionshaltung. Als „richtige" Darstellung impliziert diese Kritik die der Wissenschaft und ihre Lesart der Polizeistatistiken.[1] Diese Informations-Fiktion entstammt, wie ich gezeigt habe, den normativen Medientheorien und impliziert eine Medienkritik, die sich in moralischen Forderungen erschöpft, die Medien sollten sich ihrer Verantwortung bewusst werden und die „Wirklichkeit" doch bitte weniger verzerrt darstellen. Das hilft wenig, die Frage zu beantworten, warum Medien so und nicht anders über Kriminalität berichten.

Auch der übliche Hinweis auf die so erhofften Quoten und Auflagen vermag nicht zu erklären, warum eine auf Gewaltstraftaten fixierte, gefährliche Kriminelle konstruierende Berichterstattung dafür so gut geeignet zu sein scheint. Das kann man nur ergründen, wenn man sich mit den erzählerischen Gehalten der Nachrichten, den zugrundeliegenden und erzeugten Narrationen beschäftigt.[2] Jack Lule hat darauf aufmerksam gemacht, dass die Produktion von Nachrichten – bei ihm nicht beschränkt auf Kriminalitätsnachrichten, sondern *alle* Themen umfassend – in erster Linie den Gesetzmäßigkeiten guter, zeitloser Geschichten (*eternal stories*) gehorcht. Er arbeitet *„seven master myths"* (sieben umfassende Mythen) heraus, von denen mindestens einer in jeder „Nachricht" enthalten sei: das Opfer, der Sündenbock, der Held, die gute Mutter, der Schelm, die fremde Welt und die Flut.[3] Sofern man das nicht normativ als „Nachrichtenfaktoren"[4] und als abschließende Aufzählung interpretiert, können diese ewigen Mythen als Aufmerksamkeitsregeln viele der den Kriminalitätsnachrichten zugrundeliegenden Basiserzählungen offenbaren. Im Folgenden möchte ich Kriminalitätsnachrichten statt unter der Informations-Fiktion im Hinblick darauf interpretieren, welche „guten Geschichten" darin stecken.

Das Kriminalitätsgeschehen in den Tageszeitungen besteht größtenteils aus kurzen Meldungen,[5] die auch deshalb ein aufschlussreiches Material für eine Untersuchung abgeben, weil sie auf den ersten Blick so wenig geeignet erscheinen, ausdrucksstarke *eternal stories* hervorzubringen. Diese alltäglichen kleinen Meldungen sind hochgradig standardisiert, geben den Autoren wenig Ausdrucksmöglichkeiten, werden häufig von Pressestellen, Nachrichten- und PR-Agenturen übernommen und vor allem sind sie viel zu kurz, liefern zu wenig Rohstoff für tiefgreifende sozialwissenschaftliche Analysemethoden. Wenn überhaupt, werden sie lediglich in breit angelegten, quantitativen Auswertungen berücksichtigt (vgl. z.B. Dössel/Gölling/Waltos 1998; Brosius/Essser 1995). Sie sind von den Texten, die Sozial- oder Medienwissenschaftler produzieren und lesen, sehr weit entfernt und werden von ihnen schlicht übersehen.[6] Bezogen auf die journalistischen Berufspraktiken schließlich, wird den Meldungen ebenfalls nur ein geringer Stellenwert eingeräumt. Die „großen" Genres wie Leitartikel, Kommentar oder Reportage erfordern wesentlich mehr Recherche, Übung und schreiberisches Können als das Zusammenstellen von Meldungen aus den Agenturdiensten. Das wird eher als technischer Vorgang angesehen, der häufig an Volontäre, Praktikanten und andere „niederrangige" Mitarbeiter übertragen wird. In Debatten um „Qualitätsjournalismus" , der sich eben dadurch auszeichnen soll, dass die Redaktionen selber recherchieren, wird auch deutlich, dass Agenturjournalismus innerhalb der Branche einen schlechten Ruf hat (vgl. etwa das *Zeit*-Dossier vom 27. Juni 2002).[7]

Der Anteil solcher kleinen Meldungen – unabhängig vom Thema – am Gesamtumfang einer Tageszeitung (deutlicher noch auf die Zahl der Beiträge bezogen) ist jedoch sehr hoch. In einzelnen Rubriken, insbesondere bei den „Boulevardzeitungen", machen sie über die Hälfte des Textes aus und im Lokalteil von FAZ und FR immerhin fast die Hälfte der Beiträge. Sie decken viele Themen ab, die in den anderen Genres überhaupt nicht vorkommen. Von daher gibt es allen Grund, sie als wichtigen Bestandteil der Nachrichtenpresse ernst zu nehmen.

Zudem eignen sich die kurzen Meldungen gut für einen ersten Vergleich der Kriminalitätsberichterstattung in den verschiedenen Zeitungen. Gerade weil das Material zu einem guten Teil von den Agenturen stammt, können wir sehen, welche Zeitungen welche Themen (im Zusammenhang „Kriminalität und Strafe") aufgreifen, wo sie diese Meldungen platzieren und ob es Unterschiede in der Formulierung gibt oder hinsichtlich dessen, was mitgeteilt bzw. was weggelassen wird. Zu diesem Zweck habe ich aus allen bei der Querschnittserhebung berücksichtigten Tageszeitungen zum selben Stichtag (22. Oktober 1998) alle kurzen Meldungen zum Thema herausgesucht. Nach einem kurzen Überblick über die gefundenen Meldungen folgen einige nach thematischen Schwerpunkten geordnete Einzelinterpretationen und Vergleiche, die dann zu Thesen über das Arbeitsbündnis der

Kurzmeldungen und die narrativen Gehalte der Kriminalitätsnachrichten insgesamt verallgemeinert werden.

Die Meldungen im Überblick

Die Zahl der kurzen Kriminalitätsnachrichten variiert je nach Umfang und Ausrichtung der verschiedenen Zeitungen erheblich. Die wenigsten Meldungen zum Thema Kriminalität und Strafe fanden sich in der *Welt* mit drei Meldungen auf Seite 12 in der Rubrik „Aus aller Welt" und der *tageszeitung (taz)* mit drei Meldungen in den Rubriken „Panorama" (S. 6) und „Ausland" (S. 11). Es folgen die *Frankfurter Neue Presse* (FNP) mit zehn Meldungen in den Rubriken „Hessen" (S. 3), „Sport" (S. 8), „Frankfurt" (S. 13), „Stadtteile (S. 17) und „Blick in die Welt" (S. 22), die *Bild Frankfurt* mit zwölf Meldungen in diversen Rubriken von Seite 1 bis Seite 20 und die *Frankfurter Allgemeine Zeitung* (FAZ) ebenfalls mit zwölf Meldungen zu Kriminalitätsthemen, drei davon im Politik-Teil (S. 4, 6 und 11), zwei auf Seite 13 „Deutschland und die Welt", die übrigen in den verschiedenen Lokal- und Regionalteilen. Mit insgesamt 17 druckte die *Frankfurter Rundschau* (FR) am Stichtag die meisten kurzen Kriminalitätsnachrichten, wobei auch hier (analog zur FAZ) der Schwerpunkt in den Regional- und Lokalteilen liegt. Im Mantelteil gibt es nur drei Meldungen, eine auf Seite 2 („Aus dem Ausland") und zwei auf Seite 4 („Aus dem Inland").

Diesem Überblick können wir schon entnehmen, dass Kurzmeldungen zum Thema Kriminalität überwiegend mit einem regionalen (Hessen, Rhein-Main, Hochtaunus/Maintaunus etc.) oder lokalen Bezug auftauchen. Daher kommen sie in den beiden Zeitungen ohne Lokalausgabe kaum vor und finden sich auch bei den anderen überregionalen Zeitungen weniger im allgemeinen Teil. Lediglich bei der *Bild*zeitung überwiegen die überregionalen (7) gegenüber den regionalen (4) und lokalen (1) Meldungen. Auch wenn es hier nicht um repräsentative Verallgemeinerungen gehen soll, ist die inhaltliche Tendenz klar: Kriminalitätsnachrichten gehören für die meisten Tageszeitungen nicht zu den großen, politischen oder gesellschaftlichen Themen, sondern stehen im Kontext einer Berichterstattung über das Geschehen im näheren Umfeld der Leser. Sie werden damit „alltäglich" im Gegensatz zu den außeralltäglichen „großen" Themen. Das erklärt im Vorgriff auch die Umkehrung bei der *Bild*zeitung, die das Alltägliche zum Außeralltäglichen dramatisiert.

Trotz vieler Überschneidungen kommt keine einzige Nachricht in *allen* untersuchten Zeitungen vor. Dabei ist allerdings zu berücksichtigen, dass bestimmte Themen von manchen Zeitungen ausführlicher behandelt wurden als nur in einer kurzen Meldung. Während in der FNP, der *Welt* und der *Bild Frankfurt* über den Tod des „Frauenmörders Honka" Nachrichtenmeldungen zu finden sind, widmen die FAZ und die FR diesem Thema größere Beiträge. In der *Bild*zeitung dient die Meldung auf Seite 1 – mit einem Foto Honkas und dicker Schlagzeile – vor allem dem Hinweis auf einen größeren Beitrag weiter hinten im Blatt. Nur die *taz* erwähnt das Thema überhaupt nicht. Anders herum betrachtet gibt es nur wenige Nachrichten, die ausschließlich in einer einzigen Zeitung auftauchen. Die FR, die wie beschrieben auch insgesamt die meisten Meldungen zum Thema aufweist, hat auch die meisten Überschneidungen, insbesondere mit FAZ und FNP, während die *Bild*zeitung besonders viele Meldungen „exklusiv" hat. Wir können also feststellen, dass die Redaktionen, trotz der hohen Quote an Übereinstimmung untereinander und bezüglich der Polizeimeldungen[8] bei der Entscheidung, eine bestimmte Nachricht zu bringen oder nicht, einen Spielraum haben, den sie auch nutzen. Es scheint ein Set an allseits bekannten Regeln zu geben, die aber sehr spezifisch ausgelegt werden. Es gibt keinen Automatismus der „Nachrichtenfaktoren". Darüber hinaus kann man schnell erkennen, dass die Meldungen zum gleichen Thema sich zwischen allen Zeitungen jeweils deutlich unterscheiden, dass sie also einer gründlichen redaktionellen Bearbeitung unterzogen werden, die den Stil des jeweiligen Blattes hervorkehrt und bei der die ursprüngliche Nachricht noch einmal nach (relevanten, interessanten, berichtenswerten) Informationen gefiltert und zu einer „Story" komponiert wird. Die Meldungen in der *Bild*zeitung sind im Schnitt deutlich kürzer als bei allen anderen Blättern. Auch wenn die Arbeit an solchen Meldungen schon aus zeitökonomischen Gründen streng begrenzt ist, ist das schon ein erster Beleg für die These, dass wir es keinesfalls mit der rein technischen Übernahme von Agentur- und Polizeimeldungen zu tun haben, sondern mit Narrationen: die Nachrichten werden nicht „abgeschrieben", sondern „umgedichtet".

Politik und Verbrechen

Das Kriminalitäts-Thema spielt in der *taz* insgesamt (d.h. nicht nur in den kurzen Meldungen) eine nachgeordnete Rolle. Das kann man schon aus dem „linken" Selbstverständnis dieser Zeitung erklären: Wenn man gegen eine ausufernde Sicherheitspolitik und damit verbundenem Abbau der Grundrechte anschreibt, scheint es unklug, zur Kriminalitätsfurcht beizutragen. Man wird wohl auch unterstellen, dass die Leser stärker an anderen Themen interessiert sind. Die drei kurzen Meldungen in der betreffenden Ausgabe der *taz* untermauern dieses Selbstbild. Alle drei handeln von politisch relevanten Fällen: Es geht um politischen Mord („Gewerkschaftsführer in Kolumbien ermordet"), Menschenrechtsverletzungen durch die US-amerikanische Justiz („Amnesty international wirft Gericht Folter vor") und die Aufarbeitung des DDR-Unrechts („Grenzschützer setzt sich ins Ausland ab").

Da wir die erste Nachricht auch in der FR und der FAZ finden, können wir sie zu einem inhaltlichen Vergleich heranziehen:

taz: *Gewerkschaftsführer in Kolumbien ermordet*
Bogotá (AFP) – Der stellvertretende Vorsitzende des kolumbianischen Gewerkschaftsverbandes CUT, Jorge Ortega, ist ermordet worden. Unbekannte drangen am Dienstag abend in sein Haus in Bogotá ein und erschossen ihn. Hinter dem Attentat stehen vermutlich rechtsgerichtete Todesschwadronen. (Ausland, S. 11)

FR: *Gewerkschaftsführer Ortega getötet*
Bogotá (afp). Der Vizevorsitzende des kolumbianischen Gewerkschaftsverbandes CUT, Jorge Ortega, ist nach Behördenangaben in Bogotá ermordet worden. Gewerkschaftsvertreter verdächtigen rechte Todesschwadronen. (Aus dem Ausland, S. 2)

FAZ: *Gewerkschaftsführer in Bogota ermordet*
Bogota, 21. Oktober (dpa). Der stellvertretende Präsident des kolumbianischen Gewerkschaftsdachverbandes, Ortega, ist am Dienstag in Bogota von Unbekannten ermordet worden. Nach Gewerkschaftsangaben wurde Ortega, der seit längerem Morddrohungen von Rechtsextremisten erhalten hatte und das Land deshalb verlassen wollte, in der Nähe seines Hauses erschossen. Wegen des Verbrechens wurden die Verhandlungen zwischen Regierung und Gewerkschaften über ein Ende des seit 14 Tagen andauernden unbefristeten Streiks im öffentlichen Dienst unterbrochen. Kurz vor dem Mord war es zu Auseinandersetzungen zwischen Demonstranten und Polizei in Bogota gekommen. (Politik, S. 11)

Es gibt eine ganze Reihe interessanter Unterschiede. Erstens teilen FR und FAZ mit, dass es Gewerkschafter sind, die „rechte Todesschwadronen" hinter dem Mord vermuten, während die *taz* diese Perspektive einfach übernimmt: „...stehen vermutlich ..." – im Sinne von „wir" vermuten, d.h. „wir" sind in der Lage, die Ereignisse in Kolumbien selbst kompetent einzuschätzen. Zweitens bekommen die Leser in der FAZ wesentlich mehr Kontextinformationen: Morddrohungen, Streik usw. Obwohl sich die Meldungen von *taz* und FR vom Informationsgehalt kaum unterscheiden (beide basieren offensichtlich auf derselben afp-Meldung, während die FAZ sich auf dpa bezieht), stellen sie sehr verschiedene Arbeitsbündnisse her. Die *taz* schildert das Geschehen im Reportage-Stil, suggeriert dem Leser, einen Handlungsablauf nachvollziehen zu können: „Unbekannte drangen am Dienstag abend in sein Haus in Bogotá ein und erschossen ihn". In der Rundschau heißt es nüchtern: „... ist nach Behördenangaben in Bogotá ermordet worden." Das stellt eine wesentlich größere Distanz zum Geschehen her, während die *taz* eher eine emotionale Nähe erheischt: Kolumbien geht uns alle an. Als Zeitung, die aus den neuen sozialen Bewegungen hervorging, erfüllt die *taz* alle Bestimmungen eines „atypischen" Moralunternehmertums (Scheerer 1986). Das Muster funktioniert nicht nur „rechts", bzw. „konservativ" oder „autoritär", sondern auch „kritisch".

Dass die Meldung in der FAZ die ausführlichste ist, ist kein Zufall der Stichprobe und es lässt sich nicht einfach auf das unterschiedliche Agenturmaterial zurückführen: In dieser Zeitung sind alle Nachrichten im Schnitt etwas ausführlicher, Meldungen mit weniger als 15 Zeilen gibt es kaum. Auf diese Weise wird das seriöse Image der Zeitung betont: Ohne wenigstens rudimentäre Kontextinformationen drucken „wir" keine Meldung ab. Das macht diese Meldung für Leser, die über die politische Situation in Kolumbien wenig wissen, durchaus verstehbarer. Man erfährt, dass Ortega Morddrohungen von Rechtsextremisten erhalten haben soll, dass der Mord Auswirkungen auf die Verhandlungen zwischen Regierung und Gewerkschaften über das Ende des Streiks im öffentlichen Dienst hat und dass es kurz zuvor „zu Auseinandersetzungen zwischen Demonstranten und Polizei" gekommen war. Im Unterschied zu den anderen Meldungen verstehen wir hier, warum die „Rechtsextremisten" des Mordes verdächtigt werden. Bemerkenswerterweise wird das Etikett „Todesschwadronen" nicht verwendet, das in den anderen beiden Meldungen quasi als Platzhalter für die politische Kontextualisierung steht: Jeder weiß doch, dass in Lateinamerika „Todesschwadronen" politische Morde an Oppositionellen verüben, wird unterstellt.[9] Doch auch bei der FAZ-Meldung bleiben viele Fragen offen: Wo steht die Regierung, steckt sie möglicherweise hinter dem Mord? Oder wurden die Verhandlungen abgebrochen, weil man sich nun vorübergehend auf einen gemeinsamen Gegner – die „Rechtsextremisten" – konzentriert? Gibt es überhaupt einen denkbaren Zusammenhang der Auseinandersetzungen zwischen Demonstranten und Polizei und dem Mord? War Ortega an den Demonstrationen beteiligt? In keiner der drei Zeitungen war der Streik vor diesen Meldungen schon einmal Thema. Man müsste eine anderweitig erworbene, aktuelle Kenntnis darüber voraussetzen, um die geschilderten Ereignisse sinnvoll einordnen zu können. Mindestens ein Wissen um das Verhältnis zwischen Regierung und Gewerkschaften bzw. Regierung und „Rechtsextremisten" in Kolumbien. Die meisten Leser, denen dieses Wissen fehlt, müssen mit dem arbeiten, was die Meldungen an Informationen enthalten. Sie können zum Verständnis allenfalls ein allgemeines Wissen – besser: eine gefühlte Gewissheit – mobilisieren, dass die politischen Verhältnisse in Lateinamerika instabil und polarisiert sind, dass die soziale Situation angespannt ist und dass politische Morde dort wesentlich häufiger vorkommen als in den reichen Industrieländern. Diese nahe gelegten Gewissheiten werden durch die Beiträge jeweils noch einmal bestätigt. Ebenso kann vorausgesetzt werden, dass die Leser Mord als Mittel der politischen Auseinandersetzung ablehnen und den vermuteten Attentätern („Todesschwadronen" bzw. „Rechtsextremisten") keine Sympathie entgegenbringen – diese Moralisierung muss nicht explizit gemacht werden.

Immerhin setzen alle drei Zeitungen, indem sie das Ereignis überhaupt melden, voraus, dass ihre Leser sich für solche Vorgänge im Ausland interessieren. Sie unterstreichen damit ihren „kosmopolitischen" Anspruch im doppelten Sinne, sowohl was die internationale Orientierung oder „globale" Perspektive angeht als auch hinsichtlich der Betonung politischer Ereignisse im Unterschied zu anderen Gesellschaftssphären (dazu später mehr). Dennoch ist der Auslöser für die Berichterstattung ein Mord und eben nicht der Streik oder die Demonstrationen. In der *taz* und der FR bleibt außer diesem Auslöser alles weitere Wissen implizit, wobei die *taz* stärker emotionalisiert und so eine Haltung nahe legt, sich über die „rechten Todesschwadronen" und jene, die sie unterstützen, zu empören. Für dieses Beispiel etwas überspitzt, aber für die Gesamtheit der *taz*-Meldungen durchaus stichhaltig, können wir diese Lesart auch fortsetzen: Es gibt eine ungerechte Weltordnung, die dazu beiträgt, die sozialen und politischen Verhältnisse in den armen Ländern zu destabilisieren. Wir sind solidarisch mit den sozialen Kämpfen (z.B. durch die Gewerkschaften) in diesen Ländern und verurteilen korrupte Regimes, die solche politischen Morde nicht verhindern. In der FAZ erhalten wir Hinweise auf ungeordnete Verhältnisse, die nicht nur die „Rechtsextremisten" und den Mord betreffen. Sie erscheinen lediglich als ein Bestandteil insgesamt chaotischer Verhältnisse – und anderer Morde durch die „Drogenkartelle" oder die „linke" Farc-Guerillia –, in denen „wir uns" aus europäischer Perspektive nicht richtig auskennen. Wiederum über das konkrete Beispiel hinausgehend, kann man die Lesart so charakterisieren: In den unterentwickelten Demokratien Lateinamerikas ist die staatliche Ordnung von allen Seiten bedroht. Als Europäer müssen wir diese Länder so unterstützen, dass stabile Verhältnisse einkehren und der Kriminalität Einhalt geboten wird.

Alltagsmoral

Kriminalitätsereignisse mit politischem Hintergrund kommen in den anderen drei Zeitungen kaum vor (am Stichtag in keiner einzigen Meldung). In dieser Hinsicht den anderen Pol der Kriminalitätsberichterstattung im Vergleich zur *taz* stellt die *Bild*zeitung dar. Abgesehen von der Politik geht es bunt durch verschiedene Lebensbereiche vom Sport über kleine Gaunereien bis zu Mord und Todesstrafe und neben lokalen und regionalen Ereignissen sind auch drei Meldungen aus dem Ausland vorhanden. Der schon erwähnten Nachricht vom Tod des „Frauenmörders Honka" auf Seite 1 folgen auf Seite 3 zwei Meldungen aus Frankfurt, von einem Kreditkartenbetrüger und einer „Massenschlägerei" am Hauptbahnhof. Im Lokal- und Regionalteil gibt es fünf Meldungen mit den Titeln „Toter an Bundesstraße: Kehle durchgeschnitten", „Tonnenweise Alu geklaut", „Dreistes Einbrecher-Duo", „Autodiebe entkamen zu Fuß" und „Razzia im Bordell". „Telefonsex auf Hotelkosten" findet in Spremberg/Brandenburg statt, im Sportteil ist eine Meldung über englische Hooligans platziert, die in Rom zu einer Bewährungsstrafe verurteilt wurden und unter den Auslandsnachrichten schließlich zwei Meldungen über einen „Gangsterboss" in Hongkong, auf den der „Genickschuss" wartet, und einen in Spanien gefassten „Serien-Mörder".

Stilistisch fallen ein paar Parallelen zu den *taz*-Meldungen auf. In beiden Zeitungen sind sie extrem kurz gefasst, und erzeugen durch handlungsorientierte

Darstellung eine möglichst geringe Distanz zum Geschehen. Allerdings bedient sich die *Bild*zeitung dabei einiger für den Boulevard-Journalismus typischer Stilmittel, die man so in der *taz* nicht findet. Man kann sie sich an einem Beispiel noch einmal vergegenwärtigen:

Rotlicht-Verlockung
Allgäuer (38) zeigte den Diebstahl seiner Kreditkarten an. Rechnungen über 6500 Mark wurden in Bars im Bahnhofsviertel mit den Karten bezahlt. Polizei vermutete: Diebstahl nur vorgetäuscht. Mann gestand: 'Bin auf Geschäftsreise dem Rotlicht-Milieu erlegen'. (S. 3)

Schon die Überschrift setzt sich vom Stil der bisher behandelten Beispiele ab, denen man immerhin entnehmen konnte, worum es bei der folgenden Meldung hauptsächlich geht. Anhand der Überschrift kann man nicht darauf schließen, dass das hier berichtete Ereignis die Aufklärung eines Kreditkartenbetrugs durch die Polizei ist. Stattdessen wird ein sozialer Kontext („Rotlicht-Verlockung") eröffnet. Um wen es geht, ob die Akteure der „Verlockung" erlagen und welche Konsequenzen das möglicherweise hatte, kann man dem nicht entnehmen. Es könnte genauso gut um die Eröffnung eines neuen (besonders „verlockenden") Bordells gehen oder um die jüngsten Fehltritte eines Fußballprofis.[10]

Die Attribuierung des Mannes als „Allgäuer (38)" mit Altersangabe folgt einem in der Bildzeitung sehr konsequent durchgehaltenen Grundsatz, alle Personen nach Kategorien zu bezeichnen.[11] Die räumliche Zuordnung nach Herkunftsland oder Wohnort ist nicht nur eine Verlegenheitslösung (z.B. wenn kein anderes Attribut bekannt ist), sondern erzeugt eine höchst bedeutsame Zuschreibung von sozialem Status, meistens nach „unten" gegenüber Gruppen von Zuwanderern und „Fremden".[12] Zu einem „Allgäuer" assoziieren wir hingegen eher einen Naturburschen vom Lande und das erzeugt einen Kontrast zur Großstadt Frankfurt und ihren sündigen Verlockungen. Als nächstes fällt der sprachliche Telegrammstil mit den extrem kurzen Sätzen auf, bei denen auf Artikel, Hilfsverben und Personalpronomen verzichtet wird. Das vermittelt den Eindruck, dass die Texte schnell „zur Sache kommen" und man sich auf die wesentlichen Informationen beschränkt. Der Sprachstil unterstellt auch, dass die Leser eine kurze Aufmerksamkeitsspanne haben und lange Sätze als anstrengend empfinden. Die Handlung wird kurz und ohne Ausschmückungen chronologisch nacherzählt. Abgesehen vom Schlusssatz könnte man sich allenfalls noch die Nennung des Betrages, um den es geht, wegdenken, ohne dass die Geschichte vollends unverstehbar würde. Es muss nicht unbedingt etwas mit der Komposition der Story zu tun haben, wenn so ein Betrag genannt wird – die Nennung solcher Details erfolgt oft aus dem simplen Grund, dass Zahlen und andere potentiell überprüfbare Tatsachen als Nachweis gründlicher Recherche gelten oder die Geschichte glaubwürdiger erscheinen lassen. Da 6500 Mark kein ganz kleiner Betrag sind, hat seine Erwähnung in dieser Geschichte wahrscheinlich eine etwas weiterreichende Bedeutung. Die Summe könnte darauf hinweisen, wie schnell man im Rotlichtviertel auch größere Beträge durchbringt, oder aber, dass wir dem Mann sein Geständnis, den „Verlockungen" erlegen zu sein, nicht ganz abnehmen, weil es sich offensichtlich um keine einmalige Entgleisung, sondern um eine fortgesetzte, systematische „Masche" handelte.

Insofern ist auch die Überschrift nicht so irreführend, wie man zuerst denken könnte. Sie greift vor auf den letzten Satz, der als direkte Rede des Betroffenen wiedergegeben wird, als seine Version des Geschehens, direkt aus seinem Munde. Wir können die Meldung durchaus als kleine Mahnung an die männlichen Leser verstehen, diesen „Verlockungen" zu widerstehen, oder wenn sie ihnen „erliegen", sich dabei finanziell nicht zu übernehmen. Der Betrag klingt nicht so hoch, dass wir rein finanzielle Gründe für den anschließenden Betrug vermuten müssen. Wahrscheinlicher erscheint, dass es dem Mann darum ging, die Ausflüge ins „Rotlicht-Milieu" seinem privaten Umfeld gegenüber zu verbergen, mindestens aber den Umstand, wie viel Geld er dort gelassen hat. Die Formulierung, „erlegen" zu sein, liefert eine gute Vorlage für die Entschuldigung (bei der Ehefrau oder dem Vorgesetzten). Man(n) hat es nicht gesucht, es ist einem widerfahren. Der Fehltritt kann gerechtfertigt werden, solange man dazu steht und ihn nicht durch einen Betrug zu verdecken versucht. Die Moralisierung und der implizite Sanktionswunsch beziehen sich weniger auf die Straftaten (vorgetäuschter Diebstahl, Kreditkarten- und Versicherungsbetrug), sondern auf den fragwürdigen Charakter eines Mannes, der heimlichen Vergnügungen nachgeht.[13]

Derartige Geschichten über Alltagsmoral beschränken sich nicht auf die *Bild*zeitung. Um zu prüfen, inwiefern sich die Art der Darstellung unterscheidet, bietet sich wiederum ein Vergleich der Meldungen zum gleichen Ereignis in den anderen Zeitungen an. Auch die FR und die FNP berichten am Stichtag mit Kurzmeldungen im Lokalteil von diesem Fall:

FR: Bahnhofsviertel
'Bestohlener' machte eine flotte Sause
Im März hatte ein 38 Jahre alter Mann bei der Polizei Anzeige erstattet, weil ihm auf der Fahrt nach Frankfurt an einer Autobahn-Raststätte bei Worms seine Eurocheckkarte und mehrere Kreditkarten gestohlen worden seien. Nun stellte sich heraus, dass der 38jährige den Diebstahl vorgetäuscht und sich mit dem Plastikgeld eine schöne Zeit im Bahnhofsviertel gemacht hatte. Die Polizei stellte fest, dass die Scheckkarten in Frankfurt auftauchten. Mit den Karten wurden Rechnungen in verschiedenen Bars des Bahnhofviertels über insgesamt 6500 Mark beglichen. Weitere Ermittlungen ergaben, dass der Anzeigerstatter selbst sich in den nämlichen Bars auf Kreditkarte vergnügt hatte. Er gestand nun nach Angaben der Polizei, während einer Geschäftsreise den Verlockungen des Frankfurter Rotlichtmilieus erlegen zu sein. Von den Kreditkartenfirmen hatten der 38jährige bereits teilweise Schadensersatz erhalten. vo (Frankfurt, S. 31)

FNP: *Betrüger nach Monaten entlarvt*
Bahnhofsviertel. Nicht etwa Ganoven, wie der 38 Jahre alte Geschäftsmann aus Bayern bei der Polizei zu Protokoll gab, sondern er selbst beglich im März dieses Jahres mit seinen Kreditkarten in einschlägigen Etablissements im Bahnhofsviertel Rechnungen über 6500 Mark. Kurz danach hatte er behauptet, ihm seien die Karten an einer Autobahnraststätte bei Worms ge-

stohlen worden. Sogar die Versicherung bezahlte. Doch die Frankfurter Kripo ließ nicht locker, ermittelte weiter im Rotlichtmilieu und konnte den Mann so jetzt überführen. Er legte inzwischen reumütig ein Geständnis ab. (ou) (Stadtteile, S. 17)

Auch wenn sich die FR-Version stilistisch deutlich von der Meldung in der Bildzeitung abhebt – durch lange, vollständige Sätze – und die Kennzeichnung des Betroffenen als „Allgäuer" fehlt, ähnelt die Geschichte im Aufbau und von dem, was mitgeteilt wird, weitgehend der *Bild*-Story. Der wesentliche Unterschied ist, dass die FR mehr Angaben zur strafrechtlich relevanten Seite des Geschehens enthält, z.B. wo dem Mann die Kreditkarten gestohlen worden seien und wie die Polizei ermittelte. In der Überschrift ist zwar von einer „flotten Sause" die Rede, aber auch von einem „Bestohlenen" in Anführungsstrichen. Die Formulierung, den „Verlockungen des Frankfurter Rotlichtmilieus erlegen zu sein", taucht zwar auch in diesem Text auf, wird aber weder durch die Überschrift noch durch wörtliche Rede betont. Durch diese andere Akzentuierung verändern sich auch die moralischen Implikationen. Die Vermutung liegt in dieser Fassung wesentlich näher, dass der Mann doch einfach das Geld „sparen" und sich auf Kosten der Banken oder Versicherungen „eine schöne Zeit" machen wollte. „Den Verlockungen erlegen zu sein", klingt in diesem Kontext wie eine Schutzbehauptung gegenüber der Polizei. Der Skandal besteht demnach darin, sich zu vergnügen und hinterher die Rechnung nicht begleichen zu wollen.

Die FNP akzentuiert die Ereignisse noch stärker in dieser Richtung. Gleich in der Überschrift wird der Mann als „Betrüger" gekennzeichnet, der „nach Monaten entlarvt" wurde. Die Meldung ist aus der Perspektive der ermittelnden Polizei geschrieben, als Erfolgsmeldung, wie die „Frankfurter Kripo nicht locker (ließ)" und den Mann so schließlich überführte. Weder von „Verlockungen" ist die Rede, noch von einer „schönen Zeit", sondern von „Rechnungen", die in „einschlägigen Etablissements" mit den Kreditkarten beglichen wurden. Im ersten Satz wird den angeblichen „Ganoven", der „38 Jahre alte Geschäftsmann aus Bayern" gegenübergestellt. Diese Kennzeichnung weist darauf hin, dass er nicht in das klassische Täterbild der Polizei passt und dass er möglicherweise gehofft hat, schon aufgrund seines sozialen Status nicht verdächtigt zu werden. Die Geschichte kann als Warnung gelesen werden, sich nicht zu sehr darauf zu verlassen, dass man die Polizei allein mit sozialer Reputation täuschen kann. Man kann es auch so lesen, dass der Mann seine Reputation verspielt hat: „Wer ins Bordell geht, betrügt auch mit Kreditkarten", obwohl sich das nicht mit dem geschilderten Gang der Ermittlungen deckt.

Die drei Meldungen sind ein gutes Beispiel dafür, wie derselbe Sachverhalt bei weitgehender Übereinstimmung in den geschilderten „Fakten" in wenigen Zeilen zu drei sehr verschiedenen *stories* verarbeitet wird. Während die *Bild*zeitung den Aspekt einer durchaus nicht eindeutig geklärten Alltagsmoral deutlich herausstellt, befinden wir uns bei dem FNP-Beitrag fest auf dem Boden des Strafrechts, für dessen effektive Durchsetzung die Geschichte als Vorbild dient. Freilich ist auch darin eine „Moral" enthalten: Verbrechen lohnt sich nicht, auch nicht für die oberen Schichten. Die zugrundeliegende Norm „Du sollst nicht betrügen" wird aber nicht ernsthaft in Frage gestellt, es wird lediglich noch einmal bestätigt, wovon der implizite Leser ohnehin überzeugt ist. Eine „flotte Sause" zu machen, oder „Verlockungen" zu erliegen wird hingegen nicht eindeutig negativ konnotiert. Aber es wird vor möglichen Konsequenzen gewarnt und vorgeführt, dass man sich hinterher nicht so leicht aus der Affäre ziehen kann, wie dieser Mann gehofft haben mag.

Auch wenn Geschichten über Alltagsmoral bei den Meldungen der *Bild*zeitung besonders häufig vorkommen und die FNP (wie auch die *Welt*) häufig normativ aus einer Strafrechtsperspektive berichtet, stehen die gezeigten Varianten der Moralisierung nicht eindeutig für die entsprechenden Zeitungen. Gerade im Lokalteil der FAZ und der FR finden sich viele Beispiele für alle beschriebenen Erzählweisen und in der *Bild* gibt es Geschichten, die jener aus der FNP sehr ähnlich sind. Durchgängig sind hingegen die Unterschiede in Sprachstil und Aufmachung, auf die ich bei den anderen Beispielen noch zurückkommen werde.

Warum Mord und Totschlag so aufregend sind

In allen Untersuchungen zur Kriminalberichterstattung in den Medien wird immer wieder festgestellt, dass besonders schwere Delikte viel häufiger berichtet werden als die vor allem aus Diebstählen bestehende Alltagskriminalität, die aber den weitaus größeren Anteil am „tatsächlichen" Kriminalitätsgeschehen insgesamt ausmacht.[14] Die Erklärungen, wie es dazu kommt, sind ebenso einfach wie plausibel: Schwere Kriminalität ist gerade deshalb interessant, weil sie nicht alltäglich ist, weil die meisten Leser damit *keine* eigene Erfahrung haben, nicht einmal als unbeteiligte Beobachter. Es geht hier nicht darum, noch einmal zu beschreiben, dass dadurch eine verzerrte Wahrnehmung der tatsächlichen Kriminalität und daran anknüpfende irrationale Ängste vor steigenden Kriminalitätsziffern gefördert werden. So überzeugend dieser Zusammenhang auch dargestellt wird, enden solche Überlegungen immer nur mit einem allgemeinen Appell an „die Medien", sich doch ihrer gesellschaftlichen Verantwortung zu stellen und künftig ausgewogener zu berichten. Im folgenden Abschnitt geht es erst einmal darum, genauer zu verstehen, wie die Geschichten über Mord und Totschlag im Einzelnen funktionieren, welche Arbeitsbündnisse sie herstellen, in welche Haltung sie die Leser bringen.

Zwei der drei Meldungen aus der *Welt* am Stichtag gehören in diese Kategorie: „Frauenmörder Honka in Klinik gestorben" und „Vater tötet seine Söhne und sich selbst". Da die zweite Nachricht in keiner anderen untersuchten Zeitung als Meldung präsent ist, bietet sich die erste für die vergleichende Interpretation an:

Frauenmörder Honka in Klinik gestorben
dpa Hamburg – Der Hamburger Frauenmörder Fritz Honka ist tot. Der 63jährige Mann, der zwischen 1970 und 1975 vier Prostituierte grausam ermordete und ihre Leichen zerstückelte, starb am Montag im Krankenhaus Ochsenzoll in Hamburg, bestätigte der Landesbetrieb Krankenhäuser (LBK) gestern einen Bericht der „Bild"-Zeitung. Honka war seit seiner Verurteilung zu 15 Jahren Freiheitsstrafe 1976 in psychiatrischer Behandlung. Die Todesursache wurde nicht genannt.
Die Morde Honkas waren im Juli 1975 durch einen Zufall entdeckt worden: Bei Löscharbeiten in einem Wohnhaus im Hamburger Stadtteil Altona fand die Feuerwehr auf dem Dachboden von Honkas Wohnung die Leichen von vier Frauen. Einige Leichenteile waren in einem blauen Müllsack verpackt, andere bereits mumifiziert. Im Prozess gestand der damalige Wachmann alle Morde. Wegen „verminderter Zurechnungsfähigkeit" wurde Fritz Honka nach seiner Verurteilung im Jahr 1976 in ein psychiatrisches Krankenhaus eingewiesen. (Aus aller Welt, S. 12)

Im Vergleich zu den bisher behandelten Beispielen fallen ein paar Besonderheiten auf. Es handelt es sich hier um eine über 20 Jahre alte Geschichte, deren Aktualitätsbezug lediglich im Tod Honkas besteht, doch die Darstellung bezieht sich hauptsächlich auf die Geschehnisse rund um seine Festnahme und Verurteilung in den Jahren 1975/76. Dies ist auch der erste zitierte Beitrag, der von den Rechtsfolgen einer Straftat handelt. Mit „verminderter Zurechnungsfähigkeit" wird ein juristischer Terminus verwendet und durch Anführungszeichen markiert. Ein besonderes Stilmittel ist auch die Verwendung des Adjektivs „grausam" im zweiten Satz. Damit wird schon in der Einleitung eine emotionale Haltung nahegelegt.

Der Tod eines Menschen als Aufhänger für eine Meldung in der Tageszeitung ist an sich kein ungewöhnlicher Vorgang, sondern bei prominenten Personen, wie z.B. Politikern, Schriftstellern, Filmstars und erfolgreichen Unternehmern, durchaus üblich. Bei deren Todesnachricht werden üblicherweise noch einmal die besonderen Leistungen und Verdienste des Verstorbenen erwähnt und mit biographischen Angaben verknüpft. Eine Meldung in dieser Form weist darauf hin, dass der „Frauenmörder Honka" als bekannte Person des öffentlichen Interesses behandelt wird, dass er durch seine außergewöhnlichen Taten berühmt wurde. Das macht auch darauf aufmerksam, dass Berühmtheit wenig mit Sympathie zu tun hat. Im Unterschied zu anderen prominenten Kriminellen, denen mitunter auch positive Eigenschaften wie Intelligenz oder Raffinesse zugeschrieben werden (darauf wird im nächsten Kapitel anhand einschlägiger Beispiele zurückzukommen sein), wird Fritz Honka lediglich psychische Krankheit attestiert. Seine „Leistung" besteht der Meldung zufolge darin, gleich vier Morde begangen zu haben, und in der besonderen Grausamkeit seines Vorgehens, die Leichen hinterher „zerstückelt" zu haben. Prominenz besteht technisch betrachtet allein darin, bereits häufiger in den Medien „aufgetreten" zu sein, egal auf welchem Weg einem das gelungen ist. Wie in anderen Lebensbereichen werden auch bei Serienmorden Rekorde groß geschrieben. Eine weitere Pointe stellt der Hinweis auf Honkas früheren Beruf „Wachmann" dar: Von einem Wachmann erwartet man sich Schutz, keine Bedrohung. Die bildhafte Sprache und weitere Details, wie die zufällige

Aufdeckung der Morde oder die Erwähnung des „blauen Müllsacks" tragen zu einer guten Story bei. Auch wenn der Täter dies wohl eher hätte vermeiden wollen, haben ihn diese ungewöhnlichen Umstände, die sich auch nach mehr als 20 Jahren noch gut erzählen lassen, berühmt gemacht.[15] Die Kennzeichnung der Opfer als „Prostituierte" weist einerseits noch einmal auf eine psychische/sexuelle Störung als vermuteten Hintergrund der Taten hin, lässt aber auch annehmen, dass es sich um dem Täter fremde Personen gehandelt hat und keine persönlichen Motive (gegenüber den Opfern) hinter den Morden standen. Dieses (relativ) willkürliche Vorgehen betont noch einmal die Gefährlichkeit Honkas.

Im Unterschied zu Nachrichten vom Tod anderer Prominenter kann man (auch wenn es nicht explizit mitgeteilt wird) unterstellen, dass diese Meldung nicht als Aufforderung zur Trauer und nachträglichen Verehrung verstanden wird. Eher noch könnte man erleichtert reagieren – „ein gefährlicher Serienmörder weniger" – doch auch das legt der Beitrag nicht ausdrücklich nahe. Demgegenüber finden wir mehrere Anhaltspunkte, dass man Honka als „armen Hund" bemitleiden könnte: Er war über 60 Jahre alt, seine Taten lagen sehr lange zurück (und er ist offenbar nicht „rückfällig" geworden), er befand sich seitdem anscheinend durchgängig in psychiatrischer Behandlung. In diesem Zusammenhang bekommt auch der Satz „Eine genaue Todesursache wurde nicht genannt" eine neue Bedeutung: Darin klingt der Vorwurf der Nachlässigkeit gegenüber dem Krankenhaus an. Zuvor gibt es schon einen Hinweis, dass die Krankenhausverwaltung erst durch einen Bericht der Bildzeitung dazu veranlasst wurde, den Tod Honkas öffentlich zu bestätigen. Offenbar sollte das Ereignis der Öffentlichkeit vorenthalten werden. Dagegen wird implizit noch einmal das öffentliche Interesse an dieser Nachricht unterstrichen.

Neben den bereits genannten Motiven, dem Interesse an Prominenten und an guten, ewigen Geschichten, könnten auch die in den letzten Jahren vehement geführten Debatten über den Umgang mit Sexualstraftätern und die erweiterte Anwendung der „Sicherungsverwahrung" zum „Nachrichtenwert" des Ereignisses beigetragen haben. Dafür finden wir jedoch in der Meldung keinen Beleg, der Bezug auf diese Debatten wird nicht explizit hergestellt. Wir erfahren auch nicht, ob Honka irgendwann als „ungefährlich" galt und die Klinik verlassen konnte. Berichtet wird nur, dass er sich auch nach Ablauf der 15jährigen Freiheitsstrafe noch in psychiatrischer Behandlung befand, dass er also offenbar noch immer nicht als vollständig „geheilt" galt.

Neben der *Welt* brachten am selben Tag auch die FNP und *Bild* jeweils eine Meldung zum Tod Honkas:

FNP: *Frauenmörder Honka starb mit 63 Jahren*
Hamburg. In einem psychiatrischen Krankenhaus in Hamburg ist der vierfache Frauenmörder Fritz Honka an Altersschwäche gestorben. Er war 63 Jahre alt. Honka hatte zwischen 1970 und 1975 vier Prostituierte erwürgt, die Leichen zerstückelt und in Verschlägen seiner Wohnung

versteckt. Bei einem Brand hatten Feuerwehrleute 1975 Leichenteile entdeckt. Honka war 1976 zu 15 Jahren Unterbringung in der psychiatrischen Klinik verurteilt worden, aber auch nach seiner Freilassung weiter in Behandlung. (dpa) (Blick in die Welt, S. 22)

Bild: *Frauenmörder Honka: Sein jämmerliches Ende im Irrenhaus*
Der gefährlichste Frauenmörder der deutschen Nachkriegsgeschichte, Fritz Honka (63, Foto) starb jämmerlich in einer Hamburger psychiatrischen Klinik (BILD berichtete). Der Nachtwächter hatte zuletzt in Freiheit gelebt, unter falschem Namen – Seite 12 (S. 1)

Beide Meldungen enthalten Angaben über die Todesumstände („Altersschwäche", „jämmerliches Ende") und die Freilassung Honkas, die in der *Welt* nicht erwähnt wurden. Die FNP-Geschichte wirkt dadurch weniger spektakulär: Honka war nicht nur ein alter Mann, den man offenbar frei herumlaufen lassen konnte, er starb auch einen natürlichen Tod. „Altersschwäche" ist zwar keine besonders präzise Angabe zur Todesursache – man kann auch spekulieren, dass jemand, um mit 63 Jahren an „Altersschwäche" zu sterben, einen ziemlich ungesunden Lebenswandel gehabt haben muss oder dass der langjährige Aufenthalt in der geschlossenen Psychiatrie die Lebenserwartung deutlich senkt –, aber es gibt hier keinen Grund zu vermuten, das Krankenhaus wolle irgendetwas verbergen. In der *Bild* wurde hingegen versucht, möglichst viel aus dem Thema herauszuholen. Die zitierte Meldung steht prominent auf Seite 1 und verweist sowohl auf den Bericht vom Vortag wie auch auf einen längeren Beitrag auf Seite 12 in dieser Ausgabe. Die Meldung ist mit einem Foto Honkas und einer Schlagzeile (weiß auf schwarz) hervorgehoben. Sie ist in emotionaler Sprache verfasst und es wird gleich zu Beginn darauf abgestellt, dass Honkas Taten rekordverdächtig seien: „Der gefährlichste Frauenmörder...". Im Unterschied zu den anderen Zeitungen gibt es keinen Hinweis darauf, wie lang die Taten bereits zurückliegen, aber wir erfahren, dass er „unter falschem Namen" in Freiheit gelebt haben soll – möglicherweise gab es bis zu dieser erlösenden Nachricht Anlass, sich vor ihm zu fürchten. Die Darstellung in der *Bild* hat somit auch den deutlichsten Bezug zur Diskussion über den Umgang mit Sexualstraftätern: Es wird eher nahe gelegt, dass man sich sicherer fühlen dürfte, wenn Täter vom Schlage Honkas nicht frei herumlaufen. Allerdings ist die Gefahr in diesem Fall ja jetzt gebannt und die Formulierung „Sein jämmerliches Ende im Irrenhaus" in der Schlagzeile ist nicht dazu angetan, den Lesern Angst einzujagen. Im Gegenteil dürfen die Leser sich aufgrund des nicht sehr rühmlichen Endes des ehemals gefürchteten Mannes nun über ihn erhoben fühlen und wohl auch sagen: „recht geschieht es ihm". „Irrenhaus" ist ein Begriff, der aus dem politisch korrekten Sprachgebrauch unserer Zeit weitgehend verschwunden ist. Wenn er in diesem Zusammenhang eingesetzt wird, wirkt er umso stigmatisierender. Die Bildzeitung nutzt den Normbruch, um mit einem einzigen Wort ein Unwerturteil herzustellen.

In den verschiedenen Varianten wird deutlich, dass diese Nachricht über die unterschiedlichen moralischen Implikationen hinaus vor allem aus zwei Gründen interessant ist: Erstens, weil der Tod von Prominenten für die Zeitungen an sich schon ein Ereignis darstellt, über das sie berichten müssen (zu müssen meinen), zweitens weil sich daraus eine Gelegenheit ergibt, eine gute Geschichte, die seinerzeit ohne Zweifel ausführlich dokumentiert wurde, noch einmal zu erzählen.

Oft ergibt sich die gute Story nicht aus einer Meldung alleine, sondern erst im Kontext der gesamten Berichterstattung. In der Stichprobe finden sich Beispiele für weitere Anlässe, über Mordfälle zu berichten:

Aktuelle Tat: In der *Welt* wird berichtet, wie ein Vater seine beiden Söhne mit einem Baseballschläger und Messerstichen getötet hat und sich dann selbst das Leben nahm. Das Motiv ist unklar, „nach ersten Ermittlungen war der Mann psychisch krank", die Nachbarn „zeigten sich fassungslos".

Polizeiliche Ermittlungen: Im hessischen Ober-Mörlen wurde kürzlich eine Leiche gefunden (der laut Obduktionsbericht die Kehle durchgeschnitten wurde, also mutmaßlich ein Mordopfer), die nun identifiziert wurde (Meldungen in FAZ, FR und *Bild*). Der *Bild*-Meldung ist eine Telefonnummer angefügt, bei der man sich mit Hinweisen melden soll.

Verhaftung: In Spanien wurde ein Frauenmörder gefasst, der fünf Morde gestand – hier verkündet die FAZ den Rekord: „längste Mordserie in der neueren spanischen Kriminalgeschichte" (Meldungen in FAZ und *Bild*).

An anderen Tagen gibt es auch Meldungen anlässlich des Strafprozesses und insbesondere der Urteilsverkündung. Es ergibt sich eine übergeordnete Dramaturgie, eine den Lesern vertraute feststehende Abfolge der Ereignisse, die sich grob so skizzieren lässt: Ursprünglich haben wir es mit einer erschreckenden Tat zu tun, die uns hilflos oder fassungslos macht. Den ersten Schreck können wir überwinden, indem wir den Ermittlungen folgen (eine angefügte Telefonnummer suggeriert sogar, wir könnten uns aktiv beteiligen), die im gelungenen Fall mit der Verhaftung des Täters enden. Prozess und Urteil dienen dann vor allem der Bestätigung, dass die Gefahr gebannt ist und rücken auch die moralische Ordnung wieder zurecht. Natürlich folgen die realen Ereignisse nicht immer diesem Muster. Es dient dann als normative Vorlage, deren Nichteinhaltung skandalisiert werden kann, z.B. wenn der vermeintliche Mörder wegen Mangels an Beweisen freigesprochen wird. Der Vorteil dieser vorgegebenen Dramaturgie ist, dass man als Leser zu jedem Zeitpunkt des Geschehens in die Geschichte „einsteigen" kann. Wenige Stichworte genügen, um sich zurechtzufinden, weil der Ablauf als bekannt vorausgesetzt werden kann. Es ist nicht nötig, die „ganze Geschichte" abzudrucken oder alle, über einen längeren Zeitraum verstreuten Meldungen tatsächlich gelesen zu haben. Es fällt überhaupt nicht schwer, sich die anderen Bestimmungsstücke hinzuzukonstruieren oder die einzelnen Nachrichten einer Ausgabe diachron wahrzunehmen: Ein Mord passiert, ein Mörder wird verhaftet, einer ist gestorben. Alles in derselben Ausgabe einer Zeitung. Im Unterschied zu Ereignissen, die als einzigartig aus dem sonstigen Geschehen herausragen,[16] können wir bei den alltäglichen kurzen Meldungen über Mord und Totschlag die durch schreckliche Ereignisse hervorgerufene Verunsicherung kontrollieren, weil parallel immer berichtet wird, wie Sicherheit und Ordnung stets wieder hergestellt werden.

Nachrichten über Mord und Totschlag mögen aufregender sein als Nachrichten über kleine Ladendiebstähle. Wie am Beispiel des „Frauenmörders Honka" herausgearbeitet, bieten sie mitunter die Basis für gute, zeitlose Geschichten. Durch die permanente Präsenz der „ganzen" Geschichte in einer Vielzahl von Meldungen werden die Schreckensnachrichten wieder zu alltäglichen und gut zu bewältigenden Ereignissen. Insofern tragen sie eher zur Bestätigung einer „guten", funktionierenden Ordnung bei, als dass sie irrationale Kriminalitätsfurcht schüren.

Erbauliche Geschichten

Viele der kurzen Geschichten handeln von kuriosen Situationen und Handlungsabläufen. Ein Beispiel aus dem Hessen-Teil der *Bild*:

Autodiebe entkamen zu Fuß
Freigericht - In Linsengericht will eine Streife drei Männer in einem gestohlenen VW Golf stoppen - Anwohner hatten die Polizei alarmiert. Doch der Fahrer gibt Gas, rast Richtung Freigericht. Am Ortseingang schleudert der Pkw in den Graben, die Männer können unerkannt in die Nacht flüchten. (Nachrichten aus Hessen, S. 7)

Der Witz der Geschichte steckt vor allem in der Überschrift. (Für alle Leser, denen die Ortsnamen nicht vertraut sind, verstärkt deren Nennung die Komik unwillkürlich. Solche Effekte der eingestreuten „authentischen" Details gibt es häufiger.) Autodiebe, die zu Fuß die Flucht ergreifen, das klingt ziemlich dämlich. Nachdem diese Kuriosität im Text erläutert wird, bleibt vor allem Schadenfreude über den gescheiterten Autodiebstahl. Weitere Straflust, z.B. in Form einer Täterbeschreibung oder eines Fahndungsaufrufs, wird nicht artikuliert. Die Lektion, bei der Flucht das Diebesgut zu verlieren (übrigens ein häufiges Motiv), reicht aus. In den meisten Fällen sind es die Täter, die verspottet werden. Sie bilden ein legitimes Ziel, wohingegen Opfer zu verspotten (die nicht gleichzeitig auch „Täter" sind), eine Tabuverletzung darstellen würde. So wird die normative Ordnung noch einmal bestätigt. Bei Nachrichten aus dem Ausland geht es oft um Exotismus.[17] Eine Meldung aus der FR:

Rußland: *Schlammdiebe legen Kurbetrieb lahm*
Moskau, 21. Oktober (ap). Wie schlecht steht es um Rußland? So schlecht, daß Diebe jetzt sogar schon Schlamm stehlen. Mit Traktor und Schaufeln haben Diebe in Wolgograd (dem früheren Stalingrad) acht Tonnen Heilschlamm gestohlen, wie die russische Nachrichtenagentur Itar-Tass am Mittwoch berichtete. Kurdirektorin Swetlana Gnutowa erklärte, nach dem Diebstahl des Schlamms, der einen Wert von etwa 19 000 Rubel (rund 1800 Mark) hatte, werde nun vermutlich der Kurbetrieb für die rund 200 Patienten in ihrer Einrichtung eingestellt werden müssen. (Aus aller Welt, S. 46)

Wieder sind die im Text geschilderten Ereignisse nicht ganz so komisch, wie die Überschrift nahe legt. Es ist nicht leicht zu beurteilen, ob viele Leser hier schon darauf schließen, dass es sich um „Heilschlamm" handeln muss. Die Aufmerksamkeit wird jedenfalls durch die ungewöhnliche Wortschöpfung „Schlammdiebe" erreicht. Man könnte auch vermuten, dass der Kurbetrieb lahmgelegt wurde, weil die Kurgäste durch die seltsamen Diebstähle in heller Aufregung waren und den Behandlungen fernblieben. Der Begriff „Heilschlamm" fällt erst im dritten Satz. In den ersten beiden Sätzen wird die Pointe der Überschrift noch einmal ausgeweitet, als Indiz für die schlechte wirtschaftliche Lage in Russland. Sich darüber zu amüsieren, dass es den Menschen in Russland schlecht (und „uns" im Vergleich viel besser) geht, gehört sich eigentlich nicht. Der Schaden für den Kurbetrieb scheint trotz der aus westeuropäischer Sicht geringen Summe von 1800 Mark erheblich. Als kuriose Geschichte über „Schlammdiebe" verpackt, wird das Ungehörige möglich. Wer möchte, kann die Geschichte noch stärker nationalistisch aufladen: Stalingrad als Ort einer „deutschen Niederlage" im zweiten Weltkrieg. Oder er kann die Tat mit den gängigen Vorstellungen von einer das ganze Land beherrschenden „Russen-Mafia" und allen Arten von Korruption und Misswirtschaft assoziieren. Vorsichtiger interpretiert, entsteht zumindest das Bild von Russland als ein im Vergleich zu Westeuropa zurückgebliebenes Land, in dem nicht einmal der „Heilschlamm" sicher ist. Das skurrile Ereignis wird als typischer Ausdruck russischer Verhältnisse dargestellt.

Ebenfalls viel Potential, von der Berichterstattung als gute *story* aufgegriffen zu werden, haben Ereignisse mit vielen Beteiligten, die außer Kontrolle geraten. Am folgenden Beispiel aus der FR kann man sehen, dass hier Moralisierungen kompliziert werden:

Schlägerei am Hauptbahnhof
Anwälte: Die Mandanten waren 'sinnlos besoffen'
Wegen einer Massenschlägerei am Hauptbahnhof mit zehn bis 20 Beteiligten sind vier Männer im Alter von 29 bis 37 Jahren seit Mittwoch vor einem Frankfurter Schöffengericht angeklagt. Man wirft ihnen Körperverletzung und Widerstand gegen Vollstreckungsbeamte vor.
Den Ermittlungen zufolge entwickelte sich aus ungeklärter Ursache am 7. Juli 1996 in der B-Ebene des Hauptbahnhofs eine Schlägerei zwischen einer Gruppe von etwa zehn Männern sowie zahlreichen Angehörigen der Sicherungskräfte und der Bahnpolizei. Von den Schlägern konnten nur fünf namhaft gemacht werden, von denen jetzt vier auf der Anklagebank sitzen und einer mit Haftbefehl gesucht wird. Die Anwälte der vier Angeklagten gaben am ersten Prozeßtag übereinstimmende Erklärungen ab, wonach ihre Mandanten zur Tatzeit 'erheblich alkoholisiert bis sinnlos besoffen' waren und sich an nichts erinnern können. (Frankfurt, S. 28)

Die Meldung enthält keine Hinweise, warum solch ein Prozess mehr als zwei Jahre nach der Schlägerei noch nötig oder sinnvoll sein soll. Offenbar waren nicht nur die Angeklagten „sinnlos besoffen", auch die „zahlreichen" Ordnungskräfte haben die Situation nicht in den Griff bekommen. Sie haben die Mehrzahl der „Schläger" laufen lassen und können keine Ursache für eine Schlägerei angeben, an der sie der Darstellung zufolge von Anfang an beteiligt waren. Der Leser ahnt, dass die Erinnerungslücken der Angeklagten auch prozesstaktisch eingesetzt werden und dass sie genau dieses Manko ausnutzen: Die Situation war so chaotisch, dass man ihnen, wenn sie selbst nicht aussagen, individuell keine Straftat nachweisen kann. Andererseits können die Leser die Teilnahme an einer Massenschlägerei mit Ordnungskräften unter Alkoholeinfluss auch sehr negativ bewerten. Dann besteht der Kern der Geschichte eher in der Dreistigkeit, den eigenen Alkoholisierungsgrad vor Gericht als Ausrede ins Feld zu führen. Insgesamt fällt es schwer, hier eine klare Moral abzuleiten. Als Rezeptionshaltung bietet sich viel eher Belustigung und Schadenfreude an, über die „verrückte" Situation, über die Ordnungskräfte, die sich in eine Schlägerei verwickeln lassen, und über die unkalkulierbaren Folgen übermäßigen Alkoholgenusses.

Für Schadenfreude gut geeignet sind auch Meldungen über die Verfehlungen berühmter oder reicher Menschen:

Tomba droht ein Steuer-Prozeß
Alberto Tomba droht ein Prozeß wegen Steuerhinterziehung in Höhe von 23 Millionen Mark. Am 26. November wird Untersuchungsrichter Leonardo Grassi in Bologna entscheiden, ob gegen den Skistar ein Verfahren eingeleitet wird. Sollte Tomba verurteilt werden, drohen ihm bis zu fünf Jahre Haft. (FNP, Sport, S. 8)

Zunächst einmal gilt auch hier die Regel der Prominenz des „Täters". Der Name Alberto Tomba wird als so bekannt vorausgesetzt, dass er darüber hinaus nur durch das Attribut „Skistar" gekennzeichnet wird. Zudem geht es um eine sehr große Summe Geld. Die Leser könnten anhand des Betrags von „23 Millionen Mark" schon Neid verspüren. Doch auch wenn sie dem „Skistar" das hohe Einkommen gönnen, erregt es immer wieder öffentliche Empörung, wenn solche Spitzenverdiener ihre Steuern nicht zahlen wollen (nicht nur, indem sie das Finanzamt betrügen, sondern oft auch, indem sie ihren Wohnort in ein „Steuerparadies" verlegen). Gleichwohl steht die drohende Haftstrafe sehr deutlich im Konjunktiv. Dass die Geschichte so ausgeht, scheint nicht sehr wahrscheinlich. Doch gerade weil noch nichts entschieden ist und ein schlimmer Ausgang für Tomba kaum denkbar erscheint, lässt sie sich gut erzählen. Auch wenn die Leser Herrn Tomba nicht wirklich hinter Gittern (sondern doch lieber skifahren) sehen möchten, können sie ihm wünschen, dass er sich eine Weile davor fürchtet. Das dürfte ihm eine Lehre sein und künftig würde er seine Steuern dann schon ordentlich zahlen.

Bei der eingehenderen Beschäftigung mit den kurzen Meldungen über Kriminalität fällt auf, dass ein ziemlich großer Anteil eher dazu angetan ist, die Leser zu unterhalten als sie zu beängstigen. Das gilt auch für die Gruselgeschichten und Fälle schwerer Kriminalität, deutet also nicht auf „Harmlosigkeit" hin:

Räuber überfallen illegalen Spielclub
lat. ESCHBORN. Drei bewaffnete Männer haben am Dienstag in den frühen Morgenstunden einen als Abchasischen Kulturverein getarnten illegalen Spielclub überfallen und dabei mehre-

re zehntausend Mark erbeutet. Nach Angaben der Polizei klingelte ein Mann gegen 5.30 Uhr an der verschlossenen Eingangstür zu dem angeblichen Kulturverein an der Untertorstraße. Als dem Mann geöffnet wurde, stürmten hinter ihm zwei weitere Männer mit dunklen Gesichtsmasken und Maschinengewehren den Raum, in dem sich etwa 30 Kartenspieler aus dem gesamten Rhein-Main-Gebiet aufhielten. Die Spieler – fast durchweg Türken und Italiener – wurden gezwungen, sich mit erhobenen Händen an die Wand zu stellen. Dann durchsuchten die Räuber die Männer nach Bargeld, stahlen rund 30 000 Mark und verschwanden in Richtung der Eschborner Großmärkte. Die Polizei in Frankfurt prüft derzeit, ob die drei Räuber am vergangenen Montag einen ähnlichen Überfall auf einen illegalen Spielclub in Dreieich-Sprendlingen verübt haben.

Diese Meldung befindet sich auf Seite 57 im Regionalteil „Hochtaunus/Main-Taunus" der FAZ. Sie dürfte also nur von einem sehr kleinen Ausschnitt aus der Leserschaft überhaupt wahrgenommen werden, die größtenteils in der entsprechenden Region wohnen und sich für den Regionalteil besonders interessieren (so dass sie nicht nur die größeren Beiträge, sondern auch die kurzen Meldungen lesen). Wie bereits im Überblick beschrieben, finden sich jedoch genau in diesem Bereich der FAZ und der FR die meisten Kriminalitätsnachrichten, spielen sie hier eine besondere Rolle. Bezogen auf die berichteten Delikte ergibt sich eine wesentlich größere Bandbreite als im vorderen Teil der Zeitungen: Trickbetrug, Kassenraub im Supermarkt, Schlägereien und andere Fälle von Körperverletzung, Autodiebstahl. Auch das ist (aus der Perspektive kriminologischer Medienkritik gesprochen) noch ein ziemlich „verzerrtes" Bild des Kriminalitätsgeschehens, das immer noch die Masse der leichten Alltagskriminalität ausblendet, folgt aber der journalistischen Norm, dass je geringer die geographische Distanz zum Geschehen ist, auch weniger bedeutsame Ereignisse als interessant gelten.

Die Meldung „Räuber überfallen illegalen Spielclub" weist einige typische Merkmale für diesen hinteren Teil der Zeitung auf. Die Überschrift deutet an, dass die Geschädigten sich in diesem Fall ebenfalls strafbar gemacht haben könnten: Sie betrieben oder besuchten einen illegalen „Spielclub". Es ist noch nicht ganz klar, wer die „Guten" und wer die „Bösen" sind oder ob es sich um eine Auseinandersetzung innerhalb eines „kriminellen Milieus" handelt. Als Nachricht über das Kriminalitätsgeschehen in der näheren Umgebung der Leser könnte die Existenz eines illegalen Spielclubs ebenso besorgniserregend sein wie die Tatsache, dass er überfallen wurde. Allerdings sind dies beides keine Erscheinungen, von denen gesetzestreue Bürger unmittelbar betroffen sind, vor denen sie sich schützen müssten. Sie können das Geschehen als Unbeteiligte verfolgen. Eingangs wird der Ort der Handlung noch genauer eingegrenzt: Eschborn. Das dürfte vor allem für jene interessant sein, die in Eschborn selbst wohnen: Vielleicht kennt man das Haus, in dem der Spielclub untergebracht war, hat möglicherweise die Polizei mit Blaulicht heranrasen sehen oder kennt jemanden, der jemanden kennt ... Man kann durch unfreiwillige „Beobachtung" an vielen Ladentheken, in Wartezimmern oder in vergleichbaren Situationen verifizieren, dass derartige Nachrichten ein wichtiges Kommunikationsthema in halbwegs anonymen Stadtteil- oder Ortsgemeinschaften darstellen. Sie eignen sich zum unverfänglichen Moralisieren zwischen Menschen, die sich nicht näher kennen, aber Anlass zum *small talk* haben.

Der erste Satz der Meldung erläutert beide Teile der Überschrift. Bei den „Räubern" handelt es sich um „drei bewaffnete Männer" und der „illegale Spielclub" war „als Abchasischer Kulturverein" getarnt.[18] Es folgt eine kurze Schilderung des Überfalls mit weiteren Charakterisierungen der Beteiligten: Die Täter trugen „dunkle Gesichtsmasken und Maschinengewehre", die „etwa 30 Kartenspieler aus dem gesamten Rhein-Main-Gebiet" waren „fast durchweg Türken und Italiener". Die „Räuber" erscheinen jetzt deutlich als professionelle, skrupellose Verbrecher. Die Szene erinnert an Mafia- und Ganovenfilme, die zur Zeit der Prohibition in Amerika handeln und in denen illegales Glücksspiel eine gewichtige Rolle spielt. Auch die Kennzeichnung der Spieler als „Italiener" passt noch ins Bild, die „Türken" muss man entweder unter „Südeuropäer" subsumieren oder als Sonderfall der deutschen Verhältnisse hinzufügen. Entscheidend ist, dass sie nach ihrer Nationalität (nicht etwa nach Alter oder Beruf) klassifiziert werden. Vordergründig wird damit noch einmal die Existenz eines „angeblichen Kulturvereins" in Zweifel gezogen. Allgemeiner geht es um die Zuordnung bestimmter Erscheinungsformen von Kriminalität zu bestimmten Nationalstereotypen; ein Vorgang, der sich beharrlich durch die Kriminalitätsnachrichten aller Zeitungen zieht. Obwohl es schwer sein dürfte, mit den hier geschilderten „Räubern" zu sympathisieren, gibt es auch wenig Hinweise, warum man für ihre Opfer Partei ergreifen sollte. Schadenfreude wäre keine ganz abwegige Reaktion. Etwas vorsichtiger könnte man es als Lektion hinstellen, sich nicht mit größeren Summen Geld die ganze Nacht (der Überfall fand um halb sechs Uhr morgens statt) an heimlichen Zusammenkünften zu beteiligen – ob zum Vergnügen oder in der Hoffnung, sein Geld zu vermehren, das wird hier auch nicht klar.

Unter der Überschrift „Räuber nehmen Zocker aus" findet sich in der FR am gleichen Tag eine ähnliche (nicht ganz so kurze) Meldung, die über weite Teile fast wortgleich formuliert ist. Im Vergleich zur FAZ-Meldung wird noch ergänzt, dass die „Räuber" zwei der Spieler mit Fußtritten verletzten und ein kleiner Fahndungshinweis der Polizei angefügt: „Die Räuber sollen etwa 30 Jahre alt sein; zwei von ihnen sollen auffällig schwarze Ledermäntel getragen haben. Hinweise nimmt die Kripo Frankfurt unter Tel.: 069/7555050 entgegen." Damit verschiebt sich die Sympathie stärker zu den Opfern hin, aber es bleibt bei der guten Nachricht für die Leser, dass solche Szenen sich in illegalen Milieus ereignen. Sie geben dem eigenen Wohnort etwas vom Flair Chicagos in den zwanziger Jahren, ohne allzu sehr beunruhigen zu müssen.

Kleiner Exkurs zum Radio

Weil diese Geschichte auch im Radio vorkam, bietet sich an dieser Stelle ein kleiner Exkurs zu den Besonderheiten der Radioberichterstattung an. Entgegen meinen Erwartungen auf Basis meiner (außerwissenschaftlichen) Rezeptionserfahrungen, werden viele Themen im Radio besonders *kurz* abgehandelt. Für den Zuhörer ergibt sich aus zwei Gründen oft ein anderes Bild: Erstens ziehen sich auch relativ kurze Reportagen über eine längere Sendezeit, weil zwischenzeitlich Musik eingespielt wird und bei vielen Sendern auch Nachrichten, Werbung und andere „Services" dazwischengeschaltet werden. Zweitens sind aber auch ausführliche reine „Wortsendungen" in den meisten Fällen Produkte einer Zusammenstellung von arbeitsteilig produzierten Einzelstücken durch einen „Moderator". Bei der Anbahnung meiner Interviews hatte ich erst einen solchen „Moderator" vermittelt bekommen, der mir aber über die Entstehung der Reportagen in seiner Sendung nichts erzählen konnte (das Interview habe ich nicht verwendet). Die einzige Variante längerer zusammenhängender Beiträge in meinen Aufzeichnungen sind Interviews und Gesprächsrunden, bei denen nicht immer klar wird, ob die Gesprächsführung von einem „Journalisten" übernommen wurde, der die Gesprächspartner aufgrund eigener Recherchen ausgewählt hat, oder von einem „Moderator". In einem späteren Interview schilderte das eine Radiojournalistin aus ihrer Perspektive. Ihre Beiträge dürfen höchstens 2,30 Minuten lang sein und selten darf sie überhaupt zu einer größeren Themensendung beitragen:

Also was vorkommt ist: die sagen mir – das kommt aber nicht oft vor – wir machen was zum Thema Korruption, kannst du mal die letzten Korruptionsfälle, was weiß ich, im Zusammenhang mit der Deutschen Bahn, zusammenfassen, so was, ja? Ich hab mich über meinen eigenen Sender immer total geärgert (...) die ham Hinz und Kunz zu juristischen Themen geholt nur immer nicht mich. (Radioreporterin)

Deutlich wird die besonders knapp bemessene Redezeit im Radio auch anhand der Nachrichtenmeldungen im Vergleich zu den Kurzmeldungen in den Zeitungen. Sie sind nämlich meistens noch einmal erheblich kürzer. Und das obwohl die meisten Radionachrichten ohnehin nur aus wenigen Meldungen bestehen. Im Radio kam die Meldung zu dem Überfall auf den „illegalen" Spielclub am selben Tag, an dem sie bereits in der Zeitung stand, in den „Hessen-Nachrichten" des HR1 (aufgezeichnet im Anschluss an die 18-Uhr-Nachrichten):

„Eschborn im Main-Taunus-Kreis: Drei bewaffnete Männer haben einen illegalen Spielclub ausgeraubt. Sie hatten die Spieler mit zwei Maschinenpistolen bedroht. Die Unbekannten erbeuteten rund 30.000 Mark."

Hier finden wir als Merkmale, die die Geschichte erzählenswert erscheinen lassen, lediglich noch den leicht zu überhörenden Hinweis auf den *„illegalen* Spielclub" und die Erwähnung der „Maschinenpistolen". Die Bezifferung der Beute bekommt einen relativ hohen Stellenwert. Die Kuriosität der Geschichte geht verloren, dafür kommt die Meldung aber auch gänzlich ohne stigmatisierende Zuschreibung von Nationalitäten aus. Dieser Vergleich verdeutlicht, wie wichtig die erzählerischen Elemente für die Bedeutung selbst kürzester Meldungen sind und dass, obwohl häufig in vielen Medien über die gleichen Ereignisse berichtet wird, dabei völlig unterschiedliche Geschichten entstehen. In der extrem kurzen Fassung des Radios gehen die meisten erzählerischen Elemente verloren, die „gute Geschichte" wird nur noch durch wenige Schlüsselwörter angekündigt, im Wesentlichen aber der Phantasie der Zuhörer überlassen. Das legt Rezeptionshaltungen nahe, bei denen das Radio eher als Hintergrundgeräusch dient, aus dem man gelegentlich eine Melodie oder auch ein Stichwort aufschnappt, das aber kein langes und geduldiges Zuhören erfordert.

Zwischenfazit: Kriminalitätsnachrichten enthalten gute Geschichten und symbolisieren Ordnung

Obwohl das Genre der Kurzmeldung nur wenig Raum für Dramatisierung und erzählerische Raffinesse bietet, legen sie durch geringste Variationen sehr unterschiedliche Wahrnehmungen und Interpretationen der geschilderten Ereignisse nahe. Kurznachrichten sind alles andere als ein neutrales oder technisches Beiwerk. Gerade im Zusammenspiel der zahlreichen Meldungen entstehen starke Bilder und sagenhafte Geschichten. Anhand dieses Materials lassen sich bereits Regeln über den Umgang der Medien mit dem Kriminalitätsthema herausarbeiten. Nachrichten über Straftaten können als Anlass dienen, die schon vorausgesetzte politische und moralische Weltsicht der Leser noch einmal zu bestätigen. Auch wenn die große Anzahl der vermischten Meldungen über schwere Straftaten in der *Bild*zeitung und den Regionalteilen der anderen Zeitungen zu einem allgemeinen Gefühl der Verunsicherung beitragen kann, wird die gestörte Ordnung immer wieder neu hergestellt und durch erbauliche Geschichten untermauert.

Solche Nachrichten haben nur sehr bedingt praktische Relevanz für die Lebensumstände der Rezipienten. Würde man sich von den unzähligen Straftaten, die täglich berichtet werden, wirklich fürchten, könnte man als Leser nur den Schluss ziehen, sich in seiner Wohnung zu verbarrikadieren und alle sozialen Kontakte einzustellen. Der praktische Nutzen der guten *stories* dürfte eher in ihrer Verwendbarkeit in der Alltagskommunikation liegen. Sie haben, wie gezeigt wurde, einen hohen Unterhaltungswert und enthalten nicht selten auch komische Elemente. Insbesondere bei Meldungen mit stärkerem lokalen Bezug werden Neugier und Schaulust ebenso bedient wie Tratsch und Klatsch unter den Anwohnern. Ist die Distanz zum Geschehen größer, wird Exotismus zur vorherrschenden Perspektive.

Wenn Nachrichten über Kriminalität vor allem unter dem Aspekt der Unterhaltung verfasst und gelesen werden, geht die etablierte Medienkritik zu dieser

Frage am Thema vorbei. Es geht dann nicht um Fragen eines „getreuen" versus „sensationsheischend verzerrten" Abbildes einer wie auch immer gearteten Wirklichkeit, sondern um die Frage der impliziten Normierungen und Moralisierungen. Wenn Kriminalitätsmeldungen „Ordnung" eher bestätigen als untergraben, geht es darum herauszufinden, *welche* „Ordnung" in den einzelnen Geschichten angesprochen ist, welche gesellschaftlichen und politischen Implikationen darin stecken. Es wurde deutlich, dass diese „Ordnung" sich keinesfalls in strafrechtlicher Kontrolle erschöpft, sondern vor allem die Ebene der Alltagsmoral betrifft und davon handelt, wie man sein Leben zu führen habe und wovor man sich besser in Acht nehmen soll. Diese Bedeutungen werden selten explizit gemacht und daher bei oberflächlichen, quantifizierenden Untersuchungen leicht übersehen. Sie ergeben sich, indem man die „guten Geschichten" herausarbeitet, aus denen die Nachrichten sich speisen und die sie mit konstruieren. Diese Herangehensweise würde auch die Medienkritik (oder die Auseinandersetzung mit „Kriminalität in den Medien") davor bewahren, selber in eine moralisierende Haltung zu verfallen.

Die „guten Geschichten" sind erstens Aufmerksamkeitsnormen von und für Journalisten, sie rahmen die Ereignisse aber zweitens mit großen Narrationen und ewigen Mythen und symbolisieren drittens eine „gute" Ordnung, die sich sowohl aus dem Muster der Berichterstattung (insbesondere dem Prinzip der Wiederholung) als aus den bekannten narrativen Strukturen der Mythen ergibt.

Kapitel 6: Woher kommt die Lust am Strafen?

In den vorangehenden Analysen habe ich herausgearbeitet, dass in der alltäglichen Berichterstattung über Kriminalität „gute Geschichten" stecken und die herrschende Ordnung durch Wiederholung einer impliziten Struktur stets aufs Neue bestätigt wird. Obwohl viele der Kriminalitätsnachrichten Beunruhigendes enthalten, sind sie nicht einfach im Sinne einer grenzenlos übersteigerten Kriminalitätsfurcht zu interpretieren, sondern enthalten gleichzeitig starke Orientierungsmuster, mit deren Hilfe sich diese Furcht unter Kontrolle halten lässt. Die Darstellung von Kriminalität und Strafe bestätigt die etablierten Normen und die staatlichen Institutionen strafrechtlicher Kontrolle als prinzipiell intakt. Ihre ständige Bedrohung durch alle Arten von Unmoral verschafft ihnen überhaupt erst Geltung und Legitimität. „Gute Geschichten" über Straftaten enthalten selten direkte Ausdrücke von Straflust. Auch wenn sie weniger „sachlich" und „nüchtern" sind, als sie zu sein vorgeben, bleiben die Moralisierungen und Dramatisierungen meistens implizit. Strafe wird selbstverständlich gemacht, nicht forciert.

Es liegt nahe, dass die Straflust in den anderen Genres, die mehr Raum für Personalisierungen und Dramatisierungen bieten, noch mehr Gewicht erhält als in den kurzen Meldungen. Reportagen, Dokumentationen und Features enthalten Möglichkeiten, die Erzählungen wirklich zu entfalten, Kommentare und Leitartikel bieten sich für eigene moralunternehmerische Zuspitzungen an. Die Bildsprache des Fernsehens erzwingt geradezu verdichtete Inszenierungen hochgradig symbolisch aufgeladener „Ereignisse". Es geht um die großen Themen: „Jugend und Gewalt", „Angst in den Städten", „Mehmet", „Pinochet", „Terrorismus", „Sexualverbrechen".[1] Die Unterschiede zwischen den Mediensparten und Genres werden bedeutsamer, die Spielarten der Straflust variabler. Um das umfangreiche Material in den Griff zu bekommen, habe ich mich für drei exemplarische Zugänge entschieden. Zuerst möchte ich die verschiedenen Varianten von Punitivität[2] genauer ausdifferenzieren, dann wende ich mich der Frage der Darstellung von Straftätern in den Medien zu, schließlich untersuche ich Beispiele von Gegenskandalisierung, die beanspruchen, staatliches Strafen zu kritisieren.

Varianten von Punitivität in den Medien

Expliziter Ruf nach Bestrafung

Wenn wir unter „Punitivität" explizite Strafforderungen verstehen wollen, finden sich dafür in den bundesdeutschen Medien kaum Beispiele. Der Wunsch nach härterer Bestrafung für konkrete Täter, z.B. anlässlich des anstehenden oder bereits verkündeten Urteils, wird zumeist als Zitat der Opfer oder anderer Verfahrensbeteiligter eingeflochten und in der Regel durch ein in die andere Richtung weisendes Zitat abgeschwächt. Das Fernsehen präsentiert auch gerne Umfragen in Fußgängerzonen, bei denen schon mal alle Befragten ein Urteil als „zu milde" bezeichnen dürfen oder sich für das möglichst dauerhafte Wegsperren eines „Serientäters" aussprechen dürfen. (Wohlgemerkt gibt es gar nicht selten auch Umfragen, bei denen eine Mehrheit *gegen* Bestrafung votiert. Meinungsumfragen sind also nicht grundsätzlich der punitiven Moral zuträglich.) Geht es um generelle Gesetzesverschärfungen wie die lebenslange Sicherungsverwahrung, werden bevorzugt Politiker und Strafrechtsexperten zitiert. Gelegentlich ist die Camouflage als Nachricht auch auf Durchschaubarkeit angelegt, wenn z.B. über die Fahndungsliste von Interpol berichtet wird:

(Focus, 26.10.1998:, S. 76)

Der formale Anlass dieses Beitrags ist die Öffentlichkeitsarbeit von Interpol, eine neue Liste der „am meisten gesuchten Verbrecher". Die Art der (insbesondere graphischen) Präsentation als spannende Jagd, das Gewehr im Anschlag, auf die allergefährlichsten Straftäter, lässt diese Mitteilung jedoch völlig in den Hintergrund treten. Es geht nicht um die Arbeit von Interpol, praktische Hinweise oder Warnungen, sondern um das große Spektakel und nebenbei auch um Generationen- und Geschlechterverhältnisse. Das Fahndungsplakat ist zwar eindeutig als solches zu erkennen, die abgebildeten Personen sind aber unmöglich zu identifizieren. Es wird uns auch nicht mitgeteilt, wie wir uns an Interpol wenden können. Die Lesart einer praktischen Aufforderung, sich mit Hinweisen an der Fahndung zu beteiligen, scheidet also aus. Auch die Mitteilung, dass Frau Smith sich möglicherweise in Europa „versteckt", kann kaum als Aufforderung verstanden werden, sich seine Nachbarn noch einmal genauer anzusehen: Woran sollten wir sie erkennen? Die Meldung über Interpol wird nicht nur zum Anlass genommen, die „gute Geschichte" zu erzählen, es wird zugleich ein Bekenntnis zur Straflust eingefordert: Die Leser sehen durch das Zielfernrohr. Zur Ikonographie des Fahndungsplakats gehört auch das Durchstreichen der gefassten Täter, in dieser Symbolik muss man wohl annehmen: *dead or alive*. Beiträge, die mit ähnlichen Tricks arbeiten, in denen die Straflust nur dürftig als Zitat oder Mitteilung kaschiert und die Einladung zum „Mitmachen" offensichtlich ist, finden sich bevorzugt, aber keinesfalls ausschließlich, in den Boulevardmedien.

Eines der bekanntesten Beispiele für ein ähnliches Arbeitsbündnis ist die ZDF-Sendung „Aktenzeichen XY". Der entscheidende Unterschied zu obigem Beispiel besteht darin, dass hier der Fahndungsaufruf wörtlich zu nehmen ist, das ist ja gerade der Witz der Sendung. Obwohl die weit überwiegende Mehrheit der Zuschauer niemals tatsächlich zum Telefon greifen wird, um der Polizei „sachdienliche Hinweise" zu geben, verändert sich das Arbeitsbündnis. Die präsentierten Geschichten erscheinen näher am Alltag der Zuschauer, werden zudem mit Ort und Zeitpunkt genau lokalisiert. Was in dem Focusbeitrag auf die Aufzählung von Tatbeständen zusammengeschrumpft ist, wird in „Aktenzeichen XY" mit allen Mitteln der Darstellungskunst nachinszeniert: z.B. durch Zeugenaussagen, Polizeiakten, Expertengutachten, Phantombilder, Ortsbegehungen, nachgestellte Szenen usw. usf. Schließlich werden die Erfolge schon während der Sendung und in Bezug auf frühere Sendungen ausführlich dokumentiert: Wie viele Anrufer es gab, ob nützliche Hinweise dabei waren, ob es sogar einen Fahndungserfolg gab. Den Zuschauern, ob sie nun angerufen haben oder nicht, wird das Erlebnis vermittelt, dabei gewesen zu sein, selbst Verbrecher gejagt zu haben.[3]

In der detailgenauen Nachinszenierung der überwiegend „schockierenden" Taten durch „Aktenzeichen XY" steckt bereits ein Hinweis auf einen wesentlichen Hintergrund der Straflust: Strafe erscheint hier als Fahndungserfolg, d.h. als Ergreifung des Täters. Verhaftete Täter können keine Straftaten mehr begehen. Indem die latente Bedrohung aus der Welt geschafft wird, die von „frei herumlaufenden" Tätern auszugehen scheint, soll ein Gefühl der Sicherheit vermittelt werden. Bedroht sind in diesem Fall nicht Werte und Normen, daher bedarf es auch keiner moralunternehmerischen Inszenierung, bedroht sind „wir alle" ganz praktisch und physisch. Das ist die populistische Seite der so genannten Sicherheitspolitik: Zur Legitimierung von Polizei, Geheimdiensten und zur Durchsetzung neuer „Sicherheitsgesetze" müssen reale Bedrohungen plausibel gemacht werden, die von benennbaren Tätern ausgehen und somit polizeilich durch Ergreifung des Täters lösbar erscheinen. Die eigentliche strafrechtliche Strafe spielt dabei allenfalls als Fortsetzung dieser Sicherungsfunktion eine Rolle, als möglichst dauerhafte Verwahrung der Täter. „Aktenzeichen XY" ist zu deutlich eine Unterhaltungssendung, enthält zu wenig journalistische Anteile, als dass man sie bruchlos dem Nachrichtengenre zuordnen könnte. Aber es ist eine stilbildende Vorlage, auf die sich zahlreiche Elemente in den journalistischen Beiträgen beziehen, die auf diese Weise das Arbeitsbündnis beerben können: Von der merkwürdigen Bürokratensprache der Polizei („sachdienliche Hinweise") über Phantombilder und Fotos der Tatwerkzeuge bis zum nachgestellten Tathergang. Mindestens eines dieser Elemente steckt in jedem längeren Fernsehbeitrag zum Thema. Straflust als Ausdruck von „Sicherheitsbedürfnissen" ist das wohl erfolgreichste punitive Konzept unserer Zeit.

Sofern die Journalisten selbst Strafforderungen vertreten, tun sie das - entsprechend den Genreregeln - fast ausschließlich im Rahmen eines Kommentars. In der *Woche* vom 23.10.1998 kommentiert Sabine Rosenbladt auf der ersten Seite die Verhaftung Pinochets unter der Überschrift

Mörder ist Mörder
Auf wundersamen Wegen nimmt die Gerechtigkeit manchmal ihren Lauf. Augusto Pinochet, Putschist, Foltergeneral, verhaftet! Das ist die schönste Nachricht des ganzen Monats. Sie zeigt, dass es noch Leute gibt auf der Welt - in diesem Fall zwei kleine spanische Untersuchungsrichter, Baltasar Garzón und Manuel García Castellón -, die sich schlicht nicht abfinden wollen mit der verlogenen Doppelmoral der Politik: Für sie ist ein Mörder ein Mörder (...)

Sie schlägt vor, mit Slobodan Milosević und anderen „frei herumlaufenden Kriegsverbrechern" ähnlich zu verfahren. Unter allen erfassten Beiträgen fand ich jedoch nur eine Handvoll ähnlich eindeutiger Beispiele.[4] Insgesamt machen alle Varianten von Beiträgen, die explizit punitive Forderungen enthalten, einen verschwindend kleinen Teil der Berichterstattung aus. Sie wird deutlich übertroffen von der Zahl der Beiträge, in denen Strafe und Straflust problematisiert werden. Die Kritik, dass die Medien die Straflust schüren, kann sich also nicht alleine auf die offensichtlichen Beispiele stützen.

Es fällt auch auf, dass sich explizite Punitivität bevorzugt an wenigen exemplarischen Fällen abarbeitet. Die Täter werden (soweit bekannt) jeweils beim vollen Namen genannt - gelegentlich bedarf es eines Tabubruchs durch die Boulevardpresse, bevor sich auch seriöse Medien um die Persönlichkeitsrechte nicht mehr scheren. Der Name dient dann bald als Markenzeichen, bei dessen Nennung die Rezipienten wissen sollen, worum es geht. Anlässlich der Verhaftung Pinochets preisen fast alle Medien den „tapferen", „furchtlosen" spanischen Untersuchungsrichter. Das Ereignis wird in die archetypische große Erzählung des Kampfes 'David gegen Goliath', 'Klein gegen Groß', 'Gut gegen Böse' eingebettet. Es drückt sich darin auch eine Spielart von Oberschichtverachtung aus, die weit über den Kriminalitätskontext hinausweist – man denke z.B. an die zahlreichen Fernsehshows, in denen Prominente lächerlich gemacht und in unangenehme Situationen gebracht werden, oder an die privaten Enthüllungen, die längst nicht mehr auf Boulevardmagazine und -zeitungen begrenzt sind. Dass die Zuschreibung von Prominentenstatus nicht von vorbildlichem Verhalten, positiven Charaktereigenschaften oder bedeutungsvollen Leistungen abhängt, ist kulturindustriell längst durchgesetzt. Zur Befriedigung der öffentlichen Schaulust als Vorlage für den privaten Klatsch und Tratsch eignen sich prominente Straftäter mindestens so gut wie sich schlecht benehmende Musiker, Sportler und Fernsehschauspieler, Moderatoren oder Politiker.

„Klein gegen Groß" lässt sich aber auch übersetzen als „Wir, das Volk, gegen die da oben". Viele Beiträge im Genre Kommentar folgen diesem populistischen Muster.[5] Dabei können die Journalisten selbst in die Rolle von Populisten schlüpfen, die im Namen der vielen „kleinen Leute" die Arroganz der Mächtigen kritisieren. Das richtet sich dann meist gegen Politiker, ihre „verlogene Doppelmoral" (s.o.), ihre „Korruption" (z.B., außerhalb meines Untersuchungszeitraums, die diversen „Parteispendenaffairen") oder einfach gegen ihre „Unentschlossenheit" (z.B. die Vorwürfe gegen den damaligen hessischen Justizminister von Plottnitz, nicht genügend neue Gefängnisse gebaut zu haben). Eine typische Wendung ist: „Wenn nicht bald etwas geschieht, wenn die Politiker nicht entschlossen handeln, dann ...". Allerdings beziehen sich nur sehr wenige Kommentare, überhaupt auf das Themenfeld Kriminalität und Strafe. In meinen Interviews wurde das Genre zwar als bezüglich der beruflichen Stellung hoch angesehen charakterisiert, aber auch als ungeliebt. Sich mit der eigenen Meinung vorzuwagen, wird als unjournalistisch und riskant empfunden, die Gelegenheit, den Mächtigen in populistischer Manier eins auszuwischen – jedenfalls bei Strafrechtsthemen –, selten genutzt.

Viel stärker wurde vor allem in Leitartikeln und anderen ausführlicher kommentierenden Genres Politik „auf Augenhöhe" kritisiert: Nicht „die da oben", sondern „wir" (Demokraten, Aufrechten, Deutschen usw.) müssen gemeinsam und entschlossen handeln, zum Beispiel angesichts der zunehmenden „Gewalt in den Schulen", der Kontrolle der Geheimdienste oder bei der Bearbeitung des DDR-Unrechts. Beliebt sind Metaphern von Aufbau und Erneuerung, vom Abschneiden alter Zöpfe und dem Ausmustern alter Ideologien. Die Autoren schwingen sich zu besseren Gesetzgebern auf und laden die Leser ein, sich mit ihnen aufzuschwingen. Derlei Mut zur Modernisierung erfordert mitunter auch sicherheitspolitisches Durchgreifen und vor allem die Kommodifzierung und Privatisierung von Polizei und Strafvollzug. Auch wenn die Straflust nicht im Zentrum steht, darf sie so eingebettet sehr offen zum Ausdruck gebracht werden.

Nicht mehr auf kommentierende Genres beschränkt, werden häufig Ereignisse als Anlass der Berichterstattung genutzt, die in sich selbst schon populistisch strukturiert sind, bei denen die Position des Populisten bereits durch andere besetzt ist und die Journalisten sich auf die Rolle von Beobachtern zurückziehen können. In anderen Beiträgen zum Thema Pinochet, wird diese Funktion den Menschenrechtlern und dem spanischen Untersuchungsrichter überlassen. In der zugespitzten Form überlassen die Journalisten einfach den Politikern die Bühne, die dann in einen populistischen Wettstreit eintreten dürfen.[6] Obwohl hier von Seiten der Berichterstatter gerade kein Standpunkt bezogen wird, enthalten solche Beiträge eine eindeutige Wertung und nutzen lediglich den Umstand, dass die Position des Populisten von anderen besetzt wird, zur vermeintlich neutralen, objektiven Berichterstattung.

Straflust zum Wohle der Täter

In einigen Varianten äußert sich Straflust auch als angebliche Wohltat an den Tätern. Diese Denkfigur kann man insbesondere in den großen liberalen Blättern finden, in umfangreichen eigenständigen Debattenbeiträgen mit aufklärerischem Impetus auf Augenhöhe mit der großen Politik, wenn der Bezugsrahmen die große (Bundes)Politik, die Gesellschaft als Ganzes oder die Wissenschaft ist (von der Rechtswissenschaft bis zur Psychologie und Pädagogik). Typische Themen sind Soziale Probleme, Jugendgewalt, Reformen des Strafvollzugs, Terrorismus und Portraits von Straftätern, die selbst (meist in ihrer Kindheit) „Opfer" sind bzw. waren. Im folgenden Beispiel sind fast alle Themen vereint.

Unter der Überschrift „Gefährdet und gefährlich" durfte die Redakteurin Susanne Gaschke eine ganze Seite weit vorne im Politikteil der *Zeit* füllen.[7] Es handelt sich also weder um eine Dokumentation aus dem Blätterwald der Fachzeitschriften, wie man sie häufig bei solchen Themen findet, auch nicht um einen kleinen Kommentar zu einem größeren Thema der Berichterstattung, sondern um einen eigenständigen und originär journalistischen Artikel. Die Autorin bezieht sich auf die Mitte bis Ende der 90er Jahre verschärft geführte Debatte zur „Kinderkriminalität".[8] Ihr Standpunkt wird schon im Untertitel herausgestellt: „Die Jugendgewalt nimmt zu: Kriminelle Kinder brauchen eine feste Ordnung". Die Vorstellung einer zunehmenden „Jugendgewalt" war seinerzeit so allgegenwärtig und wurde durch Kriminalstatistiken und wissenschaftliche Studien untermauert,[9] dass die Autorin sich nicht einmal mehr bemüht, sie zu begründen – geschweige denn, sie kritisch zu hinterfragen. Sie kann als feststehendes Faktum vorausgesetzt werden.

Ihr Thema ist das Versagen einer liberalen Pädagogik in der Jugendhilfe und insbesondere im Umgang mit straffälligen Jugendlichen:

> In einem Punkt jedenfalls hat sich Ulrike Meinhof nicht geirrt. 'In Fürsorgeerziehung kommen proletarische Jugendliche', schreibt sie in der Vorbemerkung zu ihrem Anstaltsdrehbuch *Bambule* (1971): 'Bürgerliche Familien haben kaum mit dem Jugendamt zu tun.'
> Heute spricht man nicht mehr von 'Fürsorge', sondern von 'Hilfen zur Erziehung' (HZE), aus dem Jugendwohlfahrtsgesetz von 1922 ist das Kinder- und Jugendhilfegesetz (KJHG) geworden. Die Jugendlichen aber, die in Heimen (80 000) oder Pflegefamilien (52 000) untergebracht werden, die 'Erziehung in Tagesgruppen' (15 000) oder 'intensive sozialpädagogische Einzelbetreuung' (2 500) erhalten, kommen nach wie vor aus schwierigen, eher subproletarischen als 'proletarischen' Verhältnissen.
> In den vergangenen 25 Jahren galt es als politisch nicht korrekt, diesen Umstand klar zu benennen. Die progressive Helferszene stellte Delinquenz – neben Missbrauch und Verwahrlosung nun einmal der Hauptgrund, ein Kind oder einen Jugendlichen aus seiner Familie zu nehmen – lieber als Phänomen dar, das in allen gesellschaftlichen Schichten anzutreffen sei. Diese Sprachregelung sollte die Diskriminierung von Kindern aus Unterschichten vermeiden; ganz nebenbei half sie auch, die sozialpädagogische Profession aufzuwerten und mit Planstellen auszustatten. Denn es ging ja nicht um ein Randgruppenproblem, sondern um die *ganze* Gesellschaft. (Hervorhebungen im Original)

Diese Eröffnung des Beitrags lässt schon ahnen, wie es weitergeht. Das etablierte Tabu der politisch korrekten Schmusepädagogik soll gebrochen werden. Von Ulrike Meinhof wird der Befund übernommen, dass vor allem Unterschichtjugendliche von Maßnahmen der Kinder- und Jugendhilfe betroffen seien. Im Allgemeinen, „irrte" die spätere RAF-Terroristin sich freilich, besonders in ihren Gesellschaftsdiagnosen: Die in dem Zitat schon enthaltene Kritik am Klassencharakter sozialer Ausschließung wird als ideologisch herausgekürzt. Somit wird nicht nur die eigentliche Aussage von Ulrike Meinhof affirmativ gewendet, ihre Erwähnung kann auch als Warnung verstanden werden: Es gibt eine ursprüngliche Nähe zwischen Antiautoritären und RAF. Die „progressive Helferszene" steht insofern in der Tradition Meinhofs, als die Kritik an Psychiatrisierung und autoritärer Heimpädagogik in den 70er Jahren zur Abkehr von der geschlossenen Heimerziehung beitrug und dieser „Szene" das Feld öffnete. Diese, so die Behauptung, stellte „Delinquenz (...) als Phänomen dar, das in allen gesellschaftlichen Schichten anzutreffen sei", was im Widerspruch zur Überrepräsentanz der Unterschicht in den Heimen stehe. Damit das einen Widerspruch ergibt, ist nicht nur vorausgesetzt, dass der Zugriff der sozialen Kontrolle/das Ausmaß der Einsperrung dem tatsächlichen Delinquenzaufkommen annähernd entspricht, sondern darüber hinaus, dass die Fürsorgeinstitutionen ihr Klientel in erster Linie von den Organen der Kriminalitätskontrolle zugewiesen bekommen. Damit wird die Kritik an der „fürsorglichen Dramatisierung"[10] auf den Kopf gestellt. Die sozialpädagogische Profession konnte als Institution der „Schwäche & Fürsorge" aufgewertet werden, weil sie sich erfolgreich als Alternative zur Institution „Verbrechen & Strafe" darstellen konnte: „Menschen *statt* Mauern", „Sozialpolitik *statt* Kriminalpolitik", „Erziehung *statt* Strafe". Dazu musste sie eigene Zuständigkeiten etablieren, die zwar jeweils Übergangspunkte zu denen von „Verbrechen & Strafe" mit einschlossen und „Restkategorien" erzeugten, um die sich dann Polizei und Justiz zu kümmern hätten, im Kern aber auf der Unabhängigkeit ihrer Problemdefinitionen und Lösungsansätze bestehen. Kinder und Jugendliche sollten nicht erst straffällig werden müssen, um die Segnungen der Sozialpädagogik erfahren zu dürfen. Statt jedoch die „fürsorgliche Dramatisierung" von Problemen, die dann pädagogisch bearbeitet werden, als eine Form sozialer Ausschließung zu kritisieren, läuft die Argumentation der Zeit-Redakteurin auf einen Vorzug der polizeilichen (weil selektiven) gegenüber der pädagogischen (weil egalisierenden) Ausschließung hinaus.

Damit der weitere Text logisch erscheint, wird vorausgesetzt, dass diese und weitere Allgemeinplätze zumindest bekannt sind, wenn sie, damit der Tabubruch funktioniert, auch nicht unbedingt als geteilte Überzeugung vorausgesetzt werden: die Heime sind zu teuer, „wenigstens 5 Milliarden Mark im Jahr"; die Gesellschaft hat Anspruch darauf, vor kriminellen Kindern geschützt zu werden; es gibt Delinquenzkarrieren aufgrund ineffektiver Hilfemaßnahmen, die am Ende meistens in einem Heim enden, die Professionellen wehren berechtigte Kritik „reflexhaft" ab usw. usf. Das alles sind Setzungen, die weder eines Belegs noch einer Begründung zu bedürfen scheinen. Die Empirie, auf die sie sich bezieht, sind im Wesentlichen die Statements von einer Handvoll Pädagogen, die sie als Vertreter eines einsetzenden Umdenkens in der Profession anführt. Solche Bündnispartner, die als Trendsetter vorgestellt werden sind in journalistischen Beiträgen, in denen Reformen und Modernisierung gefordert werden, ein nahezu zwangsläufiges Stilmittel. In diesem Beitrag geht es um die Entdeckung des „charismatischen Erziehers" als Möglichkeit, der „verbreiteten Hilflosigkeit" zu entkommen:

> Einiges spricht dafür, dass desorientierte Jugendliche enggeführte Betreuung brauchen, einen klar strukturierten Tag, Pflichten und Aufgaben, deren Erfüllung ihr Selbstwertgefühl stärkt; Regeln, deren Verletzung unweigerliche Konsequenzen nach sich zieht, und verlässliche Beziehungen.

Beispielhaft wird eine betreuungsintensive „Outdoor-Pädagogik" beschrieben, die sich durch strikte Regeln auszeichnet, als Hoffnung für alle jene, „die sich unter den heutigen juristischen Bedingungen gerade noch diesseits des Gefängnisses befinden". Was hier als das Neue behauptet wird, ist freilich das ganz Alte. Gefordert wird die Rückkehr zur autoritären Pädagogik inklusive sozialer Selektivität als einzige Chance den als brennend charakterisierten sozialen Problemen Herr zu werden.

> Familienrichter sind, zum Leidwesen der Jugendämter, beim Entzug des Sorgerechtes ebenso vorsichtig wie Jugendrichter, wenn sie tatsächlich einmal Arrest oder Untersuchungshaft anordnen sollen – obwohl beides möglicherweise im Interesse des gefährdeten oder gefährlichen Kindes wäre.

Mehr Mut zur Autorität, das Einsperren „aussichtsarmer Fälle" inklusive, soll also im „Interesse" der betroffenen Kinder sein. Gerade dort, wo die Berichterstattung mit dem Anspruch auftritt, sich kritisch mit dem herrschenden Diskurs auseinanderzusetzen, mit etablierten Normen und Tabus, wo sich also der Aufklärungsanspruch am nachdrücklichsten manifestiert, werden umso vehementer die grundlegenden Normen des Diskurses bestätigt. Die Straflust zum Wohle der Täter und speziell die in diesem Artikel angesprochenen Modernisierungsdiskurse sind jedoch keine journalistische Erfindung. Die unglückliche Gemengelage von Erziehung und Strafe („Gefährdet und Gefährlich") wurde mindestens unter tatkräftiger Mithilfe der Wissenschaften in die Welt gesetzt. Ein gut Teil der Leitmetaphern und Motivvokabulare sind wissenschaftliche „Erfindungen". Der *Zeit*-Artikel bezieht sich auf wissenschaftliche Debatten zum Erziehungsstrafrecht und über die Notwendigkeit neuer Lösungsansätze, die in erster Linie unter dem Aspekt der „Wirksamkeit" diskutiert werden. Er greift die virulente soziologische Wiederentdeckung der „Unterschichten" und der „Überflüssigen" auf und kann in diesem Sinne selbst als Beitrag zur Wissenschaft (mindestens als Denkanstoß und Solidaritätsadresse an die „Modernisierer") interpretiert werden.

Das macht noch einmal deutlich, wie sehr Wissenschaft und wissenschaftliche Strafrechtskritik in den „politisch-publizistischen Verstärkerkreislauf" verstrickt ist. Das „autoritäre Programm in aufklärerischer Absicht" ist eine Grundlogik intellektueller Produktion unter kulturindustriellen Bedingungen, der sich die Wissenschaft nicht einfach entziehen kann, zu der sie ganz spezifische Beiträge leistet, die dann massenmedial umgesetzt werden. Vor fast 15 Jahren schrieben Helga Cremer-Schäfer und Johannes Stehr:

> Ironischerweise konnte das Strafrecht gerade deswegen wieder zu einer plausiblen und wirksamen Ressource des Moralisierens werden, weil es seine Legitimationsfigur, die Strafe, problematisierte, dabei aber 'Kriminalität' aufwertete zu einem super-summary-symbol. Die Medien haben diese Karriere der 'punitiven Moral' ermöglicht. (Cremer-Schäfer/Stehr 1990:104)

Das Zurückdrängen des Strafrechts zugunsten erzieherischer Problemlösungen im Zuge der fürsorglichen Dramatisierung sozialer Probleme war selbst schon ein Beitrag zur Legitimierung von Strafrecht. Inzwischen bedienen die Strafrechts-Modernisierer wieder vornehmlich andere Legitimationsfiguren: Effizienz, Management, Sicherheit. Gleichwohl kommen die aktuellen Bekenntnisse zur Straflust nicht mehr ohne die „Problematisierung" von Strafe aus: Nun heißt es wieder „Helfen *und* Strafen", nicht mehr „Helfen *statt* Strafen". In gewisser Weise wird damit nur ehrlicher benannt, was das Erziehungsstrafrecht schon immer bedeutet hat.

Implizite Straflust

Der weit überwiegende Teil der Beiträge kommt völlig ohne explizite Strafforderungen aus, sei es durch die Journalisten, sei es durch Politiker oder Moralunternehmer, die in den Beiträgen zur Sprache kommen. Fasst man die Straflust weiter, geraten vor allem die impliziten Gehalte der Berichterstattung in den Blick. Schon die routinemäßigen Meldungen, dass ein Bankräuber zu einer Freiheitsstrafe verurteilt wurde oder dass der „Mörder von Jennifer endlich gefasst" wurde, enthalten zumindest die Option, Erleichterung, Genugtuung, Freude darüber auszulösen, dass die Gefahr gebannt ist und der Täter seine gerechte Strafe erhalten wird. Indem sie das Muster (auf bestimmte Normverletzungen folgt eine strafrechtliche Sanktion) unaufhörlich wiederholen, unterstützen die Medien den generalpräventiven Anspruch des Strafrechts. Normkonformes Verhalten wird belohnt, indem man der Bestrafung der Täter zuschauen darf. Dieser Lustgewinn ist durchaus im Einklang mit der herrschenden Strafrechtslogik. Strafrechtler und Kriminologen weisen häufig darauf hin, dass die Medien schon allein durch die Überrepräsentanz des Kriminalitätsthemas punitiv wirken, indem Ängste und Unsicherheitsgefühle geschürt werden, die dann wiederum als Anlass für politische Initiativen zur Strafrechtsverschärfung dienen:

Auch sind sich fast alle einig, dass die Medien durch ihre Darstellung der Kriminalität die Kriminalitätsfurcht in vielen Teilen der Bevölkerung, insbesondere bei den Älteren, schüren. Dieses subjektive Unsicherheitsgefühl und die objektive Gefahrenlage klaffen weit auseinander – mit hoher Wahrscheinlichkeit hauptsächlich ein Ergebnis der Art und Weise, wie Medien berichten. Eigene Kriminalitätserfahrungen im persönlichen Nahfeld scheinen dann für viele die gesamte Darstellung durch die Medien zu bestätigen. (Hoffmann-Riem 2000:194)[11]

Die meisten der Beiträge, die zur Ausweitung von Straf- und Sicherheitsbedürfnissen und ihrer populistischen Vereinnahmung einladen, verzichten auf direkte Strafforderungen. Sie begnügen sich damit, die jeweiligen Bedrohungsszenarien in allen Facetten auszumalen. Dazu lassen sich „seriöse" Stilmittel wie das Interview mit einem Innenminister oder Zahlen aus der Kriminalstatistik ebenso gut verwenden wie die üblichen Dramatisierungen mit Schreckensbildern und realitätsnahen Nachinszenierungen. Es muss nicht einmal unbedingt Kriminalitätsfurcht geschürt werden, entscheidender ist, dass es Anknüpfungspunkte für die sicherheitspolitische – routinierte – Verwaltung des „Problems" gibt: Z.B. gibt es viele Beiträge, in denen die Situation in überfüllten Gefängnissen beklagt wird, die dann als (möglicher) Anlass verwendet werden, Gefängnisneubauten in privater Trägerschaft oder die Einführung der „elektronischen Fußfessel" zu fordern. Die meisten Beiträge unterstützen spezifische punitive Trends schon allein aufgrund der etablierten Darstellungsmuster, sei es durch die bevorzugte Übernahme der Opferperspektive (was fast notwendig zu einer negativen Kennzeichnung der Täter führt), durch die Verwendung bestimmter Etiketten, wie nationale Herkunft,[12] Geschlecht und Alter, oder durch besonders häufige Berichte über „Sexualverbrechen". Selbst „ausgewogene" oder strafrechtskritische Beiträge könnten so zur Allgegenwart von Kriminalitätsthemen beitragen und letztendlich punitiv wirken.

In einem Beitrag der RTL-Sendung „Stern-TV" vom 11.11.98 wurde zum Beispiel die Kriminalisierung von Taxifahrern an der (seinerzeit noch als EU-Außengrenze fungierenden) Grenze zu Polen problematisiert, die „illegale Einwanderer" befördert hatten. Weil sie mit Flüchtlingen im Wagen angehalten wurden, seien bereits acht Fahrer zu Haftstrafen verurteilt worden und über hundert Verfahren anhängig. Der Bericht und das anschließende Gespräch mit einem betroffenen Taxifahrer und seinem Anwalt machen plausibel, dass die Taxifahrer mit einem Dilemma konfrontiert werden: Einerseits haben sie eine generelle „Beförderungspflicht", andererseits sollen sie keine Flüchtlinge in Grenznähe mitnehmen. Der Beitrag zeigt auch, dass die drakonischen Strafen bereits eine rassistische Selektion von Fahrgästen bewirkt haben: Eine als „Ausländer" erkennbare Testperson findet in Zittau kein Taxi, das sie nach Bautzen fährt. Fazit der Geschichte: Die Entscheidung, wer ein „Illegaler" sei und wer nicht, dürfe nicht den Taxifahrern zugemutet werden, sondern sei Sache des Bundesgrenzschutzes. Das Grenzregime und die damit betriebene Flüchtlings- und Asylpolitik wird nicht in Frage gestellt – es geht dieser Darstellung zufolge schlicht darum, die Zuständigkeit nicht auf Privatpersonen zu übertragen, die weder die Mittel noch den Auftrag haben, sich darum zu kümmern. Problematisiert wird nicht einmal die seinerzeit viel diskutierte Vorstellung einer „Schleuserkriminalität", es wird lediglich nahe gelegt, dass die Taxifahrer damit nichts zu tun haben, weil sie den Flüchtlingen unwissend und unfreiwillig geholfen hätten. Obwohl der Beitrag sich *gegen Kriminalisierung* (der Taxifahrer) wendet, übernimmt er wesentliche Grundmuster sicherheitspolitischer Dramatisierungen in einem hoch brisanten Bereich von „Sicherheitspolitik".

Aufklärung als Vorwand für sekundäre Dramatisierungsgewinne?

Von diesem Grundmuster, bei dem Strafe zugleich kritisiert und legitimiert wird, gibt es selbst wiederum zahlreiche Variationen. Gemäß den medialen Darstellungskonventionen ist es auch kein Problem, beide Seiten dieses Widerspruchs in einem Beitrag explizit zu machen. Am einfachsten geht das, indem man Pro- und Contra-Positionen als Debattenbeiträge gegeneinandersetzt. Aber das Prinzip lässt sich auch in andere Genres übertragen und dient dann als Nachweis einer ausgewogenen und neutralen Berichterstattung. Auch dazu ein Beispiel, in dem das Prinzip besonders deutlich wird, weil es fast bis zur Karikatur gesteigert ist. Im Vorfeld der Bundestagswahl 1998 brachte das RTL-Nachtjournal eine Reihe von thematischen Features unter dem Titel „Wahl Spezial" zu den „wichtigsten" Themen, darunter auch ein Beitrag zur „Inneren Sicherheit" am 22.10.1998. Die Ankündigung durch den Moderator stellt die punitive Moral heraus:

> Die innere Sicherheit der Bundesrepublik ist ins Gerede gekommen. Die Angst der Deutschen vor der Kriminalität wächst. Die Sehnsucht nach Law&Order ist weit verbreitet. Die Forderungen werden lauter nach einem starken Staat, der bei Räubern, Autoknackern, Asylbetrügern, Randalierern, Drogendealern und Kinderschändern endlich aufräumt. (An dieser Stelle wird

im Hintergrund eine Fotomontage von einem Polizeieinsatz, offenbar bei einer Demonstration, und einer Überwachungskamera eingeblendet, die für den Rest der Anmoderation stehen bleibt.) Fast zwei Drittel aller Bürger rufen nach härteren Strafen, als seien schärfere Gesetze allein schon ein wirksames Mittel gegen das Verbrechen, als gehe es nicht vielmehr darum, Polizei und Justiz personell und finanziell so auszustatten, dass sie im Kampf gegen die Kriminalität Erfolge erzielen können. Wie sicher ist Deutschland? Nicole [u: Mascherow] beschreibt die Probleme und die Rezepte, mit denen die Parteien auf Stimmenfang gehen.

Wer daraufhin einen Beitrag erwartet, in dem einseitig alle möglichen Schreckensbilder entworfen werden, wird enttäuscht. Die Anmoderation enthält selbst schon zwei vorsichtige Distanzierungen vom angeblichen „Ruf" der Bürger nach schärferen Gesetzen und vom „Stimmenfang" der Parteien. Insgesamt hat man jedoch den Eindruck, dass der Fernsehbeitrag sich hier in populistischer Manier die allgemeine „Stimmung im Volk" zu eigen macht, und die Neutralitätsforderung nur zum Schein erfüllt, indem die Law&Order-Parolen anderen in den Mund gelegt bzw. als Umfragewerte präsentiert werden. Der Filmbeitrag beginnt jedoch mit Bildern eines auch so bezeichneten „Stammtischs" in einem Schützenverein. Mit deutlich abwertender und ironischer Distanz wird nun „Volkes Stimme" als betrunkenes Gelalle einiger merkwürdig kostümierter Menschen präsentiert. Sie wiederholen inhaltlich mehr oder weniger die zitierten Phrasen der Einleitung im Gegenschnitt mit bedrohlichen Bildern (ein Blaulicht als wiederkehrendes Motiv des Beitrags, Kinderkreuze etc.). Im direkten Gegenschnitt werden die Stammtischparolen und ihre politische Instrumentalisierung lächerlich gemacht, zugleich aber die Bedrohung durch die Kriminalität, auf die sich diese Parolen beziehen, sinnbildlich untermauert. Das ist die Erzählstruktur des gesamten Films. Immer wieder werden Politiker verschiedener Parteien nach dem Pro- und Contra-Modell gegeneinandergesetzt. Ein Kriminologe darf erklären, warum die Verbrechensfurcht Ausdruck allgemeiner Verunsicherung sei, eine repressive Drogenpolitik wird ebenso kritisiert wie Videoüberwachung, geschlossene Jugendheime und die „Reform" des Sexualstrafrechts, alles immer im Gegenschnitt mit Vertretern der anderen Meinung, bedrohlichen Nachtaufnahmen und Fotos ermordeter Mädchen. Das Fazit der Sprecherin lautet: „Hysterie und Angst sind ein schlechter Ratgeber in der Politik, (...) es gibt keinen Grund für einen Großalarm."

Nimmt man den Beitrag beim Wort, ist die Botschaft unterm Strich – wie auch im Fazit ausgedrückt wird – eher deeskalierend. Fahrradstreifen der Polizei und „Sozialpolitik als beste Kriminalpolitik" werden dem Ruf nach hartem Durchgreifen als bessere Lösungsansätze entgegengehalten. Wenn also die Aufklärungsabsicht das vorrangige Arbeitsbündnis der Sendung ist, warum werden dann die üblichen Vorurteile und Schreckensbilder bedient? Drei Gründe liegen nahe, die auf dieses Beispiel alle drei zutreffen. Erstens weil die Konventionen der Darstellung von Kriminalitätsthemen so selbstverständlich sind, dass andere Formen gar nicht möglich erscheinen. Zweitens weil die professionelle Norm der Ausgewogenheit und Neutralität, an diesem Beispiel besonders unterstrichen durch den

Bezug zur Wahl, erfüllt werden muss. Drittens weil es einen sekundären Dramatisierungsgewinn ermöglicht, wie ich ihn schon anhand der Medienkritik durch die Medien charakterisiert habe: Die „Kritik" der Schreckensbilder und der Stammtischparolen dient als Anlass, sie zu zeigen und zu wiederholen, denn sie versprechen gute Einschaltquoten.

Ohne über die Intention der Autorin und der Redaktion zu spekulieren, können wir nicht entscheiden, welchen Stellenwert jede dieser drei Begründungen beim Entstehen des Beitrags hatte, für alle drei gibt es auch in meinen Interviews diverse Beispiele. Die Aufklärungsabsicht zum bloßen Vorwand zu erklären, ist jedenfalls angesichts des vermuteten starken öffentlichen Konsenses *für* härteres Durchgreifen unplausibel – dann hätten sich die Journalisten einfach der vermuteten „Stimmung im Volk" anschließen können.

Punitivität ohne Strafe

In der alltäglichen Kriminalberichterstattung fiel die Vielzahl an Berichten über gescheiterte, tölpelhafte Straftaten auf, bei denen sich die Täter zumeist selbst ans Messer liefern. Oft bedarf es nicht einmal mehr der strafrechtlichen Sanktion (jedenfalls wird darüber nichts berichtet), um die Täter lächerlich zu machen und den Rezipienten Genugtuung zu verschaffen. Nicht einmal die Polizei bleibt vom Spott verschont; peinliche Ermittlungspannen sind ein von allen untersuchten Medien häufig aufgegriffenes Thema. So verstanden, bezieht sich Punitivität nicht auf strafrechtliche Sanktionen, die Strafe folgt vielmehr auf dem Fuße und wird durch die öffentliche Zurschaustellung bekräftigt. Ein Beispiel aus der *Frankfurter Neuen Presse*, bei dem die Straftäterin sogar das bessere Ende für sich hat:

Trickdiebin trickste auch die Polizei aus
Bad Hersfeld. Eine 50 Jahre alte Trickdiebin hat nach ihrer Festnahme in Bad Hersfeld die Polizei ausgetrickst und ist entkommen. Wie ein Polizeisprecher berichtete, flüchtete die wegen Magenschmerzen im Kreiskrankenhaus behandelte Frau mit einem halsbrecherischen Balanceakt über Balkone aus dem sechsten Stock. Eine vor ihrem Zimmer postierte Beamtin merkte von der Flucht nichts. Die 50jährige war gemeinsam mit drei Komplizen bereits am Dienstag nach einem Raubzug in einem Elektrofachgeschäft festgenommen worden. (FNP, 22.10.98:3)

Einerseits beeindruckt die 50-jährige Frau durch ihre halsbrecherische und erfolgreiche Flucht, gleichzeitig wird sie als Trickdiebin, die „mit drei Komplizen" nach einem „Raubzug" festgenommen wurde, hinreichend negativ etikettiert, dass eine Strafverfolgung gerechtfertigt (wenn nicht gar notwendig) erscheint. Die Schilderung wird einem Polizeisprecher zugeschrieben, von dem man nicht annehmen kann, dass er die Flucht vor der Polizei als positives Beispiel verstanden wissen möchte. Indem er selbst die Geschichte publik macht, beugt er nicht nur dem Skandal vor, die Polizei verheimliche ihre Pannen, er trägt gleichzeitig zu einem Bild der Polizei bei, das auch ein neues Genre von Reality-TV-Sendungen über Polizeistreifen inspiriert haben dürfte: Seht her, hier gibt es was zu erleben. Das funktioniert nur unter der Prämisse, dass Polizei und Strafverfolgung nicht grundsätzlich in Frage gestellt werden dürfen.

Der *Spiegel* bringt auffällig häufig skurrile Geschichten rund um das Thema Kriminalität. Ein prototypisches Beispiel ist ein ganzseitiger Beitrag über Diebstähle von schweren Baumaschinen, der so beginnt:

Kriminalität
Klau am Bau
Im Aufbauland Ost boomt der Diebstahl auf Baustellen. Bevorzugt werden Kompressoren, Radlager und Bagger – aber auch ganze Kräne verschwinden.
Die Männer mit den Bauhelmen und den grauen Overalls fielen nicht weiter auf unter den Straßenbauarbeitern an der Autobahn bei Magdeburg. Ihr Arbeitsgerät hatten die beiden mitgebracht: eine Zugmaschine mitsamt Tieflader. Gelassen schlenderten sie über die Baustelle. Dann ging alles sehr schnell.
Mit einem Nachschlüssel startete einer der Unbekannten den 20-Tonnen-Bagger ihn geschickt auf den Anhänger. Freundlich winkend fuhr das Duo mit dem schweren Gerät davon. (...)
Kaum eine kriminelle Branche boomt derzeit so wie der Diebstahl von Baumaschinen. 'Da wird geklaut, was nicht niet- und nagelfest ist', klagt Joachim Teubert vom Verband der Baumaschinen-Ingenieure und -Meister (VDBUM). Geschätzter Schaden: 25 Millionen Mark pro Jahr, Tendenz steigend. (38/1997:84)

Schon die Formulierung des Titels kündigt einen unterhaltsamen Beitrag an. Die weiteren Schilderungen, wie unter anderem „eine Diebesbande auf einer Hochhausbaustelle in Brandenburg einen kompletten Kran von 30 Meter Höhe demontiert, in aller Ruhe auf einen Laster geladen und abtransportiert" hat, folgen diesem Muster. Wir dürfen das Geschehen aus der Perspektive amüsierter Schaulustiger betrachten. Einbezogen wird z.B. die Erzählung der Anwohner, die sich „über die fleißigen Wochenendmonteure" gewundert haben.[13] Gleichzeitig wird skandalisiert, dass diese „Kriminalität" großen Schaden anrichte. Versicherungen und Bauingenieure klagen, so wird berichtet, über mangelhafte technische Sicherungen und das Fehlen einer zentralen Registrierung von Baugeräten. Illustriert ist die Geschichte mit einem Foto schwerer Baumaschinen in warmer Abendsonne mit der Unterzeile „Tatort Baustelle (vor dem Berliner Reichstag): 25 Millionen Mark Schaden jährlich." Auch in diesem Beitrag kommen die Sicherheitsbehörden nicht gut weg: „Der Zoll lasse sich mit gefälschten Frachtpapieren leicht überrumpeln" und auch bei der Polizei müsse das

(...) Bewusstsein, dass da nächtens Großgeräte verschwinden, noch geschärft werden. So half eine zufällig vorbeifahrende Polizeistreife Dieben auf der A2 nahe Braunschweig. Um einem vermeintlichen Schwertransport die gefährliche Auffahrt in den nächtlichen Autobahnverkehr zu erleichtern, sperrten die Beamten kurzerhand eine der Fahrbahnen, winkten den geklauten Sattelschlepper samt 20-Tonnen-Bagger freundlich aus der Baustelle und ließen Diebe und Diebesgut unkontrolliert davonfahren. (ebd.)

Mit dieser Episode endet der Beitrag. Wir dürfen uns auf Kosten der Polizei mit den Dieben freuen, wir dürfen ihre Frechheit und ihren Mut ein wenig bewundern und erstaunt sein, dass sie damit durchkommen. Insofern haben sie sich ihre Beute ein bisschen „verdient". Zugleich werden wir aber ermahnt, dass genau diese

Vorstellung, diese Arglosigkeit dazu führt, dass große „Schäden" entstehen. Die Zaungäste und Schaulustigen sollen sich (wie die Polizei) also auch schämen, dass sie so naiv waren und künftig besser aufpassen. Der schöne Schein trügt. Eingestreut in den Text finden sich weitere Hinweise, dass die amüsante Geschichte zugleich eine Moralgeschichte ist. Gleich zu Beginn des Textes ist vom „Aufbauland Ost" die Rede, das angeblich das bevorzugte Ziel der Baustellendiebe ist (obwohl das nicht wirklich belegt wird, außer dass eine Mehrzahl der Episoden in den Neuen Bundesländern spielt). Der „Aufbau Ost" kann als wichtiges gesellschaftliches Projekt verstanden werden, das durch diese „Kriminalität" nun gefährdet wird. Als negative Etikettierungen tauchen auch ein „Hehler in Polen" und eine „vierköpfige Bande" auf. Die meisten Geräte würden „von spezialisierten, überwiegend deutschen Banden im Auftrag von Hehlern gestohlen". Alle diese Kennzeichen weisen auf eine gewerbsmäßige und schädliche Form von Kriminalität hin, mit der man nicht sympathisieren soll. Die Schadenfreude gegenüber der Polizei kann insofern auch als pädagogische Maßnahme interpretiert werden: Wenn die Ordnungshüter sich von den Dieben derart lächerlich machen lassen, dann berichten „wir" so lange darüber, bis sie aus ihren Fehlern gelernt haben. Wenn man so will, wird die Polizei durch Anprangern „bestraft" und angespornt.

Schadenfreude und soziale Verachtung

Das führt zu einem noch einmal erweiterten Verständnis von Punitivität, bei dem das Strafrecht nur noch als Kontext dient, die Straflust sich aber nicht auf die strafrechtliche Sanktion bezieht, sondern sich direkt aus der öffentlichen Skandalisierung und Dramatisierung durch die Medien speist. Dazu gehören alle Arten von Moralpaniken über die „gewalttätige Jugend", die „gefährlichen ausländischen Banden", die „Drogendealer" oder die „wachsende Internetkriminalität" usw. usf. – kurzum: die großen Themen, an denen sich ein überwiegender Teil der Medienberichterstattung abarbeitet. In *diesem* Sinne agieren die Medien nahezu durchgängig punitiv und sind dabei kaum auf externe Moralunternehmer angewiesen; diese Rolle übernehmen sie selbst. Für öffentliches Moralunternehmertum eignen sich die Medien auch deshalb so gut, weil sie ohnehin mit den dazu benötigten Techniken der Personalisierung, Dramatisierung und symbolischen Verdichtung arbeiten.[14] Da Themen unter anderem danach ausgewählt werden, ob andere Medien vom selben Ereignis berichten und ob sich eine Fortsetzungsgeschichte mit Wiedererkennungswert beim Publikum etablieren lässt, werden dieselben Grundmuster in endlosen Variationen wiederholt. Unterschiede zwischen den verschiedenen Medien, zwischen Presse und Fernsehen oder zwischen „Boulevard" und „seriös" reduzieren sich auf Stilfragen.

Diesen verbreiteten Spielarten von Punitivität ist gemeinsam, dass sich die Verachtung und moralische Degradierung sozial fast immer „nach unten" richtet, gegen Angehörige der Unterschicht, „Fremde" oder andere „Außenseiter". Es werden abweichende Lebensweisen problematisiert und verächtlich gemacht. Ein drastisches Beispiel findet sich in der „Zeit" in Form einer Gerichtsreportage[15] mit der Überschrift „Griffe zwischen die Beine". Sie beginnt mit der Charakterisierung des Angeklagten:

Claus P. kommt seit Jahren mit dem Gesetz in Konflikt. Laut Auskunft seiner langen Vorstrafenliste verschafft sich der 46jährige Hilfsarbeiter immer wieder zusätzliches Einkommen durch Betrug. Geld, das er dann in Alkohol umsetzt. Von der Polizei wird er regelmäßig volltrunken aber ohne KFZ-Versicherung und Führerschein gestoppt.

Nun wird ihm sexueller Missbrauch zweier Kinder vorgeworfen, denen er „nacheinander zwischen die Beine gegriffen und ihnen die T-Shirts hochgeschoben" haben soll. Die Mutter der Kinder wird folgendermaßen beschrieben:

Frau Petra H. ist Mutter von sieben Kindern, bei dreien hat ihr das Jugendamt die elterliche Sorge entzogen. Die 41jährige Frau bewegt sich nur mit Mühen. Ihr aufgeschwemmter Körper passt nur noch in dehnbare Jogginganzüge.

Ein „Bekannter" (offenbar der Lebensgefährte) der Mutter sei wegen Vergewaltigung der Kinder angeklagt. Der Artikel malt dieses Horrorszenario eines sozialen Milieus im Stile einer Nachmittags-Gerichts-Show aus. Häufig werden wörtliche Zitate eingestreut: „Mann, geht das hier mal los! Ich sach euch gleich, ich war das nicht!"/„Die Mutter hatte 'nen neuen Freund, da war so'n Kuddelmuddel. Die sind zu mir, damit sie mal zusammenkommen konnten."/„Dein Kerl hat die Kinder gefickt, und ich werde hier verknackt". Am Ende heißt es lakonisch: „Frau H. weint. Herr P. wird zu acht Monaten Haft auf Bewährung verurteilt." Weitere juristische Aspekte des Verfahrens werden nicht erwähnt. Das soziale Unwerturteil steht ohnehin schon fest, auf strafrechtliche Finessen ist man dafür nicht angewiesen. Vielmehr wird suggeriert, der soziale Status der Beteiligten bilde die eigentliche (und angemessene) Grundlage eines Strafurteils.

In diesem letzten Beispiel geht es schon weniger um die Straftaten – die durchaus von einer Art sind, wie sie sonst zu größeren Dramatisierungen im Namen der Opfer genutzt wird – als um ein bestimmtes Bild des Täters und des sozialen Milieus. Es geht um sozialen Status, um Verachtung nach „unten", wie es in vorangehenden Beispielen um Schadenfreude nach „oben" ging, z.B. angesichts der Fehltritte Prominenter. Derlei Moralisierungen von Lebensweisen werden im Kontext des Strafrechts anhand von Straftätern entwickelt, das ist die Struktur, die das Strafrecht vorgibt. Soziale Probleme, gesellschaftlicher Wandel und politische Konflikte werden als individuelle Abweichung dramatisiert, um sicherheitsstaatlich durch Kontrolle und Ausschließung von Personen und Gruppen von Personen lösbar zu erscheinen. Da die Moralisierungen also immer durch diesen Filter der Stigmatisierung von Straftätern gehen (müssen), liegt es nahe, sich eingehender mit den Täterbildern der Beiträge zu befassen.

Archetypen der Berichterstattung über Straftäter

Straftäter als Schurken und Gauner

Gemessen an der herrschenden Kritik der Kriminalberichterstattung und der zuvor geschilderten strukturellen Punitivität, wäre der unwahrscheinlichste Fall des Umgangs mit Straftätern in den Medien, ein positives Bild vom Täter zu zeichnen. In Literatur und Film sind solche Figuren hingegen gut etabliert: Robin Hood als „Rächer der Armen", mit deutlichen Anklängen an den nationalen Befreiungskampf gegen die normannischen Herrscher und der Kritik eines korrupten Klerus, der sich um die Belange des einfachen Volkes nicht mehr kümmert; Schillers „Räuber" und Lessings „Michael Kohlhaas" als ambivalente Helden, die aber ebenfalls gegen Ungerechtigkeit und Doppelmoral kämpfen; diverse Schelme und Trickser von Eulenspiegel bis zu Zuckmayers „Hauptmann von Köpenick" inklusive der Verfilmung mit Heinz Rühmann (1956); Die ehrbaren Ganoven Newman und Redford in „Der Clou" (George Roy Hill 1973), die den mächtigen und skrupellosen Gangsterboss ausnehmen; kürzlich auch das Remake von „Ocean's Eleven" (Lewis Milestone 1960/Steven Soderbergh 2001), in dem die liebenswerten Räuber ebenfalls einen viel größeren Schurken berauben und denen der Zuschauer die kriminellen Erlöse (die hier im Unterschied zur älteren Vorlage nicht in Flammen aufgehen) von Herzen gönnt oder auch „The Score" (Frank Oz 2001), bei dem es am Ende darum geht, dass der alte De Niro den jungen Gangster Edward Norton noch ein letztes Mal austrickst, um die Beute alleine zu behalten. Der Anteil der Geschichten, in denen die ehrenwerten Gauner mit dem Leben oder gar mit ihrer Beute davon kommen, ist allerdings zu allen Zeiten ausgesprochen gering. Möglicherweise war um die Jahrtausendwende und vor dem Zusammenbruch der *new economy* die Bereitschaft, auch illegal eingestrichene Gewinne als zulässige Einkommensform durchgehen zu lassen, ein paar Jahre lang geringfügig erhöht. Im Allgemeinen müssen die Schurken und Gauner sich aber anders als Sympathieträger ausweisen und werden dennoch gnadenlos bestraft. Grundsätzlich ist es nicht die Gesetzlosigkeit, die sie zu Identifikationsfiguren macht, sondern persönliche Eigenschaften wie ein ausgeprägtes Gerechtigkeitsgefühl, eine überlegene Intelligenz, Geschicklichkeit, Mut, Charme usw. Insofern könnten ehrbare Schurken und Gauner auch in die Nachrichtenmedien gelangen, ohne zentrale Normen grundlegend in Frage zu stellen.

Beispiele für Schurken und Gauner als echte Sympathieträger habe ich in der Berichterstattung jedoch nicht gefunden. Es gibt eine Menge „Unschuldige" und Bemitleidenswerte, es gibt auch schlaue und trickreiche Straftäter, aber keine, die sich so richtig mit der starken fiktiven Vorlage von coolen, schlauen, charmanten oder gar gerechten Helden in Einklang bringen lassen. Auch die Zuschreibung von Prominenz muss keinesfalls eine Sympathiebekundung enthalten (auch

Pinochet ist „prominent"). Aber unter den prominenten Straftätern finden wir immerhin ein paar, denen *auch* Sympathien entgegengebracht werden. Der „Kaufhauserpresser Dagobert" z.B., weil es ihm gelungen ist, die Polizei mit seinen technischen Tricks immer wieder zum Narren zu halten, oder den „Posträuber Biggs", der als kranker, wieder verarmter alter Mann nach England ausgeliefert werden sollte. Subkulturell auch der „Großdealer" Howard Marks alias „Mr. Nice", der zeitweise einen guten Teil des Weltmarktes für Haschisch kontrolliert haben soll und später ähnlich wie Funke als Vortragsreisender und Buchautor eine zweite Karriere erlebte.

In der Berichterstattung zu „Dagobert" Arno Funke – das gilt für alle Medien, die ich dazu finden konnte – steht die Geschichte mit den immer wieder misslungenen Geldübergaben, die seinerzeit großes öffentliches Interesse erregten, im Zentrum des Interesses. Insbesondere die *Bild*zeitung freute sich: „Dagobert narrt die Polizei: Über 'Dagoberts' Einfälle lachen Millionen".[16] Es ist durchaus Schadenfreude angesichts der Pannen der Polizei erlaubt. Dass „Dagobert" dann schließlich gefasst und verurteilt wurde, erregt allerdings auch keinen Widerspruch. Eine Forderung: „lasst Funke frei" erscheint abwegig. Immerhin führen die meisten Berichte Gründe für ein eher mildes Urteil an, insbesondere den Hinweis, dass Funke stets darauf bedacht gewesen sei, dass keine Menschen zu Schaden kommen. An der Notwendigkeit, sein Verhalten strafrechtlich zu sanktionieren, wird jedoch nicht gezweifelt. Die Juristen tun ihre Arbeit und zu der gehört eben auch, mildernde Umstände zu berücksichtigen. Funke ist kein Freiheitskämpfer und kein Justizopfer.

Verehrt wird Funke vielmehr als „genialer Tüftler", nach der Haftentlassung gar als richtiger Intellektueller und als jemand, der seine „kriminelle Karriere" hinter sich gelassen hat. In einem *Zeit*-Interview („Zeit Leben" 34/2000) ist auch zu erfahren, dass Funke zwar viele Pläne hat, die sein Leben nach der Haft als positive Zukunftsperspektive erscheinen lassen, dass er aber auch davon ausgeht, seine Schulden nie wieder los zu werden. Gerade indem er seine Straftaten bereut, nicht davon profitiert und die Zeit, in der er als Erpresser aktiv war, negativ zeichnet, kann er den biographischen Bruch durch die Verhaftung als positive Wendung darstellen. Auf die Frage „Sind Sie froh, dass es mit der Karstadt-Erpressung nicht geklappt hat?" antwortet er:

Das ist eine sehr schwierige Frage. Jetzt, in meiner neuen Beziehung, bin ich froh, dass es sich so entwickelt hat. Wenn ich das Geld bekommen hätte, hätte ich kein Buch geschrieben, hätte vielleicht vor mich hin gelebt. Vielleicht hat der Knast mir tatsächlich geholfen, zu mir zu finden und meine intellektuellen Fähigkeiten zu trainieren (...)

Der *Intellektuelle* Funke eröffnet auch die Möglichkeit für direkte Solidarisierungen und lädt zur Identifikation ein. So wirbt die *taz* mit verschiedenen Prominenten (von Franka Potente über Harald Schmidt bis Rudolf Augstein und Gregor Gysi) für Abonnements, unter ihnen auch der „Autor und Ex-Erpresser", wie er in einem Kurzportrait vorgestellt wird. Dort wird noch einmal darauf verwiesen, dass Funke „akribisch" darauf geachtet habe, niemanden zu verletzen. „Nur die Polizei bekam etwas ab: viel Häme". Es wird auf mehreren Ebenen betont, dass Funke seine Karriere als Erpresser hinter sich gelassen hat: Aus dem Gefängnis wurde er „wegen guter Führung vorzeitig entlassen", arbeitet jetzt als „freier Autor und Karikaturist. Gelegentlich schreibt er für die *taz*." Am Ende steht ein Zitat Funkes: „Was würde ich in Zukunft machen, wenn es keine *taz* gäbe? Was ist, wenn mich eines Tages doch noch ein Bekannter, ein Nachbar oder meine Freundin mit einem Boulevardblatt erwischt? Mein Ruf wäre dahin." Funke hat einen guten Ruf zu verteidigen – einen Ruf als gebildete Person, die sich nicht mit einem Boulevardblatt „erwischen" lassen darf. Die zweite Ebene, welche schlechten Erfahrungen Funke mit dem Boulevard gemacht hat, wird nicht explizit. Auch die *Bild*zeitung hat das mediale Bild eines trickreichen Erpressers, der die Polizei lächerlich macht, bedient und geht mit dem entlassenen Funke versöhnlich um. Sie konzentriert sich dabei auf das Privatleben und die möglicherweise bevorstehende Heirat (vgl. *Bild* vom 13.8.2000). Es ist wohl dieses Stochern in der Privatsphäre, was Funke stört, vor dem er sich als Prominenter schützen muss. Damit das Ganze als Werbung für die *taz* funktioniert, wird vorausgesetzt, dass die potentiellen Leser sich mit einem ehemaligen Kriminellen, der jetzt jedoch einen Ruf als (die Implikation ist wohl auch: kritischer oder liberaler) Intellektueller zu verteidigen hat, identifizieren. Ein gehobenes Modell von Resozialisierung: Wer für die *taz* schreibt, braucht nicht nur keine Kaufhäuser mehr zu erpressen, er darf sogar öffentlich anderen erklären, wie man es im Leben richtig macht. Auch ein sehr exklusives Modell der Resozialisierung, das nur sehr wenigen Straftätern zur Verfügung stehen dürfte.

Im Unterschied zu dem „Tüftler" und Intellektuellen Funke erfüllt der „Posträuber" Ronald alias „Ronnie" Biggs eher die Kriterien eines Popstars. Das kann man ganz wörtlich nehmen. Ende der siebziger Jahre sang Biggs auf einer Platte der „Sex Pistols" und trat auch in einem Film mit ihnen auf. Die „Toten Hosen" griffen diese Idee in den 90ern wieder auf und produzierten ebenfalls ein Lied und Video mit Biggs:

> Ronnie Biggs geht mittlerweile auf die siebzig zu, und bei einem derart aufregenden Leben ist es klar, dass der Körper irgendwann schlappmacht. Das ist traurig, mindert aber in keiner Weise meinen Respekt ihm gegenüber. Er ist ein großartiger Charakter und für mich immer so ein Robin Hood der Neuzeit gewesen; und ich erinnere mich halt an diese Abende, als wir ihn mit den Toten Hosen für eine gemeinsame Aufnahme in Rio besucht haben. Abends hat er am Grillfeuer Würstchen für uns gemacht und stundenlang seine Fluchtgeschichte erzählt – und wir hingen ihm an den Lippen wie Enkelkinder, die ihrem Opa zuhören. Ich kenne Ronnie Biggs als unglaublich lustigen und herzlichen Typen, und so behalte ich ihn auch in meinem Herz. („Tote Hosen"-Sänger Campino in einem Interview im Falter vom 6.2.2002)

Die Rolle des von einem aufregenden Leben gezeichneten netten Opas, der als Ikone der Rock- und Punk-Anarchisten den Enkelkindern am Lagerfeuer stundenlang Geschichten erzählt und den sie darum anhimmeln, wirkt plausibler als die nicht weiter ausgeführte Adelung zum „Robin Hood der Neuzeit". Niemand dichtet Biggs irgendwelche altruistischen oder wohltätigen Eigenschaften an, das würde nicht zuletzt die Figur des Anarchisten-Opas, der ein wildes und sehr männliches Leben gelebt hat, zerstören. Zahlreiche Berichte über die Auslieferung Biggs' nach England im Jahr 2001 in den deutschen Medien legen fast einhellig nahe, dass von einer Bestrafung abgesehen werden sollte, weil er ein *alter, kranker* Mann ist und die Tat schon so lange zurückliegt. Es wird aber auch darauf hingewiesen, dass Biggs den Zugführer seinerzeit schwer verletzt hat. Der Verzicht auf Strafe wird analog zu anderen alten, kranken Männern (z.B. Honecker und Pinochet) als Gnadenakt und nicht als Solidarisierung möglich.

In beiden Fällen werden die Täter nicht als Unmenschen dargestellt. Dafür, dass sie eine aufregende Geschichte kreiert haben, darf man ihnen mit Prominenz danken, die sich in ein Kulturindustrie-Einkommen ummünzen lässt. Bezogen auf die Strafforderung ermöglicht das auch eine mildere Haltung, als sie anderen Straftätern gegenüber geäußert werden kann. Helden für eine gerechte Sache werden darum noch nicht aus ihnen. Nur noch subkulturell funktioniert die Verehrung für den ehemaligen Drogendealer Howard Marks. In der popkulturell und dezidiert politisch links orientierten *Jungle World* erschien anlässlich der Veröffentlichung (der deutschen Ausgabe) seiner Biographie ein Beitrag unter dem Titel „Vergeßt Banküberfälle! Reich wird man nur im Drogenhandel, beweist die Autobiographie des Großdealers Howard Marks" (Ivo Bozic in der Ausgabe vom 18.11.1998). Als Rezeptionshaltung wird vorgegeben:

Wer Roadmovies mag und ab und zu einen kifft, sollte sich diese Autobiographie, dieses 'Drehbuch' über einen der größten Cannabis-Dealer der siebziger und achtziger Jahre zu Gemüt führen. In diesem Film ist alles dabei: Sex, Drogen und Rock'n'Roll bis zum Umfallen, die IRA, der britische Geheimdienst, CIA und Mafia, afghanische Rebellen, Buddhismus (...)

Am Ende hat jedoch auch die linke Szene etwas zu monieren: „Im Grunde ist es der kapitalistische Traum, der hier geträumt wird. Er hat nur deshalb etwas Rebellisches, weil Drogen illegal sind." Howard Marks bietet gute Unterhaltung, wenn man sich nicht allzu sehr um die Gefährlichkeit von Cannabis sorgt, aber er wird nicht zum Vorbild oder Freiheitskämpfer stilisiert.

Die Geschichten der modernen Schurken und Gauner stehen für verschiedene Träume vom guten Leben. Sie handeln von der Illusion durch schnelles, „kriminell" verdientes Geld glücklich zu werden und von der reellen Möglichkeit, berühmt und damit schon eher glücklich zu werden, indem man etwas Unkonventionelles tut und eine Geschichte zu erzählen hat. Gelegentlich verkörpert eine Person eben beide Erzählungen, umso besser. Zur Nachahmung empfohlen wird allenfalls die zweite Variante, die als Regelfall wohl zur Teilnahme an Casting-Shows und ähnlichen Fernsehinszenierungen animieren soll, bei denen den Gewinnern schneller Ruhm als „Superstar" versprochen wird. Die ehrbaren Ganoven werden kulturindustriell vereinnahmt und ihrer anarchischen Potentiale beraubt.

Gute Schurken müssen nicht unbedingt prominent sein. In vielen Kriminalitätsgeschichten dürfen wir mit den kleinen Ganoven zumindest die Schadenfreude teilen oder uns über die kuriose Geschichte amüsieren, die sie erzeugt haben. Ein *Spiegel*-Beitrag unter der Überschrift „Go, captain, go" (43/1998:212/214) handelt von „Piraten" vor der Küste Nigerias, die ein Schiff entführen und erfolgreich ein Lösegeld von der Firma Mobil Oil erpressen, für die das Schiff unterwegs ist. Hauptfigur ist der deutsche Kapitän des Schiffes. Der 60-jährige Dammalack wird als erfahrener „Seebär von 1,86 und über 118 Kilogramm Kampfgewicht" beschrieben. Ein Foto des Zigarre rauchenden Kapitäns bringt diese imposante Statur gut zur Geltung. Eingangs wird geschildert, wie das Schiff, einem vermeintlichen Notruf folgend, in eine Falle gelockt wurde. Die Einheimischen enterten die „Wilhaditurm" mit Kanus und Macheten: „Ihr Anführer hält dem Kapitän ein Messer in die Seite und schreit ihn an: 'Dieses Schiff steht jetzt unter dem Kommando der Dorfbevölkerung von Sengana'. Piraten!"

Der Text ist leicht als Abenteuergeschichte zu identifizieren, mit „Seebären" und „Piraten" wie in zahlreichen Filmen und Romanen. Der besondere Reiz besteht nun darin, dass diese Geschichte nicht fiktiv ist und dass sie Ende des 20. Jahrhunderts spielt. Der Konflikt wird auch nicht kriegerisch gelöst, die Piraten werden nicht besiegt, sondern kommen sogar erfolgreich mit einem Lösegeld davon. Schon im Untertitel wird erwähnt, dass Kapitän Dammalack sich „gewisser Sympathien für die Piraten nicht erwehren" könne. Er hält die Eindringlinge während der Verhandlungen mit der Ölfirma bei Laune und versorgt sie sogar mit Medikamenten. Gleichzeitig wird mehrfach betont, wie gefährlich die Situation gewesen sei:

> Wenn das Geld nicht bis 16 Uhr am folgenden Tag eingetroffen ist, wollen die Kidnapper den Kapitän und seine Besatzung umbringen und das Schiff versenken. Bei allem, was man über nigerianische Piraten weiß, muss man diese Drohung ernst nehmen.

In die Abenteuergeschichte ist eine zweite Ebene eingeflochten. Die soziale Situation der Menschen im Nigerdelta:

> Sieben Millionen Menschen fühlen sich vom nigerianischen Staat verraten, der aus der Ölförderung jährlich über zehn Milliarden Dollar kassiert und keinen Cent davon übrig hat für Straßen, Wasserleitungen und Schulen in der Region, aus der der ganze Reichtum kommt. Was die Regierung ihnen vorenthält, das fordern die Menschen jetzt von den Ölkonzernen. Dabei mischt sich gerechter Zorn mit krimineller Energie.

Kapitän Dammalack ist kein Repräsentant der Ölkonzerne oder des nigerianischen Staates. Er erscheint als gerechter Patriarch, der mit den Aufständischen sympathisiert, weil er ihre Motive verstehen kann. Im Vergleich zur korrupten afrikanischen Regierung und den rücksichtslosen Wirtschaftsinteressen der postkolonialen westlichen Konzerne verkörpert er einen „guten" Kolonialherren, der sich um die

Einheimischen aus einer Position der Überlegenheit heraus sorgt und kümmert. Die „Piraten" bleiben die unzivilisierten Wilden, die der patriarchal-kolonialen Führung bedürfen, „sie tragen Fetischbänder und Amulette, die sie gegen Schuss- und Stichverletzungen schützen sollen". Was passiert, wenn man die „Wilden" alleine lässt, wird am Ende des Beitrags noch einmal hervorgehoben. Der Dorfchef muss schnell zurück: „Ein Nachbardorf hat von dem Geldsegen für Sengana erfahren und rüstet jetzt zu einem Überfall."

Diese moderne Piratengeschichte zeigt prototypisch, wie die Sympathie für Straftäter, deren Handeln sich aufgrund sozialer Ungerechtigkeit rechtfertigen ließe, häufig kanalisiert wird. Man darf sich mit den Ausgebeuteten und Unterdrückten empören, indem man sich selbst in die Rolle des Ordnungsstifters phantasiert (hier durch Identifikation mit dem patriarchalen Helden Kapitän Dammalack). Diese Position der Überlegenheit ermöglicht es, sich der guten Sache anzunehmen, ohne sich auf die Seite der Gesetzesbrecher zu schlagen. So bleiben auch Geschichten über moralisch gerechtfertigte „Schurken und Gauner" in der Regel Ordnungsgeschichten.

Straftäter als Monster und Bestien

Eine zentrale Figur in der Berichterstattung über Straftäter sind jene, für deren Taten es überhaupt keine nachvollziehbare Erklärung gibt. Es geht um besonders grausame und brutale Taten, um „Psychopaten" und „Triebtäter", um „Monster" und „Bestien", die Fassungslosigkeit und Angst erzeugen. Das drastischste Beispiel der letzten Jahre, der so genannte „Kannibale von Rotenburg", verweist zugleich darauf, dass dieser Effekt als Angstlust zu interpretieren ist. Ähnlich wie die „Piraten" bedient der „Kannibale" literarische und kulturindustrielle Vorbilder. Der bekannteste Kannibale unserer Zeit dürfte Anthony Hopkins in der Rolle des Hannibal Lector in „Das Schweigen der Lämmer" (Jonathan Demme 1991) sein. Die Berichte folgen den Genreregeln des Horrorfilms: Das Böse wird als das ganz „Andere" geschildert, das jedoch unerkannt und unverdächtig mitten unter uns lebt und dann überraschend zuschlägt. Die Fernsehdarstellungen nutzen die Filmvorlage als Zitat oder übernehmen die Stilmittel des langsamen Spannungsaufbaus mit Überraschungseffekt. Bedroht sind zentrale gesellschaftliche Werte. Im Horrorfilm meist die idealisierte Idylle einer intakten bürgerlichen Kleinfamilie, im Fall des „Kannibalen von Rotenburg" die Vorstellung einer „normalen" Sexualität und die Sicherheit des Internets. Noch irritierender als die kannibalischen Gelüste des Mörders erscheint die möglicherweise freiwillige Teilnahme des Opfers, das den Täter per Internet kennengelernt und angeblich seiner rituellen Tötung zugestimmt habe.

Typische Vertreter der Monster und Bestien unserer Zeit sind insgesamt Sexualstraftäter. In meiner Stichprobe finden sich aus Anlass des Prozessbeginns zahlreiche Beiträge über „Ronny Rieken", der gestanden hat, zwei Mädchen sexuell „missbraucht" und ermordet zu haben. Zuvor war der Fall nicht nur anlässlich der medial inszenierten verzweifelten Suche nach den Opfern bekannt geworden, sondern wurde auch als einer der ersten große Erfolge des „genetischen Fingerabdrucks" gefeiert. Der Angeklagte war den Darstellungen zufolge durch einen Massentest überführt worden, an dem er teilnahm, weil er die Taten verdrängt hatte. Die Dramatisierung bezieht sich zum einen auf eine frühere Verurteilung desselben Täters wegen Vergewaltigung und auf den Umstand, dass die gestandenen Taten zwei Jahre auseinander liegen, in denen der Angeklagte als unauffälliger „Familienvater" gelebt habe. Seine Familie habe von seinen krankhaften Trieben nichts geahnt. Geschildert wird insbesondere die Verzweiflung und die Trauer der Angehörigen der Opfer. Immer wieder werden Fotos der ermordeten Mädchen gezeigt. Die Angstlust wird als Mitgefühl und Solidarität mit den Opfern und ihren Familien legitimiert. Die Trauerfeiern werden von Politikern zur öffentlichen Selbstdarstellung genutzt, was wiederum als Anlass von Berichterstattung dient. Die kriminologische Medienkritik eines „politisch-publizistischen Verstärkerkreislaufs" trifft auf diese Berichterstattung in vollem Umfang zu – was umgekehrt nahe legt, dass sie sich hauptsächlich auf solches Material bezieht.

Beim Durchsehen der Berichte über „Monster und Bestien" fällt auf, dass neben den Sexualstraftätern, die seit einigen Jahren ein zentrales Thema sind (inklusive der gesetzgeberischen Vorlagen und Folgen), vor allem „Jugendgewalt" in dieser Kategorie abgearbeitet wird. Zur Zeit meiner Erhebung war gerade der Fall „Mehmet" auf dem Höhepunkt der Aufmerksamkeit. Interessant am Fall „Mehmet" ist, dass seine Taten mehr oder weniger im Bereich typischer Jugenddelinquenz angesiedelt waren – einzeln betrachtet wären sie wohl kaum der Meldung in einer Zeitung für wert befunden worden. Anders als bei den Sexualstraftätern oder jugendlichen Amokläufern (wie in Erfurt 2002) besteht seine Bedrohlichkeit nicht in unbeherrschbaren Trieben, sondern vor allem in seiner Beharrlichkeit, sich allen Versuchen zur Erziehung und Integration zu entziehen. Geschildert wird eine Gemengelage von Erklärungsansätzen: Probleme mit der Familie, Drogen, zusätzlich der Hintergrund Migration, aber auch allgemeine Tendenzen einer zunehmenden Jugendgewalt. Im Fall „Mehmet" kann die Frage nach den Ursachen offen bleiben, weil aufgrund des Streits um seine Abschiebung ohnehin die Frage dominiert: „Was soll mit diesem Unverbesserlichen nun geschehen?" Doch auch die Amokläufe Jugendlicher von Littleton, Bad Reichenhall oder Erfurt sind Anlass, ein ganzes Pandämonium an Ursachen zu eröffnen: gewaltverherrlichende Rockmusik, Filme und Computerspiele, soziale Ausgrenzung, schulische Misserfolge, politische Gesinnung, persönliche Rache, familiäre Probleme, ein Mangel an institutionellen Eingriffsmöglichkeiten, Zugang zu Schusswaffen, Drogen, psychische Probleme und Verhaltensauffälligkeiten, die ignoriert wurden usw. usf. Mit „Bowling for Columbine" (2002) hat Michael Moore all diese Erklärungsansätze ad absurdum geführt: Sie suchen die Ursachen bei den Tätern, nicht in der Gesellschaft, somit wird alles, was die Täter bisher im Leben gemacht haben (z.B. Bowling zu spielen unmittelbar vor dem Amoklauf in Littleton) retrospektiv zur möglichen Ursache. Keine Erklärung ist besser oder schlechter als jede andere. Das ist der wahre Hintergrund der Unberechenbarkeit der Monster und Bestien und der Verunsicherung, die sie auslösen: Die komplexen gesellschaftlichen Ursachen, die Kinder zu Monstern werden lassen, sind das Bedrohliche und dass es keine einfachen und wirksamen Lösungen gibt, keine Sicherheit, dass so etwas nicht wieder passiert. Das macht Angst und ist Anlass für Straflust. Diese Form der Ursachensuche öffnet die Debatte für vermeintlich schnelle und direkte Lösungen: Verbot von gewaltverherrlichenden Computerspielen, Verschärfung des Jugendstrafrechts, Herabsetzung der Strafmündigkeit von 14 auf 12 Jahre, Angleichung von Jugend- und Erwachsenenstrafrecht, konsequenteres Durchgreifen gegen „Schulschwänzer" und so weiter.

Im April 1998 widmete der Spiegel der Jugendgewalt seine Titelgeschichte. Auf dem bemerkenswerten Titelblatt heißt es „Die Kleinen Monster" und im Untertitel: „Warum immer mehr Kinder kriminell werden". Die große Zeichnung zeigt im Zentrum eine erwachsene Frau mit vor Angst oder Schreck weit aufgerissenen Augen und Mund (möglicherweise schreit sie vor Panik oder ruft um Hilfe), umringt von mehreren Jugendlichen, die sie auf verschiedene Weise attackieren. Einer bedroht sie mit vorgehaltener Pistole, einer hält ihr ein Messer an die Kehle, ein dritter entreißt ihr gerade die Handtasche. Im Hintergrund sehen wir ein Mädchen mit Zöpfen (ähnlich einer Rasta-Frisur), die gerade mit einer Farbdose sprüht – vermutlich ein Graffiti, aber das ist nicht zu sehen. Im Vordergrund sehen wir noch den Hinterkopf und die Hände eines offenbar zu Boden stürzenden erwachsenen Mannes, der gerade von einem Jugendlichen mit Baseballschläger attackiert wird. Links unten, etwas kleiner als die übrigen Szenen, sehen wir noch einen Jugendlichen mit halb heruntergelassener Hose, der gerade einer weinenden erwachsenen Frau das Kleid herunterreißt und ihr den Hals zudrückt – eine sich anbahnende Vergewaltigung. Es sind also jeweils Erwachsene Opfer der dargestellten jugendlichen Gewalt. Die Eigentümlichkeit dieser Perspektive wird schon durch die Titelbeiträge, auf die dieses Bild verweisen soll, deutlich. Im Untertitel des ersten Beitrags heißt es: „Kinder rauben Kinder aus, Teenies töten Teenies ...". Und doch erscheint das Titelbild gemessen an den Beiträgen nicht als Fehlleistung, denn um die Jugendgewalt sorgen sich nicht die betroffenen Jugendlichen, sondern eben die Erwachsenen: „... die kleinen Gewalttäter lösen Entsetzen aus. Pädagogen, Polizisten und Jugendhelfer suchen nach Wegen, die Schreckenskinder von einer kriminellen Karriere abzubringen." Das Thema Jugendgewalt ist vor allem Ausdruck eines aus Sicht der Älteren gestörten Generationenverhältnisses. Die Sorge um die Jugend muss als moralunternehmerische Bestrebung interpretiert werden, diese Störung im Generationenverhältnis zu beheben, indem die

Jugendlichen auf die Moral der Älteren verpflichtet werden. Man wünscht sich eine Jugend, die den eigenen, retrospektiv verkitschten Jugendträumen nacheifert, die wenigstens so ordentlich und fleißig ist, dass sie arbeiten geht, um „unsere" Rente zu zahlen, die nicht an den politischen Verhältnissen rüttelt, die „wir" zwar nicht unbedingt gut heißen, aber mit denen „wir" uns arrangiert haben. So erklärt sich auch das Mädchen mit der Sprühdose auf dem Titelbild: Was die Kinder zu Monstern macht, ist nicht die Gewalttätigkeit, sondern alles, was an ihnen anders und „unordentlich" ist. Es steckt darin auch die Mahnung: Jede „kriminelle Karriere" fängt mit kleinen Delikten an. Die Nahtstelle zu dem be-

schriebenen punitiven Modell einer fürsorglichen Dramatisierung ist offensichtlich. Die Berichterstattung über ihre Gefährlichkeit soll ebenfalls zum Wohle der gefährlichen Kinder sein. Die fürsorgliche Dramatisierung der Sozialpädagogen und -arbeiter wird durch die wohlwollende Dramatisierung der Medien unterstützt.

Auch für Sexualstraftäter wird häufig „Behandlung" gefordert statt lebenslänglicher Verwahrung. Selbst noch die übelsten Schauergeschichten, wie die „große" RTL-Reportage unter dem Titel „Angeklagt: Sexualverbrecher" (vom 15.11.98), bedienen dieses Arbeitsbündnis. Neben nachgestellten Szenen von Vergewaltigungen und Sexualmorden, einem konfrontativen „Interview" mit dem in Untersuchungshaft sitzenden Ronny Rieken, Bildern der Opfer und detailgetreuen „Geständnissen" amerikanischer Sexualstraftäter, kommen progressive Gutachter und Therapeuten sowie Kritiker der massenhaften und „wirkungslosen" Einsperrung zur Sprache. Ein zentrales Thema des Beitrags sind die Effekte der freiwilligen und (in einigen Bundesstaaten der USA) zwangsweisen Kastration von verurteilten Sexualstraftätern, die sowohl als „extreme Körperstrafe" wie auch als mögliche „Heilmethode" vorgestellt wird. Die Sendung lässt sich komplett als Gruselkabinett rezipieren, ohne allzu große Irritation auszulösen. Die Übergänge vom strafenden, ausschließenden Umgang mit den Straftätern zum helfenden, heilenden, sind derart fließend, dass auch Widersprüchliches zu einer symbolischen Einheit verschmolzen wird. Wichtig ist, dass die Mörder und Bestien nicht der einzige Gegenstand sind, sondern eine große Zahl von politisch und praktisch „Aktiven" vorgeführt wird, die sich auf unterschiedliche Art um das Problem kümmern. Es wird vermittelt, dass es zuständige Institutionen gibt, dass die Probleme, wenn schon nicht lösbar, so doch mindestens professionell bearbeitbar sind. Wir dürfen uns auf die Zuschauerrolle zurückziehen und die Gruselshow „genießen".

Straftäter als Verlierer und Opfer

In den Berichten über den Fall „Rieken" werden, wie auch bei den Jugendstraftätern, soziale und familiäre Hintergründe, insbesondere der Umstand, dass er selbst als Kind vom Vater missbraucht worden sei, verwendet, um den *Täter als Opfer* darzustellen. Auch hier gehen die Darstellungsmuster fließend ineinander über. Besonders konsequent werden beide Motive vom *Stern* benutzt. In der Ausgabe 48/98 wird unter dem Titel „Tödliche Begegnung" der Mord an einem „geistig Behinderten" durch zwei Jugendliche geschildert. Zuerst werden explizit Filmmotive aufgegriffen:

Mitternacht am Baggersee. Ein Fußweg ohne Licht. Es regnet nicht, es kübelt. Ein riesiger Kerl stapft durch die Pfützen. Einen Meter neunzig groß, zwei Zentner schwer. Wasser trommelt auf seine Glatze, läuft ihm in das eigentümlich verkniffene rechte Auge.

Eine Szene wie aus einem Edgar-Wallace-Film. Nur daß am Escher See bei Köln nicht Eddi Arent und Klaus Kinski auf ihr Opfer lauern, sondern Bernd und Marcel.
Die beiden kommen von der Tankstelle, haben sich eine Pizza, eine Flasche 'Wodka Red' und zwei Zigarren gekauft. Was kleine Jungs so brauchen, wenn sie den starken Mann markieren wollen. Bernd ist gerade 21 Jahre alt geworden, Marcel erst 16. Er hat Krach mit seinen Eltern und will sich betrinken. (S. 106)

Es folgt die dem Filmprinzip treu bleibende, szenisch verdichtete Schilderung des Mordes. Dann wird ausführlich das Opfer vorgestellt, wie der Mann sein Leben unter schwierigen Umständen, die mehr in Diskriminierungserfahrungen als in seiner Behinderung bestanden, meisterte. Schließlich widmet sich der Beitrag ausführlich den Tätern und dem sozialen Milieu, aus dem sie stammen:

Es riecht nach Sorgen und Hund. (...) Hauptschule ohne Abschluss beendet, während der Lehre 800 Mark unterschlagen, von zu Hause ausgezogen und in einer Art Penner-Absteige gewohnt (...), keine Hobbys, keine gleichaltrigen Freunde, immer nur Kids zu Besuch im Kellerkinderzimmer mit den Michael-Jackson-Postern an der Wand. (...) Abends um zehn musste der Junge zu Hause sein, auch am Wochenende. Sonst Stubenarrest und Fernsehverbot. (S. 108)

Über den Portraitfotos der beiden (bei dem 16-Jährigen ist das Gesicht mit einem schwarzen Balken, der so genannten „Augenblende", unkenntlich gemacht) steht als Zusammenfassung: „Der Ältere war ein Versager, ohne Job und richtige Freunde. Der Jüngere hatte Krach zu Hause und wollte sich betrinken." Neben der Horrorgeschichte der unberechenbaren Monster wird auch das Motiv der sozialen Verachtung „nach unten" aufgegriffen. Die Zuspitzung ist hier jedoch eine andere: „Auf Marcels Wunsch hat seine Mutter an Hermann Bogus' Grab ein Blumengesteck niedergelegt. Auf der Schleife stand: 'Bitte verzeih mir'." Der Täter wird nicht (wie bei dem früheren Beispiel „Griffe zwischen die Beine") aufgrund seiner sozialen Herkunft zusätzlich stigmatisiert, sondern zum *Opfer* dieser Umstände erklärt. Insofern bleibt er auch kein unheimliches „Monster" sondern wird verstehbar. Straftäter, die zugleich Opfer sind, dürfen bemitleidet und beschützt werden, ohne dass daraus eine Rechtfertigung ihrer Taten abgelesen werden kann.

Das Opfermotiv funktioniert aber auch in weniger drastischen Varianten. Anhand der kleinen Meldungen habe ich bereits herausgearbeitet, dass Straftäter häufig als Tölpel und Deppen dargestellt werden. Das ermöglicht auch, die Opfer der Straftat als die auch situativ eigentlich Überlegenen zu bestärken, wie es in einigen Episoden explizit wird:

Alt-Erlenbach
Kassiererin schickte den Bankräuber nach Hause
Ziemlich kaltblütig hat eine Kassiererin am Donnerstag einen Bankräuber abblitzen lassen, der die Filiale der Vilbeler Volksbank in Alt-Erlenbach überfallen wollte.
Der etwa 25 Jahre alte Mann war gegen 13.40 Uhr in die Filiale an der Straße Alt-Erlenbach gegangen und hatte die Kassiererin mit einer Schußwaffe bedroht. Die Frau blieb jedoch gelassen und empfahl dem Räuber: 'Junge, geh nach Hause. Es gibt nichts.'

Der Unbekannte kam dem Rat auch prompt nach und verließ die Bank. (FR vom 16.10.1998, Lokalteil, S. 25)

In derselben Ausgabe gleich daneben gibt es noch die Geschichte von einem anderen glücklosen Räuber, der von seinem ebenfalls weiblichen Opfer in die Flucht geschlagen wurde, wobei er sein Handy zurückließ und daraufhin identifiziert und gefasst werden konnte. Indem die Straftäter zu Witzfiguren gemacht werden, die es mit starken, selbstbewussten Opfern zu tun haben, wird signalisiert, dass man sich nicht übermäßig von aggressiver junger Männlichkeit beeindrucken lassen soll, dass häufig weniger hinter der Fassade des harten Kerls steckt, als der darstellen muss, um erfolgreich zu sein. Im Falle des nach Hause geschickten Bankräubers erscheint das sogar als Möglichkeit der zivilen Konfliktbeilegung. Obwohl wir aus der Pressemeldung rückschließen können, dass der Vorfall der Polizei gemeldet wurde, ist im Text von keiner Strafverfolgung die Rede. Der Straftäter bleibt der Unbekannte, den die Kassiererin vor der eigenen Dummheit beschützt hat.

Geschichten über Straftäter als „Verlierer" *können* als Vorlage für Verständnis und Entkriminalisierung genutzt werden. Sie sind ebenso gut zur Moralisierung in strafrechtlicher oder pädagogisierender Absicht verwendbar. Im Unterschied zu den anderen Täterbildern kommen hier häufig die Opfer besser weg, weil sie nicht gleichfalls stigmatisiert werden, sondern als eigenständige, handlungsfähige Menschen hervortreten. Die „Straftäter als Opfer"-Figur kann auch dazu benutzt werden, die Straftaten herunterzuspielen, wenn man den Täter beispielsweise als Protagonist einer Gegenskandalisierung braucht. Der Augenzeuge, der in der folgenden Episode über die Zustände in Japans „berüchtigstem Knast" berichten kann, wurde mit über vier Kilo Haschisch am Flughafen in Tokio erwischt. Unter anderen Umständen wäre das Grund genug für eine negative Etikettierung: Mafia, Yakuza, internationaler Drogenhandel etc. Zuvor hat er offenbar ein Bordell in Thailand betrieben, was im *Spiegel* sonst eher in skandalisierenden Berichten über Sex-Tourismus und Frauenhandel vorkommt. Da es hier aber um die Ungerechtigkeit der Strafe gehen soll, werden Täter und Tat folgendermaßen beschrieben:

Knobel, bei Haftantritt 44 Jahre alt, war früher Polizeimeister beim Bundesgrenzschutz. Daß er als Häftling Nummer 4164 in Japans größtem und berüchtigstem Knast landete, verdankt er krimineller Leichtfertigkeit. Der Ex-Beamte, der im Verlauf einer verschlungenen Aussteiger-Karriere Wirt der Rotlicht-Bar 'Jürgens Knobelbecher' im thailändischen Ferienort Pattaya geworden war, ließ sich im Mai 1995 mit 4263 Gramm Haschisch im Koffer auf dem Tokioter Flughafen Narita erwischen.
Es war Knobels erste Japan-Reise. Dealer hatten ihn gedrängt, das in Südostasien billige Rauschgift ins reiche Industrieland Japan zu schmuggeln. Dort wollten die Auftraggeber es zu Höchstpreisen verkaufen. Doch wie viele Drogenkuriere kam Knobel dafür nach Fuchu. (Spiegel 47/1998, S. 208)

Wenn es opportun ist, wird aus dem Drogenhandel eine Japan-Reise, wird der Täter zum Opfer. Anders scheint selbst die härteste Strafe nicht skandalisierbar. Nebenbei bemerkt ist das auch ein weiteres gutes Beispiel für den Darstellungstrick mit den nutzlosen Details, die der Geschichte den Anschein von Authentizität verleihen: Vielleicht sollte aber auch eine magische Beziehung zwischen Häftlingsnummer und der beschlagnahmten Menge Haschisch nahegelegt werden; ein anderer inhaltlicher Grund für die Nennung der genauen Zahlen ist nicht erkennbar. Aber es lässt die Geschichte weniger konstruiert erscheinen. Genauso ist die Entkriminalisierung der Hauptfigur mehr den Darstellungsabsichten geschuldet, als dass sie kriminalpolitische Konsequenzen nahe legen würde. Leute wie Herr Knobel gehören in der Welt des *Spiegel* auf jeden Fall eingesperrt, nur eben in einem ordentlichen, deutschen Gefängnis.

Gegenskandalisierungen

Strafrechtskritik in den Medien bedient sich fast ausschließlich solcher Gegenskandalisierungen überzogen harter Strafen. Diese Perspektive lässt sich an dem gleichen *Spiegel*-Beitrag verdeutlichen. In Text und Bild werden die sadistischen Foltermethoden detailgenau ausgemalt:

> Auf ein Alarmsignal hin fliegen an beiden Enden des Werkraums die Stahltüren auf, Wachmänner stürzen herein. In den Händen schwingen sie Stahlruten mit Kugeln an der Spitze. Zwei Beamte stoßen den Malaysier zu Boden, ein dritter tritt ihn derart heftig, daß Knobel die Knochen knacken hört. Wie ein Stück Schlachtvieh ziehen die Beamten den Blutenden hinaus. (Ebd.: S. 209)

In ähnlicher Manier berichten insbesondere die großen Wochenzeitungen regelmäßig über die unmenschlichen Auswüchse des Gefängniswesens in anderen Ländern, insbesondere in den USA. Die Todesstrafe wird als „atavistische Strafe" gegeißelt und mit Exekutionen während des zweiten Weltkriegs verglichen (Klaus Hamprecht in der *Zeit* vom 22.10.1998). Die Masseneinsperrung von Kleinkriminellen aufgrund der „Three-Strikes"-Gesetze wird als „Blitzkrieg gegen das Verbrechen" ebenfalls mit den Nazi-Verbrechen analogisiert (Thomas Kleine-Brockhoff in der *Zeit* vom 9. Januar 2003). Dagegen rückt der *Spiegel* den „Gulag von Arizona" (29/2001) schon fast wieder in die Nähe eines Ferienzeltlagers. Es ist vor allem die halb ironische Geschichte über „Amerikas härtesten Sheriff" Joe Arpaio, der seine Gefangenen durch das Tragen von rosa Unterwäsche demütigt, sie verschimmelte Rationen essen und sie in Ketten (in so genannten *chain gangs*) arbeiten lässt.[17] Die *taz* prangert Menschenrechtsverletzungen im In- und Ausland an und selbst die *Bild*zeitung skandalisiert auf ihre Art die Exzesse der Strafwut:

> *16 Jahre unschuldig gesessen*
> Gerald Parker (43), Ex-Marine-Sergeant aus Orange County (Kalifornien), wurde durch einen DNA-Vergleich zuerst einer Vergewaltigung, dann des 5fachen Frauenmordes überführt. Die Mordserie hatte in den 70er Jahren die ganze Region erschüttert. In zwei Wochen beginnt sein Prozeß, ihm droht die Todesstrafe. Einer wird den Fall besonders aufmerksam verfolgen: Kevin Green. Denn er saß für eine der Taten 16 Jahre unschuldig im Gefängnis.

Und:

839 in Todeszellen
Moskau – 839 Verurteilte sitzen in Rußland in den Todeszellen. Seit August 1996 wurde kein Todesurteil mehr vollstreckt. Rußland hat sich mit der Aufnahme in den Europarat verpflichtet, diese Strafe abzuschaffen. (beide Meldungen in der Ausgabe vom 23.10.1998)

In dieser Variante der Gegenskandalisierung wird gleich deutlich, dass Strafen keinesfalls grundsätzlich in Frage gestellt werden, sie sollen nur die „Richtigen" treffen. Das ist vorher am besten nach neuesten wissenschaftlichen Methoden zu prüfen und Strafverfolgung wie Justizvollzug sollen europäisch rechtsstaatlich und zivilisiert vonstatten gehen. Abermals erweist sich die *Bild*zeitung damit nur als Zuspitzung der allgemeinen Berichterstattung, kaum als Gegenbeispiel. Übermäßige Strafen finden im Ausland statt und werden als teuer, wirkungslos, rückwärtsgewandt und potentiell faschistisch gebrandmarkt. Das schließt jedoch nicht aus, dass in denselben Zeitungen z.B. private Gefängnisse auch für Deutschland als Option angepriesen werden, mit der man „experimentieren" sollte. Indem die Exzesse im Ausland skandalisiert werden, erscheint das hiesige Strafrecht als milde, angemessen und rechtsstaatlich wirksam begrenzt. Strafe wird durch derlei Gegenskandalisierungen grundsätzlich legitimiert, nicht kritisiert. Besonders geeignet für die massenmedialen Darstellungsschemata sind Fälle, in denen die Gegenskandalisierung dieselben Dramatisierungen verwenden kann wie die affirmativen Vorbilder:

Gewerkschaft
'In den Gefängnissen wird gedealt, geraubt, erpreßt'
GIESSEN. 'In den Gefängnissen wird gedealt, gespritzt, vergewaltigt, bestochen, erpreßt, zusammengeschlagen und manchmal sogar gemordet'. Das erklärte der stellvertretende Bundesvorsitzende und hessische Landeschef der Gewerkschaft der Strafvollzugsbediensteten Deutschlands (BSBD), Heinz-Dieter Hessler am Mittwoch in Gießen. Das gelte für die Srafvollzugsanstalten bundesweit. Sie seien mit derzeit rund 73000 Gefangenen überfüllt, hätten nicht genügend Personal, und zudem habe sich auch die Struktur der Insassen verändert.

Weiter geht es mit einer Schilderung der Probleme „Ausländeranteil", „HIV", um mit der wohlwollenden Dramatisierung zu enden:

Die Politiker müßten begreifen, daß mit einem Etatansatz von nur 3,5 Prozent eines Landesetats für die gesamte Justiz einschließlich des Strafvollzugs weder die Sicherung des Rechtsfriedens, noch der Schutz der Bevölkerung vor steigender Kriminalität zu gewährleisten sei. (FR vom 15.10.1998, Hessenteil, S. 32)

Problematisiert wird die Kriminalität im Strafvollzug unter Verwendung sozialer Erklärungsansätze und mit sicherheitspolitischer Rahmung: Wenn wir nicht mehr Geld bekommen, können wir keinen Schutz mehr gewährleisten. Ganz offensichtlich geht der Beitrag auf entsprechende Öffentlichkeitsarbeit der genannten Gewerkschaft zurück, die sich moralunternehmerisch für die eigenen Interessen betätigt: Bessere Arbeitsbedingungen im Strafvollzug werden als Allgemeininteresse ausgegeben. Die Kriminalität unter den Gefangenen wird als Drohpotential verwendet, der Adressat auch gleich benannt: „die Politiker". Für die Zeitungsleser wird die Angstlust an den wüsten Zuständen als Aufhänger verwendet. Die Zustände erscheinen fast so verrückt, wie man es aus Gefängnisfilmen kennt. So wird die Öffentlichkeitsarbeit der Gewerkschaft interessant gemacht und die in Frage stehende Norm bekräftigt: Eigentlich sollte Einsperren friedlich und ordentlich vonstatten gehen. Die geschilderten Zustände werden als Folge der Überfüllung und des Personalmangels, nicht als prinzipielle Funktion von Gefängnissen verstanden, obwohl die Berichterstattung insgesamt keinen Zweifel aufkommen lässt, dass Einsperrung weltweit und so gut wie ausnahmslos darauf basiert, dass Gefangene dem Wachpersonal und sich gegenseitig ausgeliefert sind.

Zusammenfassend vermitteln die Varianten von Gegenskandalisierungen den Eindruck, dass es vor allem um eine Ausdehnung der strafrechtlichen Moralisierungen und Dramatisierung auf den Sektor staatlichen Strafens geht. Das bedeutet wiederum, dass Probleme als Abweichung deklariert und Sündenböcke verantwortlich gemacht werden. Wirkliche Strafrechtskritik ist in diesem Modell möglich und wird teilweise praktiziert, sie ist keinesfalls zwingend.

Unterhaltungskultur als Grundlage der Straflust

In den einzelnen Darstellungen habe ich immer wieder auf die Vorbilder aus der Unterhaltungskultur als Grundlage der Straflust hingewiesen. Der Sicherheitsdiskurs wird kulturindustriell nach dem Muster „Aktenzeichen XY" umgesetzt, die ehrbaren Ganoven und nigerianischen „Piraten" versorgen uns mit aufregenden Biographien und wilden Abenteuergeschichten, die „Monster und Bestien" scheinen einem Horrorfilm entsprungen und selbst noch die Gegenskandalisierungen arbeiten mit filmreifen Schilderungen der schockierenden Zustände hinter Gittern. Punitivität zieht sich als Muster durch und das wird gerade dadurch möglich, dass sie selten explizit und fast nie in der ersten Person von den Journalisten geäußert wird. Das Sicherheitsdenken blendet die Übelzufügung durch die Strafe ohnehin aus, weil es auf die Ergreifung und das „Verschwinden" des Täters aus der Öffentlichkeit fixiert ist. Die fürsorgliche Dramatisierung legitimiert Strafe als Erziehung und Wohltat am Täter. Selbst die Charakterisierung von Straftätern als Schurken und Gauner führt nicht zu Forderungen nach einem Strafverzicht - allenfalls als Gnadenakt für einen alten, kranken Mann, was ihn dann aber auf eine Stufe mit Pinochet und Honecker stellt.

Lässt man sich von der künstlichen - gesellschaftlich mühsam eintrainierten - Trennung zwischen Nachrichten und Unterhaltung nicht in die Irre führen, wird schnell klar, dass bei dem Thema Kriminalität in den Medien filmische und literarische Genres dominieren: Krimis, Cop- und Gerichtsfilme, endlose Serien über

Richter, Polizisten und Gerichtsmediziner, Todesstrafen- und Gefängnisfilme. Kaum eine Seifenoper, bei der die Protagonisten nicht Opfer von Straftaten werden oder selbst mit dem Gesetz in Konflikt geraten. Kaum eine Action-, Thriller- und Horrorgeschichte, die ohne Straftat und abschließende Bestrafung der Übeltäter auskäme – wobei die Bestrafung eher in Form von Selbstjustiz als durch ein rechtsstaatliches Urteil erfolgt. Wenn man die Begriffe weit genug fasst, handeln fast alle großen Erzählungen von Normbrüchen und Sanktionen. Für die meisten Genres gilt: Das gute Ende besteht in der Ergreifung und Bestrafung (gar nicht selten: Tötung) der Täter. Für den Krimi ist damit schon der gesamte Handlungsrahmen vorgezeichnet. Bei Geschichten über Gefängnisse und Todesstrafe gilt es häufig, Unschuldige vor Strafe zu bewahren. Auch andere Umkehrungen sind möglich: Den Bösen gelingt die Flucht (am drastischsten in „Natural Born Killers", Oliver Stone 1994), oder es stellt sich heraus, dass in dem Kriminellen doch ein guter Kerl steckt („Catch Me If You Can", Steven Spielberg 2002). Bis auf ganz wenige Ausnahmen wird selbst noch bei Umkehr der Perspektive das grundlegende Muster bestätigt: Jede Normabweichung wird bestraft. Sogar für die liebenswerten „Thelma und Louise" (Ridley Scott 1991) endet die Flucht vor Vergewaltigung, Männerherrschaft und Konventionen tödlich. Harvey Keitel in der Rolle des guten Polizisten versucht sie zwar vor überzogener Strafverfolgung zu bewahren und so ihren Freitod zu verhindern, verkennt dabei aber, dass die härteste Strafe für die beiden nicht das Gefängnis wäre, sondern die Rückkehr in den normalen, patriarchal geprägten Alltag.

Wahrscheinlich gibt es in unserer Kultur kein anderes Grundmuster, das ebenso tief verankert und ebenso allgegenwärtig ist wie „Verbrechen und Strafe". Öffentliche Straflust ist nur *ein* Ausdruck davon. Die entsprechenden Reaktionsweisen sind längst eingeübt. Sie lassen sich gut mit anderen Bestandteilen der Alltagsmoral verknüpfen: Mit der Verteidigung von Familie, Ehre, Männlichkeit bis hin zur Vorfahrt und dem freien Parkplatz, mit der Zuteilung und dem Entzug öffentlicher Leistungen (in den aktuellen Debatten um Sozialstaat, Renten und Gesundheit wimmelt es von Strafwünschen), mit Fragen der Lebensführung vom Rauchen bis hin zu AIDS und sportlicher Fairness (rote Karte, Sperren bis hin zum Berufsverbot wegen Dopings). Der Beitrag der Nachrichtenmedien besteht insofern vor allem darin zu bestätigen, was man ohnehin schon wusste, und damit in der weiteren Gewöhnung an das Strafmuster.

Kapitel 7: „Die Leute sollen ja auch wissen, was bei ihnen passiert"
Journalistische Zugänge zu Kriminalitätsthemen, ihre Motive, Darstellungsabsichten und kriminalpolitischen Positionen

Wie passen nun die in den vorangegangenen Kapiteln herausgearbeiteten Eigenheiten der Kriminalitätsberichterstattung mit den in Kapitel 4 beschriebenen Produktionsbedingungen und daraus resultierenden Haltungen der Journalisten zusammen, die daran mitwirken? Mit der Aufklärungsabsicht der Journalisten lassen sich die Befunde, dass ihre Arbeitsprodukte in erster Linie als Teil des Unterhaltungsprogramms zu deuten sind und dass sich darin eine tief in der (Unterhaltungs-)Kultur verwurzelte Straflust Bahn bricht, nicht gut vereinbaren. Ist die Arbeitsteilung so weit vorangeschritten, dass die Journalisten den eigenen Arbeitsprodukten völlig fremd gegenüberstehen, oder glauben sie, mit ihren eigenen Beiträgen gegen den Strom zu „schwimmen"?[1]

Die Motive der Befragten, sich für das Kriminalitätsthema zu interessieren, waren ebenso vielfältig wie die Berufsrollen, denen sie sich zuordnen. Die Berufsrollen lassen sich grob in drei Gruppen teilen, die sich auch mit den Arbeitsteilungsstrukturen vieler Medien deckt: Polizeireportage, Gerichtsreportage und politischer Journalismus zu Strafrechtsthemen. Das sind etablierte Unterscheidungen, deren Grenzen sich relativ eindeutig angeben lassen.

Polizeireporter im Bündnis mit der Polizei

Einen speziell zuständigen Polizeireporter gibt es in nahezu jeder Tageszeitung ab einer bestimmten Größe – wenn auch häufig nicht als ausschließliches Arbeitsfeld, sondern kombiniert mit anderen Zuständigkeiten, z.B. für Sport oder Kultur. Insgesamt haben vier der Befragten zu irgendeinem Zeitpunkt ihrer journalistischen Laufbahn als Polizeireporter gearbeitet, zwei davon nahmen diese Bezeichnung noch zum Zeitpunkt des Interviews für sich in Anspruch. Polizeireporter wird man ihren Erzählungen zufolge nicht aufgrund einer eigenen Entscheidung, sondern zufällig, indem einem dieser Posten angeboten wird, weil gerade ein Polizeireporter gebraucht wird:

> Und da ist es dann so gewesen, dass dann mal ein Polizeireporter krank war ... und, also Polizeireporter war da, in dieser Redaktion, in der Lokalredaktion eigen[tlich] im Prinzip das Wichtigste, es wurde am höchsten angesehen ..., weil die damit eben auch viele Schlagzeilen gemacht haben, und es war wichtig, dass die Fotos da waren zu den Sachen ... jo, und ... da bin ich dann so reingerutscht, ne? Also das habe ich wohl ganz gut gemacht, dass ich Leute so ...

äh ... dass Leute mit mir geredet haben, dass ich Fotos beschafft habe, von irgendwelchen Leuten ... und eben auch die Artikel ganz gut geschrieben habe ... und ... ja, so ist das dann passiert. (inzwischen Polizeireporter beim Fernsehen)

Zwar wurde die Stellung des Polizeireporters von den anderen Gesprächspartnern nicht in der gleichen Weise als herausragend beschrieben, aber sie wird von allen als wohlangesehene Position beschrieben, die man gerne annimmt, weil sie interessante und aufregende Tätigkeiten umfasst und man viel lernen kann. Die Arbeit als fester Polizeireporter scheint eine typische Durchgangsstation für den journalistischen Nachwuchs zu sein, weil fast überall Polizeireporter gebraucht werden, dafür offenbar auch gerne junge, unerfahrene (männliche) Kollegen genommen werden, die dann aber häufig nach einer Weile in andere Positionen aufsteigen und ihr Themenfeld erweitern. Polizeireportage war für die von mir Befragten ein Arbeitsbereich, der ihnen unverhofft zufiel, für den sie weder ein vorgängiges inhaltliches Interesse noch besondere fachliche Qualifikationen benannten – eher qualifiziert man sich als Polizeireporter für andere journalistische Aufgaben als umgekehrt. Insgesamt haben die Polizeireporter in ihren (berufs-)biographischen Selbstdarstellungen ihren beruflichen Werdegang als eine Aneinanderkettung von Ereignissen geschildert, die ihnen zugestoßen sind. Solche Elemente finden sich zwar auch in Schilderungen der anderen Befragten, die sich aber insgesamt eine aktivere Rolle bei der Wahl der einzuschlagenden Karriere zuschreiben und die angeben, ein thematisches Interesse für ihr Fachgebiet entwickelt zu haben, *bevor* sie eine entsprechende Position innehatten.

Harte Kerle

Polizeireporter orientieren sich in ihrer Berichterstattung an den Ereignissen, bei denen die Polizei tätig wird. Daher ist die Polizei auch ihre erste und wichtigste Informationsquelle. Die Polizei wiederum betreibt zu diesem Zweck eigene Pressestellen und Informationssysteme, versorgt die lokalen Polizeireporter mitunter auch persönlich mit den aktuellen Nachrichten:

Was da so meine Arbeit ist? [Ja] Ja, das fängt erst mal an mit so ... mit so Regularien ... wir müssen ja rund ... also einer der beiden Polizeireporter muss praktisch, muss immer erreichbar sein.
Also auch wenn man nicht in der Redaktion ist? Hat man das Handy dabei, oder?[2]
Genau, jetzt zum Beispiel hab ich eben auch Bereitschaft und ... okay, diese Bereitschaft teilen sich fünf Leute, weil man sonst ja durchdrehen würde, ja als ... also das gehört dazu, wenn ich jetzt Bereitschaft habe und jetzt fällt das Rathaus um oder so, dann kriege ich halt einen Anruf von entweder Feuerwehr oder Polizei oder beiden, und dann würde ich mich halt in Marsch setzen und würde den Fotografen – es gibt auch immer einen diensthabenden Fotografen, also rund um die Uhr ist immer jemand zuständig und zu erreichen – würde da hingehen, würde halt Berichterstattung machen und dann, je nachdem wann es ist, entweder sofort dann in die Redaktion und in die Tasten hauen (...) und das dann, je nachdem wie sich die Sache weiterentwickelt, aktualisieren im Laufe des Tages.

Ja das heißt, Ihr geht immer selber hin, vor Ort, oder gibt es auch Sachen, die über [Das andere ist...] Polizeimeldungen einfach laufen?
Ja, das andere ist halt, dass die ... die Polizei und die Feuerwehr geben täglich so einen Bericht raus mit den Vorkommnissen, die die für wichtig halten ... und die verarbeitet man dann zum Teil zu Meldungen, oder auch nicht, und zum Teil sind es auch größere Geschichten, ich meine: wir haben ja relativ viel Kriminalität in GROẞSTADT, auch viel ... relativ viel Spektakuläres ...
(Polizeireporter bei einer Tageszeitung)

Zuerst erzählt er vom aufregenderen Part seiner Rolle als Polizeireporter: Er muss immer erreichbar sein, rund um die Uhr in Bereitschaft, genau wie die Polizisten und Feuerwehrleute, über die er berichtet. Wenn etwas passiert, setzt er sich sofort „in Marsch". Das klingt nach spannenden Geschichten, vor allem aber nach hohem persönlichen Einsatz, mit dem er seine Arbeit leistet. Er stellt sich als harter Kerl dar, der auch mitten in der Nacht an den Ort des Geschehens eilt und anschließend seinen Bericht „in die Tasten haut". Erst auf Nachfrage erzählt er, wie die vielen täglichen Meldungen entstehen: anhand der offiziellen Vorlagen, die von Feuerwehr und der Polizei herausgegeben werden und die er dann zu Meldungen „verarbeitet". Dabei lässt er auch durchblicken, dass die Mehrzahl der Berichte auf diesem Wege entstehen, denn es gibt ja so viel „Spektakuläres" in der Großstadt, dass er selbst bei „größeren Geschichten" nicht immer vor Ort gehen kann. Seine Priorität für die spannenden Reportage-Anteile eignet sich nicht nur besser zur Selbstdarstellung als „rasender Reporter", sie verschafft ihm auch mehr Freude und Zufriedenheit bei seiner Arbeit. Das Selbstbild des Reporters als harter Kerl, der zusammen mit Feuerwehr und Polizei nachts raus geht, um die Ereignisse selbst in Augenschein zu nehmen, gehört zum Berufsethos des Polizeireporters – so wie Recherche überhaupt im Zentrum des journalistischen Berufsethos steht. Dagegen entspricht es nicht einmal annäherungsweise den (eigenen und gesellschaftlichen) Erwartungen an „seriösen" Journalismus, lediglich offizielle Polizeiberichte zu Meldungen umzuarbeiten. Die Kluft zwischen diesem Ethos und großen Anteilen der Arbeitswirklichkeit muss irgendwie überbrückt werden. Eine Möglichkeit zur Überbrückung besteht darin, wie hier gesehen, die spannenden Anteile stärker zu betonen und (so können wir vermuten) sie sich bei den anderen Tätigkeiten hinzuzudenken: Wenn ich weiß, wie es an einem Tatort aussieht, brauche ich es nicht jedes Mal mit eigenen Augen zu sehen. Oder: Ich weiß, dass es ohnehin weniger „spektakulär" ist als die gute Geschichte, die ich daraus mache.

Gute Kontakte

Der sowohl für Polizei- wie auch für Gerichtsreportagen zuständige Agenturjournalist beschreibt, dass man im Vorfeld eines Gerichtsprozesses häufig selbst beim „Gerichtssprecher" anrufen müsse, um auf dem Laufenden zu bleiben:

Also da ruft man halt mal gelegentlich oder ... vielleicht kriegt man auch mal einen Anruf. Oder sogar eine offizielle Pressemitteilung, das ist ja auch häufig, dann äh ...

Das ist häufig?
Na ja, nee bei diesen Gerichtsverfahren ist es nicht häufig (lacht) aber in anderen Sachen ist es häufig. Also z.B. diese ganzen Polizeimeldungen äh ... ich sag mal kleinere Verbrechen jetzt äh ... ich, ich ruf ja nicht alle fünf Minuten da an: ist jetzt was passiert? Sondern das kommt schon in der Regel von dem ... die informieren uns da drüber, dass was passiert ist, und dann kann man halt noch mal nachfragen.
Also, die rufen dann auch an, wenn gerade aktuell was ist?
Ja, ab einer, ab einer ... ab einer ...
Weil als Außenstehender fragt man sich immer: Wie kommen die Journalisten fast gleichzeitig mit der Polizei am Ort des Geschehens an?
(herausfordernd:) Wissen Sie das? Ob das so ist? Also ... würde ich mal gar nicht so unbedingt sagen, dass das so ist. [aber ...] Also es gibt ein paar, es gibt natürlich Möglichkeiten ... auch illegaler Natur. Aber äh ... also ich bin jetzt im vergangenen Jahr, weiß gar nicht an wie vielen Tatorten ich war, also zwei oder drei [Ach so]. Das war jetzt nicht so fürchterlich viel [hmhm]. Das ist wichtig für Bildberichterstatter. (Agenturjournalist)

Meine Behauptung, dass die Journalisten gleichzeitig mit der Polizei am Tatort einträfen, weist dieser Gesprächspartner als mein Vorurteil zurück (oder auch als verklärte Vorstellung, die auf der Realität von Fernsehkrimis basiert, jedenfalls nicht auf tatsächlicher Kenntnis seines Berufs); damit auch die Möglichkeit, sich als „harter" Polizeireporter darzustellen. Seine Strategie, die geschilderte Kluft zu überbrücken, ist eine ganz andere. Der Hinweis, gar nicht an vielen Tatorten gewesen zu sein, unterstützt seine allgemeine Selbstdarstellung in mehrfacher Hinsicht: Erstens verfügt er über Praktikanten und freie Mitarbeiter, die er schicken kann, zweitens grenzt er sich vom Boulevardjournalismus ab[3] und drittens legt er Wert darauf, dass sein Aufgabenbereich erheblich weiter gefasst sei als nur Polizeiberichterstattung. Dennoch bekundete er in anderem Zusammenhang, das „Rausgehen" sei einer der schöneren Teile seiner Arbeit: „das ist schöner als hier im Büro zu sitzen und anhand von Papier verschiedene Vorgänge zu bearbeiten". Daher die verwunderte Nachfrage:

Also dann reicht Ihnen das, was der ... was per Anruf mitgeteilt wird? Also das passiert schon öfter, dass Sie angerufen werden und gesagt wird, da ist jetzt was und Sie fahren dann gar nicht selber hin?
Genau. Es ist natürlich ab einer gewissen Bedeutung ... des Verbrechens sieht das natürlich anders aus. Wenn dann also klar wird: Mann, oh, jetzt müssen wir aber doch eine größere Berichterstattung machen. Also wirklich ein richtig spektakuläres Verbrechen, wie ... da ist vor knapp vier Jahren ein Junge in der ... in einer ... in einem unterirdischen Bachlauf in der Nähe vom Bahnhof Vorort bestialisch ermordet und zerstückelt worden. Äh das ist ein Fall gewesen, der sehr großes Aufsehen hier in Großstadt erregt hat. Da ist es dann irgendwann doch mal so weit, da muss man ... oder dann bietet es sich halt auch einfach an, dass man da vor Ort geht und kuckt, was jetzt äh ... versucht das irgendwie szenisch einzufangen halt auch, was da passiert, wie das da aussieht, was die Polizei jetzt macht, wie die mit Hundertschaften da die Umgebung ... durchsucht und Ähnliches. Äh und auch...
Das klingt nicht so spaßig.
Na ja, das geht ja noch. Solange Sie nicht mit irgendwelchen Angehörigen oder, oder, oder ... Nachbarn, das kommt ja auch häufig vor. Sie werden sich z.B. an den Fall der Ermordung von

der achtjährigen Julia in KLEINSTADT erinnern letztes Jahr, da waren auch häufig dann ... also da war ich jetzt nicht persönlich, sondern ... aber da waren häufig dann auch Leute von uns dann da in unmittelbarer Nähe des Tatortes und haben versucht dann mit den Nachbarn zu sprechen usw. und dann noch was noch halt rauszukriegen über das hinaus, was die Polizei uns erzählt hat. (Agenturjournalist)

Bezüglich der geschilderten Arbeitsweise entsprechen sich die Darstellungen dieser beiden Polizeireporter weitgehend – sie lassen auf ähnliche Erfahrungen schließen. Selbst an den Tatort gehen muss der Reporter nur bei den „richtig spektakulären Verbrechen" und die sind relativ selten, stehen im Kontrast zum Berufsalltag. Für den Tageszeitungs-Journalisten ergibt sich diese Situation offensichtlich häufiger; seine Voraussetzungen, wann ein Fall die „gewisse" Bedeutung erreicht, sind weniger eng begrenzt. Sein Bild vom Rathaus, das umfällt, legt auch nahe, dass er sich nicht allein an der „Schwere" der Straftat orientiert, wie es in der zweiten Schilderung anklingt, sondern einfach an allem, was ihm ungewöhnlich erscheint, was eben nicht alltäglich passiert. Die Betonung der besonderen „Bedeutung" des Verbrechens eignet sich hingegen zur Selbstdarstellung als bedeutender Redakteur, der nur in Aktion tritt, wenn sich wirklich wichtige Dinge ereignet haben. Erst wenn der Fall bereits „großes Aufsehen" erregt, wird klar, dass er selbst vor Ort gehen „muss". Die Laufarbeit erledigen andere, die Bildreporter, die freien Mitarbeiter oder die Boulevardjournalisten.

Mit der Bemerkung, das klänge „nicht so spaßig", baue ich ihm eine Brücke, diese Arbeit am Tatort als „blutrünstig" oder „sensationslüstern" abzutun und sich auf diesem Wege zu distanzieren. Darauf lässt er sich nicht ein und wehrt sich stattdessen gegen die Implikation, dass ich damit seine (wenn auch auf Ausnahmefälle beschränkte) Arbeit – oder die geschätzter Kollegen – als geschmacklos hingestellt haben könnte, indem er wiederum seine eigene Abgrenzung vornimmt: Mit „irgendwelchen Angehörigen" oder Nachbarn zu reden, das ist, was er geschmacklos findet. Das hat er auch nicht tun müssen, obwohl „Leute von uns" sich daran beteiligt haben. Jenseits dieser problematischen Exzesse gehört es durchaus zu seiner Vorstellung einer seriösen Polizeireportage, an Tatorte zu gehen und eigene Recherchen zu betreiben. Auch dabei knüpft er, wie das Beispiel zeigt, an die Arbeit der Polizei an, wie sie mit „Hundertschaften" die Umgebung durchsucht. Das bezieht er jedoch nicht (explizit) auf eine Kontrollfunktion der Öffentlichkeit gegenüber den staatlichen Instanzen, sondern begründet es mit der öffentlichen Erregung aus der sich besondere Anforderungen an die Darstellung ergeben: Er versucht das Geschehen „szenisch einzufangen". Wenn das öffentliche Interesse groß ist, wird die Berichterstattung ausführlicher, braucht er mehr Material und muss die Geschichte möglichst lebhaft darstellen. Dann ist es Chefsache, selbst vor Ort zu gehen. Die meisten Darstellungsprobleme lassen sich anders lösen, zum Beispiel indem er mit den offiziellen Stellen telefoniert. Auch für ihn ist Recherche ein wichtiges Qualitätsmerkmal, muss aber nicht (jedenfalls nicht regelmäßig) am Tatort stattfinden – auch nicht im Gerichtssaal –, sondern durch gute Kontakte zu „Institutionen und Behörden", die ihm als „Informationsgeber" dienen. Nach dem Anteil von Routinearbeiten gefragt, erzählt er: „Man kennt mit der Zeit natürlich auch die Leute, die man schnell anrufen kann, dann hat man alle notwendigen Informationen zusammen."

Gute Kontakte zu haben, Leute zu kennen, die einem schnell „das Richtige sagen", gehört zu den positiven Selbstbeschreibungen aller Polizeireporter. In den Vorgesprächen zu den Interviews und bei der Kontaktvermittlung signalisierten mir die anderen Polizeireporter allerdings, dass Kollegen, die nicht „rausgehen", keinen guten Ruf in der Branche hätten. So jemanden wollten sie mir nicht als Gesprächspartner empfehlen. In diesem Beispiel funktioniert die Abgrenzung genau in der anderen Richtung: Der gehobene Redakteur distanziert sich ausdrücklich von den „harten Kerlen", die er grundsätzlich in die Nähe eines unseriösen Boulevardjournalismus rückt, der sich vor allem dadurch auszeichnet, Angehörige von Opfern zu belästigen – eine Berufsauffassung, die er durch seine Abgrenzung noch einmal als vorherrschend bestätigt. Auch die Gerichtsreporterin führt das hohe Ansehen der Polizeireporter darauf zurück, dass man „nachts rausgeht und dass man gute Kontakte pflegt", aber auch, dass man „Leichen sehen" müsse. Das sei nichts für sie, die das Geschehen lieber „von der sicheren Warte" des Gerichtsverfahrens aus betrachte. Implizit kennzeichnet sie die Rolle der Polizeireporter auch wieder als „männlich", was es ihr erleichtert, nicht mit ihnen konkurrieren zu müssen. Der „gehobene" Polizeireporter muss die Harte-Kerle-Männlichkeit offensiver abwerten, um alleine auf Basis seiner guten Kontakte Überlegenheit für sich reklamieren zu können.

Eigene Ermittlungen

Alle Polizeireporter hängen in hohem Maße von Informationen ab, die die Polizei veröffentlichen *möchte*. Das können sie unterlaufen und ergänzen, indem sie z.B. den Polizeifunk abhören (das ist zwar nicht erlaubt, wird aber offenbar toleriert oder beruht gar auf stillem Einvernehmen) und eigene Nachforschungen anstellen. Je nach Sparte werden sie versuchen, Bilder vom Tatort zu beschaffen, die Beteiligten (meist Angehörige der Opfer) zu interviewen, Hintergründe auszuleuchten, Expertenmeinungen einzuholen oder Interna zum Stand der Ermittlungen aufzuschnappen. Trotz all dieser Bemühungen, eine eigenständige, unabhängige Berichterstattung zu etablieren, sind sie doch immer auf Informationen durch die Polizei angewiesen, um überhaupt zu erfahren, welche Fälle die Mühe wert sein könnten. Dazu ist es hilfreich, sich mit den entsprechenden Auskunftspersonen bei der Polizei – und das sind, wie gleich deutlich wird, nicht nur die Pressestellen – gut zu stellen. Wenn man ohnehin an denselben Fällen arbeitet, bietet sich mitunter auch eine engere Zusammenarbeit an. Ein ehemaliger Polizeireporter schildert das anhand der besonderen Situation kurz nach der „Wende" in einer ostdeutschen Großstadt:

Oft sind das ja Kriminalgeschichten, die irgendwo passieren, es gibt einen <u>Bandenkrieg</u> plötzlich in GROSSTADT, den man nur mitbekommt, weil man hört: Oh, da hat es eine Schlägerei gegeben, da ist auf jemanden geschossen worden, man hat festgestellt, das hängt in irgendeiner Form zusammen und dann geht man damit ...

Die Polizei hat das festgestellt, oder wie?

Ja, wir selber haben auch festgestellt, indem wir halt mit den ganzen Informanten, die wir haben, gesprochen haben ... und ... ja, und dann diese Geschichte irgendwann im Blatt gelandet ist, also ...

... also zum Teil wussten Sie dann auch Sachen, die die Polizei nicht wusste? [ja, ja, ja] Was hat die Polizei davon gehalten?

Ja, sie hat versucht natürlich genauso Informationen von uns zu kriegen, wie wir versucht haben, von der Polizei Informationen zu kriegen. Und das ist dann letztendlich ... ist das auch so ein Geben und Nehmen.

Das heißt: mit denen hat man dann auch abends zusammen gesessen[4] und dann gedealt?

Man hat auch mit denen ... gedealt und hat gesagt: Okay ... ja, es gab so eine Geschichte, die war, die ist vielleicht examplarisch für die Zeit: (überlegt kurz) Das Dezernat „Organisierte Kriminalität", zu denen hatte ich sehr, sehr gute Kontakte und ... da gab es einen ... einen Menschen der nach GROSSTADT kam und das erste Rauschgift verkaufen wollte in größerem Stil und dieser Mann sollte observiert werden. Das Problem war aber, dass dieser Mann im teuersten Hotel von GROSSTADT wohnte und sich auch hauptsächlich aufhielt. Und die Polizei hat einfach keine Kohle gehabt. Das kann man sich heute kaum noch vorstellen, aber sie haben gesagt: „Wir können uns da nicht in das Hotel setzen, in die Lobby von dem Hotel und können da in fünf Stunden drei Cola trinken." So, da muss man dann schon sitzen und muss irgendwie auch so tun, als wenn man dazugehört, und da haben wir halt einen Deal gemacht mit der Polizei - das kann man heute, kann man da glaube ich locker erzählen - wir haben praktisch alle Informationen bekommen, dafür haben wir für die Polizei die Leute observiert, haben selber Fotos gemacht, wie sie dort sitzen, wie sie sich mit Leuten treffen, mit Kunden, die das Rauschgift abnehmen wollten, und haben dies dann der Polizei zur Verfügung gestellt. Davon, dafür waren wir die ganze Zeit an den Informationen nah dran und als dann der Zugriff erfolgte ... war ich halt mit meinen, ich hatte teilweise auch selber Fotos gemacht, war ich halt dabei und hatte eine Exklusivgeschichte. So ist zum Beispiel eine Geschichte zustande gekommen, was aber auch glaube ich deutlich macht, wie <u>besonders</u> die Zeit damals war. Das ist heute undenkbar also ... (ehem. Boulevard-Polizeireporter)

Das unter anderen Umständen „Undenkbare" an der geschilderten Situation ist weniger die gute Zusammenarbeit zwischen Presse und Polizei - die wird durch die besonderen Umstände begünstigt, ist aber immer erstrebenswert -, sondern, dass die Presse der Polizei hinsichtlich der Mittel, die ihnen für ihre Ermittlungen zur Verfügung stehen, überlegen ist. Dadurch löst sich das sonst übliche Machtgefälle auf: Nun ist die Polizei ihrerseits auf den Reporter angewiesen, der sonst hoffen muss, dass die Polizei ihn einweiht. Das gilt nicht nur für den geschilderten Sonderfall, dass die Journalisten im Auftrag der Polizei einen Verdächtigen observieren. Ein gleichberechtigtes „Geben und Nehmen" ergibt sich bereits aus dem Umstand, dass die Presse eigene „Informanten" hat und der Reporter eigene

„Ermittlungen" anstellt, so dass beide Seiten davon profitieren, Informationen auszutauschen. Es geht bei dieser Nähe der Polizeireportage zur polizeilichen Ermittlungsarbeit weniger um „Vetternwirtschaft" oder einseitige Parteinahme – derselbe Reporter behauptet auch, ebenso gute Kontakte ins „kriminelle Milieu" gehabt zu haben –, sondern vielmehr um eine grundsätzliche Verwandtschaft im Zugang: Der Polizeireporter ermittelt. Dafür ist es gelegentlich notwendig, mit anderen Ermittlern zusammenzuarbeiten, aber man muss auch selber in der Lage sein, „Informanten" anzuzapfen. Der Polizeireporter imaginiert sich letztendlich selbst als Polizist (genauer: als Kriminalkommissar mit deutlicher Nähe zur Filmvorlage eines Horst Schimanski, der als Polizist Erfolg hat, weil er aus der Unterschicht kommt und sich im Milieu gut auskennt) und setzt diese Rolle, wenn die Umstände es so wollen, auch bereitwillig in die Tat um. Umgekehrt schätzt die Polizei den Polizeireporter als Gelegenheit zur öffentlichen Selbstdarstellung:

Das ist was, was sich nicht nur auf diese Umbruchsituation beschränkt?

Nein, das ist generell so, das ist ... klar, das ist im Grunde genommen wirklich überall so: Jeder Polizist, der irgendwie seinen Job macht, hat ein Bedürfnis da drüber zu reden und er darf nicht drüber reden. Und ... der möchte ja auch, dass seine Arbeit irgendwo in die Öffentlichkeit kommt, dass gezeigt wird, wie gut man gearbeitet hat und da drüber sitzt halt die Pressestelle, die versucht das zu steuern. Deswegen ist man als guter Polizeireporter sicherlich ... ist man immer weiter mit seinen Kontakten als bis zur Pressestelle. Dass man die Pressestelle irgendwann einfach umgehen kann. Um dann mal zu sagen, so im Vier-Augen-Gespräch: „Mensch, was ist da eigentlich, was steckt da wirklich dahinter? Wir denken, das geht in diese Richtung, sind wir da völlig falsch, liegen wir auf dem ..." Ich meine, das ist nicht so, dass da einer kommt und sagt: „so und so, das ist der Name" [ja, ja klar], aber dass der sagt „ja, die Richtung, die ihr da eingeschlagen habt, die ist schon richtig. Wenn ihr da weiterbohrt, dann stoßt ihr wahrscheinlich irgendwann auch auf Öl. (ehem. Boulevard-Polizeireporter)

Die Öffentlichkeitsarbeit der Pressestelle entspricht offenbar weder dem Bedürfnis des Polizisten, der zeigen will, wie gut er gearbeitet hat, noch dem des Journalisten, der Tipps für seine eigenen Ermittlungen braucht. Daher entsteht eine typische Kooperation zwischen den Männern an der Basis (bzw. auf der Straße), an der Pressestelle vorbei, im persönlichen Kontakt von Mensch zu Mensch, von Ermittler zu Ermittler. Wie erfolgreich ein Polizeireporter solche Bündnisse herstellen und nutzen kann, wie viel Gelegenheit er überhaupt zur eigenen Ermittlung oder Recherche vor Ort hat, hängt nicht nur, wie in der Erzählung betont wird, von spezifischen äußeren politischen und lokalen Rahmenbedingungen ab, sondern natürlich auch von dem Medium, für das man tätig ist. Zwei Momente ergeben sich aus den Schilderungen: Je stärker eine Zeitung lokal verankert ist und je mehr sie zum Boulevardjournalismus tendiert, desto eher braucht sie Polizeireportagen, die auf eigenen Recherchen und der lebensnahen Schilderung des Geschehens am Tatort basieren. Aus diesen Arbeitsbedingungen ergibt sich ein Selbstbild des Polizeireporters als „harter Kerl", als Kriminalpolizist, der über gute persönliche Kontakte verfügt und selbst – mitunter also gegen die Darstellungsinteressen der institutionalisierten Öffentlichkeitsarbeit der Pressestellen – ermittelt. Je stärker sich die Polizeiberichterstattung hingegen an den amtlichen Verlautbarungen orientiert, je mehr der Ausgangspunkt der Berichterstattung die zahlreichen kleinen Meldungen der Polizeipressestellen sind, desto stärker wird Recherche mit (telefonischen) Kontakten zu den offiziellen Stellen gleichgesetzt. „Typische" Bündnispartner des – in seiner Selbstwahrnehmung – gehobenen Polizeireporters sind Pressesprecher und andere autorisierte Personen, weniger die Polizeibeamten an der „Basis". Das sind zwei Pole einer Selbstdarstellung, die vor allem der Abgrenzung gegen die mit dem journalistischen Ethos unvereinbare Tätigkeit des Umarbeitens amtlicher Pressemeldungen dient, was aber immer auch Teil ihrer Arbeit ist. Die realen Arbeitsbedingungen stellen sich als jeweils unterschiedliche Kombinationen dieser drei Elemente dar. Allen Varianten der Selbstdarstellung ist gemeinsam, dass die Polizeireporter stark auf die (Zusammenarbeit mit der oder Eingaben durch die) Polizei angewiesen sind und im Wesentlichen deren Arbeit dokumentieren. Im Ergebnis handelt es sich jeweils um Formen von Öffentlichkeitsarbeit, sei es in der amtlichen Version oder im Namen der Beamten an der Basis.[5]

Gegenprobe: Anwalt der Opfer?

Für die Boulevardjournalisten bieten sich als weitere Bündnispartner auch die „Opfer" der Straftaten an. Zur Frage, ob seine Berichterstattung nicht zur Kriminalitätsfurcht und zu verschärften Strafgesetzen beitrage, antwortet der Boulevardjournalist:

Tja... also ist die Frage. Also ich kenne niemanden, der jetzt so wahnsinnige Angst vor Kriminalität hat, muss ich ganz ehrlich sagen und ich glaube die Verbrechen, die die meiste Angst und ... verbreiten unter den Opfern, nämlich Wohnungseinbrüche und diese kleinen Taschendiebstähle, über die wird eigentlich überhaupt gar nicht berichtet, oder ... sehr wenig. Und ... wo auch meistens ältere Menschen die Opfer sind, ja? (...) Aber was ist so schlecht da dran, wenn Mädchen nicht mehr alleine von der Disco nach Hause trampen, sondern stattdessen ein Taxi nehmen? Also wenn das irgendwo ... ich sag mal: wenn ein Bericht, den ich gemacht hab das bewirkt, ja? (...) Also ich bin jetzt ... und ... in vielen Bereich bin ich auch ehrlich gesagt für eine Verschärfung des Strafrechts, ja? Ich kann es einfach nicht verstehen, dass Sexualstraftäter wieder auf freien Fuß gelassen werden, ohne Therapie ... oder teilweise mit Therapie, da Lü[neburg], also wie viele Fälle hat es denn gegeben, wo die dann noch mal einen ermordet haben, oder eine. Also ... muss ich ganz ehrlich sagen: Wer dann so ein Verbrechen begeht und dann werden die Gesetze halt verschärft, dann hat er halt Pech gehabt. Ja? Also mir tun die Opfer da eher leid als die Täter, muss ich ganz ehrlich sagen ... Und dann kann man, kann ich diesen Kritikern sagen: Okay, wir berichten hier nur über die Opfer und wie schlecht es denen geht, ja? Aber wer macht das denn sonst? Vor Gericht kriegen die Opfer meiner Meinung nach viel zu wenig Gehör. Also ich bin auch oft genug in Gerichten gewesen ... und mit was für lächerlichen Strafen die dann teilweise davonkommen, da kann man sich ja nur drüber aufregen, ne? Weil das zu wenig ist einfach. (lange Pause) Ich denke, dass für einige Opfer das Fernsehen auch so eine Art Funktion übernimmt, dass man ... ähm ...

Fernsehen als Anwalt der Opfer sozusagen?

Ja, in gewisser Weise ist es für manche schon, ein, ein Anwalt. Oder die ... die wollen mit jemand reden, die möchten das auch irgendwie den Leuten mitteilen, was ihnen widerfahren ist, ne? ist nicht unbedingt selten. (Boulevard-Polizeireporter)

Einerseits hat diese Argumentation deutlich legitimatorischen Charakter: Wenn man für die Opfer eine Funktion übernimmt und die Opfer selbst mit jemand reden „wollen", sich mitteilen „möchten", scheint es gerechtfertigt, sie - wie er zuvor im Interview ausführlich geschildert hat - zu überrumpeln, ihre Schocksituation auszunutzen, um exklusiv an ihre Geschichte zu kommen. Zusätzlich wird dieses Vorgehen dadurch gerechtfertigt, dass die Opfer sonst (konkret: vor Gericht) kein Gehör bekommen, während die Täter mit „lächerlichen Strafen" davonkommen. Andererseits ergibt sich diese Parteinahme für die Opfer aus einer in sich durchaus schlüssigen kriminalpolitischen Position, die er schrittweise entwickelt: Die Angst vor Kriminalität sei nicht übertrieben, denn die Kriminalität sei tatsächlich bedrohlich. Eher werde zu wenig berichtet über jene Verbrechen, vor denen die Menschen wirklich und begründet Angst haben. Die Berichterstattung habe eine präventive Wirkung, indem sie potentielle Opfer warnt - damit zum Beispiel „Mädchen nicht mehr alleine von der Disco nach Hause trampen" - und indem sie zu notwendigen Strafverschärfungen beiträgt, wodurch die Gesellschaft effektiver vor gefährlichen Straftätern geschützt werden könne. Man kann diese Position zwar als populistisch und oberflächlich kritisieren, nichtsdestoweniger ist es eine kriminalpolitische Position, die - so ergibt es sich auch aus der Abfolge seiner Argumentation - nicht einfach bloß der Rechtfertigung seines Umgangs mit den Opfern dient. Er braucht das Mitleid mit den Opfern zur Begründung, warum er für eine Strafverschärfung ist: „Also mir tun die Opfer da eher leid als die Täter". Die angebliche Allianz mit den Opfern bedeutet zwar auch auf dieser Ebene eine Instrumentalisierung, nämlich eine in der grundlegenden Konzeption des Täterstrafrechts angelegte: Das Opfer ist dem staatlichen Strafen vor allem Mittel zur Bestrafung des Täters. Später möchte er noch einmal klarstellen, dass er nicht dafür sei, „alle Leute für immer wegzusperren" und führt abermals als Motiv sein Mitgefühl an - diesmal eben mit den Tätern. Für ihn sind strafrechtliche und strafrechtspolitische Fragen vor allem eine emotionale Angelegenheit. Das macht auch den Beitrag seiner Berichterstattung unersetzlich: Ein Gericht kann das nicht leisten. Der Versuch, den Beitrag der Boulevardmedien als gesellschaftlich nützlich und notwendig darzustellen ist eine offensive Haltung, die sich nicht darauf beschränken will, die eigenen fragwürdigen Praktiken schönzureden, die vielmehr klar stellen möchte: Wir sind die Guten!

An anderer Stelle führt er eine weitere Begründung an, warum der Boulevardjournalismus dem formellen Rechtssystem überlegen sei:

Würden Sie denn sagen, dass jetzt in einem normalen Rechtsverfahren das nicht ... genauso aufgeklärt worden wäre und ... [gut, jaja, das weiß ich nicht] man könnte dann ja quasi im Sinne einer Gerichtsreportage später drüber berichten, mit dem Anwalt reden.

Jo, öh ... das ist ja auch immer ein Argument, das von vielen Rechtsanwälten irgendwie immer: ja, und das soll das Gericht klären. Ja, aber ich frage mich doch mal bitte: wie viele Leute gehen in einen Gerichtssaal rein und wie viele Leute gucken sich abends DIESE SENDUNG an? Also das eine: In den Gerichtssaal gehen vielleicht mal fünfzig rein, wenn's hoch kommt, und es sind höchstens zwanzig Leute da. Ich bin ja oft genug im Gericht gewesen. Und, und bei SENDER da gucken sich das drei Millionen Leute an, also da entsteht ja eine ganz andere Öffentlichkeit ... und wir leben in einem Land, wo wir Presse- und Meinungsfreiheit haben, und da finde ich, ist es absolut legitim, dass die Medien über solche Fälle, die auch viele Leute interessieren, sonst würden wir das ja auch nicht machen, auch berichten. Ich meine: Die Leute sollen ja auch wissen, was bei ihnen passiert und nicht erst, wenn die Leute ein Jahr später vor Gericht stehen. Das ist meine Meinung. (Boulevard-Polizeireporter)

Meine Gegenübertragung, den rechtsstaatlichen Vorgang seiner zuvor geschilderten eigenen „Ermittlung" als Polizeireporter inklusive Überrumpelung einer Täterin zum Interview entgegenzusetzen, kennt er schon von den „Rechtsanwälten". Für ihn habe ich mich also gerade als typischer Repräsentant des formellen Rechts offenbart. Dagegen steht er wieder auf der Seite der „Leute", *vieler* Leute, die wissen sollen, „was bei ihnen passiert". Das kann ein Gerichtsverfahren nicht leisten, was weniger an der Größe des Gerichtssaales liegt (es werden ja nicht einmal die wenigen Sitzreihen gefüllt) als an der Art und Weise der Präsentation: Millionen Leute sehen es eben lieber so, wie es in den Medien präsentiert wird. Gemeint ist: Sie wollen Emotionen sehen und keine Haarspaltereien über Paragraphen. Und sie sehen es lieber sofort als ein Jahr später. Die Formulierung „was bei *ihnen* passiert" legt auch nahe, dass es sie direkt betrifft, dass es in ihrem unmittelbaren sozialen Umfeld passiert ist und sie darauf reagieren müssen, indem sie sich z.B. besser schützen. Öffentlichkeit, Presse- und Meinungsfreiheit werden verwirklicht durch ein möglichst großes Publikum, durch die höchstmögliche Einschaltquote. Diesem Verständnis zufolge würden die aufklärerischen Potentiale am besten durch den Boulevardjournalismus verwirklicht. Allerdings verrät die defensive Wortwahl an dieser Stelle, darüber zu berichten sei „absolut legitim", dass er sich durch die offensiver Haltung auch dagegen absichert, in eine Rechtfertigungsposition zu geraten. Er tritt gewissermaßen die Flucht nach vorne an, weil er die übliche moralische Kritik an seiner Form des Journalismus schon kennt und vorwegnimmt. Weniger konfrontativ fasst er seine Position später noch einmal zusammen:

Ja, da kann man sich ja lange drüber unterhalten: ist jetzt diese Art, brauchen wir diese Art von Berichterstattung? Mein Argument ist: Das wird gekuckt, also wird es auch gebraucht ... und, ich würde eher sagen: Es ist ein Job, der mir auch Spaß macht, ja? Aber das ich da jetzt ... sage: Das ist wahnsinnig, also es hat einen absolut höheren Sinn und was weiß ich ... dieser Job erfüllt sicherlich eine Funktion in der Medienlandschaft oder auch in Sachen Pressefreiheit, aber sicherlich könnte die Welt auch ohne diese Berichte teilweise leben. (Boulevard-Polizeireporter)

Zuerst rekurriert er noch einmal auf die Zuschauer („das wird gekuckt"), dann gibt er zu, dass ihn auch persönliche Motive antreiben: Spaß haben und, da es als „Job" bezeichnet, wohl auch Geld verdienen. Schließlich kommt er wieder auf die Pressefreiheit zurück. Hervorzuheben ist, dass er behauptet, mit seiner Arbeit eine „Funktion" für die Pressefreiheit zu erfüllen. Pressefreiheit ist also nicht in erster Linie etwas, das er für sich in Anspruch nimmt, um seine Arbeit tun zu können, sondern etwas, das er zu verwirklichen hilft. Das macht nur Sinn, wenn er seine Art des Journalismus als „investigativ" sieht, als Beitrag zur Enthüllung und Aufdeckung von Vorgängen, die der Öffentlichkeit absichtsvoll vorenthalten werden sollten.[6] „Investigativer Journalismus" schließt gut an die eigenen Ermittlungen der Polizeireporter an, mit denen sie die offizielle Polizeipressearbeit unterlaufen. Eine weitergehende Bedeutung des „investigativen" Journalismus, etwa eine Selbstdarstellung als „muckraker", der durch das sprichwörtliche Wühlen im Dreck gesellschaftliche Missstände und politische Skandale aufdeckt, legen die Befragten allerdings nicht nahe. In der zitierten Passage beeilt sich der Reporter vielmehr zu beteuern, seine Art von Berichterstattung habe keinen „absolut höheren Sinn" und – „teilweise" – könne die Welt auch ohne sie leben. Auf diese Weise kann er alle inhaltlichen Fragen nach dem „Sinn" der Berichterstattung abwehren ohne sich in die dem Boulevardjournalismus gerne zugewiesene „Schmuddelecke" drängen zu lassen. Seine Berichterstattung unterschiedet sich von den „Seriösen" allenfalls dadurch, dass sie nicht zu sehr mit gesellschaftlichen und politischen Ansprüchen überfrachtet wird. Das verträgt sich dann auch wieder gut mit seinem wichtigsten Argument: zu zeigen, was „die Leute" sehen wollen. Er gibt sich bescheiden und paktiert mit den einfachen Leuten gegen die abgehobene und wirklichkeitsfremde Perspektive der Juristen. Seine Geschichten haben keinen gesellschaftlichen, politischen Anspruch, weil sie das wahre Leben zeigen, das „die Leute" wirklich interessiert, was sie ganz unmittelbar betrifft.[7] Dieses Bündnis mit den vermuteten Publikumserwartungen erhebt er zum persönlichen Anliegen – im Gegensatz zu der denkbaren Haltung, sich am „Massengeschmack" zu orientieren, den man zugleich verachtet. Die damit verbundene Rezeptionshaltung der Entrüstung über besonders schlimme Verbrechen übernimmt er in die eigene Zuschauerperspektive:

Gucken Sie das selber gerne?

Jo. (...) Also mich interessiert eigentlich immer: Was haben die Leute zu erzählen? Also was hat die ... das ist jetzt kein Fall, den ich gehabt habe, aber ist zum Beispiel eine Frage, die würde mich immer mal interessieren: Ne Frau kriegt jahrelang mit, dass ihre Tochter von ihrem neuen Mann missbraucht wird, ja? Das wird geduldet, das wird jahrelang mitgemacht... ja? Warum macht jemand so was mit? Das möchte ich ganz gerne auch aus eigenem Interesse wissen. Interessiert mich auch selber. Oder was denkt diese Frau, die ihr Kind erschlagen hat? Ich muss ganz ehrlich sagen: Das ist für mich auch ein ganz persönliches Interesse da dran, ja, mit diesen Leuten sprechen zu können. (Boulevard-Polizeireporter)

Persönliches bzw. eigenes Interesse bedeutet in diesem Zusammenhang in etwa Anteilnahme und auch (positiv besetzte) Neugier. Es ergeben sich daraus weder politische Forderungen noch praktische Konsequenzen für das eigene Leben, allenfalls bekommt man Erzählstoff für private Gesprächsrunden, die sich relativ abstrakt um den Zustand der Gesellschaft drehen. Das muss keinesfalls der sprichwörtliche „Stammtisch" sein, sondern schließt, wie seine Beispiele andeuten, liberale und sozialkritische Positionen ein: Beide Mütter in seinen Beispielen kann man sich als Opfer schwieriger Umstände vorstellen, die aufzuklären sein Interesse ist. Für ihn geht dieses „persönliche" Interesse unmittelbar in seine berufliche Tätigkeit über, denn als Polizeireporter hat er Gelegenheit, „mit diesen Leuten sprechen zu können". Hier geraten ihm anscheinend zwei Perspektiven durcheinander: Entweder macht er als Polizeireporter, der selbst mit den Beteiligten spricht, andere Erfahrungen als der Zuschauer, der hinterher seine Reportage sieht – dann ist es ein Motiv für seine Arbeit und nicht, wie er hier vorgibt, für ihn in der Rolle des Zuschauers –, oder er müsste unterstellen, dass sich seine Reportererfahrung ohne nennenswerte Abstriche auf das Publikum übertragen lässt. Tatsächlich scheinen seine mühelosen Wechsel von der Reporter- in die Zuschauerrolle (und umgekehrt) auf seiner Vorstellung vom Fernsehen als Guckloch ins wirkliche Leben zu beruhen. Auf meine Nachfrage, ob er denn glaube, dass das, was er als Reporter erlebt, anschließend auch beim Publikum so „rüberkommt" antwortete er: „Ja, das versuche ich ja natürlich" und

Jo, man will doch mit den Leuten sprechen, die das, was heute in der Zeitung steht – steht irgendwas Großes drinne – und dann will ich doch abends im Fernsehen sehen: Was sagen die Leute, wie sehen die aus? Ne? Na gut und ich bin halt derjenige, der da hingeht und mit denen spricht. Ich transportiere das, ich bin der Transporteur im Endeffekt. (Boulevard-Polizeireporter)

Die Zeitung liefert die sachlichen Informationen, die „Fakten", während er im Fernsehen die Bilder dazu liefert, die emotionale Komponente. Von einem Transporteur erwartet man, dass er die ihm anvertrauten Güter intakt zum Ziel bringt. Dieses Selbstbild entspringt keiner medienpolitischen Naivität, sondern liefert den letzten Baustein zu seiner offensiven Rechtfertigung des Boulevardjournalismus: Er übernimmt den Wahrheitsanspruch des „seriösen" Journalismus für seine Art von Beiträgen, mit denen er lediglich eine andere Art von Gütern „transportiert" (Emotionen statt Fakten), die zu einer umfassenden, arbeitsteiligen Medienberichterstattung unbedingt dazu gehören und ein nachvollziehbares Bedürfnis des Zuschauers erfüllen. Der ehemalige Boulevardjournalist stellt das so dar:

Ja, das möchte ich genauer verstehen, weil, es ist klar, das allgemeine Vorurteil ist: Boulevard ist die Inkarnation von reißerisch und was ist sozusagen ein nicht reißerischer Boulevardjournalismus?

Also erst mal muss für mich Boulevardjournalismus, oder überhaupt Journalismus, muss <u>stimmen</u>, die Fakten, die erzählt werden, müssen stimmen. Und ... es ist dann die Frage, welche Ansätze ich dann in den Vordergrund hebe, worüber ich berichte, ob ich wissen muss ... wie Angehörige reagiert haben, auf bestimmte Ereignisse ... es ist die Frage, da kann man sich drüber streiten, ob man das wissen möchte oder nicht. Aber <u>wenn</u> man dann drüber berichtet ...

Also das gehört zum Boulevardjournalismus, dass man sagt, das will man schon wissen?

Ja klar, das Personalisieren und so, das gehört irgendwo dazu, das ist gar keine Frage, aber es muss stimmen. Ich muss mit den Angehörigen gesprochen haben, ich muss mit ... oder ich muss es deutlich machen in meinem Text, dass ich über andere gehört habe, dass die Angehörigen etwas gesagt haben, also für mich ist dieser Wahrheitsgehalt dessen, [man muss die Quellen kenntlich machen] ja, ja, das muss stimmen. (ehem. Boulevard-Reporter)

Diese Gegenprobe zeigt zweierlei: Ein wesentlicher Unterschied der Polizeireportage für Boulevardgeschichten im Fernsehen zu den Selbstdarstellungen anderer Polizeireporter besteht darin, dass das Bündnis mit den Opfern gegenüber dem Bündnis mit der Polizei enorm an Bedeutung gewinnt.[8] Daraus ergibt sich als zentrale Legitimationsfigur, die Interessen der „kleinen Leute" gegen ein Rechtssystem auszuspielen, das als abstrakt und schwach erlebt wird – inklusive einer tendenziell punitiven Strafmoral und einer populistischen Inanspruchnahme „der Leute", die er nach Köpfen zählt, nicht etwa nach Interessen. Andererseits übernimmt er zentrale Elemente der allgemeinen journalistischen Berufsethik: Wahrheit und Authentizität. Bezüglich der Strategie, sich gegen Kritik zu immunisieren, indem handwerkliche Normen betont werden, gibt es keinen Unterschied zwischen „Boulevard" und „Seriösen". Es herrscht weder offener Zynismus noch ein schlechtes Gewissen. Eher nehmen die Boulevardjournalisten eine höhere Moral für sich in Anspruch, indem sie behaupten, die Interessen der „kleinen Leute" auszudrücken.

Was Polizeireporter wissen können

Polizeireporter sind für einen großen Teil der Berichterstattung zuständig, die ich in den vorangegangenen Kapiteln untersucht habe. Ein hoher Anteil ihres Materials, bis auf wenige Ausnahmen auch Ausgangspunkt ihrer eigenen Recherchen, bilden dabei offizielle Polizeiberichte. Wenn sie sich nicht auf die Funktion einer erweiterten Öffentlichkeitsarbeit der staatlichen Ordnungskräfte beschränken lassen wollen, werden sie – je nach Medium – Kontakte mit „Insidern" pflegen, die ihnen mehr verraten als die offizielle Version, eigene kriminalistische Ermittlungen betreiben, oder versuchen, die emotionale Perspektive der Opfer lebendig zu vermitteln. Diese Aktivitäten, die verschiedenen Varianten eigener Recherche, beziehen sich jeweils gezielt auf „spektakuläre" Fälle. Explizit ausgeschlossen, weil der Mühe nicht für wert befunden, wird die so genannte Alltagskriminalität. Selbst in Augenschein nehmen Polizeireporter dementsprechend ausschließlich besonders schwere Straftaten, besonders tragische Schicksale und Ereignisse, von denen besonders viele Menschen betroffen sind. Ihre Sicht auf Kriminalität, was sie aus eigener Erfahrung wissen können, bezieht sich auf einen winzigen Ausschnitt, der mit einem adäquaten Bild der Gesamtkriminalität ganz bewusst nichts zu tun haben *soll* (denn daraus lassen sich keine „guten Geschichten" machen). Insofern stellen sie die Realität so dar, wie sie sie erleben, „verzerrt" ist ihre eigene Wahrnehmung, nicht die Art, wie sie es darstellen. Selbst noch die personalisierende, dramatisierende Berichterstattung des Boulevard-Reporters ist in diesem Sinne

„wahr": Sie entspricht seinen Erfahrungen in Situationen, die er freilich aufgrund der Anforderungen seines Mediums herstellt. Der Agentur-Redakteur beschreibt seine Arbeitsweise, als

> gründlich und nüchtern. Also möglichst nüchtern ... also nicht sozusagen, das Blut, was man vielleicht selber gar nicht gesehen hat, irgendwie hineinzugeheimnissen in die Artikel, die man so schreibt. (Agenturjournalist)

Dass er aber überhaupt erst loszieht, selber zu „sehen", wenn es sich um einen Fall handelt, bei dem es das Blut auch zu sehen geben wird, bestätigt er gleich im nächsten Absatz noch einmal:

> *Nüchtern? ... Was ...*
> Na ja, möglichst wenig reißerisch ... Aber nichtsdestotrotz ist das natürlich bei so einem Fall sofort klar: Oh das ist .. das wird eine dicke Sache, eine große Sache. (Agenturjournalist)

Zuvor hatten wir über das Beispiel eines ermordeten jungen Mädchens gesprochen, das ist die „dicke Sache", die er hier wieder aufgreift. Er arbeitet mit den gleichen Aufmerksamkeitsfiltern wie die Boulevardjournalisten, von denen er sich abheben möchte, erhöht allenfalls die Schwelle, wann ein Fall spektakulär genug ist. Wenn die Wirklichkeit, wie er sie beobachten kann, aufregend genug ist, muss er sie nicht durch seine Darstellung „reißerisch" aufplustern. Er kann „nüchtern" bleiben und muss vor allem nichts hinzudichten – ein erneuter Seitenhieb gegen die Kollegen vom Boulevard, die freilich bestreiten, es mit der Wahrheit weniger genau zu nehmen: „Direkt bewusst mit einer Lüge, hab ich noch nicht erlebt", sagt der ehemalige Boulevardreporter. Normativ sind sich, über kleine und große Unterschiede in der praktischen Durchführung hinweg, alle einig.

Auch die offizielle Version der Polizeipressestellen stellt einen durch diesen Aufmerksamkeitsfilter gegangenen Ausschnitt aus der Gesamtwirklichkeit der Polizeiarbeit dar. Und selbst noch die vollständigste und getreueste Wiedergabe dieser Polizeiwirklichkeit zeigt nur jenen Ausschnitt aus der Realität, von dem die Polizei Kenntnis hat. Konflikte, die ohne Hinzuziehen der Polizei beigelegt werden, Schäden die anders abgewendet und reguliert werden, kommen darin natürlicherweise nicht vor. Sie gehören nicht zu der Wirklichkeit, mit der ein Polizeireporter zu tun hat.[9] Je stärker die Aufgabe der Polizeireporter auf dieses Gebiet beschränkt ist, desto weniger nehmen sie auch von den Folgen für die Täter wahr, von Strafverfahren und Strafvollzug, desto weniger beschäftigen sie sich mit den gesellschaftlichen Hintergründen von Normabweichung, mit kriminalpolitischen Fragen der Resozialisierung, alternativen Strafen und Alternativen zum staatlichen Strafen. So erhalten sie ein einseitiges Bild, entsprechend dem polizeilichen Sicherheitsdenken, bei dem die Straftäter ausschließlich als Gefahr betrachtet und nach Möglichkeit aus der Öffentlichkeit entfernt werden. Die negativen Folgen der Einsperrung bleiben ihnen verborgen. Allerdings beschäftigte sich von den vier Polizeireportern in dieser Untersuchung einer explizit auch umfassender mit solchen kriminalpolitischen Themen, ein zweiter war schwerpunktmäßig Gerichtsreporter und interessierte sich auch für die kriminologischen Zusammenhänge. Alle vier waren bestrebt, über den Tellerrand der einschränkten Perspektive eines Polizeireporters hinauszuschauen. Insgesamt legen ihr berufsmäßig eingeschränktes Wissen und die typischen Bündnisse mit der Polizei und den Opfern wesentlich nachdrücklichere Strafwünsche und Moralisierungen nahe, als sie in den Interviews geäußert wurden (das gilt in Relation zu seinen Themen auch für den Boulevardreporter). Die dagegen angeführten liberalen Haltungen lassen sich auch nicht einfach auf eine Anpassung an die vermutete Meinung des Interviewers zurückführen, sondern entsprechen der abstrakten Medienkritik, die allen befragten Journalisten geläufig ist.

Warum muss darüber berichtet werden ... oder müsste eigentlich nicht, also weil es gibt ...
Ich glaube, weil es zum ganz normalen Leben dazu gehört. Weil es einfach Ausschnitte unserer Gesellschaft sind, die ... mit denen wir auf den unterschiedlichsten Ebenen konfrontiert werden ... und, es gehört, ja es gehört einfach zu unserer Gesellschaft dazu.
... weil jetzt grade, wenn ich mich mit den Themen beschäftige, wenn man dann die Juristen liest, die schimpfen ja immer über die Medien und sagen: da wird Kriminalitätsfurcht geschürt, da wird Sicherheitsstaat heraufbeschworen, da wird „Einsperren für immer" propagiert, die Medien sind also immer ganz böse aus Sicht der meisten Strafrechtler, wenn die sich zum Thema äußern. Was würden sie denen antworten? [Beispielsweise ...] Stimmt das?
Es stimmt zum Teil, ja. Es stimmt, weil ... weil in der Bevölkerung sehr schnell ein schiefes Bild entsteht. Wenn beispielsweise ... es Phasen gibt, wo über sexuellen Missbrauch an Kindern, oder Tötung ... geschrieben wird, dann ist das in den Medien leider so, dass das immer Phasen sind, wo mal drüber berichtet wird und dann weniger berichtet wird. Das heißt, wir hatten vor ... fünf Jahren vielleicht, vier, fünf Jahren so eine Phase, da wurde zwei Jahre lang: „Und hier schon wieder ein Mädchen überfallen und verschleppt und ermordet und dort ..." und da wurde sehr viel drüber berichtet und man bekommt dann sehr schnell in der Bevölkerung auch den Eindruck: das nimmt zu. Um so wichtiger, finde ich, ist es dann auch die andere Seite zu zeigen, oder ... ja, die andere Seite zu zeigen, dass man sagt: es nimmt nicht zu. Im Gegenteil, es nimmt sogar ab. (ehem. Boulevard-Reporter)

In diesen aufeinanderfolgenden Antworten des ehemaligen Boulevard-Reporters wird noch einmal deutlich, dass die eigene Berichterstattung, gerechtfertigt als authentischer Ausschnitt aus dem wirklichen Leben, und die allgemeine Kritik an der verzerrenden Darstellung „in den Medien" nebeneinander Bestand haben, dass sie sich für den Polizeireporter nicht als harter Widerspruch darstellen. Was er als Polizeireporter beobachtet und darzustellen versucht, hält er für wahr, während er im gleichen Atemzug die Wirkung der Berichterstattung insgesamt als tendenziell schiefes Bild kritisiert. Dieser durch die Medien hervorgerufenen verzerrten Wahrnehmung „in der Bevölkerung" könne man wieder nur entgegen wirken, indem man - wiederum in den Medien - auch „die andere Seite" darstellt. Diese andere Seite beruht in seinem Beispiel auf der statistischen *Wahrheit*: diese Fälle nehmen gar nicht zu. Davon unberührt bleibt der Anspruch, mit seinen einzelnen Beiträgen einen Ausschnitt aus der wirklichen Wirklichkeit zu zeigen.

Dieser doppelte Wahrheitsanspruch als lebensnaher Polizeireporter einerseits und als liberaler Medienkritiker andererseits, erlaubt es den Journalisten, alle – dem jeweiligen Medium angemessenen – Register der Personalisierung und Dramatisierung zu ziehen (so lange es „authentisch" ist) ohne zynisch den Beitrag der Berichterstattung zur sozialen Ausschließung einfach hinnehmen zu müssen (eigentlich wissen sie, wie es „richtig" darzustellen wäre).

Gerichtsreportage: Voyeurismus als Aufklärung?

Auf den ersten Blick stellt die Rolle des Gerichtsreporters eine ähnlich eingeschränkte Perspektive her, wie am Beispiel der Polizeireporter beschrieben. Ausgangspunkt ihrer Berichterstattung ist die Öffentlichkeitsarbeit der Gerichte, insbesondere der Staatsanwaltschaften:

Am Freitag um elf Uhr ist bei der Staatsanwaltschaft GROẞ STADT Pressekonferenz. Da gibt es eine Sitzungsliste, das ist die Sitzungsliste, das ist die Sitzungsliste der Staatsanwaltschaft, da stehen ... sagt Ihnen was? [kenne ich, ja] ... gibt es die Sitzungsliste. Dann kommt der Pressesprecher (...) der Staatsanwaltschaft, der hat vorher die so genannten Handakten für die Sitzungen, also die, die die Sitzungsvertreter der Staatsanwaltschaft haben, durchgelesen und sagt: Das könnte für euch interessant sein, das könnte für euch interessant sein und das ... und das wird vorgestellt ... und das machen wir. Das heißt, nach ... dieser Pressekonferenz am Freitag setze ich mich hin, schreibe daraus eine Liste für den SENDER, das ist sozusagen mein Angebot, schicke denen das, sage: Nächste Woche ist an dem Tag das und das und das und das und das. Dann kucken die das durch und sagen: Das wollen wir haben. Oder wenn die irgendwas übersehen, sage ich: Wollen wir nicht, sollten wir nicht da was machen? (Gerichtsreporterin Radio)

Ebenso wie bei den Polizeireportern entsteht eine typische Bündnisbeziehung. Ihre Arbeit orientiert sich sehr direkt an den Abläufen vor Gericht, an „Sitzungslisten" und „Handakten". Beide Begriffe, die jedem geläufig sind, der einmal am Gericht zu tun hatte, erläutert sie mir im Interview kurz, weil sie weiß, dass Außenstehende sich darunter nicht unbedingt etwas vorstellen können. Das unterstreicht sie auch mit der direkten Nachfrage: „sagt Ihnen was?" Sie stellt sich als „Insider" dar. So ist ihr nicht nur das Prozedere vertraut, sie verlässt sich auch auf die Vorarbeit des Pressesprechers, dessen Auswahl sie der Schilderung nach völlig selbstverständlich übernimmt. Gegenüber dem Sender stellt sie hingegen heraus, dass dort gelegentlich „spannende" Themen „übersehen" werden und sie nachhaken muss, damit sie dazu einen Beitrag machen kann. In ihrem Fall geht die Identifikation so weit, dass sie mehrfach während des Interviews betont, wie froh sie ist, dass sie mehr am Gericht zu tun hat als mit den Kollegen vom Sender:

Ja und so ist das natürlich da auch und im ... SENDER, wo alle ... (ironischer Ton:) wo alle frei sind und alle, also da herrscht ein ... da herrscht ein Klima, wie ich es nicht besonders gut finde. Da wird sich untereinander stark bekämpft. Im Übrigen was, was ich am Gericht überhaupt nicht erlebe, da erlebe ich das komplette Gegenteil. (Gerichtsreporterin Radio)

Die gute Zusammenarbeit am Gericht bezieht sich sowohl auf das Verhältnis zu den Gerichtsreportern anderer Medien (über alle Sparten und politischen Ausrichtungen hinweg) wie auch zur Justiz. Während man sich auf die Kollegen am Gericht „hundertprozentig" verlassen könne und sich gegenseitig helfe, „nicht nur inhaltlich, sondern ... ach in jeder Hinsicht eigentlich", beschreibt sie ihre Beziehung zu den Strafjuristen als eines der kritischen Solidarität. Die Urteile seien „fast alle in Ordnung", aber die Juristen würden nicht verstehen, dass sie ihre gute Arbeit auch öffentlich so darstellen müssen. Anhand von Beispielen schildert sie, dass man sich für ein gerechtes Urteil „den Menschen ankucken" müsse:

(...) und da ist der aufgegangen und der hat sich völlig verändert, hat eine Frau gefunden, hat sein Leben verändert, unglückseligerweise wieder zur Droge gegriffen und wieder ist was passiert ... und ... das haben die Richter aber gemerkt, die haben gemerkt: Hier ist jemand, der hat es echt verdient, also haben sie ihn nicht zu Gefängnis verurteilt. (Gerichtsreporterin Radio)

Es sei richtig, dass „denjenigen, die eine Chance verdient haben, auch eine Chance gegeben werde", doch die „Bevölkerung" müsse auch „die Idee haben: hier wird gesühnt". Die meisten Menschen hätten aber den (falschen) Eindruck, es würde viel zu milde geurteilt, viel zu wenig gestraft und gesühnt. Die Juristen erscheinen in dieser Hinsicht als weltfremd und betriebsblind, weil sie ihr Vermittlungsproblem nicht erkennen. Die Richter berücksichtigen in ihren Urteilen „den Menschen" und das sei gut. Für alle, die nicht dabei waren, entstehe jedoch ein völlig falscher Eindruck einer täterfreundlichen Justiz. Sie haben kein Bild von „dem Menschen", der aus gutem Grund nicht ins Gefängnis geschickt wurde. Diesen falschen Eindruck zu korrigieren, diese Vermittlung zu leisten, sieht sie als große Herausforderung für Gerichtsreporter:

Das ist mein großer Vorwurf an die ganze Justiz, wie ich sie erlebe, und ich glaube schon, dass ich Einblicke auch intern habe, weil ich da einfach viele kenne und mit vielen rede, die ... wie die Politiker, die verkennen, was die Leute auf der Straße sprechen und das ist hochgefährlich. (...) Ja, meine feste Überzeugung ist, dass ... man nicht unterschätzen darf, dass die Menschen auf der Straße – und sie tun das nicht nur an den Stammtischen, das tun durchaus auch intelligentere – sagen: Wir haben hier eine völlig täterorientierte Justiz, die immer noch freundlich zu den Tätern ist, Sie kennen das auch, ja? Das ... äh, ähm: der kriegt sofort einen Psychiater und das arme Opfer kann sehen, wo es bleibt, und dann wird er, dann hat er immer die milden Richter, die sind eh alle lasch und korrupt und so ... Das finde ich, darf man nicht unterschätzen. Und ich denke, aber ich bin da relativ einsam mit meiner Meinung, es ist die große Aufgabe von Gerichtsreportern, den Menschen zu vermitteln ... dass die Masse, die da bei der Justiz passiert, in Ordnung ist. Das da vieles besser sein könnte, ist keine Frage. Und ich bin davon überzeugt, dass das ein Vermittlungsproblem von uns ist, das ist unser Problem, dass es uns offenbar nicht gelingt, den Menschen zu sagen: Der und der hat eine Chance verdient, und obwohl er das gemacht hat, ist es in Ordnung, dass er nur so und so viel Jahre dafür kriegt weil ... und bei dem ist es genau richtig und da haut die Justiz in der Tat volle Kanne drauf, bei dem Fiszman-Mörder zum Beispiel. Den schließen sie weg bis zum Sankt-Nimmerleinstag und das ist auch richtig so. Und das gelingt uns nicht, das ist meine feste Überzeugung, das gelingt uns nicht, das den Menschen zu vermitteln. Und das ist deshalb meines Erachtens so wichtig, weil sonst kein Rechtsfrieden hergestellt werden kann, weil wir sonst irgendwann an den Punkt kommen, wo das kippt, wo die Leute zur Selbstjustiz übergehen. (Gerichtsreporterin Radio)

An dieser Schilderung der Aufgabe von Gerichtsreportern lassen sich wichtige Unterschiede zur Haltung der Polizeireporter verdeutlichen. Ihre Arbeit unterstützt zwar die Arbeit der Justiz, indem sie eine wichtige Vermittlung zu leisten hat, den Menschen zu erklären, wie und vor allem *dass* das Rechtssystem funktioniert, und damit den „Rechtsfrieden" bewahren hilft, aber ihr Beitrag ist ein dezidiert journalistischer in deutlicher Abgrenzung zu dem, was die Juristen tun. Es gibt keine analoge Struktur zu den eigenen „Ermittlungen" der Polizeireporter und zur Identifikation als harte Kerle. Sie sieht es, wie sie an anderer Stelle ausführt, gerade als ihre Stärke als Nicht-Juristin, dass sie nur als Außenstehende dieses Vermittlungsproblem erkennt: „das ist ein Vermittlungsproblem von uns". Ohne Gerichtsreportage würde die Justiz sich immer weiter von den Menschen entfremden, nicht weil sie schlecht arbeitet, sondern weil es eben nicht zu ihrer Funktionsweise gehört, eine entsprechende Öffentlichkeitsarbeit zu leisten. Das *kann* die Justiz gar nicht selbst, dazu braucht sie die relative Distanz der Journalisten. Doch auch den Journalisten gelingt es in der Regel nicht, diesem Anspruch gerecht zu werden, „das den Menschen zu vermitteln". Die Geschichte vom geläuterten Menschen, der nicht zu einer Freiheitsstrafe verurteilt wurde, konnte sie seinerzeit nicht verkaufen: „solche Geschichten, die will keiner haben". In dieser Hinsicht sitzen sie mit den Juristen in einem Boot: Die wirklich wichtigen Vorgänge, die plausibel machen würden, warum die Justiz so arbeitet, wie sie es tut, interessieren niemanden. Im Unterschied zu den Juristen stellt sie sich als Gerichtsreporterin jedoch dieser Herausforderung und repräsentiert zumindest die Möglichkeit, dass es doch hin und wieder gelingt. Als interessierter Laie bringt die Gerichtsreporterin die Strafrechtler überhaupt erst dazu, ihr die Vorgänge so verständlich zu erklären, dass man sie anschließend dem Publikum plausibel vermitteln kann:

> Ich hatte wirklich Glück: Ich bin ziemlich schnell an wirklich gute Juristen geraten, die mit einer Engelsgeduld mir immer wieder was erzählt haben. Und heute haben die Spaß an mir, weil ... die sich darüber freuen, dass jemandem das so einen Spaß macht und dass ich mir dann so Gedanken mache und so, das freut die. Und ... ich habe die Förderer richtig, also ich empfinde die so, die kann ich auch mit jeder blöden Frage anrufen. Also für die blöde Frage, für mich ist die nicht blöd, aber für die ist die ... manchmal, das sind ja für die Selbstverständlichkeiten zum Teil. Und ich glaube, die haben Spaß daran, dass ich ... ich glaube, dass ich so ein Gespür dafür habe und ... und dass ich das mit so einer Begeisterung mache. Das freut die.
>
> *Das verstehe ich, trotzdem einfach mal als ... Gegenfrage noch mal, weil Sie eben selber gesagt haben: Es geht darum, juristische Vorgänge so zu vermitteln, dass sie jeder versteht. Würde es da nicht helfen, wenn man juristisch selber sich besser auskennt, selber Juristin ist?*
>
> Also ich behaupte von mir, dass ich mich recht gut auskenne, und ich behaupte von mir, dass ich in bestimmten Dingen – also nix Zivilrecht oder so, das ist was für die echten Juristen – aber ... sozusagen bei diesem ganzen Überbau da oben drüber, worum es eigentlich geht, da habe ich manchmal tatsächlich den Eindruck, das verstehe ich besser als diese ganzen Juristen. Weil ich noch den Bezug zu der anderen Welt habe. Ich lebe eben nicht nur in dieser Juristenwelt. Ich hab ja einen ganz anderen Zugang und ich hab auch eine ganz andere Motivation, mich damit zu beschäftigen. (Gerichtsreporterin Radio)

Das gute Verhältnis der Juristen zur Berichterstatterin basiert auf den bekannten Mechanismen der Konkurrenzvermeidung: Sie stellt sich als Generalistin dar, die sich zwar gut auskennt, sich Gedanken macht und ein „Gespür" mitbringt, die sich aber nicht anmaßen würde, mit den „echten", „wirklich guten" Juristen fachlich mithalten zu wollen. Sie kann die Rolle einer gelehrigen Zuhörerin einnehmen, die keine Ambitionen hat, den Meister irgendwann abzulösen. Weil ihr vieles nicht selbstverständlich ist, darf sie „blöde" Fragen stellen. Sie darf gefördert werden, ohne in interne Konkurrenzen unter den Juristen zu geraten. Darüber hinaus ist sie ihnen aus tiefster Überzeugung wohlgesonnen – was ihrer Einschätzung zufolge für Strafjuristen ein seltenes Glückserlebnis sein muss – und stellt ihre Arbeit ganz in den Dienst des Justizwesens. Man darf auch vermuten, dass die „Förderer" sich angesichts der ihnen entgegengebrachten Verehrung geschmeichelt fühlen. So macht sie plausibel, dass sie Spaß daran haben, ihr Dinge zu erklären. Implizit teilt sie auch mit, dass man sich das nötige Fachwissen, das man für den journalistischen Beitrag zur Rechtspflege benötigt, ohne längeres Fachstudium anlernen kann – jedenfalls wenn man das nötige Talent, das Gespür, mitbringt. Was sie hingegen besser versteht als die Spezialisten, nennt sie den „Überbau", das „worum es eigentlich geht". Gemeint ist das „wirkliche" Leben und ihr Anliegen, von der komplizierten Sprache und Denkweise der Justiz in diese „andere Welt" jenseits juristischer Selbstverständlichkeiten zu vermitteln und zu übersetzen. Justiz ist kein Selbstzweck, sondern dient der öffentlichen Darstellung von Recht und Ordnung.

In diesem Zusammenhang fügt sie ein neues Motiv in ihre Erzählung ein: Um gut von der juristischen Welt in die andere übersetzen zu können, genügt es nicht, als Generalistin eine Außenperspektive einzunehmen, man benötigt auch die richtige „Motivation" und viel „Begeisterung". Diese Begeisterung für die Sache bildet den roten Faden ihrer Selbstdarstellung im Interview. Bereits bei der ersten Schilderung, wie sie ursprünglich zur Gerichtsreportage gekommen ist, taucht dieses Motiv auf:

> Wie immer bei kleinen konservativen Blättern entstehen so Anarchien innerhalb so des Blattes: man konnte da viel mehr machen, glaube ich, als man es bei einer anderen Zeitung, bei der man es erwarten würde, etwa wie bei der Rundschau, machen konnte. Also jedenfalls hab ich das gemacht. Und dann ... (dramatische Pause) kam Jürgen Schneider zurück. Und ... den wollte ich mir angucken. Und keiner hat sich irgendwie interessiert dafür, bei diesem Blatt, dass der zurückkam (...). Da hab ich gesagt: das muss man aber doch eigentlich machen ... und hab mich da vor den Knast gestellt und bin auf den Flughafen gefahren und hab den Schneider gemacht. Dann wurde der Schneider irgendwann angeklagt, hat wieder keiner was gemacht, hab ich gesagt: das muss man doch irgendwie machen, bin da hingegangen, hab die Anklage gemacht. Dann kam der Prozess. Wollte wieder keiner hin, hab ich wieder gesagt: muss man aber doch machen ... und außerdem hab ich gedacht: ich will mir diesen Menschen unbedingt mal ankucken... und so bin ich zur Gerichtsberichterstattung gekommen. Ich war so fasziniert davon, auch von diesem Verfahren... hatte das Glück – in Anführungsstrichen – dass kurz danach auch das Verfahren gegen den Fiszman-Mörder begann, nämlich ... oder <u>die Mörder</u> muss man

179

ja sagen, gegen die, Vater und Sohn Körppen, und hab das auch gleich mitgemacht ... und hab dann immer mehr am Gericht gemacht und habe dann zur Zeitung gesagt, jetzt wolle ich nur noch Gericht machen, auch die kleineren Prozesse.
Gab es da eigentlich jemanden, der für die, hauptsächlich für Gerichtsreportagen ... [nein] es gab eigentlich niemanden, der das als Zuständigkeitsbereich bis dahin hatte?
Nein, hat irgendwie ... das ist wie immer: Gericht wird nicht ... Justiz und Gericht wird nicht hoch angesehen. Und man meint, man könne da jemanden hinschicken und der schaut sich mal en Prozess an und erzählt dann, ich zitiere: „die Geschichte". Dass Justiz und Gerichte aber viel, viel mehr ist, hat, versteht immer keiner in diesen Redaktionen, zumal es nicht anerkannt ist ... ja? Das ist das, was mal Volontäre machen und solche, die mal gerne ein bisschen was angucken wollen. (Gerichtsreporterin Radio)

Ganz im Gegensatz zu den Polizeireportern hat sie sich ihr Themengebiet selbst ausgewählt. Sie hat die „Anarchien" der „kleinen konservativen" Zeitung genutzt, bei der sie fest angestellt war, um ihrem spontanen Interesse für den Fall Jürgen Schneider nachzugehen. In ihrer Erzählung betont sie immer wieder, dass es ihr persönliches Interesse gewesen sei, gegen die Haltung der Kollegen („keiner hat sich irgendwie interessiert") und auch nicht auf Anweisung von oben. Sie „wollte" sich „den angucken", sie war „so fasziniert", dass sie schließlich eine Position als Gerichtsreporterin für sich forderte, die es bei dieser Zeitung gar nicht gab. Dass Justiz und Gericht nicht hoch angesehen sei, nimmt sie in Kauf. Sie greift den Vorwurf des Voyeurismus – der in der Formulierung, Gerichtsreportage sei für „solche, die mal gerne bisschen was angucken wollen", bereits anklingt – anschließend noch einmal auf und deutet ihn positiv um:

Meine Motivation, ans Gericht zu gehen war genau dieselbe: ich wollte auch mal da gucken. Ich wollte mal Mörder kucken ... wie die vielen Zuschauer, die da immer hingehen, wollte ich auch mal ... das war Voyeurismus, auch und vor allen Dingen. (Pause) Ja, und dann war ich, habe ich denen gesagt, habe ich der Zeitung gesagt: also nun wolle ich das die ganze Zeit machen. Ich war zu viel bereit, weil mir das so einen Spaß gemacht hat und ich auch glaube: ich habe ein Gespür dafür und das liegt mir ... und ich mag die Menschen dort und ich mag auch die Atmosphäre dort. Das ist ja doch eine sehr eigene Welt – und war bereit, da viel für aufzugeben, nämlich auch meine feste Stelle, das gibt man ja nicht mehr so einfach auf, auch da schon nicht mehr. (Gerichtsreporterin Radio)

Die Schaulust, den „Voyeurismus" beschreibt die Befragte als ursprünglichen Antrieb und legt somit nahe, dass sich diese Motivation im Laufe der Zeit abschwächt. Übersetzt man Voyeurismus etwas zurückhaltender mit Neugier, beschreibt das auch noch ihre gegenwärtige Haltung gegenüber den Juristen. Immer ist persönliche Leidenschaft im Spiel: „ich mag die Menschen dort und ich mag die Atmosphäre". Das drückt sich auch in der Bereitschaft aus, dafür eine Festanstellung aufzugeben. Voyeurismus und Leidenschaft sind ein bewusst gegen die herrschenden Berufsnormen gestricktes journalistisches Ethos. Insofern stellt sie sich als Außenseiterin und Einzelgängerin dar, als untypische Journalistin.

Was ist die Aufgabe von Journalismus?
In meinem Bereich oder generell?

Wie Sie wollen.
Ach na ja, also ... oje ... (Pause)
Na, wenn es eine blöde Frage ist ...
Nein das ist überhaupt keine blöde Frage, sie ist schwierig ... also in erster Linie, denke ich, sind wir mal ... sind wir schon so was mal wie ein Dienstleister. Aber noch mal zum Gericht. Beim Gericht sind wir glaube ich auch noch was anderes. Beim Gericht sind wir Öffen[tlichkeit] ... Prozesse sind ja öffentlich. Und mit gutem Grund sind sie das. Die meisten Leute wissen das aber gar nicht, dass die öffentlich sind, das sie einfach hingehen können. Und ... dieses Publikum in Prozessen hat ja eine sehr gute Funktion. Nämlich, das sind einfach Wächter darüber, ob das auch alles in Ordnung ist. Denn am Schluss wird dieses Urteil „im Namen des Volkes" gesprochen. Und da es diese Öffentlichkeit kaum mehr gibt – ich weiß nicht ob es sie früher gegeben hat, jedenfalls gibt es sie nicht ... oder kaum ... die sind nicht gut besucht, so Prozesse, außer ganz spektakuläre, klar, da rennen die Leute hin, ja? Aber die ganz normalen alltäglichen Gerichtsfälle, da sitzt kein Mensch drin, der da zuhört – und dafür finde ich, ist Presse wirklich wichtig, wirklich wichtig. Weil wir da die Öffentlichkeit sind.
Also gar nicht so sehr, indem Sie dann hinterher drüber berichten, sondern schon schlicht, indem Sie im Gericht sein müssen?
Was glauben Sie, wie sehr sich die Atmosphäre verändert, wenn da ein Journalist drin sitzt? Egal woher der kommt. Die ist völlig anders.
Das ist ja eine interessante Idee.
Da bin ich von überzeugt, dass das ganz wichtig ist, weil die Öffentlichkeit wirklich fehlt. Die gehen da nicht hin, weil die meisten wissen es ja nicht mal, dass sie hingehen können. Und dann gibt es nur so ein paar, die werden aber nicht ernst genommen, weil die sind irgendwelche Rentner, die gehen sowieso von Prozess zu Prozess – im Übrigen kennen die sich ziemlich gut aus, ja (lachen), die wissen genau, wann, wo, gegen wen verhandelt wird, ja? – und verfolgen die Prozesse mehr als Journalisten von Anfang bis Ende, wir sind häufig nur am Anfang und dann am Ende wieder da und kriegen den Verlauf nicht richtig mit.
Gehen Sie dann manchmal zu denen und fragen: Was war eigentlich letztes Mal?
Nee, das mache ich nicht
War nur so eine Idee.
Ja, ich habe Kollegen, die das machen, ich habe Kollegen, die das machen, aber ich mache das nicht ... (geflüstert:) das ist mein Beruf. Und die machen das als Freizeitbeschäftigung, das ist auch in Ordnung, das die das machen. (Gerichtsreporterin Radio)

Über die Aufgabe von Journalisten generell weiß sie nicht viel zu sagen, das stellt sie schon durch ihre erste Gegenfrage klar und bricht dann ihren Versuch, dennoch darauf zu antworten, nach einem vagen „wie Dienstleister" schnell wieder ab: „Aber noch mal zum Gericht". Sie grenzt sich auch insofern noch einmal von der journalistischen Haltung ab, indem sie andeutet, sich auch für die „ganz normalen alltäglichen" Prozesse zu interessieren und sich nicht ausschließlich am Spektakulären zu orientieren, wie das ganz deutlich bei den Polizeireportern zum Ausdruck kam. (Tatsächlich hat sie zumindest neben den spektakulären Fällen auch alltäglichere Beispiele verwendet, wenn auch mit dem Zusatz, sie nicht verkaufen zu können.) Dennoch spricht sie in dieser Passage von Journalisten als „wir" und unterstreicht ganz am Ende ihre Professionalität in Abgrenzung zu den Laien: Es sei ihr Beruf, Prozesse zu beobachten. Die „Kollegen", die so etwas machen, verhalten sich demzufolge unprofessionell. Sie ist zwar in erster Linie Gerichtsreporterin und nur als solche auch Journalistin, aber sie möchte auch nicht die schlechtere Journalistin sein. Sie macht ihren Beruf zwar aus Leidenschaft, aber als *Beruf* im Gegensatz zur *Freizeitbeschäftigung* für Rentner. Bezogen auf ihre Arbeit „beim Gericht" beschreibt sie ihre Funktion nun als „Öffentlichkeit" und „Wächter" gegenüber der Justiz – offensichtlich wird sie durch meine Fragen stärker in die Journalistenrolle gedrängt und betont erstmals ihre Distanz gegenüber den Juristen. „Öffentlichkeit" gebraucht sie nun im Sinne der 4. Gewalt, die gegenüber Staat und Justiz eine Kontrollfunktion ausübt – das ist etwas fundamental anderes als ihr zuvor geschildertes Anliegen der Vermittlung von der Justiz zu den Menschen. Es wird nicht ganz klar, was passieren würde, wenn nicht „irgendwelche Rentner" und gelegentlich die Presse eine ansonsten ausgestorbene „Öffentlichkeit" simulieren würden, in welche Richtung sich die Atmosphäre verändert, wenn sie anwesend sind. Vermutlich – angesichts ihrer zuvor geschilderten Position – schwebt ihr vor, dass Exzesse in der einen wie der anderen Richtung so vermieden werden. Die Justiz funktioniert und die Urteile sind gerecht, aber nur solange die Gerichtsreporter darüber wachen.

Diese Kontrollfunktion bringt sie auch anhand eines konkreten Beispiels noch einmal zur Sprache. Dabei ging es um Verzögerungen in einem Strafverfahren gegen einen Politiker, von denen sie vermutete, dass sie vom Justizministerium aus wahltaktischen Gründen veranlasst seien. Das sei ihr auch aus „Justizkreisen" und durch einen Strafrechts-Professor bestätigt worden, aber sie habe trotzdem nicht darüber berichten dürfen:

> Ich hatte damals eine ziemlich schwache Chefin, die hat gesagt: Das können wir nicht machen, das brauchen wir schriftlich von ihren Quellen. Hab ich gesagt: hier (zeigt den Vogel), die geben mir das doch nicht schriftlich, die sind ihre Jobs los, wenn sie das machen. Die dürfen das doch nicht an mich weiterplaudern. Ja? (Gerichtsreporterin Radio)

Am Gericht wisse zwar „jeder Referendar, dass es Einflussnahme vom Ministerium gibt", aber sie habe erst berichten dürfen, als die politische Brisanz vorüber war. Ihre „schwache" Chefin versteckt sich hinter der Norm, für solche Vorwürfe brauche man Belege. Dagegen argumentiert sie, dass man auf diese Weise keine kritische Berichterstattung über die herrschende Politik machen könne, weil die gegenüber den Informanten am längeren Hebel sitzen. Sie argumentiert in doppelter Hinsicht mit journalistischen Normen: Erstens habe sie durchaus gründlich recherchiert und stelle keine ungeschützten Behauptungen auf, zweitens sei es aber Aufgabe von Berichterstattung, solche Vorgänge öffentlich zu machen.

Diese pointierte Selbstdarstellung der Gerichtsreporterin als Außenseiterin lässt sich mit Sicherheit nicht als Grundhaltung aller Gerichtsreporter verallgemeinern. Dennoch markiert sie einige Fluchtpunkte, wie sich ihr Rollenverständnis aus dem strukturellen Rahmen dieser Position und ihrem Wirklichkeitsbezug ergibt. Ihr „Vermittlungsproblem", juristische Vorgänge allgemein verständlich zu machen, müsste allen Gerichtsreportern ebenso zustoßen, wie sie alle Strategien im Umgang mit Juristen entwickelt haben sollten und die Erfahrung gemacht haben dürften, dass sie häufig die einzige „Öffentlichkeit" im Gerichtssaal sind. Ob sie das hingegen mit der Strategie der Neugier und einer Rollenzuschreibung als 4. Gewalt verbinden, oder andere Lösungen finden, dürfte eher mit unabhängig von der spezifischen Berufsposition gewonnenen Grundhaltungen zusammenhängen.

Gegenprobe: Der gleichgültige Gerichtsreporter

Eine komplett andere Selbstdarstellung als Gerichtsreporter pflegt ein männlicher Kollege in gehobener Redakteursposition:

Ich mache den Job jetzt seit vier Jahren, hab dabei schon relativ große Prozesse halt ... begleitet. Da war Schneider z.B., dann das Verfahren Weimar, der OPEC-Prozess, der Prozess um die Ermordung von dem Jakub Fiszman. Also das sind große Prozesse, wo ich auch selber hingehe. So den tagtäglichen Kleinkram erledigt glücklicherweise ein freier Mitarbeiter für uns, der tagtäglich am Gericht ist und dort alles verfolgt, was halt am Amtsgericht und am Landgericht verhandelt wird. (Gerichtsreporter)

Indem er die großen – also spektakulären – Prozesse gegen den „tagtäglichen Kleinkram" ausspielt, unterstreicht er seine eigene Rolle als Vorgesetzter, der andere arbeiten lässt und nicht mehr ständig selber am Gericht sein muss. Dazu greift er ganz selbstverständlich auf eine Hierarchie in der Sache zurück: Chefsache und also wichtig sind nur die großen, spektakulären Fälle, die durch alle Medien gehen und die mit einem kurzen Stichwort benannt werden können – die Unterstellung ist: Wir alle kennen die Geschichten dazu. Für ihn bilden also nicht die Vorgänge am Gericht den Orientierungspunkt und Ausgangspunkt eigener Recherche, sondern die Frage, wie sehr ein Prozess öffentlich (bereits oder potentiell) wahrgenommen wird. Doch selbst diese – teilweise identischen – spektakulären Fälle, über die die Kollegin ausführlich erzählte, warum sie das so faszinierend fand und was genau in welcher Reihenfolge geschah, handelt er mit diesen kurzen Etiketten ab: Schneider, Weimar, OPEC, Fiszman. Er stellt sich als wichtig dar, aber auch als völlig leidenschaftslos. Seine Arbeit ist ein „Job", den er als erstes dadurch charakterisiert, dass er ihn seit vier Jahren ausübt. Insgesamt spricht er über seine ganze Arbeit sehr formell, es gelingt kaum einmal, ihn zu inhaltlichen Beispielen zu bewegen. Wenn er doch einmal konkret erzählt, klingt das so (es geht um ein Verfahren gegen „islamistische Terroristen" und die Frage, wie er überhaupt vor dem Prozess davon erfährt):

Das sind schon offizielle Sprecher dann, aber da gibt es halt den einen, der erzählt gar nichts und es gibt vielleicht einen anderen, der erzählt ein bisschen mehr. Ja, das sind erst mal so die ... offiziellen Informationswege und dann versucht man natürlich ... ja ... halt den Weg bis der Prozess nun endlich anfängt irgendwie zu verfolgen und irgendwie dann zwischendurch dann bei so einer wichtigen Sache. Das macht man natürlich längst nicht bei jedem Prozess. Zwischendurch vielleicht auch schon mal so Wasserstandsmeldungen irgendwie rauszufinden, also – was weiß ich – die Anklage ist jetzt fertig und äh liegt jetzt auch in GROSS STADT vor. Das war also zum Beispiel in dem Fall wo ... war das schon eine „News". Also die Anklage gegen die Terroristen ist fertig, das teilt dann die Bundesanwaltschaft in Karlsruhe offiziell mit und dann ... machen wir da halt was drüber. (Gerichtsreporter)

Mit seiner Art zu erzählen, vermittelt er den Eindruck völliger Gleichgültigkeit gegenüber den Ereignissen, über die er berichtet. Statt eines Prozesses gegen vermeintliche Terroristen könnte er ebenso gut über ein Sportereignis oder die Wettervorhersage schreiben. Seinen eigenen Beitrag reduziert er ohnehin darauf, die offiziellen Informationswege zu verfolgen und in „News" zu übersetzen. An anderer Stelle behauptet er: „Der Schwerpunkt liegt eigentlich immer auf der Recherche. Also das Formulieren kriegt man, mit der Zeit halt geht das doch relativ schnell und automatisch." Auf Grundlage dieser Selbstdarstellung könnte man geneigt sein, zu fragen, ob seine Arbeit nicht ebenso gut von einem selbstlaufenden Computerprogramm erledigt werden könnte. Das kann jedoch nicht das Bild sein, das er von sich vermitteln wollte. Dafür stellte er sich insgesamt viel zu selbstbewusst dar. Auch mit der „Wichtigkeit" seiner Position und der Prozesse, über die er schreibt, passt das nicht zusammen.

Verständlicher wird seine gleichgültige Selbstdarstellung vor dem Hintergrund der Normen journalistischer Objektivität und Ausgewogenheit. Er vermeidet inhaltliche Aussagen schon deshalb, weil er sich fürchtet, als tendenziös und politisch voreingenommen hingestellt zu werden. So, wie er im Interview spricht, versucht er offenbar auch zu schreiben: Möglichst technisch, offiziell, ohne sich zu weit vorzuwagen und vor allem ohne selbst Position zu beziehen. Nach seiner „Botschaft" gefragt, die er den Lesern vermitteln möchte, bezieht er kurz Stellung, um sich sogleich wieder hinter einem unbedingten Wahrheitsanspruch zu verschanzen:

Haben Sie da irgendeine Botschaft, die Sie vermitteln wollen? (...)

Na ja natürlich, wenn ich ... wenn ich so einen Hintergrundartikel zum Beispiel über diese Problematik schreibe, was ich schon getan habe, also wo ich dann – was weiß ich – mit Experten telefoniert habe aus ... der polizeilichen Kriminalstatistik zitiere usw., da habe ich natürlich dann schon den Impetus: Es ist vielleicht nicht so schlimm, wie ihr jetzt alle denkt. Das schon, aber ...

Das versuchen Sie schon auch zu vermitteln dann?

Ja, wenn es denn so ist, also wenn meine Recherchen das ergeben haben, ja klar. Das ... ja doch, das versuche ich dann zu vermitteln, ja. Und wir, wissen Sie, wir wissen, wenn wir unsere Informationsgeber – also die Informanten – sind ja häufig irgendwelche Institutionen. Seien es Behörden, Firmen, ähnliches, die viele Sachverhalte aus ihrer Sicht schildern, und man kann aber ganz häufig das umdrehen und sagen: Was hat jetzt eigentlich der normale Mensch oder der Konsument – oder in welcher Rolle er dann halt auch gerade ist – was bedeutet das eigentlich für den? (Gerichtsreporter)

Die Wahrnehmung, es sei „nicht so schlimm" und vor allem weniger schlimm, als „ihr jetzt alle denkt", ähnelt der seiner engagierten und leidenschaftlichen Kollegin: die „Menschen" zu beruhigen, indem man zeigt, dass die Justiz ihre Arbeit gut macht. Die Implikation meiner Frage, das als sein persönliches Anliegen zu deuten, wehrt er sofort wieder ab: Er möchte nur vermitteln, was seine Recherchen ergeben haben. Demnach muss er die Frage so aufgefasst haben, als würde sie unterstellen, er wolle wider besseres Wissen oder gänzlich ungeprüft seine vorgefasste Meinung verbreiten. Bei seinen Recherchen hält er sich eisern an die offiziellen „Informationsgeber" (er befasst sich nicht nur mit Strafrecht, daher zählt er weitere „Institutionen" auf). Allerdings versucht er deren einseitige Sicht mit der Frage zu unterlaufen, was das für den „normalen Menschen" und „Konsumenten" bedeute. Das unterstellt, dass die Institutionen darüber nicht nachdenken bzw. dass es einen Interessengegensatz zwischen diesen Institutionen und den „normalen" Menschen gibt. Ihm stellt sich das Vermittlungsproblem nicht einseitig, von den Institutionen hin zu den Menschen, sondern auch umgekehrt, im Namen der Menschen die richtigen Fragen zu stellen. Für ihn steht *aufgrund* seiner Gleichgültigkeit nicht von vornherein fest, dass das System funktioniert und die Gerichtsurteile meistens in Ordnung seien. „Gleichgültig" heißt so gesehen tatsächlich, dass für ihn alle Standpunkte gleich gültig sind und er darum insbesondere die Perspektive jener herausarbeiten muss, die in der offiziellen Version nicht vorkommen oder nur als Konsumenten, als passive Informations*nehmer*. Seine Aufklärungsabsicht beschränkt sich nicht darauf, den Menschen zu erklären, warum die Justiz in Ordnung sei, sondern er möchte sich aktiv für deren Interessen einsetzen.

Diese Parteinahme für die Menschen und gegen die Institutionen geht noch ein Stück weiter. In diesem Zusammenhang erlaubt er sich sogar ein eigenes Anliegen:

Ich denke, da gibt es ja wahrscheinlich schon immer so bestimmte persönliche Steckenpferde oder wo man sagt: das Thema, das ist mir ein Anliegen, da mache ich jetzt besonders gründlich was zu, weil ich [ja klar] das einfach gesellschaftlich wichtig finde [ja]. Haben Sie so ...
Ja also das, was ... wo ich ja schon die ganze Zeit von erzählt habe,[10] das war mir zum Beispiel so ein Anliegen. Und da hab ich so ein Anliegen, dass ich zum Beispiel über Korruption möchte ich gerne viel berichten und ...
Warum?
Na ja, weil ich das schon für eine sehr gefährliche Entwicklung halte, wenn immer mehr gesellschaftliche Bereiche halt korrupt sind und äh ... dort es nicht mehr nach äh ... Recht und Gesetz oder nach den verabredeten Regeln zugeht ... das halte ich schon für bedenklich.
Was sind so wichtige Bereiche, wo Sie das für problematisch halten? Also wo ...
Ja also als Allererstes natürlich die öffentliche Verwaltung, weil die nämlich ja von unseren Steuergeldern halt bezahlt wird. Da denke ich kann man als Bürger schon verlangen, dass alles nach Recht und Gesetz vor sich geht und auch transparent nach außen gemacht wird. Und dann auch in der Wirtschaft, obwohl es mich da jetzt, wenn die sich gegenseitig schmieren erst mal natürlich der Bürger als solcher erst mal nicht unmittelbar geschädigt ist. Aber das ist ... führt natürlich zu einer gewissen, zu einem gewissen gesellschaftlichen Verfall – möchte ich mal sagen. Wenn das sozusagen zum guten Ton gehört, dass irgendwie eine gewisse Führungsschicht sich die eigenen, die Taschen vollsteckt, das finde ich halt moralisch verwerflich ... und auch gefährlich. Wenn das so vorgelebt wird auch, wenn immer rauskommt, also wenn ein Bestechungsskandal nach dem anderen halt aufgedeckt wird, sagt sich ja natürlich jeder ... ja ...

Dann frage ich mich, warum soll ich keine Steuern hinterziehen oder so?
Ja, warum soll ich keine Steuern hinterziehen, warum soll ich nicht auch mal was annehmen oder so. Das ist halt ein Zerfall der ... der ... öffentlichen Moral, den ich ... halt der wo ... ich halt so in meinem bescheidenen Rahmen hier versuche dazu beizutragen, dass das halt eingedämmt wird. (Pause) Ja, was sonst noch? Also so besondere Steckenpferde fallen mir sonst nicht ein. (Gerichtsreporter)

Das Anliegen, gegen Korruption zu kämpfen, kann er sich erlauben, weil er damit ein Thema wählt, bei dem er nichts verkehrt machen kann, da es sich von allen Seiten moralisieren lässt: Im Verein mit den „Bürgern" prangert er die schlechte Herrschaft an, eine amoralische Führungsschicht, die sich „die Taschen vollsteckt". Mit seinem Ruf nach Recht und Gesetz, indem er die Amoral als Korruption, als strafrechtlich zu ahndende Normabweichung kennzeichnet, bestärkt er zugleich die grundsätzliche Gültigkeit der Norm, dass öffentliche Verwaltung und Wirtschaft als Vorbilder zu gelten haben. Der Vorwurf der Korruption erlaubt es der herrschenden Klasse, einzelne schwarze Schafe auszusortieren, ohne dass Herrschaft insgesamt in Frage gestellt wird. Schließlich beklagt er den „gesellschaftlichen Verfall" der „öffentlichen Moral", da sich ohne positive Vorbilder „jeder" amoralisch verhalten würde. Für „Recht und Gesetz" und gegen den allgemeinen Zerfall der Moral zu kämpfen, kann nicht verkehrt sein. Der Journalist, der sich dieser Aufgabe verschreibt, arbeitet für das Gemeinwohl und weiß sich im Bündnis mit allen gesellschaftlichen Schichten.

Sein „bescheidener Rahmen" kann sich auf seine konkreten Arbeitsbedingungen beziehen, die er realistisch einzuschätzen versucht, oder auf die begrenzten Möglichkeiten des Journalismus zur Aufdeckung von Korruptionsfällen insgesamt. In jedem Fall bemüht er sich, den Anspruch an die gesellschaftliche Reichweite der Berichterstattung nicht allzu hoch anzusiedeln. Unklar bleibt, wer dann seiner Wahrnehmung zufolge einen „Bestechungsskandal nach dem anderen" aufdeckt, ob er dabei eher die Justiz oder einen „investigativen" Journalismus am Werk sieht, oder ob beide nur auf Vorgänge innerhalb der betroffenen Institutionen reagieren können. Jedenfalls schreibt er sich nicht auf die Fahne, wesentlich zu diesen Aufdeckungen beizutragen. Er möchte zwar viel darüber berichten und dazu beitragen, dass das „eingedämmt wird", große Enthüllungsgeschichten schreibt er sich aber nicht zu.

Der gemeinsame Nenner: Moral aufrechterhalten

Der Vergleich zwischen der engagierten und der gleichgültigen Auslegung der Rolle eines Gerichtsreporters zeigt, dass innerhalb eines klar umgrenzten Themenfeldes und jeweils auf der Grundlage professioneller und ethischer Normen des Journalismus, nahezu gegensätzliche Selbstdarstellungen möglich sind. Das verdeutlicht noch einmal, wie wenig individuelle Haltungen und Absichten der Journalisten auf ihre Arbeitsprodukte durchschlagen, wie sehr diese Gegensätze kulturindustriell nivel-

liert werden. Hinsichtlich der Berichterstattung, die dabei heraus kommt, schlagen sie kaum zu Buche.[11] Stattdessen setzen sich stets die gleichen Muster durch:
- Spektakuläre Fälle als Aufmerksamkeitsregel – ob man sie nun für wichtig hält, für aufregend, oder schlicht, weil man anderen Geschichten sich nicht verkaufen lassen.
- Die Aufgabe der Gerichtsberichterstattung als Vermittlung zwischen Institutionen und „Menschen" – mal als Bürger, mal als kleine Leute oder als gefährliche Masse, die zur Selbstjustiz schreitet, wenn die Justiz ihre Vergeltungswünsche nicht befriedigt.
- Professionalität als Objektivität und Ausgewogenheit – sei es, dass man der persönlich hoch geschätzten Justiz als kritische Öffentlichkeit gegenübertritt oder sich hinter Wahrheitsansprüchen verschanzt.

Letztendlich stellen sich die Vertreter beider Varianten von Gerichtsreportage in den Dienst einer allgemeinen, öffentlichen Moral und übersetzen juristische und kriminalpolitische Fragen in moralische – man muss kein Jurist oder Kriminologe sein, um sich den Täter anzuschauen und sich ein Urteil zu bilden, ob er noch eine Chance verdient hat, oder den gefährlichen Zerfall der Moral anzuprangern, wenn die Führungsschicht in Korruption verstrickt ist. Das entspricht dem journalistischen Generalistentum und ist anschlussfähig für eine ganze Reihe unterschiedlicher Haltungen seitens des Publikums. Die (kriminal)politischen Positionen bleiben in beiden Fällen vage und allgemein genug, dass sie nicht von vornherein bestimmte Teile des Publikums ausgrenzen. Die Gerichtsreporter wollen aufklärerisch wirken, indem sie Vorurteile bekämpfen, allerdings nicht, indem sie sie aus der Welt schaffen, sondern indem sie sie ernst nehmen. Sie wollen Rufen nach „härteren" Strafen entgegen wirken, indem sie die Justiz (und andere Institutionen) besser darstellen und signalisieren, es sei alles „in Ordnung".

Ob es bei staatlichem Strafen (auch) um Herrschaft geht, um die Legitimierung sozialer Ungleichheit, um die Durchsetzung einer staatlichen Ordnung gegen jene Teile der Gesellschaft, die davon nicht profitieren, die ausgebeutet oder ausgeschlossen werden, ob das Strafrecht nicht grundsätzlich so angelegt ist, von gesellschaftlichen Problemen und Lösungsansätzen abzulenken, indem es Schuld individuell zuschreibt und sanktioniert, ob die zugrundeliegende Moral nicht von vornherein eine einseitige ist, die zwar Korruption anprangert, andere Formen des sich-die-Taschen-Vollsteckens aber fördert, das sind alles Fragen, die sich aus der Perspektive der Gerichtsreportage nicht stellen. Ihr Bezugspunkt sind weniger die in der Justiz tätigen Personen, sondern die abstrakten und nicht zu hinterfragenden Institutionen „Recht und Gesetz". Anders als die Polizeireporter sehen die Gerichtsreporter keinen Widerspruch zwischen ihren Absichten und ihrer Berichterstattung, sehen sie sich doch grundsätzlich auf der richtigen Seite. Sie fürchten auch nicht, zur Kriminalitätsfurcht beizutragen, sondern hoffen, sie auf ein realistisches Maß eindämmen zu können.

Politischer Journalismus

Am wenigsten festgelegt ist die Rolle der politischen Journalisten. Einer meiner Gesprächspartner – der einzige Jurist und als Ressortleiter in der höchsten Position – bezeichnete sich selbst so, eine zweite, überwiegend als freie Journalistin tätige Befragte habe ich aufgrund der thematischen Beispiele, die ich von ihr kannte und die sie im Interview ansprach, dieser Kategorie zugeordnet. Politischer Journalismus erschien mir auch aus dem Grund eine passende und trennscharfe Bezeichnung, dass die Polizei- und Gerichtsreporter kriminalpolitische Themen weitgehend ausklammern und inhaltliche Positionierungen möglichst vermeiden. Die politischen Journalisten hingegen befassen sich schwerpunktmäßig mit kriminal- und rechtspolitischen Fragen und beziehen nicht nur im Interview Position, sondern auch in ihren Beiträgen. Ein ganz wesentlicher Unterschied zu den anderen Berufsrollen besteht hinsichtlich der Motivation, sich mit dem Kriminalitätsthema zu befassen. Für den einzigen Juristen in der Untersuchungsgruppe ergibt sich das thematische Interesse aus dem Studium:

> Okay, also studiert habe ich Jura. Erstes und zweites Staatsexamen. Ich war nach meinem ersten Staatsexamen Assistent bei Professor HAMM – der ist Staats- und Verwaltungs- und Völkerrechtler und der hatte auch, wie ich auch immer schon, ein reges Interesse so an politischen Vorgängen. Für den musste ich denn auch ein paar Aufsätze schreiben und hin und wieder mal Radiointerviews vorbereiten und solche Geschichten. Und mich hat immer schon die Schnittstelle Recht und Politik interessiert. Und ... so hab ich mich dann damit locker mal befasst und konnte mir immer vorstellen, dass ich auch in den Journalismus gehen könnte. Und hatte auch während meines Studiums in KLEINSTADT auch hin und wieder mal so einen kleinen Beitrag geschrieben. Kleine Rechtsprobleme oder auch mal so einen Fall ...
>
> *Schon in Tages[zeitungen]?*
>
> Ja sowohl in Universitätszeitungen als auch mal in Tageszeitungen. Aber nur so ganz locker.
>
> *Also nicht nur in Fachzeitungen?*
>
> Nein. Aber so ganz, ganz locker. So und dann ... kam ich ... also machte ich meine Referendarzeit und überlegte mir eigentlich eh ... so was ... soll es zum zweiten Examen kommen? Da konnte ich mir Verschiedenes vorstellen. Ich hätte mir auch einen juristischen Beruf vorstellen können, aber der ... der Journalismus hatte immer gereizt. Und dann schrieb ich dem SENDER und damals der TAGESZEITUNG – mit denen traf ich mich auch mal, ich war auch mal hier bei der WOCHENZEITUNG schon mal so zu einem lockeren Gespräch. Aber das war alles völlig unverbindlich und ich schrieb dann dem ... konkret dem SENDER und fragte, wie es denn mit einem Volontariat aussähe. Daraufhin kriegte ich einen Brief der ... zuständigen Abteilung da und die sagten: Ja, vielen Dank für die Bewerbung, aber Sie sind – mit damals also ich war so 28, 29 – zu alt für unsere Volontäre. Da dachte ich, das ist ja schön: Wie stellen die sich eigentlich vor, jemals in ihren Reihen einen Volljuristen zu begrüßen? Und ... ich hatte ja weder geschlafen noch also extra lang studiert, sondern war eigentlich völlig, also ziemlich flott in allem und ... dann schrieb ich denen zurück und habe denen mal so einen Lebenslauf geschickt, was ich also alles gemacht habe. Zivildienst ... dann ... Auslandsaufenthalte et cetera in Studienzeiten. Damals waren ja auch noch irre Wartezeiten auf die Examina und die Examensergebnisse und von da ... das zog sich auch alles ein bisschen damals in die Länge. Und schrieb denen das also mal so tabellarisch auf und sagte: Wie sie sich also nun eben vorstellen würden, jemals wieder ... oder jemals einen Volljuristen in ihren Reihen zu haben. Daraufhin kriegte ich

einen Brief des Intendanten zurück. Und er sagte: Ja das ... fand das ganz interessant, was ich da geschrieben hätte und ... wollte mich zu einem Gespräch empfangen, sagte mir aber gleich, es wäre schwierig also ... also sozusagen davon abzuweichen von ihren Regeln, dann kriegten sie auch Probleme mit dem Personalrat. Aber ich sollte mal zu einem Gespräch kommen, was ich denn getan habe und dann bot er mir eine zweiwöchige Hospitanz beim SENDER an. (...) Lange Rede, kurzer Sinn, ich kriegte dann gleich einen Redakteursvertrag, die damals also jedenfalls so ... auch ja gar nicht schlecht bezahlt waren, und machte in der Nachrichtenredaktion [mit]. Dann nach vielen, vielen Wochen – vielleicht so acht Wochen oder so was – kriegte ich einen Anruf des damaligen Politik-Chefs der WOCHENZEITUNG. (...) die sagten, sie suchten eben für ihre politische Redaktion einen Juristen. Dann habe ich mir das eben überlegt, hab ich Rücksprache mit einigen Kollegen gehalten und sagte: Mensch jetzt hab ich schon beim SENDER einen vollen Redakteursvertrag und bei denen krieg ich nur einen Volontärsvertrag, weniger als die Hälfte des Gehaltes und so weiter, sollst du das eigentlich machen. Aber mir rieten viele dazu, denn ... im Prinzip ist es so, dass man dort von der Pike auf alles lernt, auch alle Genres von der Reportage über die Glosse bis zum Leitartikel, der Analyse usw. Und ich fand auch die Atmosphäre sehr nett, hab mehr Gespräche geführt und so und eh ... hab mich dann entschieden, das zu machen. (Ressortleiter)

Diese hier der Verständlichkeit halber ausführlich wiedergegebene Schilderung eines im Vergleich zu den anderen Befragten sehr gradlinigen und schnellen Einstiegs in die Journalistenlaufbahn ist vor allem in der Hinsicht bemerkenswert, dass er seine Qualifikation als „Volljurist" offensiv und selbstbewusst einsetzt. Er stellt sich in erster Linie als Juristen dar, der auf diesem Gebiet durchaus gute Berufschancen besessen hätte, sich dann aber aus Interesse für den Journalismus entschieden hat. Obwohl er auch ein paar journalistische Erfahrungen vorweisen kann, überzeugt er seinen ersten Arbeitgeber, indem er auf seiner Sonderstellung als Volljurist insistiert. Er unterstellt es als selbstverständlich, dass die Redaktion einen Volljuristen „in ihren Reihen" braucht, und wird darin ja letzten Endes auch bestätigt. Die Wochenzeitung bot ihm anschließend ein Volontariat, weil sie „für ihre politische Redaktion einen Juristen" *suchte*. So ist er nicht nur in der Lage, zwischen mehreren guten Angeboten zu wählen, im Endeffekt definiert er sich seine Berufsrolle als Journalist mit solidem juristischen Hintergrund selbst und gegen die formalen Gepflogenheiten der Medien. Sein eingangs genanntes Interesse für die „Schnittstelle Recht und Politik" entspricht dem Themenfeld, das ihm schließlich angeboten wird und das er auch in der weiteren Laufbahn beibehält.

Die freiberuflich tätige politische Journalistin bezieht ihre Motivation daraus, an Themen arbeiten zu können, die sie auch unabhängig von ihrer journalistischen Arbeit wichtig findet. Ihren ersten Job beim Fernsehen habe sie bekommen, weil sie „gut mit Leuten umgehen" könne und engagierte Leute aus dem Bereich der Jugendarbeit kannte, wo sie lange Zeit ehrenamtlich tätig war. In den eigentlichen Journalistenberuf sei sie dann nach und nach „reingewachsen". Heute könne sie sich allerdings nicht mehr vorstellen, „irgendwann nicht mehr als Journalistin zu arbeiten".

Die politischen Journalisten sehen Kriminalität und Strafe in einem politischen und sozialen Zusammenhang. Sie nehmen die „Fälle" und „Geschichten" zum

Anlass, über gesellschaftliche Probleme und politische Reformen zu schreiben. Ihr Konzept von Öffentlichkeit basiert auf einem Diskurs zwischen vielen Beteiligten, die frei ihre Meinung äußern. Als Journalisten nehmen sie an diesem Diskurs teil – statt ihn z.B. abzubilden, darzustellen, zu vermitteln, wie die anderen Konzepte es nahe legen würden. Sie handeln auf Augenhöhe mit den anderen Beteiligten, mit den Praktikern, Juristen, Experten und Politikern. Die „normalen Menschen" und „kleinen Leute" kommen bei ihnen kaum vor, allenfalls negativ als Massengeschmack, dem man sich nicht unterwerfen darf.

Die Themen, mit denen sie sich befassen, werden auch nicht durch eine institutionelle Rahmung, wie die Pressearbeit der Gerichte und der Polizei, begrenzt. Ihr Wirklichkeitsbezug ist weniger stark vorgegeben, sondern erscheint (vorerst) als wahlfrei. Beide stellen Kriminalität und Strafe umfassend und aus verschiedenen Perspektiven dar und haben weitere inhaltliche Schwerpunkte über den Strafrechtsbereich hinaus. Da sie wesentlich mehr Spielraum bei der Wahl ihrer Themen haben, ist ihnen auch bewusst, dass schon die Auswahl entscheidend sein kann für die inhaltliche Ausrichtung eines Beitrags. Man könne eben über polizeiliche Übergriffe nicht neutral schreiben, erklärt die freie Journalistin:

Du kannst über so was schreiben und dann kommst du eigentlich auch nicht umhin, den Skandal zu thematisieren, oder du kannst es eben auch lassen. Ja? Also ich glaube, da werden viel mehr so die ... die Entscheidungen getroffen. Was bringen wir und was bringen wir nicht? (Freie Journalistin)

Als „Freie" ist sie zwar auf die Entscheidungen der Redakteure angewiesen, denen sie ihre Beiträge anbietet, aber sie sieht gute Möglichkeiten, für Themen, die ihr am Herzen liegen, auch ein Medium zu finden, das daran interessiert ist. Alle Beispiele, die sie im Interview erwähnt, behandeln Themen, die sie selbst ausgewählt hat und die eine politische Tendenz aufweisen. In dieser Hinsicht stellt sie sich dezidiert gegen den journalistischen Anspruch auf Objektivität:

Die Medien haben eine unheimliche Macht in der Gesellschaft. Also die informieren, die ... die tun was für die ... die informieren die Leute. Ja? Also die ... finde ich schon, es ist so, ja? Also ... es gibt ja böse Zungen, die sagen, ich hätte irgendwann mal angefangen, meine politische Arbeit zu verlagern, ja? Früher hätte ich versucht, Gegenöffentlichkeit zu organisieren und heute gehe ich hin und versuche im Prinzip als Journalistin die Themen, von denen ich sage, dass sie wichtig sind, in die Medien reinzubringen. Ja? Insofern bin ich natürlich politisch motiviert, wenn ich mir meine Themen suche. Wenn ... ich habe ... und [bin] dabei bestimmten Zwängen ausgesetzt, ja? Siemens feiert 150 Jahre Jubiläum im Oktober und entschädigt seine ehemaligen Zwangsarbeiterinnen nach wie vor nicht, ja? Was machen irgendwelche Initiativen? Die Kritischen Aktionäre, die machen Halligalli und sagen: 150 Jahre Siemens, so eine Schweinerei und Firmengeschichte wird ausgeblendet und was weiß ich, benutzen das als Anlass, um ihre Forderung nach Entschädigung wieder laut werden zu lassen, ja? Super Termin. Ich ... habe ich auch angeboten, jetzt im Oktober was zum Thema 150 Jahre Siemens und die Frage der Zwangsarbeiterentschädigung ... ja? Also das ist ... ein Thema, das hätte ich vor einem Jahr nicht losgekriegt. Oder vielleicht auch losbekommen, aber ... schwieriger. (Freie Journalistin)

Zuvor hatte ich sie nach ihrem „Anliegen" gefragt und sie war - wie die meisten Gesprächspartner - vor einer direkten Antwort zurückgeschreckt, die das Eingeständnis bedeutet hätte, dass man als Journalistin ein „Anliegen" habe, dass man politischen Journalismus betreibe.[12] Politischer Journalismus stellt eigentlich einen Normbruch dar, daher muss sie die übrigen professionellen Normen umso nachdrücklicher betonen. Die Zwänge, denen sie sich bei dem Versuch unterwirft, ihre politischen Themen „in die Medien reinzubringen", erläutert sie am Beispiel der Kritischen Aktionäre, die „Halligalli" anlässlich eines Unternehmensjubiläums veranstalten. So übernimmt sie zwei wichtige Mechanismen des medialen Authentizitäts-Mythos: Die Orientierung an Daten wie Jahrestagen, Jubiläen, Geburtstagen, Todestagen etc. und die Bezugnahme auf ein nicht alltägliches äußeres Ereignis, das in dem Fall die Kritischen Aktionäre herstellen - die damit natürlich ihrerseits darauf aus sind, den Medien ein Ereignis zu stiften, über das dann berichtet wird. Sofern man diese und ähnliche Konventionen der Darstellung einhält, hat man gute Chancen, auch Themen, die sonst nur in der „Gegenöffentlichkeit" wahrgenommen werden, in die etablierten Medien einzubringen. Ohne das Datum und den äußeren Anlass, hätte sie das Thema „nicht losgekriegt" (jedenfalls „schwieriger"). Obwohl ihre Einstellung zum Thema Zwangsarbeiterentschädigung auch vor einem Jahr schon feststand und sie in der Lage gewesen wäre, darüber einen fundierten inhaltlichen Beitrag zu schreiben, wartet sie in ihrer Rolle als Journalistin das passende Ereignis ab. Diese „Zwänge" sieht sie keinesfalls als Behinderung ihrer Arbeit, sondern als unabdingbare Voraussetzung: Die „unheimliche Macht" der Medien wird begrenzt durch ihre Verpflichtung auf den Informationsgehalt. Journalisten haben selbstverständlich subjektive politische Meinungen und versuchen diese in ihre Berichterstattung einfließen zu lassen, dazu müssen sie jedoch nach den Darstellungskonventionen der Medien objektiviert - von Meinung in Information umgewandelt - werden.[13] So kann sie ihre Themen zur richtigen Zeit einbringen und zudem den besonderen Wahrheitsanspruch der Massenmedien für sich nutzen - die kritischen Aktionäre machen ja „wirklich" Aktionen zum Jubiläum und ihr persönliches Anliegen bleibt kaschiert hinter den geschilderten Ereignissen. Die „Zwänge" werden zwar durch Personen repräsentiert, die ihr als Entscheidungsträger gegenüberstehen und mit deren Entscheidungen sie nicht immer einverstanden ist, die zugrundeliegenden Normen, dass die Macht der Medien durch die Verpflichtung auf „wirkliche" Ereignisse gegen Missbrauch zu bewahren sei, unterstützt sie jedoch als notwendige Bedingungen der großen Öffentlichkeit der Massenmedien (im Unterschied zur „Gegenöffentlichkeit", deren Funktion dann wohl darin bestünde, solche Anlässe herzustellen).

Der Ressortleiter ist selbst in der Position eines Entscheiders, der wesentlichen Einfluss darauf hat, welche Themen bearbeitet werden. Zudem sieht er für seine Wochenzeitung wesentlich „luxuriösere" Voraussetzungen, selbst „Themen zu setzen". Während die Tageszeitungen unter einem hohen Aktualitätsdruck stünden, könne er schon „genauer hinsehen". Er könne seine Mitarbeiter so einsetzen, dass sie viel Zeit für eine gründliche Recherche haben:

Also z.B. auch eine Reportage: Leute an ein Thema setzen und kucken so, da beschäftigt ihr euch jetzt mal ein paar Wochen mit. Und das möchte ich dann wirklich bis ins Letzte genau recherchiert und beschrieben haben. (Ressortleiter)

Das können dann seiner Darstellung zufolge sogar Themen sein, die auf keinen aktuellen Anlass und keine Öffentlichkeitsarbeit einer Lobby- oder Protestgruppe reagiert. Allerdings schildert er im gesamten Interview ausschließlich Fälle, bei denen er mit seiner Berichterstattung auf aktuelle Ereignisse Bezug nimmt: „Erfurt", „Lauschangriff", „Mirko", „Justizreform" usw. Schließlich fällt mir als Interviewer ein Beispiel eines Beitrags von ihm ein, den ich zuvor gelesen hatte und in dem es um zunehmende Einsperrungsraten und Ausbau von Gefängnissen ging:

Und gibt es auch Themen, die ohne Anlass entstehen? Ich weiß jetzt nicht ... also letzte Woche oder vorletzte Woche war das ... der Beitrag zu [Strafvollzug] Strafvollzug.
Ja also passen Sie auf. Das war natürlich, da gab es ... der Anlass war diese Serie (...). So und da wurde ich gefragt: Was machst Du mal? Und ich habe gesagt: Ich würde gerne mal über dieses Phänomen schreiben, weil ich wusste, dass eigentlich immer mehr Geld da reingesteckt wird. Und das ... auch das ist wieder interessant – ich hatte das geschrieben und da sehen Sie plötzlich ... also da haben Sie einen Stein ins Wasser geworfen und plötzlich – also auch ohne, dass Sie jetzt Referent sind – aber plötzlich in den Tagen danach, das konnten Sie plötzlich sehen, dass dieser Stein, den Sie ins Wasser geworfen hatten, plötzlich lauter Kreise bildet. Dann kam plötzlich in Hamburg, das Hamburger Abendblatt, ja Hamburg will 800 neue Plätze bauen. Herr Kusch – neuer Innen- ... neuer Justizsenator hat also ein neues ... eine neue Gefängnisphilosophie. Dann kam irgendwas in ... einem ostdeutschen Bundesblatt und noch mal irgendwas aus Bayern. Also Sie sahen plötzlich aha ... also ... plötzlich beißen Sie an, nicht? Das ist aber sagen wir mal jetzt zu dem Zeitpunkt war das erst mal ein eigengesetztes Thema. Also ich meine: Auch so was machen Sie, das können Sie sagen, damit können Sie auch jetzt ... jetzt will ich ganz bewusst mein eigenes Thema setzen. Das können Sie auch. Ich sag ja nur: Das tun wir ja auch immer wieder. Sie müssen sich trotzdem den Zeitpunkt überlegen. Das heißt, wenn ein anderes Ereignis alles überschattet, dann ist es schwierig, genau in dieser Woche auch noch ein eigenes Thema zu setzen; das geht dann unter. Dann würde ich lieber, um das eigene Thema zu setzen, noch eine Woche warten, bis das, sagen wir mal, das andere etwas abgeebbt ist. (Ressortleiter)

Das von mir eingebrachte Beispiel scheint nicht gut gewählt zu sein, um daran Berichterstattung ohne aktuellen Anlass zu demonstrieren. Mit dem Bild des Steines, den er ins Wasser geworfen hat, legt er zwar nahe, dass er das Thema in die Medien gebracht hat und er damit erfolgreich *agenda setting* geleistet habe, weil die anderen Medien ihm gefolgt sind, gleichwohl nennt er äußere Anlässe, die das Thema aktuell erscheinen lassen. Es werde „immer mehr Geld da reingesteckt" (in den Gefängnisbau) und in Hamburg gebe es eine neue „Gefängnisphilosophie" – der Beitrag nimmt auf eine Reihe weiterer Entwicklungen Bezug. Ohne äußere Anlässe kommt er nicht aus, diese Anlässe bestehen für ihn allerdings nicht nur in kurzfristigen, spektakulären Situationen, sondern können auch längerfristige

Veränderungen der politischen Rahmenbedingungen umfassen, allgemeine Tendenzen, die eben nur sichtbar werden, wenn man sie im Zusammenhang darstellt. Selbst diese Möglichkeit, Themen zu setzen, indem man sie zuerst für die Medien entdeckt oder ausarbeitet, schränkt er stark ein: „Das können Sie *auch*". Vor allem kann es stets Ereignisse geben, die „alles überschatten", die auf jeden Fall vorrangig zu behandeln sind.

Aktualität ist für ihn wesentlich weiter gefasst als beispielsweise für einen Polizeireporter, und die Anlässe, auf die er sich bezieht, sind wesentlich weniger vordefiniert. Er kann sich ausführlich mit den Hintergründen befassen, hat Mitarbeiter und Korrespondenten, die ihm Informationen zutragen. Vor allem aber diskutiert er auf Augenhöhe mit den Experten und Politikern:

Also das Feedback, das Sie dann kriegen. Also klar, Sie suchen sich ihre Themen von denen Sie glauben, dass das interessant sein könnte und den Leser interessieren sollte. Und dann kucken Sie natürlich, was für ein Feedback Sie bekomen. Also das letzte Große, was ich geschrieben habe, das war über die Knäste vor zwei, drei Wochen, da habe ich eine Menge Feedback bekommen, sowohl sehr kritisches als auch zustimmendes also ...

Von wem so? Was ist ...

Querbeet, das waren also Leute ...

... irgendwelche Leute, die Sie nicht kannten?

Beruflich? Nein, ich kannte keinen einzigen davon. Es gab Leute, die sich begeistert geäußert haben, es gab welche, die sagen: also so ein Schwachsinn, natürlich müssen die Leute mehr weggesperrt werden. Also es ist halt das ganze Spektrum der Meinung da und es gab welche, also es gab Wissenschaftler, die darauf geantwortet haben, die nicht mehr so sagen wir mal ... diskursiv darauf äußerten. Sie hatten aber auch Leute – das weiß ich nicht, was die machen – die sich empörend geäußert haben: was für ein liberales Gewäsch.

Aber es ist einfach schon wichtig für Sie, dass viele Leute reagieren und ... gar nicht alle [Ja, also mir...] damit einverstanden sein müssen?

Mir ist wichtig, dass die Leute reagieren. Nicht? Also egal, wie sie reagieren. Natürlich freut man sich (...) es ist natürlich kein schönes Gefühl, wenn alle nur über Sie herfallen. Das ist natürlich auch schön, wenn einer sagt: also Mensch, das fand ich aber interessant, das hab ich gern gelesen.

Na die Justizministerin ruft da nicht an und sagt: ...[14]

Ach die, also was heißt die ... die ruft jetzt nicht an, aber sie melden sich auch schon mal, nicht? Die haben sich bei diesem Artikel auch mal gemeldet und gesagt: also eh ... da ich am Ende ja nicht nur freundlich damit umgefahren bin ... umgegangen bin, mit den Reformvorschlägen, aber so, dass sie das als einen Beitrag sahen. Ich hab jetzt nur gehört zum Beispiel hier war eine große Konferenz. Das wusste ich gar nicht, das war nur zufällig, dass an dem Wochenende, nach dem mein Artikel rauskam, war irgendwie eine große Konferenz hier in GROSSSTADT über ... über Strafen. Und da rief mich dann noch jemand an am Montag und sagte: Ja, Ihr Artikel ist da groß rumgereicht ... worden ... so, dass das dann auch, dass es eine Art Referenzartikel war.

Und insgesamt also mit den Experten oder in dem ... in Ihrem Bereich auch häufig den Politikern, gibt es da eigentlich einen sehr engen Austausch auch, also ...

Ja schon, ich suche ... suche schon häufig das Gespräch, weil ich natürlich auch wissen will, was die in den Köpfen bewegen. Was in nächster Zeit auf dem Plan ist, nicht also ich ... unterhalte mich ja auch natürlich mit der Justizministerin und Innenminister, auch mit dem Bundeskanzler und ... und ... Oppositionspolitikern regelmäßig. (Ressortleiter)

Die Leserschaft, an die er sich richtet, von der er hofft, dass sie sich für seine Beiträge interessiert, hatte er zuvor als „überdurchschnittlich gut informiert" eingeschätzt und behauptet, sich weniger an der Auflage zu orientieren als am inhaltlichen „Feedback" durch Leserbriefe. Obwohl er die Leserbriefschreiber nicht persönlich kennt, erwähnt er explizit Wissenschaftler, die „diskursiv" auf seinen Artikel geantwortet hätten. Zu den Justiz- und Innenministern hält er sogar persönlich Kontakt und auf einer Konferenz – wo sich üblicherweise zahlreiche Fachleute versammeln – galt sein Beitrag als „Referenzartikel". Selbst aus seiner gehobenen Leserschaft hebt er noch einmal jene heraus, die ihn als ernst zu nehmenden Diskursteilnehmer bestätigen.

Trotz dieser herausgehobenen Stellung geht er nicht in Konkurrenz zu den Experten und Politikern, sondern betont seine journalistische Grundhaltung: Er orientiert sich an den üblichen Normen der Objektivität und Ausgewogenheit, fordert, man müsse „einfach auch ergebnisoffen recherchieren" und selbst wenn man zum Gegenteil gelange, müsse man schreiben, was der eigenen „ursprünglichen Intention zuwiderläuft." Das demonstriert er auch am Beispiel seines vorher engagiert vorgetragenen inhaltlichen Anliegens, dem Kampf um bürgerliche Freiheitsrechte:

Ich glaube, dass Sie eben auf die Gefahren hinweisen müssen. Sie müssen sehr kritisch kucken, was eigentlich in ... sozusagen wirklich Sinn macht und was nicht. Ich rede immer bei uns ... also mir ist es ganz wichtig, so von einer Waage zu reden. Also ich sage ja: nichts ist statisch. Und manchmal müssen Sie Freiheitsrechte auch einschränken, weil neue Gefahren aufgetreten sind, und da gibt es eben, sagen wir mal, nur bestimmte Antworten darauf. Nur sage ich: gleichzeitig müssen diese Eingriffe, die Sie dann in die Freiheitsrechte vornehmen, stark kontrolliert werden. (Ressortleiter)

Wenn man etwas in die eine Waagschale legt, muss man auch etwas in die andere legen, damit sie sich wieder auspendelt. Das Bild der Waage verknüpft sein professionelles Selbstverständnis als Journalist mit seiner juristischen Ausbildung (Waage der Justitia) und dem hier vorgetragenen Demokratieverständnis: Alles muss „ausgewogen" sein. Man muss zwar auf die „Gefahren" hinweisen, wenn Freiheitsrechte eingeschränkt werden, aber auch auf andere, „neue Gefahren", die solche Einschränkungen unausweichlich erscheinen lassen. Wenn die Waage in eine Richtung kippt, dann nimmt eine dieser Gefahren überhand. Diese Metapher, mit der er offenbar auch seinen Mitarbeitern ins Gewissen redet, funktioniert freilich nur, solange man stur im Bild bleibt. Gefahren und Freiheitsrechte haben kein Gewicht, das man gegeneinander abwägen kann. So hatte er selbst zuvor argumentiert, dass die Einschränkung von Freiheitsrechten im Namen der Sicherheit schließlich dazu führe, dass man das Ziel erreiche, „das eigentlich die Terroristen erreichen wollen: (...) Dann beseitigen wir sozusagen unsere Werteordnung selber." (Diesem Verständnis zufolge gäbe es nicht „nur bestimmte Antworten" auf die Gefahren, wie er im obigen Zitat behauptet, sondern es gäbe produktive und kontraproduktive.) Sein Bild der Waage erklärt nichts, sondern stellt eine Begrenzung der eigenen politischen Position im Namen der Professionalität dar. Zwischen der Selbstdarstellung des Befragten als selbstbewusster öffentlicher Intellektueller, der eine Meinung hat und sie vor allem auch begründen kann, und seiner professionellen journalistischen Haltung, besteht ein Widerspruch, den er einseitig auflöst: Der Journalist in ihm eliminiert den Intellektuellen in ihm. Insgesamt zeigt sich der Ressortleiter in seiner Selbstdarstellung weniger souverän gegenüber den Berufsnormen und Erfordernissen des Medienbetriebs, geht defensiver mit seinen (kriminal)politischen Absichten um als die frei arbeitende politische Journalistin. Die nimmt sich die Freiheit, solches *agenda setting* und die Orientierung an den Vorgaben der Politiker als problematische Variante der Herstellung von Aktualität zu kritisieren – fast als würde sie auf ihn antworten:

Aktualität, das ist ... also das ist so ein Reizwort, ja? Weil, das ärgert mich auch total, das ist beim Fernsehen nicht anders als bei den Zeitungen. Die merken überhaupt nicht, was das für ein problematischer Begriff ist ... dass sie die Aktualitäten machen, ja? Also das ist ... oder zumindest ganz stark einen Einfluss drauf haben ... Beispiel Kriminalität: Das ist doch immer genau dann aktuell, wenn alle Zeitungen darüber schreiben, weil irgendwelche Politiker grade was dazu gesagt haben, auch wenn es überhaupt keinen aktuellen Anlass eigentlich gibt, außer dass Schröder jetzt mal grade wieder meinte, man müsste die Ausländer abschieben ... also die straffälligen Ausländer sofort abschieben, ja? Aber wenn so eine Äußerung kommt, dann hast du viel mehr Möglichkeiten, ja? zu dem Thema was zu verkaufen, als wenn grade mal wieder keine Sau was gesagt hat, weil dann interessiert es niemanden. Also Aktualität ist ein ... spielt da eine Rolle, ob du jemanden kennst, spielt eine Rolle... (zu sich:) Was spielt noch 'ne Rolle? (wieder laut) Ob es ein Thema ist, von dem man behauptet, es würde die Leser interessieren, das spielt auch eine Rolle. Aber ... das hängt davon ab ... wie der Redakteur drauf ist und du dem entgegenzusetzen hast, weil das ist keine vernünftige Diskussion. (Freie Journalistin)

Es geht darum, womit Redakteure ihr gegenüber begründen, warum sie bestimmte Beiträge nicht verwenden können: „Das ist keine vernünftige Diskussion", weil es ein Machtgefälle gibt, aber vor allem, weil die Redakteure die falschen Normen aufstellen. Völlig willkürlich und nicht rational zu klären sind Behauptungen der Art, was „die Leser" interessiert oder nicht interessiert. „Aktualität" ist, wie oben gezeigt, ein Anspruch, den sie durchaus teilt, wenn es einen anderen aktuellen Anlass gibt, als dass „Schröder mal gerade wieder meinte ...". Problematisch ist genau genommen nicht „Aktualität", wie sie die Medien „machen", indem sie sich auf Ereignisse als Anlass von Berichterstattung beziehen, sondern dass sie sich diese Anlässe von der Politik vorgeben lassen: Die Medien sollen sich nicht als Sprachrohr der Politiker einspannen lassen. Sie spielt ihre Politik „von unten" gegen die Politik „von oben" aus und legt zugleich nahe, dass Politik „von oben" strukturell autoritäre Tendenzen aufweise, wie z.B. die Ausweisung straffälliger Ausländer.

Subjektive Meinungsäußerungen seitens der Journalisten sind in den Medien durchaus vorgesehen. Dafür gibt es eigene Genres, insbesondere den Kommentar. Eine der Arbeitshypothesen dieser Untersuchung war, dass aufgrund der Einordnung der Journalisten als Intellektuelle das Verfassen von Kommentaren eine der am höchsten angesehenen Tätigkeiten sein müsse. Dafür ließ sich kein einziger positiver Beleg in den Interviews finden. Es wurde zwar mehrfach bestätigt, dass es ein Ausdruck gehobener Stellung sei, Kommentare schreiben zu dürfen, aber keiner der befragten Journalisten behauptete, gerne so zu schreiben. Das steht durchaus im Widerspruch zu den Arbeitsproben, die ich von den beiden „politischen Journalisten" sammeln konnte und in denen sie häufig sehr dezidiert Position beziehen. Die professionellen Normen haben im sozialwissenschaftlichen Interview offenbar ein höheres Gewicht als in der alltäglichen beruflichen Praxis. Wie bereits am Beispiel des Boulevard-Polizeireporters ausgeführt, tragen professionelle Normen nicht dazu bei, als unerwünscht gebrandmarkte Praktiken zu verhindern (weder das „Witwenschütteln" noch die subjektiv gefärbte Berichterstattung), sondern werden vor allem zur – mitunter kontrafaktischen – Legitimierung verwendet. Gleichwohl hat die Verpflichtung auf Objektivität inhaltliche Konsequenzen. Man darf zwar Meinungen frei äußern, aber das Sagbare wird stets durch die Bindung an eine vorgegebene äußere Wirklichkeit limitiert. Die freie politische Journalistin begründete anschaulich, warum ihr das „sachliche" Schreiben leichter falle als das „mit Wertung":

Gut, und du hast vorhin gesagt: so wie du es dann... schreibst, da geht es dir vor allem darum, Fakten zu präsentieren?
Ja, wobei ich sie bei der WOCHENZEITUNG[15] auch kommentieren darf. Also da ... bei der WOCHENZEITUNG darfst du ja so was sehr stark ... das darfst du schon kommentieren. Das darfst du ... mit einer Wertung schreiben.
Und das ... nutzt du auch?
Ich habe komischerweise ein Problem damit ... Aber jetzt kein moralisches, sondern einfach ein ganz praktisches: ich kann viel ... schneller und viel besser ganz sachliche Sachen machen ... zwar schon noch mit so Spitzen drin, ja?, aber ... aber im Grunde eher zurückhaltend, was die Bewertung angeht. Und dieser typische WOCHENZEITUNGS-Stil, der von der ersten bis zur letzten Zeile keinen Zweifel daran aufkommen lässt ... wie er das sieht, der Autor ... da, das ist, ... da muss ich mich schon bemühen, das so zu machen. Also weil ich mich immer auf so eine, ... ach weil ich denke, man muss aufpassen, man macht sich auch schnell angreifbar, wenn man ... wenn man zu stark ... (Freie Journalistin)

Zuerst wehrt sie sich gegen die Interpretation, sie wolle nur „Fakten präsentieren": sie „darf" auch kommentieren, was durchaus signalisiert, dass das erstrebenswert sei (ob als Anzeichen beruflichen Aufstiegs oder bezogen auf ihre politischen Anliegen, bleibt hier ungeklärt). Doch sie nutze das „komischerweise" nicht aus, müsse sich widerwillig „bemühen, das so zu machen". Das „praktische" Argument überzeugt erst einmal eingedenk der Produktionsbedingungen: Wenn es schnell gehen muss, kann man sich bei einer „sachlichen" Schilderung ganz darauf konzentrieren, einen verständlichen, nachvollziehbaren Text zu produzieren. Mehr Arbeit ist es, eine überzeugende Argumentation zu entwickeln. Aber bei diesem praktischen Argument lässt sie es nicht bewenden. Ihr zweites Problem mit einem zu stark wertenden Stil sei, dass man sich „angreifbar" mache. Bei ihrem Versuch das zu erläutern, ist das Interview leider durch einen Kassettenwechsel unterbrochen. Sie fängt aber zuvor noch an, ein Beispiel zu entwickeln, bei dem die Opfer von Übergriffen der Polizei, das „niemals beweisen" können, weil die Polizei immer mit Gegenanzeigen reagiere und die Betroffenen keine Zeugen hätten. Sie als Journalistin habe „ja nie behauptet, dass diese Fälle alle so passiert sind ... ich habe ja nur gesagt: das und das sind die Vorwürfe". Demzufolge bestünde die Wertung, mit der man sich „angreifbar" macht, darin, nicht beweisbare Vorgänge als Schilderung von Fakten auszugeben. Das ist etwas ganz anderes als ein Kommentar, bei dem eine Meinung als solche kenntlich gemacht und eben nicht als Tatsachenbehauptung ausgegeben wird. Offenbar beruht ihr Unbehagen mit dem Stil besagter Wochenzeitung genau darauf, dass dort Wertungen nicht immer als Kommentar gekennzeichnet werden. Latent ist ihr bewusst, dass die damit beschworene klare Grenze zwischen Information und Meinung in der Praxis unscharf und brüchig ist. Ihre Angst, als tendenziös zu gelten führt dazu, dass sie sich auch mit zulässigen Spielarten des Kommentars zurückhält – die Kritikerin muss die Normen noch unerbittlicher erfüllen als die Integrierten. Vehement vertritt sie einen von ihr mit „Chronistenpflicht" bezeichneten Wahrheitsanspruch und redet von den Journalisten in der ersten Person Plural (was den anderen Gesprächspartnern so gut wie nie passierte): „Ja, das halte ich sogar für die Aufgabe von Journalisten (...) wir sind doch nicht zur Unterhaltung da, ja? Sondern wir informieren, ja?" Sie reklamiert für ihre kritische Berichterstattung den allgemeinen journalistischen Anspruch auf Objektivität, um sich gegen Anfeindungen abzusichern, dadurch übernimmt sie aber auch die vorgegebenen Kriterien: Ob politische Themen überhaupt medial aufgegriffen werden können, hängt von den Möglichkeiten ihrer öffentlichen Inszenierung ab; was beweisbar ist und welche Zeugen glaubwürdig sind, legen Gerichte fest, nicht die Berichterstatter; um Abschiebungen skandalisieren zu können, muss erst ein Innenminister sich pro Abschiebungen äußern; wenn man Glück hat, findet sich auch eine Lobby, die einen Anlass für die Berichterstattung stiften kann – die Mittel dazu sind, wie das Beispiel der Kritischen Aktionäre verdeutlicht, gesellschaftlich ungleich verteilt.

Die typischen Bündnispartner der politischen Journalisten ergeben sich aus ihrem Politikmodell: Wer große Politik auf Augenhöhe mit Ministern und Experten betreiben will, identifiziert sich mit den anderen Beteiligten dieser Diskurse und formuliert seine Beiträge als Politikberatung. Wer seine Arbeit als inhaltliche Fortsetzung von Gegenöffentlichkeit im Rahmen und mit den Mitteln der Massenmedien versteht, wird sich seine Bündnispartner bei Bürgerinitiativen, alternativen Projekten und unabhängigen Experten suchen. Anlass zur Berichterstattung sind dann jeweils Ereignisse, die diese Bündnispartner eigens zu diesem Zweck inszenieren. Im Unterschied zu den Polizei- und Gerichtsreportern haben sie also mehr Freiheiten bei der Wahl der Bündnispartner, gleichwohl bleiben sie auf deren Eingaben angewiesen. Sie beziehen sich auf öffentliche Inszenierungen oder müssen durch persönliche Kontakte vorher herausfinden, was die Politiker (bzw. Bürgerinitiativen) planen.

Wie groß sind die Spielräume?

Die unterschiedlichen Berufsrollen und -positionen werden von den Journalisten jeweils individuell und sehr verschieden ausgefüllt. Dazu gehören auch Rollenbilder und Motive, die quer zu den bisher beschriebenen Arbeitsfeldern liegen, z.B. Geschlechterrollen, soziale und politische Grundüberzeugungen oder auch, dass es die eigene „Eitelkeit in höchstem Maße" befriedigen kann, wenn man angesprochen wird: „Ich hab dich im Radio gehört". Von einer uniformen Tendenz zu herrschaftlichen Ausschließungsdiskursen kann nicht die Rede sein. In der Mehrheit zeigten die Befragten sich strafrechtskritisch und sahen die Rolle der Medien in diesem Bereich als problematisch an. Die hierarchisch strukturierten und einer strikten Zeitökonomie unterworfenen Arbeitsbedingungen der „Nachdenklichkeitsverhinderungsindustrie" streben *nicht* nach ideologischer Gleichschaltung der einzelnen Journalisten. Es soll Meinungsvielfalt und Individualität herrschen. Die Produkte sollen sich unterscheiden, je nach Sparte, Machart und Zielgruppe. Also brauchen Tageszeitungen und das Boulevardfernsehen „harte Kerle" als Polizeireporter, während die seriöse Wochenzeitung fachlich qualifizierte politische Journalisten beschäftigt. Man braucht engagierte Gerichtsreporter, die aus langwierigen und formellen juristischen Verfahren aufregende Geschichten machen können, aber auch gleichgültige Fleißarbeiter, die dafür sorgen, dass der beständige Strom an Nachrichten nie versiegt. Die Individualität der Produzenten erweist sich als ebenso präformiert wie Adorno es für die Konsumenten beschrieb:

> Die rücksichtslose Einheit der Kulturindustrie bezeugt die heraufziehende der Politik. Emphatische Differenzierungen wie die von A- und B-Filmen oder von Geschichten in Magazinen verschiedener Preislagen gehen nicht sowohl aus der Sache hervor, als daß sie der Klassifikation, Organisation und Erfassung der Konsumenten dienen. Für alle ist etwas vorgesehen, damit keiner ausweichen kann, die Unterschiede werden eingeschliffen und propagiert. Die Belieferung des Publikums mit einer Hierarchie von Serienqualitäten dient nur der um so lückenloseren Quantifizierung. Jeder soll sich gleichsam spontan seinem vorweg durch Indizien bestimmten 'level' gemäß verhalten und nach der Kategorie des Massenprodukts greifen, die für seinen Typ fabriziert ist. (Horkheimer/Adorno 1944:131)

Für alle Journalisten ist etwas vorgesehen. Doch die propagierte Vielfalt und Individualität wird zugleich eingeschliffen: Die scheinbar frei gewählten Berufsrollen orientieren sich an den jeweiligen „typischen Bündnispartnern", an Polizisten, Richtern und Politikern, ihrer jeweiligen professionellen Perspektive und ihrem Blick auf Kriminalität und Strafe. In der Mehrheit orientiert sich ihr Wissen über soziale Ausschließung also an der Perspektive der staatlichen Institutionen, die zu ihrer Verwaltung geschaffen wurden. Es ist geprägt vom herrschaftlichen Zugriff, stellt staatliches Strafen als routinemäßigen, bürokratischen Vorgang dar, als Ordnungsmuster, das durch schlichte Wiederholung bestätigt wird.

Gleichzeitig wird die Unabhängigkeit der Berichterstattung betont. Das ist durchaus ernst zu nehmen: Die Identifikation der Journalisten mit den herrschenden Institutionen wird begrenzt durch eigene professionelle Normen des Journalismus, insbesondere die Normen der „Aufmerksamkeit" und der „Objektivität". Diese professionellen Normen werden nicht widerwillig oder aus Einsicht in die Zwänge der Produktion befolgt, sondern als eigene Überzeugung vorgetragen. Sie sind tief im - in der relativ öffentlichen Situation des sozialwissenschaftlichen Interviews dargestellten - Selbstbild aller Befragten verankert. „Aufmerksamkeit" bedeutet bei strafrechtlichen Themen insbesondere die Orientierung an „spektakulären" Fällen. Ferner ist damit ein Darstellungsproblem angesprochen, wie man die Aufmerksamkeit der Leser (Zuschauer, Zuhörer) erreicht und aufrechterhält. Die am häufigsten beschriebene Methode ist der „interessante Aufhänger", der so genannte *lead*-Satz: „Wenn Sie da anfangen ... komplizierte Nebensätze reinzuschreiben, zum Beispiel Einschübe, Gedankenstriche so einen Unsinn, das können Sie es gleich von vornherein vergessen" (Agenturredakteur). Dieser Einstieg diene als „Lasso", mit dem man die Leser einfangen und „durch den Text ziehen" müsse (ehemalige Tageszeitungsjournalistin). Diese Aufmerksamkeitsregeln zeigen, dass den Journalisten der Unterhaltungsaspekt ihrer Arbeit, der manifest abgewehrt werden muss, latent durchaus bewusst ist. Dramatisierung und Personalisierung werden zu - notwendigen - Stilmitteln erklärt und somit von inhaltlichen Fragen abgekoppelt, wie sich solche Darstellungen auf das Bild von Kriminalität und abweichendem Verhalten auswirken. Je stärker die Konkurrenz um Aufmerksamkeit die Arbeit bestimmt, desto mehr dominieren die Präsentationsformen über die Inhalte.

Wo die Inhalte sich nicht vollständig neutralisieren lassen, droht aus Sicht der Journalisten stets die Gefahr einer tendenziösen, einseitigen, subjektiv gefärbten Berichterstattung. Dagegen versuchen sie sich durch die Berufung auf gründlich recherchierte „Fakten" zu schützen, die in den Rang objektiver Wahrheiten gehoben werden. Selbst noch die vehement vorgetragene persönliche Empörung operiert mit diesem Wahrheitsanspruch:

Ich rege mich darüber auf, dass pauschal gesagt wird: die Kriminalität steigt. Das lese ich ständig. Und das ... nach meinen Informationen ist das nicht wahr. Der Innenminister stellt sich hin und sagt: Die ... es wird immer weniger Untersuchungshaft verhängt, das ist ein Problem. Hat er vor ein paar Jahren ... vor ein paar Wochen gesagt. Und das ist über dpa gelaufen, das hat in allen Zeitungen gestanden, ja? Tatsache ist: Das stimmt nicht, es wird immer mehr U-Haft verhängt. Die Zahlen sind gestiegen und zwar unglaublich gestiegen. Dann haben die Richter irgendwas gesagt, von wegen das würde nicht stimmen, ja?, sind aber dann auch nur noch irgendwie in kleinen Meldungen gelaufen und auch nicht so ... also, ich finde, wenn ... wenn da so was kommt, dann regt es mich regelmäßig auf, wenn ich sehe, dass die Medien das einfach so unkritisch ...

dann da ... kolportieren sagt man da, glaub ich, oder? (lacht) Nee, das regt mich zum Beispiel auf. Und da beziehen die sich auch drauf. Also wenn die das dann recherchieren, dann lesen die das in den ... meine Fernsehkollegen lesen in den Zeitungen nach, was sie ... wenn sie Themen ... also wenn sie ein Thema recherchieren und sich kundig machen. (Freie Journalistin)

Indem sie eine Behauptung des Innenministers der Wahrheitsprüfung unterzieht, vermeidet sie zugleich, ihre eigentliche inhaltliche Position darzulegen: Wäre es ein Problem, wenn die U-Haft-Zahlen zurückgingen? Würde sie das in einen Zusammenhang mit steigender oder fallender Kriminalität bringen? Oder sieht sie den gesamten Diskurs ohnehin nur als „Angstmacherei"? Man kann zwar vermuten, dass Letzteres ihre Haltung wäre, aber sie vermeidet eine offene Positionierung. Stattdessen beruft sie sich auf statistische Wahrheiten und bedeutende Fürsprecher: „die Richter". Schließlich betreibt sie die übliche Medienschelte: Einer schreibt beim anderen ab, ohne eigene Recherche. Die von allen Befragten immer wieder beschworene Norm wird andauernd verletzt. Die Funktion der Norm besteht nicht darin, dass alle sich daran halten, sondern dass alle an sie glauben – die Gültigkeit der Norm scheint mehr von Beteuerungen abzuhängen als von ihrer strikten Befolgung. Das journalistische Wahrheitsregime „man muss das selbst recherchiert haben" kann, wie in diesem Beispiel, als Vehikel genutzt werden, sehr wohl eigene Meinungen einfließen zu lassen, ohne sich angreifbar zu machen. Es kann aber auch dazu führen, dass inhaltliche, kriminalpolitische Fragen ganz ausgeklammert werden, gemäß der Vorstellung, wenn man sich auf die Wiedergabe von „Fakten" konzentriere, könne man nichts verkehrt machen.

Wenn über Fehlentwicklungen in den Medien nachgedacht wird, werden diese professionellen Normen als „Ethik" des Journalismus ebenfalls betont. So muss man nicht über Arbeitsbedingungen reden, die dafür verantwortlich sind, dass die Journalisten diesen Ansprüchen, die sie weitgehend teilen, nicht gerecht werden können. Sofern man sie nicht moralisiert, drücken diese Normen durchaus sinnvolle Handwerksregeln aus: Es ist nun einmal die Genreregel von Nachrichten, sich auf „Wirkliches" zu beziehen, also ist es widersinnig, die Geschichten einfach zu erfinden. Das zu erkennen, bedarf es keiner Ethik und Moral. Der moralische Diskurs sorgt gerade nicht dafür, dass diese Handwerksregeln befolgt werden und für Probleme praktische Lösungen gefunden werden. Vielmehr sorgt er dafür, dass folgenlos über den Zerfall der Moral lamentiert wird und stellt zudem sicher, dass die Aufklärungsabsichten der Journalisten nicht den Rahmen positivistisch-herrschaftlich strukturierter „Fakten" überschreiten. Die „Meinungsmacher" machen – jedenfalls im Themenfeld Kriminalität und Strafe – nicht in dem Sinne Meinungen, dass sie die eigene Meinung zu verallgemeinern trachten, sondern sie adeln bestimmte Meinungen, nämlich die Perspektive mächtiger Gruppen und Institutionen, zu „Wahrheiten", indem sie als „wirkliches" Geschehen dokumentiert werden. (Hier decken sich die Selbstdarstellungen mit dem Befund aus den Inhaltsanalysen, demzufolge ein Großteil der Berichterstattung gar nicht aktiv moralisiert, sondern sich einfach auf die Nacherzählung der institutionalisierten Verwaltung von Abweichung und Ausschließung beschränkt.) Die Journalisten sind insofern eher selbst Manipulierte als Manipulateure.

Für die unterschiedlichen (kriminal)politischen Grundhaltungen und Aufklärungsabsichten der Journalisten lassen sich kaum strukturelle, in den Arbeitsbedingungen angelegte Voraussetzungen benennen. Letztendlich passen die kriminalpolitischen Haltungen aller Journalisten gut zu den Medien, für die sie tätig sind, ohne dass es starke Hinweise auf eine erzwungene Anpassung gibt. Der ehemalige Boulevard-Journalist beschreibt das als persönlichen Reifungsprozess unabhängig vom jeweiligen Arbeitgeber:

Und je älter man wird, je länger man dabei ist – das ist, glaube ich, wie in jedem Beruf –, fängt man an, Dinge zu hinterfragen, selber ein bisschen zu reflektieren über das, was man macht und dann auch, teilweise auch neue Einstellungen zu finden.

Mit welchem „Anspruch" man eine Geschichte schreibe, sei eine persönliche Entscheidung. Obwohl er heute lieber „die Süddeutsche" liest und den Boulevard-Stil „sehr schwarz-weiß" findet, könnte er nach wie vor „viele Geschichten noch machen", wie sie im Boulevard vorkommen. Inhaltliche, politische Positionen können auch deshalb als individuell behauptet werden, weil sie als subjektive Meinung in der Berichterstattung der Norm zufolge ohnehin keine Rolle spielen dürfen. Man kann unterstellen, dass Journalisten sich häufig Medien aussuchen, die ihrer politischen Grundhaltung nahe stehen. In ihren Selbstdarstellungen wehren sie das jedoch ab und vermeiden politische Aussagen. Sie arbeiten konsequent an der eigenen Entpolitisierung.

Auch die Unterscheidung zwischen „Engagierten" und „Gleichgültigen" liefert kein taugliches Kriterium für einen kriminalpolitisch aufgeklärten Journalismus. Wie engagiert oder gleichgültig Journalisten ihre Arbeit machen, scheint durchaus mit strukturellen Rahmenbedingungen zusammenzuhängen. Allgemein stärker ausgeprägt sind eigene kriminalpolitische Vorstellungen bei selbständigen und politischen Journalisten, bei Gerichtsreportern mehr als bei Polizeireportern, bei „Seriösen" mehr als beim „Boulevard". Klare Grenzen lassen sich jedoch nicht angeben. Vor allem bedeutet die engagierte Haltung nicht unbedingt herrschaftskritische Positionen. Auch die Engagierten orientieren sich ausdrücklich an „spektakulären" Fällen und legen eine manchmal ins Irrationale gesteigerte Rechtsgläubigkeit an den Tag: „Abschiebungen haben grundsätzlich nach dem Gebot der Menschenwürde zu verlaufen." (Freie Journalistin) Die „Gleichgültigen" und die Boulevardjournalisten zeigten ein liberales Verhältnis zum Publikum, mit dem sie sich stärker identifizieren, dessen „Massengeschmack" sie jedenfalls nicht verachten: „Die Leute müssen selber wissen, was sie damit anfangen" (Agenturjournalist). Diese Zuwendung zum Publikum, wenn sie noch inhaltlich verknüpft wird mit dem Engagement für die Opfer der Straftaten, kann aber auch in eine populistische Struktur münden, in der die Journalisten beanspruchen im Namen der „kleinen Leute" allgemeine Missstände anzuprangern. Die „Engagierten" tendieren mehr dazu, die „Leute" für unzurechnungsfähig zu halten und dem Publikum gegenüber eine pädagogisch-autoritäre Haltung einzunehmen, als sich populistisch auf das „Volk" zu berufen. Indem die „Gleichgültigen" die eigenen Ansprüche bescheiden halten und ihrem „Voyeurismus" keine aufklärerische Funktion beimessen, sehen sie die Rolle der Medien mitunter nüchterner und klarer, als die „Engagierten".

Die Spielräume der Journalisten erscheinen groß, weil sie wenig expliziten Vorschriften und direkten Kontrollen unterworfen sind und weil sie sich in ihren jeweiligen Berufsrollen selbst verwirklichen dürfen. Ihre Spielräume sind gleichwohl gering, weil ihr eigener Zugang zur „Wirklichkeit" institutionell vorstrukturiert ist und weil sie sich im Namen der Freiheit einer Berufsmoral unterwerfen, die diesem Herrschaftswissen den Status einer allein gültigen Wahrheit verleiht. Individualität wird zugelassen, weil so der Schein einer kritischen Öffentlichkeit und Meinungsvielfalt gewahrt bleibt, ohne dass die herrschende Ordnung wirklich in Frage gestellt würde. Der gefeierte Individualismus hat auch die Funktion, dass Verantwortlichkeit persönlich zugeschrieben wird, statt über die Arbeitsbedingungen nachzudenken. Wenn sie mehr Zeit zum Nachdenken und einen weniger vorstrukturierten Zugang zur „Wirklichkeit" hätten, würden Journalisten nicht unbedingt zu Gesellschafts- und Strafrechtskritikern, aber sie würden jedenfalls mehr und andere Erfahrungen machen und wären in ihrer Berichterstattung weniger auf die etablierten Erzählungen angewiesen.

Kapitel 8: Die Permanenz des Widerspruchs

Notwendige Medienmythen

Das öffentliche Nachdenken über die Medien ist geprägt von normativen Erwartungen und moralischen Appellen: Die Berichterstattung soll wahrheitsgetreu sein und das Publikum umfassend und ausgewogen informieren. Guter Journalismus zeichnet sich daher durch eigene Recherche aus und verschweigt nichts, was der eigenen Meinung des einzelnen Journalisten zuwider laufen könnte. Als verwerfliche Praktiken gelten einerseits erfundene Geschichten, die ungeprüfte Übernahme von Meldungen anderer Medien, in abgemilderter Form auch die ungeprüfte Übernahme von Agentur- und offiziellen Pressemeldungen. Andererseits fühlen sich die Journalisten verpflichtet, ihnen bekannte Versionen der Geschichte nicht „totzuschweigen". Diese Idee einer wahrheitsgetreu abzubildenden Wirklichkeit basiert auf drei grundlegenden Mythen: dem Informationsfetisch, dem Authentizitäts- und dem Wahrheitsmythos.

Als *Informationsfetisch* habe ich die Annahme bezeichnet, dass Wissen und Erfahrungen in Form unverfälschter, „reiner" Information weitergegeben werden können. Für die Nachrichtenmedien hat der Informationsfetisch herausragende Bedeutung, weil sie sich so gegenüber anderen, den fiktionalen, Mediensparten abgrenzen. Die Analyse ihrer Beiträge hat jedoch ergeben, dass diese Abgrenzung sich am Material nicht belegen lässt: Nachrichten sind Erzählungen „guter Geschichten", eingebettet in ewige Mythen; Kriminalitätsnachrichten dienen der Unterhaltung und bestätigen implizit strafrechtliche Ordnungsmuster und die kulturell (in den fiktiven Genres) verankerte punitive Strafmoral. In den Interviews werden diese Darstellungsformen mit der Notwendigkeit begründet, Aufmerksamkeit zu erzeugen. Da Journalisten aber nur Informationen „transportieren" sollen, können diese entscheidenden erzählerischen Anteile nicht angemessen thematisiert werden. Entsprechend kann auch nicht darüber nachgedacht werden, wie unter Einbeziehung anderer, nicht punitiver kultureller Vorbilder anders über Kriminalität und Strafe geschrieben werden könnte. Nachrichtenmedien kontrafaktisch auf die Übermittlung von Informationen festzulegen, bedeutet, ihnen eine bestimmte Tendenz zur Bestätigung der herrschenden Moral vorzuschreiben.

Der *Authentizitätsmythos* leitet sich aus dem Informationsfetisch her und beschreibt dessen praxisbezogene Umsetzung in die professionelle Norm „eigene Recherche". Was Journalisten selbst gesehen haben, halten sie für die wirkliche Wirklichkeit, unterschlagen dabei jedoch, dass sie stets nur einen kleinen Ausschnitt der gesellschaftlichen Wirklichkeit wahrnehmen können – einen ganz bestimmten, durch ihre Produktionsbedingungen vorgegebenen Ausschnitt. Journalisten haben einen durch ihren Zuständigkeitsbereich gesteuerten Blick, sie hängen als Polizei- und Gerichtsreporter von der Öffentlichkeitsarbeit der entsprechenden Institutionen ab und orientieren sich auch als politische Journalisten an Ereignissen, die von Politikern (ggf. auch von sozialen Bewegungen) gestiftet werden. Während die herrschende Ordnung und die vorherrschenden Moralisierungen sich als Teil der gesellschaftlichen Wirklichkeit darstellen lassen, weil es unaufhörlich Ereignisse und institutionelle Öffentlichkeitsarbeit gibt, die sie bestätigen, haftet herrschafts- und strafrechtskritischen Gegenerzählungen immer der Nimbus des Tendenziösen an, weil es viel weniger Ereignisse und Sprecher gibt, die ihnen Authentizität verleihen. Der Authentizitätsmythos erhebt das eingeschränkte, institutionell vorgegebene Wissen der Journalisten zur Wirklichkeit und gibt der herrschenden Ordnung stets höheres Gewicht als abweichenden Vorstellungen.

Der *Wahrheitsmythos* ist einerseits die Überhöhung des Authentizitätsmythos, indem er die so erzeugte Wirklichkeit in den Rang einer allgemeingültigen Wahrheit erhebt, d.h. die herrschenden Verhältnisse nicht nur stärker betont, sondern sie beispielsweise auch als gerecht bezeichnet. Andererseits gibt es eine verbreitete und von allen Journalisten in den Interviews vorgetragene Skepsis und Kritik, dass die Medien insgesamt Wirklichkeit verzerrt darstellen. Das erläutern sie mit anderen Wahrheiten, die ihnen bekannt sind: insbesondere (Kriminal-)Statistiken und wissenschaftliche Studien. Anders als das journalistische „wahr ist, was ich selbst beobachten kann" erhebt der wissenschaftliche Wahrheitsmythos „wahr ist, was beweisbar, was intersubjektiv nachprüfbar ist" Anspruch auf universelle Gültigkeit. Indem sie für sich diesen höheren Wahrheitsanspruch reklamieren – der freilich selbst wiederum herrschaftlich strukturiert ist –, unterstützen die Journalisten einerseits die wissenschaftliche Aura. Andererseits machen sie deutlich, dass Experten austauschbar sind und es „Medienprofessoren" gibt, die zu jedem Thema etwas zu sagen haben. Indem sie beanspruchen, stets „ausgewogen" zu berichten, „beide Seiten" darzustellen, entwerten sich die autorisierten Experten oft schon innerhalb eines Beitrags gegenseitig. Wahrheit ist vor allem eine suggerierte Meinungsvielfalt, die immer nur die gleichen autorisierten, institutionell abgesicherten Sprecher zulässt. Deren Autorität wird beerbt, aber inhaltlich werden sie nicht ernst genommen. Die Journalisten machen sich mittels des doppelten Wahrheitsanspruchs unangreifbar: Sie stellen sich gleichzeitig als professionelle Journalisten dar, die nur berichten, was sie selbst beobachten konnten und als Medienkritiker die unter Berufung auf wissenschaftliche Befunde Fehlentwicklungen und eine verzerrte Wahrnehmung der Berichterstattung anprangern. Der Wahrheitsmythos immunisiert gegen Kritik.

Die Medienmythen und die professionelle Ethik sollen eine unabhängige Berichterstattung garantieren, sie gegen staatliche wie privatwirtschaftliche Einflussnahme absichern und die inhaltliche Vielfalt vor Zensur und Missbrauch bewahren. Eine freie, demokratische Presse braucht diese Mythen. Gleichwohl ist ihr Herrschaftscharakter nicht von der Hand zu weisen. Sie bilden, wie man im Anschluss an Foucault formulieren kann, ein mächtiges „Dispositiv", ein Wahrheitsregime, das von der Erfindung vielfältiger Diskurse lebt, statt von ihrer Unterdrückung:

> „In einer Gesellschaft wie der unseren, in der die Apparate der Macht so zahlreich, ihre Rituale so sichtbar und ihre Institutionen letzten Endes so sicher sind, in dieser Gesellschaft, die jede andere an Erfindungsreichtum in subtilen und raffinierten Machtmechanismen übertrifft – woher kommt da die Tendenz, die Macht nur in der negativen fleischlosen Form des Verbotes zur Kenntnis zu nehmen? Woher kommt die Neigung, die Dispositive der Herrschaft auf die Prozedur des Untersagungsgesetzes zu reduzieren?" (Foucault 1983:106f.)

In den Selbstdarstellungen der Journalisten werden die professionellen Normen nicht als Unterdrückungsmechanismen geschildert (auch die „Quote" empfanden sie – obwohl stets präsent – nicht als elementare Einschränkung), sondern offensiv für sich selbst in Anspruch genommen. Ihren Beruf haben sie überwiegend als Möglichkeit der Selbstverwirklichung beschrieben und ihren Individualismus betont. Die Macht begegnet den Journalisten nicht als äußerer Repressionsapparat, als „fleischloses" Verbot, sie steckt in ihren eigenen Handlungen und professionellen Ansprüchen. Je nachdrücklicher sie sich auf ihre Berufsethik beziehen und ihre Freiheit verteidigen, umso unerbittlicher werden sie den „raffinierten Machtmechanismen" unterworfen. Sie „wissen", wie sie zu arbeiten haben, welche Themen „laufen", was man innerhalb eines bestimmten „Formats" darstellen kann und was nicht und wie sie schreiben müssen, um den Leser bei der Stange zu halten. Sie brauchen dafür weder einen autoritär auftretenden Vorgesetzten noch eine spezifische Ausbildung, die ihnen diese Handwerksregeln antrainiert. Die „sichtbaren Rituale" kann man sich bei erfahrenen Kollegen abschauen. Eine Zensur findet nicht statt, weil die Institutionen der „Macht" ohnehin sicher sind, weil sie ohnehin nicht hinterfragt werden.

Foucaults Kritik der Repressionsthese führt ihn allerdings dazu, von Herrschaft nur noch in der abstrakten, anonymen Form des Dispositivs zu sprechen. Seine Untersuchung der subtilen Machttechniken, die sich in den Alltag, in den „Körper" der Menschen eingeschrieben haben, ist einerseits inspirierend und tiefgreifend, andererseits bleibt sie vage und unbestimmt, weil er sie nicht auf konkrete (materielle) gesellschaftliche Bedingungen bezieht. Von einem ganz ähnlichen Ausgangspunkt kommt Adorno zu einer klareren Bestimmung des Herrschaftsmechanismus, den er in der Meinungsfreiheit am Werke sieht:

> „Der Begriff der freien Meinungsäußerung, ja der geistigen Freiheit selber in der bürgerlichen Gesellschaft, auf dem die Kulturkritik beruht, hat seine eigene Dialektik. Denn während der Geist der theologisch-feudalen Bevormundung sich entwand, ist er kraft der fortschreitenden Vergesellschaftung aller Beziehungen zwischen den Menschen mehr stets einer anonymen Kontrolle durch die bestehenden Verhältnisse verfallen, die ihm nicht nur äußerlich widerfuhr, sondern in seine immanente Beschaffenheit einwanderte. Im autonomen Geist setzen jene so unerbittlich sich durch, wie vordem im gebundenen die heteronomen Ordnungen. Nicht nur

richtet der Geist auf seine marktmäßige Verkäuflichkeit sich ein und reproduziert damit die gesellschaftlich vorwaltenden Kategorien. Sondern er ähnelt objektiv dem Bestehenden sich an, auch wo er subjektiv nicht zur Ware sich macht. Immer enger werden die Maschen des Ganzen nach dem Modell des Tauschakts geknüpft. Es läßt dem einzelnen Bewußtsein immer weniger Ausweichraum, präformiert es immer gründlicher, schneidet ihm a priori gleichsam die Möglichkeit der Differenz ab, die zur Nuance im Einerlei des Angebots verkommt. Zugleich macht der Schein der Freiheit die Besinnung auf die eigene Unfreiheit unvergleichlich viel schwerer, als sie im Widerspruch zur offenen Unfreiheit war, und verstärkt so die Abhängigkeit." (Adorno 1951:14)

Adorno richtet sich nicht gegen Meinungsfreiheit, er fordert nicht die Rückkehr zur „offenen Unfreiheit". Doch da die Freiheit „nach dem Modell des Tauschaktes" (kulturindustriell, warenförmig) hergestellt und abgesichert wird – eine notwendige Bedingung, „den Geist" der unmittelbaren „theologisch-feudalen" Bevormundung zu entreißen –, setzen sich die herrschenden Kategorien umso unerbittlicher durch. Seine dialektische Kritik löst den Widerspruch nicht auf, sondern unterstreicht seine Notwendigkeit. Er unterstreicht aber gleichzeitig die in seinem Denken geradezu existentielle Notwendigkeit, sich dieses Widerspruchs und der darin angelegten eigenen Unfreiheit bewusst zu werden.

Selbstverständlich ist nicht selbstverständlich

Es gibt wahrscheinlich keine Möglichkeit, nicht normativ über Gesellschaft – und über Teilbereiche wie Nachrichten und Journalismus – nachzudenken. Aber man muss diese normativen Grundlagen ausweisen, statt sie einfach selbstverständlich vorauszusetzen und sie damit aus dem Sichtfeld zu nehmen, der Kritik zu entziehen. Dieser Arbeit habe ich ganz bewusst eine normative Entscheidung für ein befreiungstheoretisches Nachdenken über Gesellschaft vorangestellt und als Interpretationsfolie angenommen: Die Legitimation staatlichen Strafens ist autoritär, Strafrechtskritik ist aufklärerisch. Das ist nicht einfach eine Setzung, sondern folgt aus Theorien sozialer Ausschließung, denen diese Arbeit verpflichtet ist. Indem ich diese theoretischen und normativen Bezüge benenne, setze ich sie und damit viele meiner auf dieser Basis hergeleiteten empirischen Befunde der Kritik aus. Das sind nicht unbedingt Fragen von wahr oder falsch – auch ein neoklassisch orientierter Strafrechtsdogmatiker könnte diese Untersuchung (so hoffe ich) mit Gewinn lesen, ohne seine Vorstellung retributiver Gerechtigkeit aufzugeben.[1] Aber die Leser können selbst überprüfen, welchen Einfluss diese Vorentscheidungen auf die Interpretationen und Ergebnisse hatte.

Der Grund, warum die impliziten Normen des Nachdenkens über Gesellschaft – sei es im Modus der Sozialwissenschaft, der Politik, der Medienkritik und nicht zuletzt des Journalismus – häufig nicht explizit gemacht werden, besteht darin, dass sie den Beteiligten selbstverständlich sind. Es erscheint unsinnig, das Selbstverständliche beim Namen zu nennen. Viele der beschriebenen Haltungen und professionellen Normen der Journalisten sind nicht nur den Befragten selbstverständlich, sondern allen, die als Rezipienten, Wissenschaftler, Kritiker mit den Medien zu tun haben. Vieles ergibt sich scheinbar direkt aus der Aufgabenstellung an die Berichterstattung: Woran sollen sich Polizeireporter orientieren, wenn nicht an der Polizei? Welchen Sinn haben Nachrichten, wenn sie nicht beanspruchen, über authentische Ereignisse zu berichten? Es geht in dieser Untersuchung auch gar nicht darum, diese Selbstverständlichkeiten in Frage zu stellen, was bedeuten würde, die Medien oder mindestens den Journalismus neu zu erfinden. Es geht darum, diese Selbstverständlichkeiten als implizit geteilte normative Erwartungen sichtbar zu machen und zu zeigen, dass sie Konsequenzen für die so entstandenen Beiträge haben: Der Polizeireporter spielt selbst Polizei und hat entsprechende Vorstellungen über Kriminalität, die kritische Journalistin nutzt eigens für die Medien inszenierte Ereignisse als Anlässe, ihre Inhalte unterzubringen, der Gerichtsberichterstatter interessiert sich besonders für Korruption, weil sich dieses Thema zum unverfänglichen Moralisieren eignet; der Boulevardreporter ist empört, wenn die Polizei ihn daran hindert, seine „Chronistenpflicht" zu erfüllen, indem er die Identität eines aus der Haft entlassenen Vergewaltigers preisgibt. Die als selbstverständlich vorausgesetzten Rahmenbedingungen der Berichterstattung schränken die Handlungsmöglichkeiten und das Blickfeld der Journalisten ein. Wie sich herausstellt, ist es keinesfalls unsinnig, Selbstverständliches beim Namen zu nennen. In dem, was die Handelnden für selbstverständlich halten, stecken die interessantesten soziologischen Befunde, in den nicht hinterfragten Voraussetzungen ihres Handelns manifestiert sich Gesellschaft.

Der Informationsfetisch, der Authentizitäts- und der Wahrheitsmythos dienen außerdem der moralischen Absicherung nahezu beliebiger Praktiken. Analog der strafrechtlichen Normierung durch Bestrafung der Normverletzer, die durch die Verletzungshandlung in Frage gestellte Norm als grundsätzlich gültig zu bestätigen, wird die journalistische Ethik meist angesichts ihrer Nichteinhaltung thematisiert. Es werden schwarze Schafe aussortiert und es wird auf den Boulevardjournalismus geschimpft, oder es wird individuell Verantwortung zugeschrieben (selbst bei der Bildzeitung könne man seriösen Journalismus betreiben, wenn man als Journalist selbst mehr Verantwortung übernähme oder wenn der zuständige Redaktionsleiter genug „standing" habe). Selbst große Medienskandale, bei denen die Befragten strukturelle Ursachen benannten (wie beim Beispiel Sebnitz), dienen der grundsätzlichen Bekräftigung der professionellen Ethik: Wenn alle ordentlich gearbeitet hätten, wäre das nicht passiert. Indem sich alle auf den moralischen Diskurs konzentrieren, bleiben die tatsächlichen praktischen und inhaltlichen Ursachen der problematisierten Schattenseiten der Medienberichterstattung fast vollständig ungeklärt. Obwohl echte Sanktionen selten sind, erfüllt die Moralisierung ganz ähnliche Funktionen wie im Bereich des Strafrechts: Probleme und Konflikte werden, wie Nils Christie (1986) formulierte, „enteignet"

– also den sozialen, zivilgesellschaftlichen Lösungsstrategien entzogen und staatlicherseits für die Darstellung von Ordnung, Handlungsfähigkeit und Sicherheit verwendet. Indem die Probleme als „Fälle" von Abweichung skandalisiert werden, wiederholen die Medien die Strafrechtslogik und erzeugen „Ordnung" durch symbolischen Ausschluss einiger weniger Außenseiter.

Bei den Journalisten bezieht sich diese „Enteignung" insbesondere auf ihre Arbeitsbedingungen. Es herrscht kein Mangel an Moral und Ethik, sondern an ganz simplen praktischen Voraussetzungen wie Zeit und Geld. Sich damit auseinanderzusetzen scheint jedoch unnötig, wenn es beim „Qualitätsjournalismus" angeblich immer um individuelle Verantwortung geht. Dass sie kaum Zeit für gute Recherche haben, geschweige denn für Nachdenklichkeit oder die kritische Reflexion der eigenen Arbeitsbedingungen, dafür liefern die Journalisten in den Interviews zwar zahlreiche Beispiele. In ihrer eigenen Medienkritik wie in öffentlichen Debatten über Fehlentwicklungen und Verbesserungsmöglichkeiten der Nachrichtenmedien spielen solche Fragen aber fast überhaupt keine Rolle. Das liegt einerseits daran, dass die Medienkritiker, sofern Wissenschaftler, vor allem ihre eigene Perspektive verallgemeinern und sich darüber empören, dass die Medien nicht nach ihren Wünschen und Erfordernissen funktionieren, statt überhaupt erst einmal zu ergründen, wie sie tatsächlich und aus der Sicht der Beteiligten funktionieren. Der überwiegende Teil der Medienkritik findet allerdings in den Medien und durch Journalisten statt und dennoch sind die Arbeitsbedingungen nicht Thema. Das hat etwas mit der spezifischen Klassenlage von Journalisten zu tun: Als intellektuelle Fließbandarbeiter sind sie einer hochgradigen Arbeitsteilung und oft prekären Beschäftigungsverhältnissen unterworfen. In der Konkurrenz zu anderen Teilen der gebildeten Klasse haben sie eine relativ schwache Position (oft keinen Studienabschluss und oft keinen fachlichen Bezug zu dem Themenfeld, das sie journalistisch bearbeiten), daher vermeiden sie Konkurrenz, indem sie sich als klassenlose Generalisten konzipieren, jenseits der sozialen Ungleichheiten und Kämpfe. Sie streiken nicht und dürfen auch ihre Arbeitsbedingungen nicht thematisieren.

Die strukturell verhinderte Nachdenklichkeit hat aber auch inhaltliche Konsequenzen. Zum einen ganz unmittelbar: Wenn keine Zeit ist für weitergehende Recherchen, dokumentarische Inszenierungen und ausgetüftelte Argumentationen, wenn einfach innerhalb weniger Tage, Stunden, Minuten, ein „konkurrenzfähiger" Beitrag produziert werden muss, kann man, um die Geschichte interessant zu machen, nur aus dem schöpfen, was man bereits im Kopf hat, was man selbstverständlich zu wissen glaubt – aus Vorurteilen (Mörder ist Mörder) sozialen Kategorisierungen (wem glaube ich, wem glaube ich nicht) und nicht zuletzt aus kulturindustriellen Vorlagen, Kriminal- und Abenteuergeschichten (die gesamte Unterhaltungskultur ist zutiefst punitiv). Auch kriminalpolitische Allgemeinplätze eignen sich, die strukturell erzeugten Wissenslücken zu übertünchen: Soziale Probleme als Ursachen von Kriminalität, Erziehung und Integration als Präventionskonzepte, aber auch „Kindermörder", „Vergewaltiger" und „Drogenhändler" als Verdichtungssymbole, als Kategorien von Personen, die ein härteres strafrechtliches Durchgreifen erforderlich machen. Soziale Missstände anzuprangern und die üblichen *folk devils* auszudeuten, dazu bedarf es keiner dokumentierbaren oder argumentativen Absicherung, das kann man freihändig und darf zugleich allgemeines kräftiges Kopfnicken unterstellen – beim Chef vom Dienst wie beim Publikum.

Obwohl die meisten Befragten – mehr oder weniger vehement – strafrechtskritisch argumentierten, wenn es um Themen wie Strafverschärfungen, Sicherheitsgesetze oder den Strafvollzug ging, versuchen sie diese Positionen in ihren Beiträgen eher zu verbergen. Zwar stehen Genres wie Kommentar oder Leitartikel für einen höheren Status im Beruf, dennoch gaben meine Gesprächpartner an, lieber tatsachenbezogen zu schreiben. Kommentare werden, wie die Inhaltsanalysen gezeigt haben, nicht zur Darstellung subjektiver (abweichender, kritischer) Meinungen genutzt, sondern sind das Genre, in dem am stärksten punitiv und populistisch moralisiert wird. Subjektivität versteckt sich hinter herrschender Moral. Als inhaltliche Anliegen wurden besonders häufig Themen der Oberschichtkriminalität wie Korruption genannt, die sich ebenfalls zur unverfänglichen Moralisierung eignen. So kommt es auch kaum zu inhaltlichen Konflikten (mit den Vorgesetzten und Kollegen): Jeder darf seine eigene Meinung haben, muss sie aber aus der Berichterstattung heraushalten. Individualität wird gefeiert, weil sie folgenlos bleibt. Inhaltliche Auseinandersetzungen finden ohnehin kaum statt. Eine zeitweise für das öffentlich-rechtliche Fernsehen tätige Journalistin erklärte zum Beispiel, warum in ihrer Redaktion die „Quote" keine große Rolle spiele:

(...) Weil meine Chefin jetzt auch eher jemand ist, die auch so eine ... die will zum Beispiel jetzt in diesem Jahr vor Weihnachten was machen zum Thema ... Fremde, also: Fremdenfeindlichkeit, Ausländer ... ja? Da soll ich jetzt mal ein Konzept für eine Sendung erarbeiten. Und das weiß sie, dass das kein Thema ist, wo wir jetzt die ... die riesen Quoten bekommen werden. Das ist erfahrungsgemäß kein Thema. Also irgendwie so sex and crime und so was würde also quotenmäßig vielleicht besser laufen. Aber das, äh, interessiert sie jetzt nicht so. Sie hat immer den Anspruch, eine – wie sagt sie immer? – eine ordentliche Arbeit zu machen, ja? (Freie Journalistin)

Der Bezug auf Professionalität, „eine ordentliche Arbeit zu machen", hilft vordergründig, sich dem Druck der Quote ein Stück weit zu entziehen: Qualität darf eben nicht immer nur auf Verkäuflichkeit schielen. Damit ist aber zugleich ein Rahmen beschrieben und von allen Beteiligten implizit anerkannt, in dem sich die Themen bewegen dürfen: Fremdenfeindlichkeit „vor Weihnachten" verkauft sich vielleicht weniger gut als *„sex and crime"*, ist aber dennoch ein Thema, das sehr weit oben in der Aufmerksamkeitshierarchie rangiert, das ein paar Jahre zuvor noch als Garant für gute Quoten galt. Es ist ferner ein Thema, das man gut vor Weihnachten zeigen kann, „menschelnd" und besinnlich. Vor allem ist es ein Thema, zu dem es in der Medienöffentlichkeit einen breiten Konsens gibt. Fremdenfeindlichkeit ist abzulehnen – dass dieser Konsens auf schwachen Füßen steht, habe ich am Beispiel des Umgangs mit Rechtsextremismus im Fernsehen gezeigt (vgl. Brüchert 1997). Mögliche inhaltliche Konflikte werden schon im Vorfeld ausgeklammert, indem das Thema so allgemein gehalten ist, dass politische Zuspitzungen von vornherein ausgeschlossen sind – es wäre unter diesen Bedingungen ein Betriebsunfall, wenn die Befragte daraufhin ein Konzept ausgearbeitet hätte, das Rassismus *ausschließlich* anhand von Misshandlungen von Ausländern durch die Polizei thematisiert (obwohl das in ihr thematisches Repertoire passen würde und, wie die Beispiele gezeigt haben, auch gezeigt werden darf). Sie weiß selbstverständlich, was von ihr erwartet wird, wie sie die Sendung konzipieren muss, damit ihre Chefin das als „ordentliche Arbeit" anerkennt. Moralisierung wird nicht nur zugelassen, sie wird gefordert, aber sie muss sich stets auf als allgemein anerkannt geltende Normen beziehen.

Die selbstverständlichen professionellen Normen präjudizieren selbstverständliche (als allgemeingültig behauptete) inhaltliche Normen und kennzeichnen abweichende – bei den Journalisten subjektiv durchaus vorhandene – Positionen als unprofessionell und tendenziös. Warenförmigkeit setzt sich nicht unmittelbar als „Diktat der Einschaltquote" durch, sondern subtil und raffiniert als von den Unterworfenen selbst vertretener Qualitätsanspruch an ihre Arbeit, als ihrer eigenen Selbstverwirklichung dienend. Selbst wenn sie sich mit ihren inhaltlichen Anliegen nicht durchsetzen, dürfen sie sich subjektiv als reflektierte Menschen darstellen und sich auf strukturelle Annahmen über Öffentlichkeit (als 4. Gewalt etc.) beziehen, die ihre Arbeit dennoch sinnvoll erscheinen lassen. Subjektivität, Meinungsvielfalt und Kritik werden zugelassen, weil sie den Schein von Freiheit unter autoritären Bedingungen wahren, weil sie nichts bewirken, außer zu verdecken, dass ernsthafte *Aufklärung als Befreiung* strukturell verhindert wird.

Warum Gegenskandalisierungen das autoritäre Programm nicht durchbrechen können

Gemessen an den aufklärerischen Absichten der Journalisten, finden sich unter den erhobenen Beiträgen erstaunlich wenig Beispiele, in denen Strafrechtskritik zum Ausdruck kommt. Das ist zum Teil einem *bias* meines Auswahlverfahrens der Befragten geschuldet, bei dem die großen Anteile des Boulevards, der Polizeireportage und der Routinejobs eher unterrepräsentiert sind. Es liegt – ohne jeglichen Anspruch auf statistische Überprüfbarkeit – die Vermutung nahe, dass die Untersuchungsgruppe überdurchschnittlich ausgeprägte Aufklärungsabsichten zeigt. Zweitens könnten bestimmte Haltungen auch durch die Fragen im Interview und Vermutungen zum Zweck der Untersuchung provoziert worden sein. Aber die Befragten haben deutlich gemacht, dass sie diese strafrechtskritischen Positionen begründen können, dass sie aufgrund ihrer Erfahrungen mit der Polizei, mit Juristen, mit dem Strafvollzug zu Ansichten gelangt sind, wie zum Beispiel, dass Wegsperren oft keine Lösung ist, dass Politiker wider besseres Wissen Sicherheitspaniken schüren oder dass eine vernünftige Justiz sich nicht nach der Härte der Strafen bemessen lässt. Es gibt aber kaum etablierte Formen, das in die Berichterstattung einfließen zu lassen. Eine Form, die sich als fester Bestandteil der Berichterstattung bis in die Boulevardmedien etablieren konnte, ist die Gegenskandalisierung von Justizirrtümern, polizeilicher Gewalt oder exzessiven unmenschlichen Strafen.

Die Gegenskandalisierungen arbeiten mit denselben Strafmustern. Sie zeigen sich gleichsam punitiv, nur richtet sich ihre Straflust gegen die Mächtigen oder gegen den Staats- und Sicherheitsapparat: gegen prügelnde Polizisten, korrupte Politiker, oder DDR-Justizverbrecher. Auch in den weniger punitiven Varianten, wenn Missstände im Strafvollzug oder Justizirrtümer angeprangert werden, bleibt das wesentliche Element der Strafmoral aufrechterhalten, durch Skandalisierung der Abweichung die allgemeine Gültigkeit der verletzten Norm zu unterstreichen. Es wird nicht der grundlegende Herrschaftscharakter des Strafrechts und der Freiheitsstrafe kritisiert, sondern einzelne, oft individuelle Fehlleistungen, die heilbar erscheinen und das Gesamtsystem als grundsätzlich demokratisch und gerecht bestätigen. Darüber hinaus arbeiten sie mit den selben Darstellungsformen der Personalisierung und Dramatisierung wie Berichte über „gefährliche Kriminelle", nur dass sich die Empörung nun gegen „Prominente" richtet. Auf diese öffentlichen Personen sind die Medien ohnehin pausenlos angewiesen, um Seiten und Sendezeit zu füllen, und ihr Anteil an den Kriminalitätsnachrichten ist enorm. Damit wird auch suggeriert, dass Polizei und Justiz niemanden bevorzugen oder benachteiligen, dass sie jene „da oben" genauso behandelt wie die „kleinen Leute". Wie sehr unsere Justiz noch Klassenjustiz ist, wird medial (wie wissenschaftlich) verschleiert.[2]

Das grundsätzliche Dilemma der Gegenskandalisierungen besteht darin, dass sie, um strafrechtskritische Themen in die große Medienöffentlichkeit zu bringen, deren Spielregeln viel strenger einhalten muss als die gängigen (selbstverständlichen) Skandalisierungen der Kriminalitätsformen, die ohnehin polizeilich und strafrechtlich bearbeitet werden. Die verletzten Normen müssen als absolut unhintergehbar, auf der Ebene der Grund- und Menschenrechte angesiedelt behauptet werden und die Verletzungshandlungen müssen besonders drastisch sein. Es muss ein allgemeines öffentliches Interesse an lückenloser Aufdeckung in Anspruch genommen oder eine persönliche Tragödie nacherlebbar inszeniert werden. Man muss anerkannte Experten vorführen oder zumindest zitieren können und stets auch die „Gegenseite" darstellen. Und natürlich muss man Aufmerksamkeit erheischen, eine interessante, spannende, fesselnde Geschichte erzählen. Kurzum: Man muss das (strafrechts)kritische Thema so lange nach den herrschenden Normen umstricken, bis man ihm die kritischen Gehalte nicht mehr anmerkt. Am einfachsten erscheint es ohnehin, wenn das Objekt der Gegenskandalisierung im Ausland ist, dann lässt sich unverfänglich moralisieren: Mit dem amerikanischen Gefängniswesen, einem chilenischen Ex-Diktator, der Folter in der Türkei und der russischen Mafia darf man hart ins Gericht gehen, ohne sich zu sehr zu exponieren.

Eine andere in den Analysen beschriebene Variante, strafrechtskritische Inhalte medienkompatibel umzusetzen, ist die der „wohlwollenden Dramatisierung": Die Berichterstattung setzt sich für „Problemgruppen" ein, indem sie sie gefährlich macht. So wird beispielsweise ein pädagogischer statt eines strafenden Umgangs mit Jugenddelinquenz mittels der Drohung eingefordert, die Probleme wüchsen „uns" sonst über den Kopf, die Gewalt nehme immer mehr zu usw. Das entspricht der Praxis sozialarbeiterischer Projekte, die, um ihre Finanzierung zu sichern, darauf angewiesen sind, zumindest in der öffentlichen Darstellung Probleme zu „erfinden", die sie mit ihrer Arbeit lösen können. Wenn Jugendliche nicht kriminell sind, brauchen sie – dieser Logik zufolge – auch keine Hilfe. Diese institutionelle Zwickmühle der Sozialarbeit wird durch die Berichterstattung gefördert, weil sie der medialen Aufmerksamkeitsstruktur entspricht: Nicht-delinquente Jugendliche sind meist ein ziemlich langweiliges Thema. Das wissen auch die Jugendlichen und nutzen mitunter gezielt diese Möglichkeit, über auffällig deviantes Verhalten auf sich und/oder ihre Probleme aufmerksam zu machen.[3] Mittels wohlwollender Dramatisierung für Alternativen zum strafrechtlichen Zugriff werben zu wollen, birgt zweierlei Risiken. Erstens lenkt man die Aufmerksamkeit der Polizei und des Strafrechts ebenfalls auf diese Problemgruppen, auf „Schulschwänzer", „Russen-Kids" und „Jugendbanden". Dabei bleibt stets eine Restgruppe an Problemfällen, die durch Erziehung nicht erreichbar seien, bei denen dann die strafrechtliche Sanktion als „letztes Mittel" einer vielstufigen Eskalationsskala droht. Zweitens werden Lösungsansätze zu sozialen Problemen unter neoliberalen Bedingungen und anlässlich eines (prinzipiell kaum einmal hinterfragten) öffentlichen Sparzwangs nur noch danach bewertet, ob sie effizient, kostengünstig und gleichzeitig wirksam sind. Im Zweifel wird soziale Ausschließung die bevorzugte Reaktion sein:

> „Die Drohung mit den 'gefährlichen Leuten' ist gut gemeint. Sie mahnt, ihnen etwas mehr Teilhabe an gesellschaftlichen Ressourcen zu gewähren, um sie zu befrieden. Doch wenn Sozialpolitik, Sozialarbeit und Sozialpädagogik dadurch legitimiert werden, dass sie ein Übel verhindern, dann steht im Vordergrund ihre Wirksamkeit und Funktionalität für eine Ordnung, die zuerst einmal mit dem status quo identisch ist. (...) wenn geglaubt wird, dass mehr Punitivität der Allgemeinheit nutzt und wenn geglaubt wird, dass Strafe und Sanktion wirken, dann muss zuerst etwas *gegen* Kinder-Täter getan werden." (Cremer-Schäfer 1998:135)

Anhand der wohlwollenden Dramatisierung wird noch einmal deutlich, warum gute, aufklärerische Absichten nicht unbedingt auch aufklärerische Effekte haben. Soziales, politisches, journalistisches Handeln ist eingebunden in eine größere soziale Ordnung, in der die guten Absichten einzelner Akteure (mitunter auch vieler gemeinsam organisierter Akteure) wirkungslos verpuffen. Die neoliberale ökonomische Logik betrifft nicht nur die Produktionsbedingungen der Journalisten, sondern gibt auch vor, nach welchen Kriterien zur Zeit in dieser Gesellschaft über Abweichung und Strafe nachgedacht werden darf.

Die wohlwollende Dramatisierung geht spätestens seit den 1990er Jahren fließend in die unternehmerische Logik über: Gefängnisse, Polizei und soziale Arbeit sollen nach Management-Regeln organisiert, zu „lernenden Organisationen" in *„private public partnerships"* oder gleich vollständig privatisiert werden; neue Techniken wie die „elektronische Fußfessel" sollen den Strafvollzug entlasten. Es sind teilweise dieselben Akteure am Werk, die zwanzig Jahre zuvor „Menschen statt Mauern" gefordert haben.[4] Der wohlwollenden Dramatisierung liegt ein paternalistisches Verhältnis zu den Ausgeschlossenen zugrunde, das Kriminalität als Folge sozialer Unterprivilegierung sieht[5] und fürsorgliche, sozialpolitische Hilfsmaßnahmen einfordert. Die beklagte „soziale Unterprivilegierung" und „Normenerosion" kann aber genauso gut zur Begründung neuer alternativer Sanktionen wie der „gemeinnützigen Arbeit" ins Feld geführt werden. Da es sich um Strafen handelt, werden so auch dem Strafrecht sozialpolitische Funktionen zugeschrieben: Wenn es zum Wohle der Betroffenen ist, erscheint soziale Ausschließung plötzlich als Wohltat.[6] Wo die sozialen Maßnahmen nicht greifen, wo der Resozialisierungsanspruch scheitert, wird dies zum Versagen der Betroffenen, wird ihnen selbst die Schuld an ihrer gescheiterten „Wiedereingliederung" gegeben. Auch die Institution „Fürsorge & Schwäche" produziert Ausschlusswissen, erzeugt jene Kategorien, derer sich andere Institutionen bei der Verwaltung sozialer Ausschließung bedienen.[7] Der Zusammenhang von Armut und Kriminalität erinnert auch an die „klassische" These von Georg Rusche und Otto Kirchheimer, dass die Gestaltung des Strafvollzugs vor allem mit den Entwicklungen auf dem Arbeitsmarkt zusammenhängt (auch, weil nach der Logik des Strafens die Lebensumstände in der Haft immer etwas schlechter sein müssen als außerhalb, sonst geht der Strafcharakter verloren). Rusche/Kirchheimer stellen vor allem auf den Aspekt der ökonomischen Verwertbarkeit von Gefangenenarbeit ab: In Zeiten allgemeiner Prosperität bestünde eine große Nachfrage nach (billigen) Arbeitskräften, was sich positiv auf die Lebensbedingungen der Gefangenen und die Ausgestaltung der Haft auswirke, während in Zeiten der wirtschaftlichen Depression der Strafvollzug zu einer reinen Verwahranstalt verkomme und die sozialen und hygienischen Zustände sich dramatisch verschlechterten. Wie die neuere Entwicklung in Amerika zeigt, reicht die ökonomische Erklärung jedoch nicht aus, weil wirtschaftlicher Wohlstand und die Aufwertung von Lohnarbeit in keinem positiven Verhältnis (mehr) stehen. Unter neoliberalen Vorzeichen beruht die Prosperität auf der „Freisetzung" von Arbeitskraft. Trotz des wirtschaftlichen Aufschwungs haben sich die Zustände in den Gefängnissen in den 1990er Jahren weiter verschlechtert. Trotz der Möglichkeit einer privatwirtschaftlichen Nutzung von Gefangenenarbeit beschränken sich die meisten privaten Haftanstalten auf das bloße Wegsperren als kostengünstigste

Variante. Gefangenenarbeit gestaltet sich als sinnlose Plackerei in „chain-gangs". Nils Christie (1995) hat die Entwicklung des „gefängnisindustriellen Komplexes" als „Gulags westlicher Art" bezeichnet, um daran zu erinnern, dass es eher um die sparsame (ökonomische) Kontrolle - bis hin zur Vernichtung - der „nützlichen Feinde" (Wacquant 2000) und der „gefährlichen Klassen" geht als um eine effiziente (ökonomische) Ausnutzung ihrer Arbeitskraft.

Journalismus ereignet sich nicht im luftleeren, herrschaftsfreien Raum. Der Widerspruch zwischen strukturell autoritärem Programm und individueller Aufklärungsabsicht weist ein deutliches Machtgefälle auf. Gegenskandalisierungen und andere strafrechtskritische Perspektiven werden zugelassen, weil sie ihre „Funktionalität" für die Aufrechterhaltung der herrschenden Ordnung immer schon vorab unter Beweis stellen müssen, weil der Kritik der Stachel schon gezogen ist, bevor sie ausgesprochen werden darf, wenn sie nicht ohnehin als wohlwollende Dramatisierung von Armut und Ausgrenzung der betriebswirtschaftlichen „Modernisierung" des Strafvollzugs - was bedeutet: weg von Resozialisierung hin zu Verwahrung - zuarbeitet und Ausschlusswissen erzeugt, indem sie Kategorien von „nicht Integrierbaren" produziert. Diese letzten Varianten von Modernisierungsdenken rund um den Strafvollzug werden journalistisch besonders häufig aufgegriffen, wenn grundsätzlich Kritik geübt werden soll. Dann wird das Versagen des alten Systems angeprangert und unkonventionelles neues Denken gefordert, damit „endlich" etwas geschieht und nicht die Mehrzahl der Haftentlassenen nach längstens zwei Jahren wieder vor der Tür steht. Die Attraktivität der Modernisierungskonzepte folgt der Logik der „Wissensgesellschaft": Das existierende Praxiswissen wird entwertet und durch das Beratungswissen der internen und externen „Manager" ersetzt; die Ausgeschlossenen werden nurmehr möglichst kostengünstig (in der Regel durch Einschließung) verwaltet, vor allem kann man die eigenen Vorschläge - die freilich oft nichts anderes sind als die Kopie der in anderen Ländern bereits weiter fortgeschrittenen „Reformen" - als „neu" charakterisieren, was für den „Nachrichtenwert" unerlässlich erscheint. Die meisten Gegenskandalisierungen fügen sich also ganz ungebrochen ins autoritäre Programm.

Gibt es Hoffnung auf Rettung durch die Rezipienten?

Diese Untersuchung bezog sich ausschließlich auf die Produktionsseite der Berichterstattung und berücksichtigte die Aneignung durch die Rezipienten lediglich auf Basis der Arbeitsbündnis-Analyse der in den Beiträgen angelegten Lesarten. Eine Rezeptionsstudie könnte zeigen, dass das autoritäre Programm kritisch angeeignet wird, dass meine Analysen die Möglichkeit von „oppositional readings" (Stuart Hall) und Formen der „Widerständigkeit im Alltag" (John Fiske) übersehen haben.

In der Tat bleibt unklar, was die vielen Leser und Zuschauer empirisch tatsächlich mit den untersuchten Beiträgen anfangen. Allerdings richtet sich die Kritik der *Cultural Studies*, man dürfe die Rezipienten nicht übergehen, in erster Linie gegen herkömmliche Wirkungsannahmen. Die setzen in der Tat ein Publikum von „Idioten" voraus, das völlig passiv in sich aufnimmt, was man ihm serviert. Es ging in der vorliegenden Untersuchung jedoch gar nicht darum, Annahmen über die Wirkung der Nachrichtenmedien auf das Publikum zu entwickeln, geschweige denn einen einfachen Manipulationsvorgang zu unterstellen. Die möglichen Lesarten der Beiträge werden nicht durch die Rezipienten begrenzt, sondern durch die Produzenten und die Artefakte, die sie als Rezeptionsvorlage herstellen. Es gibt nur eine endliche Zahl sinnvoller Lesarten, so lange man nicht Enzensbergers Vorschlag folgt, den Fernseher (konsequenterweise dann auch die Zeitung) als Meditationsvorlage zu nutzen.[8] Alle von mir untersuchten Beispiele lassen sich auch gegen den Strich lesen, negieren, durchschauen, anzweifeln etc. und es ist hoch plausibel, dass alle diese Rezeptionsweisen in der Praxis zumindest gelegentlich vorkommen. Man kann sich von einem Beitrag, der fordert, straffällige Jugendliche härter anzufassen, unbeeindruckt zeigen. Man kann ihn als ideologisch kritisieren oder die zitierten „Fakten" für unwahr halten. Möglicherweise kann man sich sogar so sehr über die zum Ausdruck gebrachte Doppelmoral und die Vorurteilsstrukturen ärgern, dass man sich in seiner Widerständigkeit noch bestärkt fühlt. Aber das macht den Beitrag nicht aufklärerischer. Bei aller Widerständigkeit kann man diesen Beitrag nicht als Anleitung lesen, wie man jenseits der Stigmatisierung als „gefährdet und gefährlich" mit jugendlichen Delinquenten umgehen könnte. Wenn man dazu vorher nichts weiß, erfährt man hier einfach nichts dazu außer den bekannten Vorurteilen.

Die möglichen Lesarten werden nicht nur inhaltlich eingeschränkt, sondern insbesondere durch die vorgegebenen Formen der Nachrichtengenres: Die vielen kleinen Meldungen über das alltägliche Kriminalitätsgeschehen enthalten wenig explizite Moralisierungen. Sie bestätigen die herrschenden Ordnungsmuster (auf Kriminalität folgt Strafe; es gibt Täter und Opfer; die Polizei tut ihre Arbeit) durch schlichte Wiederholung. Durch die schiere Menge der gemeldeten schweren Straftaten können sie durchaus auch zur „irrationalen" Kriminalitätsfurcht beitragen. Im Wesentlichen sind es aber „gute Geschichten", die sich zur Unterhaltung lesen lassen, die unverfängliches Moralisieren im *small talk* ermöglichen oder als Teil einer größeren *story* Wiedererkennungswert haben. Die dokumentarischen Genres orientieren sich an Krimis und Abenteuergeschichten als stilbildenden Vorlagen, ermöglichen Angstlust und Schadenfreude nach „unten" wie nach „oben". Sie schildern soziale Milieus und persönliche Schicksale, Kurioses und Erbauliches. Der weit überwiegende Teil der Berichterstattung besteht aus vollständig entpolitisierten Geschichten, die Kriminalität und Strafe als Teil der Unterhaltungskultur erscheinen lassen, was angesichts der nicht unerheblichen

Strafgewalt eine Verharmlosung und für die „Opfer" eine bösartige Instrumentalisierung zur Befriedigung von Schaulust bedeutet. Kriminalpolitische Fragen kommen nur äußerst selten zur Sprache, in Kommentaren und Leitartikeln oder in Form von Berichten anlässlich politischer Reformvorschläge oder als Bestandteil von „Hintergrund"-Serien – wenn also Politik als Tätigkeit von zuständigen Profis inszeniert wird, nichts woran sich das Publikum aktiv beteiligen könnte.

Insgesamt ist es also verfehlt, die Medienberichterstattung kriminalpolitisch lesen zu wollen oder entsprechende Rezeptionsweisen zu unterstellen: Man *kann* sie so nicht interpretieren, weil das nicht ihr Thema ist. Als praktische Handlungsanweisungen taugen die Beiträge auch nur bedingt, können allenfalls eine diffuse Kriminalitätsfurcht am Leben erhalten. Selbst die punitive Strafmoral ergibt sich nicht direkt: Schadenfreude, Schaulust und soziale Verachtung können als unmittelbare Sanktionen erlebt werden und in Fällen einer nicht allzu schweren Kriminalität eine langwierige strafrechtliche Bearbeitung sogar überflüssig erscheinen lassen.[9] Es geht weniger um die Bestrafung von Tätern, ihre Behandlung oder zusätzliche Kompetenzen für Polizei und Geheimdienste als um die „ewigen Mythen", um Gruselgeschichten, Geschlechterrollen, Generationenkonflikte und den ständigen Kampf zwischen „Gut und Böse". Sie zeigen, wie tief die Straflust in der (Unterhaltungs-)Kultur verwurzelt ist und dass staatliches Strafen nur einen kleinen, in den Feinheiten meist nicht interessanten Anlass darstellt, die wirklich aufregenden Geschichten noch einmal zu erzählen. Es wird mit anderen Worten weniger über die dargestellten Straftäter moralisiert als über alle möglichen Aspekte des gesellschaftlichen, politischen und alltäglichen Lebens. Im Vergleich zu den von Johannes Stehr (1998) untersuchten Wandersagen, die ja auch Teil der Unterhaltungskultur (geworden) sind, läuft die Punitivität in den Kriminalitätsnachrichten jedoch weniger stark auf eine einseitige verbindliche Moralisierung hinaus. Viele Geschichten enthalten verschiedene bis widersprüchliche Angebote, Sympathie und Schadenfreude zu empfinden, sie sind offen für unterschiedliche Moralisierungen.

Kritische, widerständige Rezeptionsweisen sind also nicht ausgeschlossen, sondern erwünscht. Das autoritäre Programm basiert gerade darauf, diese Lesarten im Zuge einer repressiven Toleranz zu ermöglichen und sie so auf die entpolitisierte Empörung über alle Arten von Missständen und Normenverfall festzulegen. Die anti-aufklärerische Tendenz der Medienberichterstattung zu Kriminalitätsthemen ist keine Frage von kritischen oder aufklärerischen Haltungen, sondern ergibt sich aus der warenförmigen Produktion. Die Produzenten gehören selbst zu den Manipulierten. Das schließt, wie ich gezeigt habe, aufklärerische Absichten nicht aus, im Gegenteil, rückt diese aber in den unprofessionellen Bereich der subjektiven, privaten „Meinung".

Der Widerspruch zwischen autoritärem Programm und Aufklärungsabsicht schließt Produzenten und Rezipienten ein – ebenso die Medien- und Gesellschaftskritiker. Er löst sich nicht einfach auf, wenn wir ihn benennen oder widerständig gegen die Autoritäten sind, sondern beschreibt die Grundstruktur kulturindustrieller Öffentlichkeit. Die Permanenz des Widerspruchs zu behaupten, ist keine resignative Haltung, wie sie den Kritikern der Kulturindustrie häufig vorgehalten wurde, sie fordert vielmehr ein Mindestmaß an Reflexivität und Bereitschaft, Widersprüche aushalten zu können. Um Adorno das letzte Wort in dieser Sache zu überlassen:

„Die Welt wird mit leerlaufenden Kategorien in Schwarz und Weiß aufgeteilt und zu eben der Herrschaft zugerichtet, gegen welche einmal die Begriffe konzipiert waren. Keine Theorie, und auch die wahre nicht, ist vor der Perversion in den Wahn sicher, wenn sie einmal der spontanen Beziehung auf das Objekt sich entäußert hat. Davor muß Dialektik nicht weniger sich hüten als vor der Befangenheit im Kulturobjekt. Sie darf weder dem Geistkult sich verschreiben noch der Geistfeindschaft. Der dialektische Kritiker an der Kultur muß an dieser teilhaben und nicht teilhaben. Nur dann läßt er der Sache und sich selber Gerechtigkeit widerfahren." (Adorno 1951:29)

Doch noch ein ganz kleiner Ausblick

Massenmedien sind kein guter Ort für Gesellschaftskritik. Dagegen sind die besten Journalisten machtlos, dagegen helfen keine moralischen Appelle. Der Ruf nach journalistischer Ethik unterstützt eher die professionellen Mythen, die zur Entpolitisierung des öffentlichen Nachdenkens (nicht nur über Kriminalitätsthemen) beitragen. Statt sich an einer Medienschelte zu beteiligen, die selbst das Muster der moralischen Empörung bedient, wäre weiter an einer Ethnographie der Medien und der „ewigen Mythen", auf die sie sich beziehen, zu arbeiten. Anschließend an diese Ergebnisse könnte man Journalisten eingehender danach befragen, welche Filme und Bücher sie jenseits ihrer Arbeit bevorzugen und welche weiteren sozialen, biographischen Erfahrungen ihr selbstverständliches Wissen über Gesellschaft mit prägen. Ohne dass das schon Teil des Leitfadens war, erzählten meine Befragten zum Beispiel von Filmen, die sie bei ihrer Arbeit im Kopf haben,[10] davon, wie persönliche Erfahrungen (in allen Lebensbereichen, vom Kindergroßziehen bis zur wahrgenommenen „Verwahrlosung" des eigenen Wohnorts) die Perspektive verändern, und von der Begeisterung für die Reisereportagen des Gerd Ruge (die wurden in zwei Interviews jeweils ohne inhaltlichen Bezug als Stilvorlage genannt). Mit einem solchen Zugang ließe sich genauer klären, wovon in den Massenmedien die Rede ist, wenn von Kriminalität die Rede zu sein scheint. Und es würden die zu Anfang dieses Kapitels zusammengefassten Medienmythen durchbrochen und damit die Fiktion, man könne die kulturindustriell erzeugten Nachrichten als Bestandteil und Bezugspunkt für inhaltliche (kriminal)politische Debatten und Kritik verstehen. Man würde sie aber auch nicht einfach ignorieren oder weniger ernst nehmen, sondern endlich beginnen, sie als das zu lesen, was sie schon lange sind: Wichtige Beiträge zur Selbstmystifizierung der Gesellschaft.

Anmerkungen

Einleitung

1 Einen guten Überblick über den Etikettierungsansatz, seine Geschichte und seine Karriere in der deutschsprachigen Kriminalsoziologie findet man bei Keckeisen (1974).
2 Der Begriff Punitivität steht umfassend für alle Formen der Straflust und der Befürwortung von Strafe.
3 „Medienbilder zu Rassismus. Die Entdeckung des Rechtsextremismus im Fernsehen", Diplomarbeit am Fachbereich Gesellschaftswissenschaften der Johann Wolfgang Goethe-Universität Frankfurt, 1995.
4 Diese Sendung, die in den Untersuchungszeitraum fiel, ist ein hervorragendes Beispiel für die Problematik einer Medienkritik durch die Medien. Das ZDF hatte die Sendung als bewussten Tabubruch angelegt und erfolgreich (im Sinne der Werbung für die Sendung) zahlreiche empörte Reaktionen geerntet. Auch die *Bild*zeitung nutzte die Empörungswelle und veröffentlichte Name und Foto des Toten, dessen Obduktion das ZDF gefilmt hatte. Daraufhin schnitt das ZDF die beanstandete Szene aus dem Beitrag heraus (der erwünschte Skandal hatte ja bereits funktioniert) und nutzte das wiederum zu einer Kritik an der *Bild*zeitung in der Anmoderation: „Das ZDF verzichtet auf diese Filmsequenz und respektiert damit den Wunsch der Angehörigen eines Verstorbenen, nachdem die *Bild*zeitung dessen Identität auf der Titelseite mit Foto und unter Namensnennung preisgegeben hat. Die *Bild*zeitung hat damit den Schutz der Anonymität verletzt, der für das ZDF Voraussetzung für eine Berichterstattung gewesen war." Die Methoden der *Bild*zeitung wie auch der Umstand, dass das ZDF die Szenen herausgeschnitten hatte, waren wiederum Anlass für Berichterstattung in anderen Medien. Alle haben ihr Stück vom Skandal abbekommen, alle dürfen als „Kritiker" am Tabubruch partizipieren und einen sekundären Dramatisierungsgewinn einstreichen.
5 Ingrid Müller-Münch, Wenn kleine Kinder zu Monsterkids gestempelt werden, FR vom 30.9.1999, S. 11.
6 Diese Etiketten werden jeweils eine Zeitlang auch von der kriminologischen Medienkritik ohne Erläuterung verwendet, was darauf hinweist, wie selbstverständlich das medial erzeugte Wissen hingenommen wird. Indem ich sie hier ebenfalls ohne Erläuterung anführe, möchte ich jedoch umgekehrt vorführen, dass dieses Wissen schon nach wenigen Jahren gar nicht mehr so selbstverständlich vorausgesetzt werden kann. Wer kann allen genannten Schlagwörtern noch das Ereignis zuordnen, für das sie einmal standen?
7 z.B. Dölling et al. 1998 und Brosius/Esser 1995.
8 Eine Kriminologie, die nicht als Kritik der Kriminologie, sondern als Hilfswissenschaft zum Strafrecht betrieben wird, ist notwendig punitiv, weil sie die Institution „Verbrechen & Strafe" als grundsätzlich notwendig anerkennt, wie sehr sie auch in manchen Phasen bemüht sein mag, wesentliche Aufgaben an die Institution „Schwäche & Fürsorge" zu übertragen: Die beiden Institutionen schließen sich nicht aus, sondern ergänzen sich, indem sie sich gegenseitig ihr Klientel zuführen. Vgl. dazu Cremer-Schäfer/Steinert (1998).
9 Der von Steinert für diese Untersuchungsmethode geprägte Begriff des Arbeitsbündnisses entstammt der Psychoanalyse und bezeichnet dort die impliziten Voraussetzungen der Interaktionen im Therapiegespräch und die darauf basierende Gegenübertragungsanalyse. Das

Arbeitsbündnis umfasst die „Haltungen und Kenntnisse und Handlungsweisen aller Beteiligten, die vorausgesetzt sind, damit das Ereignis (...) überhaupt stattfinden und als sinnvoll wahrgenommen werden kann" (Steinert 1994:9).

Kapitel 1: Warum „autoritäres Programm ...

1 Aus dem Kulturindustrie-Kapitel der „Dialektik der Aufklärung" (zitiert nach der Fischer-Ausgabe: Horkheimer/Adorno 1969:141f.)
2 vgl. Shearing/Stenning 1987, Schmidt-Semisch/Lindenberg 1995 und Legnaro 1997.
3 Auf das Beispiel von *shopping malls* stützen sich zahlreiche kontrolltheoretische Abhandlungen. Eine größere empirische Untersuchung führt zur Zeit Ellen Bareis durch: Erste Ergebnisse sind als Dokumentation eines Vortrags im Internet nachzulesen: ‚Die beeinflussen die Augen' – Jugendliche und Konsum(kritik)" auf www.links-netz.de in der Rubrik Kulturindustrie. Eine Buchveröffentlichung wird folgen.
4 Mit dieser Aufzählung ist freilich nicht die Gleichsetzung dieser Werke insgesamt beabsichtigt. Trotz einiger Übereinstimmungen – zumindest zwischen Adorno, Marcuse und (dem frühen) Habermas – überwiegen doch die Unterschiede. Umso bemerkenswerter ist, dass sie trotz dieser Verschiedenheit alle den Umschlag von „Aufklärung" in neue, raffiniertere Herrschaft zum Gegenstand haben, der sich insbesondere an der warenförmigen Zurichtung von Kultur und der Manipulation der Individuen bis in die intimsten Regungen festmachen lässt.
5 Wie Habermas zuvor zeigt, hatte bereits Hegel die Idee der bürgerlichen Öffentlichkeit als Ideologie „denunziert" (ebd.:95ff.).
6 vgl. Cremer-Schäfer/Steinert 1998.
7 Aus den gesammelten Zeitungen und Zeitschriften habe ich jeweils alle Beiträge zu Kriminalitätsthemen aus allen Rubriken ausgeschnitten und chronologisch abgeheftet. Bei den aufgezeichneten Sendungen habe ich die entsprechenden Beiträge tabellarisch mit Zählerständen, groben Zeitangaben und kurzen Inhaltsangaben erfasst. Zusätzlich habe ich die Fernseh- und Radioprogramme an den Erhebungstagen nach eigenständigen Dokumentationen, Talkshows und Sondersendungen zum Thema durchsucht.
In der Summe kamen etwa 600 Beiträge zu Kriminalitäts- und Strafrechtsthemen aus Tageszeitungen, 200 Beiträge aus Wochenzeitungen, 70 TV-Beiträge und 140 Radio-Beiträge zusammen, wobei einzelne Meldungen innerhalb der Fernseh- und Radionachrichten als „Beitrag" gewertet werden. Eigenständige größere Radiobeiträge konnte ich im gesamten Zeitraum nur vier aufzeichnen, wobei das Verfolgen der Radiosendungen durch fehlende inhaltliche Programmankündigungen erschwert wurde. Als eigenständige Fernsehbeiträge aus dem Erhebungszeitraum habe ich 12 aufgezeichnet, die aber durch zahlreiche Mitschnitte aus anderen Zeiten ergänzt werden.
Das gesamte Material habe ich gesichtet, die Beispiele für die Interpretation habe ich dann anhand verschiedener Sichtungsdurchgänge ausgewählt: Zum Beispiel alle Meldungen eines einzigen Stichtags, um Quervergleiche zu ermöglichen; mehrere inhaltliche Zusammenstellungen, wie die Gegenskandalisierungen und die prominenten Straftäter; alle Beiträge bestimmter Genres wie Nachricht oder Kommentar usw.
8 Das Bestreben geht inzwischen zwar dahin, die Reaktionen des Publikums auf jede einzelne Meldung möglichst genau zu dokumentieren, um immer bessere Vorhersagen zu ermögli-

Anmerkungen Seite 25-27

chen, was sich verkauft und was nicht. Abgesehen davon, dass diese Verfahren nicht flächendeckend angewendet werden können, erlauben sie immer nur eine Überprüfung im Nachhinein.

9 Die Schwierigkeiten bei der Zählung liegen unter anderem darin begründet, dass Journalismus kein geschlossenes Berufsfeld ist und dass es viele prekär beschäftigte „freie" Mitarbeiter gibt. In den offiziellen Statistiken wird ihr Anteil mit nur 15% angeführt. Vermutlich liegt ihr Anteil aber sehr viel höher. (Darauf komme ich in Kapitel 3 noch einmal zurück.) Ferner sollte der thematische Schwerpunkt der Befragten im Themenbereich der Untersuchung – also „Kriminalität" im weitesten Sinne – liegen. Deren Grundgesamtheit lässt sich noch viel schwerer bestimmen, weil man dazu die inhaltliche Aufgabenteilung innerhalb der Redaktionen kennen müsste, die sich mitunter sehr dynamisch verändert.

10 In Klammern jeweils die Angabe, wie viele Gesprächspartner ich in ihrer aktuellen Berufsposition entsprechend zuordne. Es ist allerdings zu beachten, dass viele der Befragten in ihrer Karriere vorher ein Volontariat und verschiedene weitere Berufsstationen hinter sich gebracht haben, häufig als Redakteure oder redaktionell angebundene freie Journalisten. Viele haben auch vor dem eigentlichen Berufseinstieg schon für Lokalzeitungen „gejobbt". Dadurch finden sich in den Erzählungen besonders viele Geschichten zu diesen Berufspositionen. Es stellte sich auch heraus, dass die Merkmale Unabhängigkeit und Entscheidungskompetenz im theoretischen *sample* eher überbetont sind und sich dafür nur wenige geeignete Gesprächspartner finden ließen.

11 Letztendlich konnte ich trotz des aktiven Bemühens, den Geschlechterbias nicht durch die Auswahl zu reproduzieren, nur zwei Frauen mit einem Arbeitsschwerpunkt „Kriminalität" für die Interviews gewinnen.

12 Meine Vorannahme, dass ich so jemanden beim Boulevardfernsehen fände, erwies sich allerdings als nicht zutreffend. Die Interpretation der Interviews hat ergeben, dass der Boulevardjournalist sich auf dieselben professionellen Normen und denselben Informationsfetisch beruft wie die „seriösen" Befragten. Er formuliert seine Aufklärungsansprüche zwar bescheidener und betont den „Spaßfaktor" an seiner Arbeit, doch die Unterschiede sind eher graduell und lassen – hinsichtlich der Selbstdarstellungen – keine harte Grenzziehung zu.

13 Hinweise zur Transkription finden sich im Anhang. Aus Gründen der besseren Lesbarkeit werden bei den zitierten Interviewpassagen viele der in den Transkripten enthaltenen Hinweise auf sprachliche Besonderheiten, Pausen, Zwischenrufe etc. weggelassen, sofern sie nicht für die Interpretation wichtig sind.

14 Insbesondere die fest angestellten Redakteure (nicht jedoch der Ressortleiter) wollten genauer über das Thema informiert werden, bevor sie sich überhaupt zu einem Interview bereit fanden. Teils haben sie schon im Vorfeld die Sorge geäußert, sie könnten „Interna ausplaudern"; ein Zeitungsredakteur meinte gar, er müsse vorher seinen „Chef" fragen. Meine Erwartung, es mit einem verschüchterten „kleinen Angestellten" zu tun zu haben, hat sich angesichts seines persönlichen Auftretens, in dem er sehr selbstbewusst und locker wirkte, allerdings nicht bestätigt.

15 Der Begriff stammt aus der Literaturwissenschaft und wurde im Zusammenhang der „biographischen Methode" für die Sozialwissenschaften verfügbar gemacht, vgl. Kohli 1978 und 1985 sowie, interaktionistisch erweitert auf die Erzählsituation, Cremer-Schäfer 1985.

16 In den Vorgesprächen wurde das Thema vage umschrieben als „Interesse an den Arbeitsbedingungen von Journalisten, die schwerpunktmäßig zu Kriminalitätsthemen arbeiten".

17 Obwohl inhaltliche Konflikte und Konkurrenzen, wie noch zu zeigen sein wird, von Seiten der Journalisten in den Interviews erfolgreich vermieden wurden, waren die Gesprächssituationen zu Beginn häufig durch eine beiderseitig hohe Anspannung gekennzeichnet. Das Problem auf Seite der Befragten war offensichtlich die Ungewissheit darüber, welche Absichten ich mit meiner Untersuchung verfolge. Eine Gesprächspartnerin fragte noch bevor das Band aus war: „Bitte jetzt sagen Sie mir noch mal, wofür hab ich das jetzt aufgenommen?" Offensichtlich konnte sie sich auf meine Fragen im Interview keinen Reim machen. Wenn ich mein Anliegen hinterher erläuterte, nahmen die Befragten das mehrheitlich positiv auf, baten aber mit einer Ausnahme darum, die fertige Arbeit zu lesen zu bekommen – hier mischte sich, meinem Eindruck zufolge, ehrliches Interesse mit einem Rest Kontrollbedürfnis. Viele der Befragten waren offensichtlich auch darum bemüht, sich als gute Gesprächspartner darzustellen, wie ich sie mir wünschte: Wenn sie zum Beispiel herausgefunden hatten, dass ich gerne Beispiele höre, erzählten sie schon von sich aus unter Hinzuziehung von Beispielen. Hinterher erkundigten sie sich, ob das Ergebnis für mich hilfreich war. Freie Journalisten und solche, die für das private Fernsehen oder Boulevardzeitungen tätig sind, hatten weniger Berührungsängste und die Gespräche verliefen insgesamt wesentlich entspannter. Dafür hatte ich teilweise den Eindruck, dass sie schon vor meiner ersten Frage so genau zu wissen glaubten, was ich von ihnen will, dass ich Mühe hatte, dem Gespräch durch meine Fragen noch eine Richtung zu geben (was teilweise wiederum dazu führte, dass ich zu stark eingriff und ihren Erzählfluss störte). Meine Anspannung ergab sich ebenfalls aus diesem instrumentellen Verhältnis: Man lässt als Forscher seine Gesprächspartner absichtlich im Unklaren über den Zweck der Untersuchung, damit sie einem unvoreingenommen Dinge erzählen, an denen man aber nur als „Beispiel" und „Episode" interessiert ist und die man lediglich als Mittel zum Zweck der Forschung benötigt. Man lässt sich persönliche Geschichten erzählen und interessiert sich in Wahrheit nur für Exemplare der Gattung Journalist. Meine Anspannung legte sich meistens, wenn ich merkte, dass die Situation für die Befragten nicht unangenehm zu sein schien. Für alle Befragten war es eindeutig eine Freizeitsituation, eine eher willkommene Unterbrechung ihrer Arbeit, obwohl die meisten Gespräche an ihrem Arbeitsplatz stattfanden. (Nur in einem Fall hatten wir zuvor ein striktes Zeitlimit ausgehandelt und mein Gesprächspartner fing noch vor Ablauf der Frist an, ungeduldig zu werden.) Die Erzählsituation wird zwar als „öffentlich" wahrgenommen (man darf nicht zu viel von sich preisgeben) aber zugleich als relativ unverbindlich. Wissenschaft wird nicht sehr ernst genommen – das erleichtert ironischerweise die Forschung.

18 Das kann man als Tor- oder Schleusenwärter übersetzen. Unter diesem Begriff firmiert ein großer Sektor der Journalismusforschung, die sich mit den Selektionsprozessen der Journalisten beschäftigt und daraus „Nachrichtenwerte-" und „-faktoren" ableitet. Die Grundidee ist, dass im 20. Jahrhundert die Informationsflut dermaßen angewachsen sei, dass man professionelle Schleusenwärter braucht, die wichtige von unwichtigen Informationen trennen.

Kapitel 2: Die Medien und ihre Kritiker ...

1 Dieses Bild habe ich von Hartmut Weßler (1997b:15) übernommen, der in seinem Aufsatz einige Gründe diskutiert, warum die Medienkritik sich so schwer tut, ihren Gegenstand mit einem „befremdeten" Blick zu untersuchen und der mir so die Anregung für den Einstieg in diese Überlegungen gab.

Anmerkungen Seite 35-42

2   In der früheren Untersuchung über die politische Berichterstattung im Fernsehen ging Keppler noch davon aus, dass das durch die Nachrichtenmedien verbreitete „sozial abgeleitete" Wissen (Schütz) als „primäre Erfahrung" verarbeitet wird und die darin enthaltenen bildhaften Informationen „als verbürgte Zeugnisse 'tatsächlichen' Geschehens angesehen werden" (Keppler 1985:163). Es ist wohl eher der in diesem Zeitraum einsetzenden Wahrnehmung der *Cultural Studies* in der deutschen Mediensoziologie geschuldet, dass sie neun Jahre später die Rezipientenposition weniger passiv konzipiert, und ist insofern nicht als Aussage über das unterschiedliche Material („Information und Unterhaltung") zu deuten. Ihr Hauptaugenmerk gilt ohnehin der Produktionsseite, die sie anhand der Konstruktionsprinzipen von Korrespondentenfilmen als „Interpretationen" von Wirklichkeit untersucht: „Die Aufschlüsselung filmischer Konventionen, die den Rahmen für die Mitteilung von Ereignissen der verschiedensten Art vorgeben, sagt mehr über die Eigenart der medialen Wirklichkeitskonstruktion aus als der so vergebliche wie ermüdende Vergleich mit dem, 'was wirklich passiert' ist." (ebd.:161)

3   Dieser Begriff geht auf den berühmten Satz der amerikanischen Sozialisationsforscher Thomas und Thomas (1928) zurück: „if men define situations as real, they are real in their consequences." (572)

4   In seinen Überlegungen zur Reflexivität der Sozialwissenschaft hat Steinert (1999a) gezeigt, dass die Soziologie sich nicht über ihren Gegenstand bestimmt: Weil Gesellschaft alles umfasst und der Sozialwissenschaftler selbst Teil der Gesellschaft ist, die er untersucht. Nachdenken über Gesellschaft, will es nicht lediglich die Verhältnisse affirmieren, wie sie zu sein scheinen, ist daher notwendig auf (Selbst)Reflexivität angewiesen. In der gleichen Weise können wir uns reflexiv auf Medien beziehen, ohne sie als Gegenstand dingfest zu machen.

5   Ihr Erfolg ist eng verknüpft mit der Herausbildung einer bürgerlichen Öffentlichkeit und der Ausweitung des Bildungssystems. Zum Aufstieg der Intellektuellen und der Verallgemeinerung ihres Gesellschaftsmodells vgl. Bauman 1990.

6   Das lässt sich anhand etlicher Sammelbände zur „Medienkritik" leicht nachvollziehen, z.B. Jungk 1996, Internationales Forum für Gestaltung 1997, Koch 1996, Kursbuch 1996, deren Autoren mehrheitlich Journalisten, Medienpolitiker und Publizisten sind.

7   Die Ermittlung der Einschaltquoten beschäftigt nicht nur die Nürnberger Gesellschaft für Konsumforschung (GfK) mit ihrem repräsentativen Sample von mehr als 5000 dauerüberwachten Haushalten, sondern auch umfangreiche Grundlagen- und Begleitforschung durch diverse Forschungsinstitute, die sowohl versuchen, die Messverfahren weiterzuentwickeln als auch Sonderauswertungen und Vergleichsstudien anfertigen. Über den Boom der Marktforschungsbranche und das „Geschäft" mit der „Ressource Wissenschaftlichkeit" vgl. auch Resch 1998.

8   Vgl. z.B. Altmeppen 1996, der weitere Überblicksdarstellungen aufführt (19ff.). Die „Fachgruppe Medienökonomie der Deutschen Gesellschaft für Publizistik und Kommunikationswissenschaft" hat sich gemäß ihrer Selbstdarstellung im Internet der „Diskussion und Entwicklung eines ökonomischen Paradigmas als Erklärungs- und Prognoseansatz für Kommunikationsprozesse sowie für die Entwicklung von Kommunikations- bzw. Mediensystemen" verschrieben: „Eine so verstandene 'Ökonomisierung' der Kommunikationswissenschaft wird für notwendig erachtet, um eine anerkannte wissenschaftliche Norm zu erfüllen: die Anwendung von Theorien und Methoden adäquat zum Untersuchungsgegenstand, der zunehmend ökonomisierten bzw. kommerzialisierten gesellschaftlichen Kommunikation, in der sichtbar Medienunternehmen als weitgehend autonome Akteure unter ökonomischen Bedingungen im Rahmen der allgemeinen Volkswirtschaft agieren."

9 Eine große Sammlung dieser Vorschläge findet sich in dem Band „Informationsgesellschaft. Medien. Demokratie" (Bulmahn et al. 1996), vgl. insbesondere die Beiträge von Glotz, Wolf, Kubicek und Rupp.
10 Zur Kritik dieser Fehlinterpretationen und ihrer Funktion in der intellektuellen Konkurrenz vgl. Resch/Steinert 2003.
11 Alfred Lorenzer hat anhand der Liturgiereform des Zweiten Vatikanischen Konzils gezeigt, dass die im Namen der Aufklärung betriebene Entzauberung des Gottesdienstes der autoritären Verkündigung des „Wortes" zuarbeitet.
12 Wo ein Bezug zu den gesellschaftlichen Produktionsbedingungen fehlt, sind auch die Herrschaftsmodelle einfacher gestrickt. Der Begriff des Cyberspace entstammt zum Beispiel der düsteren Zukunftsvision William Gibsons in seinem Buch „Neuromancer".
13 Vgl. z.B. Diehlmann 2003, die allerdings die aus den Leitfadengesprächen mit einigen Redakteuren zitierten Passagen nicht interpretiert, sondern nur thematisch gruppiert als „Belege" anführt.
14 Zur Kanonisierung trägt die beständige Kritik und (konstruktivistische) Erweiterung der Modelle (siehe z.B. Schulz 1976) wie ihre Historisierung (Kepplinger 1989) bei. Das bekannteste Modell sind nach wie vor die 12 Faktoren von Galtung/Ruge (1965): 1. Frequenz, 2. Aufmerksamkeitsschwelle, 3. Eindeutigkeit, 4. Bedeutsamkeit, 5. Konsonanz, 6. Überraschung, 7. Kontinuität, 8. Variation, 9. Bezug zu Elite-Nationen, 10. Bezug zu Elite-Personen, 11. Personalisierung, 12. Negativität.
15 Bekanntlich ist Luhmanns Medientheorie im Vergleich zu seiner Rechtstheorie oder seiner Wissenschaftstheorie nie wirklich ausformuliert worden und das „System der Massenmedien" wird von einigen Systemtheoretikern nicht als vollwertiges, sich selbst reproduzierendes soziales System angesehen. Für die hier untersuchte Frage, welche Perspektive er als Wissenschaftler damit auf die Medien eröffnet und welche Implikationen das für die intellektuellen Produktionsbedingungen hat, bietet das Buch aber ausreichend Material.
16 Wie willkürlich die Bestimmung des Leitcodes für das System Massenmedien ist, mag der Umstand illustrieren, dass es innerhalb des systemtheoretischen Paradigmas bereits einige voneinander abweichende Definitionen gibt: z.B. „Öffentlich vs. Nichtöffentlich" (Marcinkowski 1993), „Aufmerksamkeit vs. Nichtaufmerksamkeit" (Gerhards 1994), „Information vs. Nichtinformation" (Luhmann 1996).
17 Diese Skepsis ist bei Hoggart (1957) noch deutlich ausgeprägt.
18 Für die Lesart von Göttlich, es ginge den *Cultural Studies* darum, „den Zuschauern Kompetenzen im Umgang mit der Kulturindustrie zu vermitteln, um den hegemonialen Kräften einer massen- bzw. populärkulturellen Vereinnahmung widerstehen zu können" (Göttlich 1996:309f.), konnte ich keine Belege finden.
19 Bereits Thompson hatte in seiner Rezension von Williams „The Long Revolution" (1961) darauf hingewiesen, dass dessen klassentheoretische Grundlage eher dünn und kulturalistisch überformt sei. „Kultur als Lebensweise" blende zentrale gesellschaftliche (Klassen)Widersprüche aus. Wie Resch (1999:108ff.) und Demiroviæ (2002:56) zeigen, beruht der spätere Populismus der *Cultural Studies* (exemplarisch bei Hall und Fiske) auf einer verkürzten ideologietheoretischen Lesart der Hegemonie, die sich auf die Entgegensetzung von *people* und *power block* stützt und die sozialstrukturellen Bedingungen von „Kultur" sowie die Strategien der Intellektuellen ausblendet.

Anmerkungen Seite 53-61

20 Zu den unterschiedlichen Erfahrungen mit der aufkeimenden Populärkulturforschung in den USA und wie insbesondere Adorno und Löwenthal darauf reagierten, vgl. Michael Kausch 1988.
21 Zusammenfassend dazu Steinert 1992.

Kapitel 3: Journalisten als Intellektuelle der „Wissensgesellschaft" ...

1 Die folgende kritische Lesart der „Wissensgesellschaft" als erweiterte Kulturindustrie habe ich von Resch und Steinert (2003:334) übernommen. Damit ist ein weiterer Kontext dieser Untersuchung angesprochen: Die Beschäftigung mit den sozialen und ideologischen Verwerfungen der unter dem Etikett „Wissensgesellschaft" firmierenden neoliberalen Umstrukturierungsprozesse, wie wir sie am Arbeitsschwerpunkt „Devianz und Soziale Ausschließung" der J.W.G.-Universität Frankfurt in verschiedenen Einzelprojekten betreiben. Ein paar einführende Texte und Studien sowie die Dokumentation einer Vortragsreihe finden sich im Internet unter www.links-netz.de in der Rubrik „Kulturindustrie". Christine Reschs Untersuchung über Unternehmensberater erscheint im Oktober 2005.

2 Es gibt keine einheitlichen Daten über die Gesamtzahl der Journalisten, was einerseits mit Abgrenzungsproblemen zu anderen Medienberufen (PR, Öffentlichkeitsarbeit), insbesondere aber mit der großen Zahl selbständiger Journalisten zu tun hat, unter denen viele nebenberuflich tätig sind. Der „Deutsche Journalisten-Verband" (DJV) geht 2004 von etwa 70.000 hauptberuflichen Journalisten aus. In der Studie „Journalismus in Deutschland" von Scholl/Weischenberg (1995) wurde für das Jahr 1994 noch eine Gesamtzahl von 53.700 Journalisten ermittelt. Zusammengerechnet organisieren die beiden Journalisten-Gewerkschaften, die beide auch Freiberufler aufnehmen, im Jahr 2004 63.000 Mitglieder – der DJV nach eigenen Angaben ca. 41.000 (von ca. 16.000 im Jahr 1988) und die „Deutsche Journalistinnen- und Journalisten-Union" (dju) ca. 22.000.

3 Die Einführung des Ausbildungsvertrags für Volontäre hatte nicht zuletzt den Zweck, diesen Zugang zum „Königsweg" zu erklären. Ein weiteres Indiz ist der hohe Organisierungsgrad von Journalisten, insbesondere im DJV, der sich nicht nur als Gewerkschaft, sondern gleichzeitig als Berufsverband versteht und eine systematische Berufsschließungspolitik verfolgt. Auf der diskursiven Ebene werden in den verschiedenen Verbandsmedien und Journalistenzeitschriften regelmäßig Kampagnen gegen „schwarze Schafe" betrieben, die gegen die journalistische Ethik verstoßen, die man aber leider nicht mit Berufsverbot belegen kann.

4 Regina Müller (1994) geht davon aus, dass 80% der Berufseinsteiger den Weg über das Volontariat wählen, um bei den vielen Bewerbern einen Platz zu ergattern, reiche aber das Abitur „bei weitem nicht mehr" (23).

5 Das hat uns 2003/2004 die paradoxe Erscheinung eines von der Öffentlichkeit kaum wahrgenommenen, von den Medien geradezu totgeschwiegenen Arbeitskampfes der Journalisten und Redakteure beschert (vgl. Russbad 2004). Ausgerechnet die Öffentlichkeitsarbeiter konnten ihren Streik nicht erfolgreich „veröffentlichen".

6 Die Quote der Freiberufler lässt sich naturgemäß noch schwerer ermitteln als die Gesamtzahl der Journalisten. Für das Jahr 1994 errechnen Scholl/Weischenberg (1995) noch 66,5% festangestellte Journalisten. Der Anteil der Selbständigen hat in Folge der Entlassungen bei vielen Tageszeitungen jedoch eher zugenommen.

7 Eine solche Zuordnung macht nur Sinn, sofern es um die Formbestimmung von Arbeit in der „Dienstleistungsgesellschaft" geht – das beugt einer Mystifizierung des „tertiären Sektors"

vor und erinnert daran, dass im Bereich der Dienstleistungen prekäre, dequalifizierte und schlecht bezahlte Beschäftigungen vorherrschen (vgl. Ehrenreich 2001 und Girschner 2003).

8 Muckraking heißt übersetzt so viel wie im Schmutz wühlen und beschreibt die frühen Formen der Skandalpresse in England und Amerika, die sich vor allem mit dem Aufdecken von Vetternwirtschaft und Korruption befasste.

9 Für jene, die die Auseinandersetzung um „soziale Kontrolle" vs. „soziale Ausschließung" innerhalb der deutschsprachigen Kriminalsoziologie verfolgt haben (vgl. insbesondere Steinert 1995 und Scheerer 1995), sei angemerkt, dass die Kritik an „sozialer Kontrolle" sich nicht einfach, wie etwa Scheerer in seiner „kleinen Verteidigung..." behauptet, als „Streit um Worte" gegen den Begriff richtete, sondern gegen ein damit bezeichnetes Konzept: „Kontrolle als Konstituens von Gesellschaft als 'Ordnung'" (Cremer-Schäfer 1995:90) und die damit verbundene Verharmlosung der sozialen Ausschließung als (mehr oder weniger) bedauerlichen aber unvermeidbaren – wenn auch rechtsstaatlich zu begrenzenden – Nebeneffekt. Diese Kritik teile ich ebenso wie die Einschätzung, dass sich gegen die hegemoniale Verwendung absehbar kein kritischer Begriff von sozialer Kontrolle (re-)etablieren lässt. Wenn ich dennoch den Terminus „soziale Kontrolle" verwende, geschieht das, um einen anderen diskursiven Fallstrick zu vermeiden: Soziale Ausschließung wird häufig so missverstanden, dass damit nur der Extremfall der kompletten physischen Entfernung einer Person aus der Gesellschaft bezeichnet sei (durch Abschiebung, Einsperrung, Tötung). Die zunehmende Überwachung und Kontrolle städtischer Räume zum Beispiel, bei der es um die Verdrängung diverser Gruppen und Nutzungen zugunsten des ungestörten Konsums bestimmter „Zielgruppen" geht, wird dementsprechend vornehmlich kontrolltheoretisch diskutiert und nicht als soziale Ausschließung. Indem ich im Rahmen einer eindeutig am Konzept sozialer Ausschließung orientierten Arbeit darauf aufmerksam mache, dass darunter *auch* die ganze Bandbreite der im Sprachgebrauch als soziale Kontrolle und Disziplinierung benannten Vorgänge fällt, hoffe ich unmissverständlich die Begriffshierarchie umkehren zu können: Soziale Kontrolle ist *ein* Aspekt sozialer Ausschließung.

10 Der volle Titel des Projektes lautete: „Social Exclusion as a Multidimensional Process. Subcultural and Formally Assisted Strategies of Coping with and Avoiding Social Exclusion." Die Ergebnisse sind publiziert in Steinert/Pilgram 2003.

11 Diese Frage wird vom für die amerikanische Kriminalpolitik sehr einflussreichen „Sherman-Report" vorgegeben und soll als Erfolgsrezept nun auch nach Europa wandern (vgl. Bannenberg/Rössner 2003).

12 Das soll nicht bedeuten, dass das Verschwinden der Kriminologie zu bedauern wäre. Solange solche Wissenschaft als Hilfswissenschaft des Strafrechts betrieben wird – statt einer wissenschaftlichen Kritik der Kriminologie und des Strafrechts – beteiligt sie sich notwendig an der Produktion von Ausschlusswissen. Statt staatliches Strafen in seiner Herrschaftsfunktion zu analysieren, landet Kriminologie automatisch bei Fragen des mehr oder weniger „humanen", „wirksamen" oder „angemessenen" Strafens.

13 Es dreht sich dabei um die Annahme, dass sozialisationsbedingte Persönlichkeitsmerkmale als *Erklärung* von Kriminalität, Gewalt etc. herangezogen werden können und als *Ursachen* bearbeitbar sind. Die Kritik daran ist im Kern, dass Persönlichkeit eine interessierte Zuschreibung ist (genauso wie Gewalt, Kriminalität) und dass soziale Vorgänge nach wesentlich komplexeren Erklärungen verlangen. Aus interaktionistischer Perspektive übersehen die Sozialisationstheorien die (entscheidenden) situativen Faktoren. Affirmativ wird die derzeitige Renaissance der Sozialisationstheorie unter anderem durch Hurrelmann (1995)

Anmerkungen Seite 69-71

in Form eines Lehrbuches aufgenommen, eine kurze, aber treffende Polemik findet sich bei Kersten 1999.

Kapitel 4: Der Journalistenstolz ...

1 Wie im vorangehenden Kapitel ausgeführt wurde, setzt die Beratungsliteratur für Journalisten eine starke Norm, dass ein Studium für den erfolgreichen Berufseinstieg heute Voraussetzung sei. Allerdings fügen sie gleich den Rat hinzu: „Je größer die Distanz zur akademischen Welt auch während des Studiums bleibt, umso höher sind nachher die Chancen, im Journalismus Karriere zu machen." (Schneider/Raue 1998:279)

2 Da ich die Variable Alter bei der Suche nach Gesprächspartnern nicht kontrolliert habe, ist es auffällig, dass alle Befragten zwischen (geschätzten) 30 und 45 Jahre alt waren und alle etwa fünf bis zehn Jahre Berufserfahrung hatten. Dass ich keine jüngeren Journalisten für ein Interview gewinnen konnte, hatte wohl zwei Gründe: Zum einen brachten meine Kontaktpersonen immer wieder zum Ausdruck, dass sie bemüht waren, mir erfahrene Kollegen zu vermitteln und waren auch durch meine expliziten Hinweise, dass ich eine möglichst große Vielfalt an Berufspositionen vertreten haben möchte, nicht davon abzubringen. Zweitens haben sich die wenigen jüngeren Kollegen, die ich dennoch erreichen konnte, nicht zu einem Gespräch bereit gefunden und haben das mit der hohen Arbeitsbelastung (bzw. Mehrfachbelastung durch Studium und Beruf) begründet. Mein Eindruck war, dass sie ebenfalls unterstellten, die erfahreneren Kollegen könnten mir besser Auskunft geben. Allerdings wurde mir kein einziger Kontakt zu einem richtigen „alten Hasen" mit zwanzig oder mehr Jahren Berufserfahrung im Bereich Polizei- oder Gerichtsreportage vermittelt. Die Zusammensetzung der Untersuchungsgruppe nach Alter und Berufserfahrung dürfte also weitgehend mit den in diesen Aufgabenbereichen typischen Konstellationen zu tun haben. Das deckt sich auch mit den meisten geschilderten Berufsbiographien, denen zufolge die Position als Polizei- und Gerichtsreporter frühe und vorübergehende Statuspassagen darstellen.

3 Hochschulpolitische Randnotiz: Unter anderem als Begründung für die Einführung von BA-Studiengängen an den Universitäten wird immer wieder die hohe Studienabbrecherquote in Deutschland beklagt. Die Art und Weise, wie Journalisten ihr Studium abbrechen (bzw. dass jene, die sich von einem Abschluss eine zusätzliche Absicherung erhoffen, diesen auch erreichen), macht jedenfalls deutlich, dass dies von den Betroffenen nicht als Scheitern oder in irgendeiner Weise negativ erlebt wird. Vielmehr ist es eine bewusste und retrospektiv als richtig bewertete Entscheidung, weil sie eine bessere Chance sehen, ihre beruflichen Ziele zu verwirklichen.

4 Es ist nicht auszuschließen, dass sie seinerzeit begeistert studiert haben, bezogen auf ihre aktuelle Berufssituation und die diesbezügliche Selbstdarstellung im Interview spielt das jedenfalls keine Rolle.

5 Auf der manifesten Ebene sind es *alles* Erfolgsgeschichten. Die Interpretation der einzelnen Interviews förderte aber in zwei Fällen latente Abstiegsgeschichten zutage – keine Lebenskatastrophen, aber doch deutliche Unzufriedenheit und Anzeichen, dass die aktuelle Berufssituation weniger befriedigend ist als eine frühere. Um diese Interpretation nachvollziehbar zu machen, bräuchte es sehr viel Raum und die „Persönlichkeit" der Befragten würde ein größeres Gewicht erhalten, was wiederum der Perspektive dieser Arbeit widerspräche, die sich auf den strukturellen Rahmen konzentriert, in dem sie handeln: die Arbeitsbedingungen sollen im Zentrum stehen, nicht die Rekonstruktion ihrer Biographien. Daher beschränke ich

Anmerkungen Seite 72-79

mich auf den abermaligen Hinweis: Diese Erfolgsgeschichten sind Selbstdarstellungen einer halbwegs fremden Person gegenüber, die diese aufzeichnet und später in nicht vorhersehbarer Form zu veröffentlichen beabsichtigt. Daher sind sie nicht unbedingt wörtlich zu nehmen. Für die Selbstdarstellungen sind die Erfolgsgeschichten allerdings elementar.

6 Nach dem Abitur ins Ausland zu gehen, die Welt zu erkunden, verschafft etwas Aufschub, insgesamt machen meine Gesprächspartner aber deutlich, dass man nicht zu viel Zeit „vertrödeln" darf, wenn man beruflich Fuß fassen möchte.

7 Der Hinweis, dass für ein Volontariat oder die Aufnahme an einer Journalistenschule ein Studium vorausgesetzt wird, kam in mehreren Interviews zur Sprache, wird aber meist nicht als harte Norm durchgehalten, sondern dient eher als Richtschnur oder als formales Argument, überzählige Bewerber abzuwimmeln.

8 Solche thematischen Sprünge im Nebensatz kamen in diesem Interview häufiger vor und zeigen an, dass die Befragte sich gerne als ganzer Mensch, nicht als bloßes Berufswesen oder Objekt der Forschung darstellen und als solcher wahrgenommen werden möchte.

9 In bewusster Anlehnung an die „Handwerkerehre", die bis zu diesem Punkt ähnlich funktioniert: zupacken können, statt lange drumherum zu reden. Die Frage, inwieweit die Journalisten auch der Meinung sind, etwas Nützliches herzustellen, wird uns in den folgenden Abschnitten noch ausführlich beschäftigen. Vor allem aber wird noch deutlich werden, dass die Journalisten sich auch nach „unten", gegenüber den bloßen Handwerkern abgrenzen.

10 Es gab durchaus inhaltliche Meinungsverschiedenheiten in den Interviews, aber die bezogen sich nicht auf den sozialen Status und wurden nicht als Konkurrenz ausgetragen.

11 Das einschlägie Handbuch für Journalisten – das methodisch auf sehr hohem Niveau zahlreiche Anleihen bei wissenschaftlichen Interviewformen nimmt – bringt diese Haltung auf die kurze Formel: „Interviewen heißt: Antworten einfordern" (Haller 1991:90). In seiner systematischen Einführung kommt Haller zwar auch auf das Recherche-Interview als Materialsammeln zu sprechen, die anschließend aufgestellte Norm bezieht sich aber ausschließlich auf das Interview als Darstellungsform: schnell auf den Punkt zu kommen.

12 Das Stichwort des „Talent- oder Begabungsberufs" findet man durchgängig in den Informationsheften der Journalistenschulen und in den Beratungsbüchern. Das wird unter anderem damit begründet, dass Journalismus nach wie vor ein „freier Beruf" und die Pressefreiheit durch Art. 5 GG garantiert sei und es daher auch keine normierten Zugangsbeschränkungen gibt. Wo harte Kriterien fehlen, werden die weichen Kriterien offenbar wichtiger. Die Journalistenschulen stellen alle ihr Bemühen dar, unter einer großen Zahl von Bewerbern die begabtesten auszuwählen.

13 Die Formulierung „kann ich mich *nur* auf Akademiker einstellen" könnte man so interpretieren, als würde er sich im Akademiker-Milieu verorten. Er hat aber nie studiert. Für eine andere mögliche Lesart, dass es wieder ein Seitenhieb gegen mich als Interviewer ist (nach dem Prinzip: Sie können ja nur mit Ihresgleichen reden), gibt es keine weiteren Anhaltspunkte im Interview oder im Forschungstagebuch, die das unterstützen würden. Daher gehe ich eher von der zurückhaltendsten Interpretation aus, dass die Akademiker ihm als erstes in den Sinn kamen, weil Journalisten im Allgemeinen viel in diesem Milieu unterwegs sind und sich daher dort sehr natürlich bewegen. Sie gehören zwar nicht dazu, finden sich aber gut zurecht.

14 Unter dem Namen der Stadt Sebnitz ging im Jahr 2000 eine Geschichte durch alle Medien, bei der die Mutter eines im Schwimmbad ertrunkenen Jungen drei Jahre nach dessen Tod

Anmerkungen Seite 81-91

mit der Behauptung, er sei von Rechtsradikalen ermordet worden, nicht nur neue Ermittlungen veranlasste, die u.a. die vorübergehende Verhaftung mehrerer „Tatverdächtiger" nach sich zogen, sondern auch eine erneute öffentliche Debatte über Gewalttaten ostdeutscher Neonazis entfachte. Zuerst unterstützten die veröffentlichten „Fakten" die Aussage der Mutter, mehrere Politiker und Prominente, darunter Bundeskanzler Schröder, sicherten ihr öffentlich Unterstützung zu. Erst nach Wochen setzte sich die Auffassung durch, dass die Mordgeschichte von der Mutter erfunden und durch keine glaubwürdigen Zeugen gedeckt sei. Es folgte eine allgemeine Empörung über die Medien (in den Medien), deren „Schutzmechanismen" versagt hätten. Die abschließende offizielle Version der Geschichte inklusive Schuldzuweisung an die Medien (Regierungserklärung des damaligen Ministerpräsidenten Biedenkopf) findet man zur Zeit der Bearbeitung dieses Manuskripts noch im Internet unter http://www.sachsen.de/de/bf/reden_und_interviews/reden00/s-reg.htm. Nachdem sich die Mordgeschichte offiziell nicht bestätigen ließ, brach auch die anhand dieses „Falles" hochgezogene Empörung über den Rechtsradikalismus im Raum „Sächsische Schweiz" völlig in sich zusammen und beschränkte sich wieder weitgehend auf „Antifa"-Publikationen. Erst im Kontext der Landtagswahlen 2004 in Sachsen und der Erfolge der NPD wurde in den Massenmedien wieder über organisierte Rechtsradikale in Sebnitz und der sächsischen Schweiz berichtet, allerdings (so weit ich beobachten konnte) ohne Rückbezug auf die Ereignisse des Jahres 2000. Unabhängig davon, was jetzt die wahre Geschichte sein mag, ist „Sebnitz" ein gutes Beispiel für die selektive Wahrnehmung der Massenmedien.

15 Im Kapitel 7 gehe ich ausführlich darauf ein, was dieses polizeiliche Selbstverständnis inhaltlich für die Kriminalberichterstattung bedeutet.

16 Das Volontariat stellt nur den praktischen Teil einer Ausbildung zur Verfügung und trotz zahlreicher Neugründungen haben sich Journalistenschulen und Studiengänge wie Publizistik und Journalistik längst nicht als „Königsweg" in den Beruf etabliert. Deren Leistung besteht ohnehin vornehmlich darin, den Absolventen möglichst umfassende Praxiserfahrung zu vermitteln.

17 Dieses Stichwort fiel wohlgemerkt nicht als abwertende Bemerkung über die Arbeit der Kollegen, sondern mit Bezug auf einen eigenen Themenvorschlag der Befragten, der ihr sehr am Herzen lag, den sie aber in diesem Zusammenhang nicht durchsetzen konnte.

18 Selbst das Arbeitsbündnis der „öffentlichen Einsamkeit" (vgl. Steinert 1989/2003) funktioniert nicht ohne Publikum, sondern zelebriert die demonstrative Abkehr von selbigem. Von diesem künstlerischen Arbeitsbündnis würden sich die Journalisten ohnehin distanzieren.

19 Freilich nicht ganz im Sinne Egon Erwin Kischs, der noch sehr viel mehr bürgerlicher Intellektueller war, als die paradigmatische Figur des „rasenden Reporters" suggeriert. Aber sie kommen ihm viel näher als beispielsweise einem Karl Kraus oder einem Kurt Tucholsky. Die „rasenden Reporter" fühlen sich allein der Authentizität ihrer Geschichten verpflichtet, nicht der Kritik, der politischen Einmischung oder dem intellektuellen Fortschritt. Und sie grenzen sich als Reporter von den Redakteuren und anderen Schreibtischjournalisten ab. „Rasend" ist mitunter wörtlich zu nehmen: als Geschwindigkeitsüberschreitung. Ein Fernsehreporter nannte zur Frage, in welchen Bereichen er sich mildere Strafen wünscht, den Straßenverkehr: „Weil ich selber gerne rase ... Jo, ich find' das ein bisschen übertrieben mit den Bußgeldern im Verkehrsbereich. Und wenn man viel fährt, ist man leider seinen Führerschein auch relativ schnell los heutzutage."

20 Mit einigen Varianten dieser Kriegermännlichkeit befassen sich die Aufsätze in dem Band „Starke Typen. Iron Mike, Dirty Harry, Crocodile Dundee und der Alltag von Männlich-

keit" (Kersten/Steinert 1997) und Rafael Behr (2000) in seiner Studie zur „Cop Culture". Obwohl es erwartungsgemäß wenig Frauen gibt, die in diesem Bereich als Polizeireporterinnen arbeiten, wurden mir schließlich drei Kontakte vermittelt. Leider erklärte sich keine von ihnen zu einem Interview bereit. So konnte ich nicht prüfen, wie Frauen sich in diesem durch Männlichkeit geprägten Milieu behaupten, ob sie z.B. versuchen „weibliche" Strategien zu entwickeln oder besonders „männlich" zu sein. Die Begründungen für die Absagen (Baby-Pause, Studienabschluss) klangen plausibel, lassen also keine Rückschlüsse darauf zu, dass diese Absagen etwas mit ihrem beruflichen Status oder Geschlechterrollen zu tun haben.

21 Das wurde mir klar, nachdem ich von ganz verschiedenen Seiten immer wieder Bildzeitungs-Journalisten mit dem Hinweis vermittelt bekam, wenn ich „echte Polizeireporter" suche, würde ich sie *nur* dort finden. Auf mein offensichtliches Erstaunen, dass ich andauernd an die – meinem Vorurteil zufolge schlecht gelittenen – Kollegen vom Boulevard verwiesen wurde, bekam ich immer wieder die Erklärung, dass die Bildzeitung eine gute Adresse sei, weil man den Beruf dort „von der Pike auf" lerne. Ein ehemaliger Bildzeitungs-Reporter erklärte das so: Die Bildzeitung habe die „Philosophie (...), dass das, was in der Agentur steht, alt ist. Wir wollen eigene Geschichten. Und um eigene Geschichten zu bekommen ... muss man halt recherchieren." Deshalb würde man dort am meisten lernen und würde überall, auch bei den „Seriösen", gerne genommen.

22 Die einzige mir bekannte neuere qualitative Untersuchung sind die zwei Bände „Journalistes au quotidien" und „Journalistes précaires" herausgegeben von Alain Accardo (1995 und 1998), die leider (noch) nicht ins Deutsche oder Englische übersetzt sind.

23 Während der letzten Überarbeitung dieses Kapitels fiel mir noch folgendes Zitat von Axel Vornbäumen, einem langjährigen Redakteur der Frankfurter Rundschau in die Hände, der sich am 30.9.2004 ganzseitig „verabschieden" durfte und das zum Anlass nahm, über einige Anekdoten aus 20 Jahren Redaktionserfahrung zu plaudern. Die materiellen Produktionsbedingungen blendet er konsequent aus und teilt das an einer Stelle den Lesern auch direkt mit: „Die Arbeitsbedingungen, unter denen Texte entstehen, müssen Sie nun wirklich nicht interessieren."

Kapitel 5: Kriminalitätsnachrichten als Unterhaltung

1 Zur Kritik der wissenschaftlichen Lesarten der Polizeilichen Kriminalstatistiken vgl. Hanak/Pilgram 1990 und Brüchert 2004. Darin haben wir die Daten der Polizeistatistik konsequent als Anzeigenstatistik interpretiert, was zu Aussagen über Schadensfälle und Konflikte und über die gesellschaftlichen Ressourcen zur Schadensregulierung wie zur Konfliktbewältigung führt, nicht aber zu einer Einschätzung der „Kriminalität".

2 Diese Perspektive, dass Nachrichten starke Narrationen enthalten und hervorbringen, haben bereits die Autoren von „The Manufacture of News" (Cohen/Young 1981) herausgearbeitet. Eine größere systematische Untersuchung der erzählerischen und moralisierenden Dimensionen von Kriminalitätsnachrichten haben Ericson, Baranek und Chan (1987, 1989, 1991) vorgelegt, sich dabei aber auf quantitative Aspekte konzentriert. Beide Ansätze beziehen sich noch überwiegend auf die expliziten Gehalte der Berichterstattung, obwohl das Konzept der *narratives* die Aufmerksamkeit für implizite, latente Bedeutungen schärfen sollte.

3 Meine Übersetzung von: *the victim, the scapegoat, the hero, the good mother, the trickster, the other world, the flood* (Lule 2001:22ff.).

4 Diese normative Wendung ist nicht aus der Luft gegriffen, sondern findet sich zum Beispiel bei Katz 1987. Er arbeitet moralunternehmerische Strategien heraus, beschäftigt sich mit den Aktivitäten der Leser und unterscheidet zwischen dargestellten Fakten und erzählerischen Anteilen: „Comparing New York's *Times* and *Daily News*, studies have found the latter to be more sensational in that it contains a higher proportion of crime news (Deutschmann, 1959). But comparing the crime stories published in the two papers, there is little difference in reported fact. Both papers draw on essentially the same police sources and records. The difference lies in the language used to describe the crime" (66). Das Arbeitsbündnis der Beiträge wird dann aber als Dienst an den Moralisierungsinteressen der Leser affirmativ gewendet: „The predominance of stories on violent crime in contemporary newspapers can be understood as serving readers' interests in re-creating daily their moral sensibilities through shock and impulses of outrage" (67). Katz leitet aus seinen an sich gelungenen Interpretationen vier „Nachrichtenwerte" für Kriminalitätsgeschichten ab, die er über Jahre hinweg „bis zur Erschöpfung getestet" (48) haben will: *Personal competence, collective integrity, moralized political conflict* und *white collar crime*.

5 Der Übergang zwischen Nachricht und Reportage, zwischen Meldung und Bericht, ist in den von mir untersuchten Zeitungen fließend. Insbesondere gibt es sehr unterschiedliche Konventionen bei den verschiedenen Blättern, was Sprachstil und Länge der Meldungen angeht. Da es ja gerade darum ging, auch in kleinsten Meldungen nach den erzählerischen Anteilen zu forschen, habe ich mich auf die kürzeren Beispiele von weniger als 30 Zeilen konzentriert, ohne das jedoch als harte Grenze zu setzen. Ferner habe ich auch nicht danach unterschieden, ob eine Meldung redaktionell erstellt oder von einer Agentur oder Pressestelle übernommen ist. Ausgenommen habe ich nur so genannte Marginalien, wie Angaben zur Person und ähnliche Notizen im Kontext eines größeren Beitrags.

6 Das ist eine direkte Folge, wenn sich Medientheorien als Theorien intellektueller Produktionsbedingungen normativ setzen, statt ihre Selbstverständlichkeiten zu hinterfragen.

7 Mein Interview mit einem Agentur-Redakteur kann über weite Strecken als Zurückweisung dieser Herabsetzung interpretiert werden, die er durch mich als Interviewer und „Medienkritiker" repräsentiert sah. An einer Stelle macht er es explizit: „Sie werden Schwierigkeiten haben, zumindest längere Berichte in der Kultur immer unterzubringen, alldieweil Feuilletonisten irgendwie ja immer nur sich selber halt als brillante Schreiber (lacht) beurteilen und die Agentur irgendwie so mehr als ... weiß ich nicht ... Gassenjungs betrachten." Ferner ergibt sich die Abwertung des Agenturjournalismus auch aus den geschilderten professionellen Normen, die „eigene Recherche" zum zentralen Qualitätsmerkmal erheben.

8 Michael Rapp hat in seiner Diplomarbeit „Polizeipressearbeit und Kriminalberichterstattung" am Fachbereich Gesellschaftswissenschaften der Universität Frankfurt/M. (2003) herausgearbeitet, dass ein überwiegender Teil der Meldungen der lokalen Polizeipressestellen von den ortsansässigen Tageszeitungen übernommen wurde (zwischen 69,8 und 92,2 %, Tabelle S. 95).

9 Die Meldungen in *taz* und FR sind so gesehen auch starke Beispiele für „*stock stories*", die Ulrich Püschel (1993) anhand von Fernsehnachrichten über den Umsturz in Moskau 1991 analysiert. Er arbeitet heraus, wie in der Berichterstattung „Wissen durch Gewissheit" ersetzt wird, indem Widersprüchlichkeiten und Unklarheiten durch standardisierte Sprache überspielt werden.

10 Die Empörung über Fehltritte von Spitzensportlern ist ein verbreitetes Thema, neben Bordellbesuchen auch übermäßiger Alkoholgenuss, Verwicklung in Schlägereien und zu schnelles Fahren.

Anmerkungen Seite 112-124

11 In den Kriminalitätsmeldungen dieser Ausgabe haben wir z.B.: „Frauenmörder (63)", „vier Schläger (29–37)", „Inder oder Pakistani (20–30)", „Mieterin (48)", „zwei Einbrecher", „Autodiebe", „ein Paar (26/30) aus ex-Jugoslawien", „Hotelgast (22)", „vier englische Hooligans", „Gangsterboss Cheung Tze-keung (43)", „Serienkiller (35)".

12 Vgl. die Studien über die rassistische Etikettierung von „Ausländern" in den deutschen Medien: Jäger et al. 1998 und Koch 1998.

13 Dieses Beispiel weist einige Parallelen zu den modernen „Sagen und Alltagsmythen" auf, die Johannes Stehr (1998) als eine Variante des „öffentlichen Moralisierens" untersucht hat. Es ist eine klassische „Gefahren-Geschichte" (Rotlicht-Milieu), bei der die Übertretung herrschender Moral bestraft wird.

14 Gemessen wird das „tatsächliche Kriminalitätsgeschehen" üblicherweise anhand der „Polizeilichen Kriminalstatistik" (PKS), die bekanntlich eine Anzeigenstatistik ist. Der „Erste Periodische Sicherheitsbericht" der Bundesministerien für Justiz und des Inneren aus dem Jahr 2001 stützt sich über weite Strecken ebenfalls auf Sonderauswertungen von PKS-Daten, interpretiert diese aber unter Einbeziehung kriminologischer und kriminalsoziologischer Forschungsergebnisse und befasst sich darüber hinaus mit strafrechtlichen und außerstrafrechtlichen Präventionsansätzen. Insgesamt geht auch der „Sicherheitsbericht" davon aus, dass die PKS „Kriminalität" abbildet, wenn auch mit Messfehlern, und bringt weitere problematische Zuschreibungen ins Spiel: „Organisierte Kriminalität", „Schleuser-/Schleusungskriminalität" usw. Bedauert wird, dass es keine den amerikanischen „victim surveys" vergleichbare, breit angelegte und auf Dauer gestellte „Dunkelfeldforschung" gäbe. Auch unter Hinzuziehung solcher Daten ergäbe sich jedoch kein getreues Abbild „der Kriminalität" – das ist in etikettierungstheoretischer Perspektive auch gar nicht möglich, denn erst durch die Anzeige werden alle möglichen Arten von Konflikten und Ärgernissen zu „Kriminalität" erhoben. Ungeachtet dieser notwendigen Komplikationen, können wir mit Sicherheit davon ausgehen, dass Ereignisse, die sich strafrechtlich betrachtet als Diebstahl klassifizieren lassen, wesentlich häufiger vorkommen als solche der Kategorien Mord und Totschlag.

15 Gemeinsam mit anderen Geschichten über Serienmörder weist sie alle Merkmale einer „eternal story", eines journalistischen Mythos auf, den Jack Lule (2001) kurz so definiert: „Myths are archetypal stories that play crucial social roles" (15). Es ist die Geschichte der unerkannten Bedrohung, die mitten „unter uns" existiert, nach außen harmlos erscheint, aber innerlich das ganz Fremde, ganz Kranke, ganz Böse ist.

16 Wirklich „einzigartig" in diesem Sinne sind nur sehr wenige Ereignisse, wie z.B. die Anschläge auf das WTC und das Pentagon am 11.9.2001. Einige Beispiele aus dem nächsten Kapitel, wie der Amoklauf in einer Schule in Erfurt oder der Kaufhauserpresser „Dagobert", werden aber ebenfalls stärker als *Bruch* denn als *Kontinuität* geschildert.

17 Unter „Exotismus" verstehe ich die Naturalisierungen kultureller Besonderheiten als Eigenschaft, die allen Angehörigen eines „Volkes", einer „Rasse" oder einer „Nation" o.ä. zugeschrieben wird. Das geht, wie Steinert (1996) gezeigt hat, nach „innen" ebenso wie nach „außen". So ist es ein „Exotismus", dass alle Bayern Lederhosen tragen, Weißbier trinken und CSU wählen, selbst wenn das ein Bayer behauptet, auf den alle diese Bestimmungen zutreffen.

18 Ob dieser Kulturverein tatsächlich nur zum Zweck der „Tarnung" bestand oder das illegale Glücksspiel nur eine Aktivität war, die dort unter anderem stattfand, wird nicht hinterfragt. Es bleibt auch der Spekulation überlassen, was die Leser zu Abchasien assoziieren. Wahrscheinlich noch Osteuropa, ehemalige Sowjetunion oder Kaukasus. Aber möglicherweise

Anmerkungen Seite 128-133

auch den Bürgerkrieg in Georgien und das Streben Abchasiens nach Unabhängigkeit. Jedenfalls erscheint die Notwendigkeit eines Abchasischen Kulturvereins in Eschborn zweifelhaft genug, um vermuten zu können, dass dieser nur ein Deckmantel für illegale Machenschaften war.

Kapitel 6: Woher kommt die Lust am Strafen?

1 Das sind alles Beispiele aus dem Untersuchungszeitraum 1998: „Jugend und Gewalt" (Hessen 3, 20.10., 9.00 Uhr), „Angst in den Städten" (Phoenix, 23.11., 21.00 Uhr), „Mehmet" (zahlreiche Beiträge in allen Nachrichten, insbesondere am 20.10.) und „Pinochet" (alle Nachrichten am 19.10. und zahlreiche weitere Beiträge), „Terrorismus" (z.B. „Hessen heute" am 20.10. zum Prozess gegen Monika Haas), „Sexualverbrechen" (RTL, als „Große Reportage" am 15.11.).

2 Anders als in einer früheren Aufsatzfassung dieses Kapitels, in der ich versucht habe, zwischen „Punitivität" (als Strafforderung) und „Straflust" (als Dramatisierung und Moralisierung) zu differenzieren, benutze ich beide Begriffe nun vollkommen synonym. Es gibt, wie noch deutlich wird, zwar Formen von Straf-Lust, die keine, nicht einmal implizite Strafforderungen enthalten, und es gibt „nüchterne" Formen von Punitivität, in denen die Lust jedenfalls so weitgehend sublimiert ist, dass sie nicht mehr herauszulesen ist, aber die Übergänge zwischen den verschiedenen Formen sind so fließend, dass eine Abgrenzung schwer fällt. In den meisten Beiträgen überschneiden sich ohnehin beide Elemente.

3 Das bedeutet, wie ich im Anschluss an Keppler (1994) bereits ausgeführt habe, keinesfalls eine Verwechslung von Fernsehrealität und Alltagswirklichkeit. Die Zuschauer wissen, dass sie einer Inszenierung beiwohnen, die Durchschaubarkeit (z.B. der nachgestellten Szenen) ist Teil der Inszenierung, dennoch ist es ein Erlebnis, das sie in eine bestimmte Haltung bringt (sofern das Arbeitsbündnis der Sendung sich in der Rezeption realisiert).

4 Dabei ist allerdings zu berücksichtigen, dass im Erhebungszeitraum weder eine aktuelle Strafrechtsverschärfung noch ein Urteil in einem besonders dramatisierten Fall anstand. Meine weniger systematischen Materialsammlungen aus solchen Phasen (wie im Jahr 2003 beim Urteil im „Fall Jakob Metzler") zeigen aber, dass in solchen Phasen explizite Strafforderungen häufiger Teil der Berichterstattung sind. Das Arbeitsbündnis „Sicherheit" schließt ein späteres Arbeitsbündnis „Rache" oder „Genugtuung" nicht aus.

5 Die populistische Anrufung des Volkes als kulturindustrielle Organisierung „nach Köpfen" im Gegensatz zur Organisierung „nach Interessen" hat Heinz Steinert (1999b) in Abgrenzung zu verbreiteten Vorstellungen, der Populismus ginge von „den Leuten" aus, als Manöver einer Herrschaftsfraktion und als Verfallsform von Politik kenntlich gemacht.

6 Beispielsweise hat in einem zwanzigminütigen „Streitgespräch" zwischen dem justizpolitischen Sprecher der CDU und dem amtierenden Justizminister, das am 21.10.1998 in der Sendung „Unterwegs in Hessen" in HR1 lief, der Moderator nur ein einziges Mal in die Diskussion eingegriffen. Das Muster des Streitgesprächs war das der populistischen Herausforderung „sie haben zu wenig für unsere Sicherheit getan" und des nicht minder populistischen Konters „nie war Hessen sicherer". Das entsprach offensichtlich dem Format der Sendung so gut, dass von Seiten der Redaktion keine Notwendigkeit zu einer Diskussionsleitung gesehen wurde.

7 Die Zeit vom 1. Juli 1999, Seite 4.

8 Lanciert wurde das Thema durch Forderungen einiger Unions-Politiker, wieder zur geschlossenen Heimunterbringung zurückzukehren und die Strafmündigkeit Jugendlicher auf 12 Jahre zu senken. Die Medien trugen ihren Teil bei, indem sie ihrer ohnehin vorhandenen Begeisterung für alle Formen von „Jugendgewalt" einige Schlüsselgeschichten über „Gewalt an den Schulen" hinzufügten. Unvermeidlich folgte die Wissenschaft, gleichzeitig teilnehmend und kritisierend, z.B. in Müller/Peter 1998.

9 Besonders einflussreich die Studie von Pfeiffer/Wetzels 1997.

10 Vgl. dazu und zur ganzen Passage Cremer-Schäfer 1997 sowie Cremer-Schäfer/Steinert 1998.

11 Dieses Zitat ist ohne den größeren Kontext zu erläutern möglicherweise irreführend, insofern hier die „Wirkung" der Medien auf die „Bevölkerung" betont wird. Hoffmann-Riem konzentriert sich in seinen weiteren Ausführungen (in deutlicher Abgrenzung vom herkömmlichen Verständnis einer Medien-Wirkungsforschung, die sich vor allem um die Wirkung auf die große Masse des Publikums sorgt) auf die Reaktionen der Politiker, die sich durch die Medienberichterstattung unter Druck gesetzt fühlen, schnelle Lösungen und populistische Parolen abzusondern, anstatt beruhigend und aufklärerisch im Sinne eines sich selbst begrenzenden Rechtsstaats zu agieren. Seine Perspektive ist der Rat an diese Politiker, sich von der Berichterstattung nicht beeindrucken zu lassen. Als ehemaliger Hamburger Justizsenator (von 1995-1997) spricht er aus eigener Erfahrung. Das Problem wären demnach weniger die tatsächlichen „Wirkungen" der Medien im Sinne einer Manipulation der Rezipienten als vielmehr Handlungen, die auf einer solchen Unterstellung von Medienwirkung basieren. Insofern kann die Kriminalitätsberichterstattung punitiv *wirksam sein*, indem sie Anschlusspunkte für eine populistische Strafpolitik bietet, ohne das Publikum direkt zu manipulieren.

12 Über das Ausmaß solcher diskriminierenden Berichterstattung durch Etikettierung von Ausländern liegt eine große Untersuchung von Jäger et al. (1998) vor.

13 Ich kann mich auch nicht davon frei machen, die Nennung des Akronyms VDBUM als gezielte Verstärkung der Komik zu interpretieren, obwohl ich weiß, dass der *Spiegel* dazu tendiert, immer alle Akronyme als Beleg guter Recherche anzuführen.

14 Vgl. dazu mit weiteren inhaltlichen Beispielen Cremer-Schäfer/Stehr 1990 und Cremer-Schäfer 1999.

15 Gernot Kramper, Die Zeit, 12.11.1998, S. 89. Der Beitrag steht in der Rubrik „Modernes Leben" und ist mit dem Spitztitel „Vor Gericht" versehen.

16 Bericht mit Foto der ratlos vor einer geöffneten Streusandkiste stehenden Polizisten anlässlich einer gescheiterten Geldübergabe am 19.4.1994.

17 Auch hier wird Nähe zum Film explizit. Der Beitrag endet mit der Aussicht auf eine Verfilmung durch Hollywood: „Er weiß sogar schon, von welchem Schauspieler er verkörpert werden möchte: 'Robert De Niro wäre der Richtige.' Dem gelingen tatsächlich die Psychopathen-Rollen am besten." (126)

Kapitel 7: „Die Leute sollen ja auch wissen, was bei ihnen passiert"

1 Aufgrund meines Auswahlverfahrens – das gezielt auch seltener vorkommende Berufspositionen einbeziehen sollte – kann ich nicht davon ausgehen, dass die Zusammensetzung der Untersuchungsgruppe ungefähr die aufgezeigten inhaltlichen Tendenzen der Berichterstattung wiederspiegelt. Sechs von acht Befragten reklamierten für sich zumindest den

Anspruch, *anders* über diese Themen zu berichten, als sie das für die Berichterstattung insgesamt wahrnehmen. Die Arbeitsproben, die mir von den Befragten vorlagen – manche haben sie mir selbst gezeigt, manche habe ich mir in Vorbereitung der Interviews besorgt, auf andere bin ich während der Inhaltsanalyse „zufällig" gestoßen – umfassen dennoch alle in den vorangehenden Kapiteln analysierten Hauptlinien (manche sind sogar als Beispiele eingearbeitet).

2 Die Notizen in meinem Forschungstagebuch erklären die Frage nach dem Handy: „Auf seinen Wunsch verabreden wir uns bei mir im Büro. 1. Termin: Ich warte, er kommt nicht, meldet sich auch nicht, ist in der Redaktion nicht zu erreichen. Drei Tage später rufe ich ihn erneut an: Er entschuldigt sich nicht, dass er mich ohne sich zu melden versetzt hat. Es sei einfach viel los gewesen und er habe es vergessen. Es gestaltet sich schwierig, einen neuen Termin zu finden. Nach langem Hin und Her bietet er einen Termin in der übernächsten Woche an, aber es könnte dann sein, dass er kurzfristig absagen muss, wenn etwas Wichtiges passiert und auf jeden Fall müsse er sein Handy eingeschaltet lassen. 2. Termin: Er kommt pünktlich, jugendliches Outfit (rote Turnschuhe), etwa mein Alter. Wir duzen uns. Er legt sein Handy auf den Tisch."

3 „Bildberichterstatter" bezieht sich zwar nicht auf die Bildzeitung, sondern meint Fotografen und Kamerateams. Aber es ist klar, dass die Boulevardmedien eher auf Bilder angewiesen sind und er hat in anderen Passagen des Gesprächs mehrfach deutlich gemacht, dass es stets die Boulevardjournalisten seien, die an den Tatorten „herumlungern" und die Angehörigen belästigen.

4 Zuvor hatte er die Umbruchsituation schon dadurch charakterisiert, dass „ganz viele Geschichten wirklich abends beim Bier oder beim Treffen irgendwo angeschoben" worden seien.

5 Diese Perspektive deckt sich mit der in Kapitel 6 beschriebenen Nähe einiger Meldungen zu einem Fahndungsaufruf ebenso wie mit den Abenteuergeschichten, die den Polizisten eine Vorlage zur Selbstdarstellung als mutige Krieger liefert (zur Kriegermännlichkeit in der Polizei vgl. Behr 2000). Sie scheinen jedoch im Widerspruch zu solchen Geschichten zu stehen, die Schadenfreude über Pannen bei der Polizei zum Ausdruck bringen und insbesondere zu Enthüllungen über Polizeigewalt, Korruption und andere Vergehen. Das unterstreicht aber noch einmal, dass es trotz des gemeinsamen Zugangs nicht zu einer völligen Aufhebung der journalistischen Distanz und zur Verbrüderung im Sinne des innerhalb der Polizei herrschenden Korpsgeistes (auch dazu: Behr 2000) kommt. Das entspräche nicht mehr dem journalistischen Ethos des Generalisten. Die Schwierigkeiten einer kritischen Berichterstattung ergeben sich nicht (jedenfalls nicht in erster Linie) aus der Haltung der Journalisten, sondern strukturell aus ihrem Zugang zur „Wirklichkeit".

6 Ähnliche Vorstellungen von der Strukturgleichheit des Boulevardjournalismus mit einem „investigativen" politischen Enthüllungsjournalismus wurden auch im Streit um das so genannte „Caroline-Urteil" von den aufgebrachten Verlegern und Chefredakteuren vertreten: Der Europäische Gerichtshof für Menschenrechte hatte am 24. Juni 2004 entschieden, dass Bilder aus der Privatsphäre Prominenter nur dann veröffentlicht werden dürften, wenn ein „Allgemein-Interesse" geltend gemacht werden könne. Mittels einer öffentlichen Kampagne versuchte eine Allianz namhafter Verleger und Chefredakteure die Bundesregierung daraufhin dazu zu bewegen, gegen dieses Urteil Rechtsmittel einzulegen, da sonst die Pressefreiheit massiv gefährdet sei. (Eine der wenigen kritischen Stimmen in der Presse dazu war Hans Leyendecker: „Oh, Caroline" in der Süddeutschen Zeitung vom 1.9.2004)

7 Seine emotionale Verbundenheit mit der Perspektive „der Leute" führt er mir über das Interview heraus vor, wie der folgende Auszug aus meinem Forschungstagebuch illustriert: „Während des Interviews kam er auf die Idee, einen Ordner mit Arbeiten aus seiner Volontariatszeit bei der ZEITUNG zu holen (um dann schließlich ein einziges Beispiel kurz vorzustellen). Dann schlug er vor, mir im Anschluss noch einen Fernsehbeitrag zu zeigen, den er gemacht hatte. Zuvor zeigte er mir sein „System", d.h. das E-Mail-Postfach, in dem die Pressemeldungen der Polizei für diese Region eingehen, und führte mir (da ich Interesse zeigte) eine Weile lang vor, wie er Nachrichten auswählt. Soweit ich die impliziten Regeln nachvollziehen konnte, waren das vor allem Konfliktthemen mit mehreren Parteien, Nachbarschaftsstreits, von denen er auch im Interview einige Beispiele angeführt hatte. Berichtenswert fand er außerdem die Beschlagnahmung von einigen hundert CD-Raubkopien, „weil davon fast jeder welche zuhause hat". Das Filme-Anschauen war schwierig, weil a) die Technik nicht richtig wollte, b) er die richtigen Filme nicht fand und ich c) nicht das geeignete Publikum für diese Art Beiträge bin, er sie mir aber mit großer Begeisterung (und Zustimmung heischend) vorführte und sich von den „tragischen" Geschichten noch immer gerührt zeigte. Mehrfach rief er aus: „Schrecklich" und „Ist das nicht schlimm?" Natürlich war er nicht wirklich emotional bei der Sache, wollte mir aber zeigen, wie seine Beiträge richtig rezipiert werden sollten."

8 Beide schließen sich freilich nicht aus, sondern ergänzen sich. Gerade bezogen auf die fiktiven Vorlagen, die ich in den vorangehenden Kapiteln herausgearbeitet habe, stellt sich die Polizeiperspektive als punitiv im Namen der Opfer dar: Idealtypisch hätten wir den *cop* als Racheengel, „Dirty Harry".

9 Warum dieses polizeiliche Bild von Konflikten und Normverletzungen nichts mit einer realistischen Einschätzung der Formen und des Ausmaßes von „Kriminalität" zu tun hat, habe ich in Anlehnung an den „Alternativen Sicherheitsbericht" (Hanak/Pilgram 1990) herausgearbeitet (Brüchert 2004): Wenn man die „Polizeiliche Kriminalstatistik" (PKS) als Anzeigenstatistik und Tätigkeitsbericht der Polizei ernst nimmt, kann man anhand der Entwicklung der darin dokumentierten Anzeigenzahlen etwas über die Motive der Anzeigenden erfahren, über Moralunternehmertum und banale Ursachen (wie z.B. kleine Änderungen im Versicherungsrecht), aber man erfährt nicht einmal annäherungsweise, wie viele anzeigbare und moralisierbare Ereignisse dem zugrunde liegen.

10 Das bezieht sich noch auf die oben zitierte Passage, er wolle vermitteln, dass es „nicht so schlimm" sei, wie die Menschen denken.

11 Ein Vergleich der Arbeitsproben beider Befragten, die mir vorliegen, unterstützt die in beiden Interviews implizierte Annahme, dass die gleichgültige Haltung wesentlich mehr dem Berufsalltag entspricht. Die Leidenschaft der Reporterin merkt man den Produkten nicht an. Das muss nicht heißen, dass dieses Engagement nur für die Selbstdarstellung relevant ist. Die Haltung der leidenschaftlichen Außenseiterin ermöglicht z.B. Spaß und Zufriedenheit mit der eigenen Arbeit zu empfinden, ohne sich als bedeutende Person darstellen zu müssen oder Statuskämpfe mit den Kollegen auszufechten.

12 Was diese Angst vor dem „Meinungsjournalismus" bedeutet, lässt sich nur spekulieren. Klar ist, dass meine Gesprächspartner alle davon ausgingen, dass es der beruflichen Zukunft schade, wenn man als Person in diese Ecke gestellt würde.

13 Diese Vorstellung von Journalismus ist ein wunderbares Beispiel für Luhmanns These, der „Leitcode" der Massenmedien sei Information vs. Nichtinformation. Insgesamt trifft er mit seiner Analyse den Tenor der normativen Selbstbeschreibungen sehr akkurat. Meine Kritik

in Kapitel 2 bezog sich darauf, dass er diese Perspektive absolut setzt und so die professionellen Normen affirmiert, statt sie zu hinterfragen.

14 Der von ihm erwähnte Beitrag befasste sich mit der sanktionenrechtlichen Reform der damaligen Justizministerin Herta Däubler-Gmelin und enthielt konkrete, an die Ministerin adressierte Vorschläge. Die Frage ist also nicht völlig aus der Luft gegriffen. Freilich drücke ich auch (unbewusst) eine implizite Anerkennung seiner bedeutenden Stellung aus, indem ich die Möglichkeit andeute, die Ministerin könne ihn persönlich anrufen. Ganz abwegig scheint er die Möglichkeit auch nicht zu finden. Das „die" in seiner Antwort steht offenbar für Mitarbeiter des Ministeriums.

15 Es handelt sich um eine andere Wochenzeitung als die des Ressortleiters.

Kapitel 8: Die Permanenz des Widerspruchs

1 Die in der zweiten Hälfte der 20. Jahrhunderts unter dem Etikett „Neoklassik" verbreitete Strafzwecktheorie schließt an die klassischen Rechtstheorien von Kant bis Hegel an und kritisiert vor allem die „Entgrenzung" des Strafrechts durch das (General-)Präventionsparadigma, wohingegen der klassische Vergeltungsgedanke zahlreiche Begrenzungen zwingend enthalte. Das Beispiel habe ich gewählt, weil es eine fundierte und in sich stimmige Theorie ist, die sogar den Herrschaftscharakter staatlichen Strafens anerkennt, in einem streng begrenzten Strafrecht jedoch einen unverzichtbaren Teil rechtsförmiger Vergesellschaftung sieht. Eine umfassende Kritik der verschiedenen Strafzwecktheorien findet sich bei Müller-Tuckfeld (1998).

2 Die einzige systematische Untersuchung zu sozialer Ungleichbehandlung durch die Justiz ist nach wie vor Peters 1973. Bezogen auf den Bereich der Staats- oder, wie er es nannte, „Makrokriminalität" hat Herbert Jäger (1989) herausgearbeitet, warum es in der auf Abweichung gerichteten Logik des Strafrechts (auf nationalstaatlicher Ebene) kaum gelingen kann, diese auf „Konformität" basierenden „kollektiven" Handlungen in den Blick zu nehmen. Er behandelt das jedoch als kriminologisches, sozialpsychologisches und strafrechtsdogmatisches Problem und nicht als Klassenjustiz.

3 Wohin dieses Bündnis zwischen Journalisten und „Jugendlichen" führen kann, wenn die „Jugendlichen" politisch versierte Rechtsradikale sind, habe ich in dem Aufsatz: „Die Inszenierung bedrohlicher Männlichkeit in Fernsehberichten über 'rechtsradikale Gewalt'" (1997) geschildert: Unter der Hand wird der eigentlich als gefährlich gebrandmarkte Nazi-Skinhead selbst zum Kommentator der Sendung, der droht, wenn nichts gegen Arbeitslosigkeit (etc.) getan werde, dann käme es „bald wieder so wie 1933".

4 Das trifft zum Beispiel auf mehrere Autoren des Bandes „Das Gefängnis als lernende Organisation" (Flügge/Maelicke/Preusker 2001) zu, der, wie Roland Anhorn (2002) in seiner Rezension schreibt, ganz dem „Management-Diskurs verhaftet" ist. Sein Fazit: „Eigentlich müssten wir spätestens seit Foucault wissen, wie das regelmäßig konstatierte Scheitern des Strafvollzugs (gemessen an seinen Ansprüchen und Zielsetzungen) gerade die Grundlage seines 'Erfolges' darstellt, insofern mit seinem vermeintlichen Scheitern ein kontinuierlicher Reformdiskurs in Gang gehalten wird, aus dem immer neue Legitimationen und Versprechen für ein mal humaneres, mal härteres, mal effizienteres, auf jeden Fall aber 'besseres' Gefängnis geschöpft werden. Mit dem Management-Diskurs, wie er sich in exemplarischer Weise in dem vorliegenden Sammelband niederschlägt, wurde nun die neueste Runde

dieses endlosen Legitimationszirkels eingeläutet. Bemerkenswert daran ist nicht nur die deutliche Akzentverschiebung, die sich im Vergleich zu der – noch inhaltlich bestimmten – Reformdebatte der 1960er und 70er Jahre ablesen lässt. Bedeutsamer noch ist, dass der hohe Anspruch der Herausgeber, dem Resozialisierungsgedanken neues Leben einzuhauchen, auf der Basis einer äußerst eingeschränkten Perspektive und eines sehr kleinen Spektrums an technisch-organisatorischen und formalen Fragen und Problemen eingelöst werden soll – und zwar unter einer geradezu systematisch betriebenen Ausblendung übergeordneter gesellschaftspolitischer Zusammenhänge. Die damit verbundene Entpolitisierung mag die Akzeptanz des Management-Diskurses erhöhen, so wie die Management-Techniken den Strafvollzug – wenn es gut geht – etwas kostengünstiger gestalten und ihm einen neuen Legitimationsschub verschaffen mögen. Mehr ist allerdings nicht zu erwarten. Die nächste Runde im immerwährenden Traum vom 'besseren Gefängnis' wird – unter welchen Vorzeichen dann auch immer – gewiss nicht lange auf sich warten lassen." (158)

5 Die wissenschaftliche Grundlage dazu ist die so genannte Anomietheorie, die von Durkheim über Merton bis in aktuelle kriminologische Konzepte überlebt hat und als „Broken Windows-Ansatz" (Wilson/Kelling 1982) oder „soziale Devianz" (Lamnek/Pichler 1999) fröhliche Urstände feiert. Diese Ansätze gehen davon aus, dass soziale Unterprivilegierung zu abweichendem Verhalten führt, weil Normen und Werte in Folge von Misserfolgserlebnissen erodieren: Wenn kulturell anerkannte Ziele, wie z.B. Konsum, nicht mit institutionell anerkannten Mitteln, wie Lohnarbeit, erreicht werden können, geraten die Indiviuen in einen Zustand der Normenlosigkeit (Anomie) und handeln (auf unterschiedliche Weise) deviant. In der versimplifizierten Fassung bei Heitmeyer (1997) wird Anomie wahlweise mit Scheidungsraten, Arbeitslosigkeit oder Ausländeranteil korreliert. Die Anomietheorie ist von interaktionistischen (Kriminal)Soziologen spätestens seit Altert K. Cohens „The Sociology of the Deviant Act" (1965!!!) so oft und gründlich kritisiert worden, dass ich hier nur noch einmal summarisch den Kern der Kritik darstelle: Kriminalität ist Ergebnis von Zuschreibungsprozessen in sozialen Interaktionen, nicht Folge der Verletzungshandlung. Die fraglichen Normen werden andauernd verletzt, aber erst wenn, i.d.R. durch mächtige Institutionen, das Etikett „kriminell" erfolgreich appliziert werden kann, wird die Handlung als Abweichung, der Handelnde als Außenseiter stigmatisiert. Nicht Armut „macht" kriminell, wie die Anomietheorie nahe legt, sondern die Stigmatisierung und Kriminalisierung der Armen.

6 Vgl. dazu meine Kritik des Modellversuchs zum „elektronisch überwachten Hausarrest" (2002), der vor allem mit dem Hinweis auf die Dankbarkeit der Probanden als Erfolg gefeiert wird.

7 Als aktuelles Beispiel, mit welchem akribischen Eifer derlei Kategorien auch durch die wissenschaftliche Begleitmusik erzeugt werden, kann man Lamnek et al. 2000 zur Hand nehmen. Haarklein werden darin „die sozial Devianten" nach Alter, Geschlecht und sozialer Lage kategorisiert.

8 „Das Null-Medium", Original erschienen im Spiegel 20/1988, wieder veröffentlicht in Enzensberger 1997.

9 So betrachtet betreiben die Medien bereits auch für Europa eine Form des „reintegrative shaming" (Braithwaite 1989), jedenfalls wenn man unterstellt, dass die Ursache für die Ausschließung des „Täters" nicht in seiner Persönlichkeit zu suchen ist, sondern in der Gemeinschaft, die ihn ausschließt. Der Gemeinschaft wird durch Beschämung des „Täters" ermöglicht, ihn wieder aufzunehmen. Abgesehen von den Problemen, dass diese und ähnliche Formen der restorative justice eine Entgrenzung der Strafmoral ermöglichen würden

Anmerkungen Seite 217

und konservativen Gemeinschaftsvorstellungen Vorschub leisten, weshalb ihnen das rechtsstaatliche Strafen vorzuziehen wäre, lassen sich überhaupt keine Anhaltspunkte finden, dass das Strafrecht hierzulande durch solche Praktiken zurückgedrängt würde. Vielmehr existieren beide Formen parallel, ohne in Konflikt zu geraten.

10 Explizit benannt wurde durch den Boulevardreporter der Film „Payback", ein im Hollywood-Standard produziertes Remake von John Boormans „Point Blank" (1967), in dem Lee Marvin die Hauptrolle spielte. „Point Blank" war ein Klassiker des Einsamer-Rächer-Films, der seinerzeit wegen seiner exzessiven Gewaltdarstellungen noch als skandalträchtig galt, obwohl Porter, der einsame Rächer, noch eindeutig negativ und abstoßend dargestellt war. Der Rachefeldzug geht weit über den ursprünglichen Anlass, dass Porter von seinem Komplizen und seiner Frau um die Beute eines gemeinsamen Raubes betrogen und angeschossen wird, hinaus. In dem Remake übernahm Mel Gibson die Rolle und verwandelte Porter in einen coolen Helden und Liebhaber, der Identifikationsangebote für Männer und Frauen schafft. An diese Filmvorlage fühlt der Reporter sich durch einen Fall erinnert, bei dem ein Einbruchsopfer ein „Kopfgeld" von 50.000 € für die Ergreifung der Täter auslobt. Das sieht er als vergleichbaren Rache-Exzess – ohne die gewagte Verknüpfung mit der Filmvorlage wäre es eine sehr banale Geschichte.

Literatur

Accardo, Alain (dir.) (1995): *Journalistes au quotidien. Outils pour une socioanalyse des pratiques journalistiques*, Bordeaux.

– (dir.) (1998): *Journalistes précaires*, Bordeaux.

Adorno, Theodor W. (1951/1977): „Kulturkritik und Gesellschaft", zitiert nach: *Gesammelte Schriften*, Band 10, Frankfurt/M., S. 11-30.

– (1952/1972): „Zur gegenwärtigen Stellung der empirischen Sozialforschung in Deutschland", zitiert nach: *Gesammelte Schriften*, Band 8, Frankfurt/M., S. 478-493.

Altmeppen, Klaus-Dieter (Hg.) (1996): *Ökonomie der Medien und des Mediensystems. Grundlagen, Ergebnisse und Perspektiven medienökonomischer Forschung*, Opladen.

Anders, Günther (1956): *Die Antiquiertheit des Menschen. Über die Seele im Zeitalter der zweiten industriellen Revolution*, München.

Anhorn, Roland (2002): „Gefängnisreform. Dem Management-Diskurs verhaftet", in: *Neue Kriminalpolitik*, Heft 4/2002, S. 156-158.

Armanski, Gerhard (1993): *Maschinen des Terrors. Das Lager (KZ und Gulag) in der Moderne*, Münster.

Bannenberg, Britta/Dieter Rössner (2003): „Preventing Crime: What works, what doesn't, what's promising? Der Sherman-Report und seine Bedeutung für die deutsche Kriminalprävention", in: *DVJJ-Journal* Heft 2/03, S. 111-118.

Barthes, Roland (1964): *Mythen des Alltags*, Frankfurt. (Originaltitel: *Mythologies*, Paris 1957)

Baudrillard, Jean (1978): *Kool Killer oder Der Aufstand der Zeichen*, Berlin.

Baum, Achim (1996): „Inflationäre Publizistik und mißlingender Journalismus. Über das journalistische Handeln in einer entfesselnden Medienwirtschaft", in: Altmeppen (1996), S. 237-250.

Bauman, Zygmunt (1990): „Gesetzgeber und Interpreten: Kultur als Ideologie von Intellektuellen", in: Hans Haferkamp (Hg.): *Sozialstruktur und Kultur*, Frankfurt/M., S. 452-482.

Becker, Howard S. (1973): *Außenseiter. Zur Soziologie abweichenden Verhaltens*, Frankfurt/M. (Originaltitel: *Outsiders. Studies in the sociology of deviance*, New York, 1963)

Behr, Rafael (2000): *Cop-Culture. Der Alltag des Gewaltmonopols. Männlichkeit, Handlungsmuster und Kultur der Polizei*, Opladen.

Benjamin, Walter (1936/1970): *Das Kunstwerk im Zeitalter seiner technischen Reproduzierbarkeit*, Frankfurt/M.

Bernsmann, Hayo (2000): *Elektronisch überwachter Hausarrest unter besonderer Berücksichtigung von Privatisierungstendenzen*, Göttingen.

Böhnisch, Tomke (1999): *Gattinnen. Die Frauen der Elite*, Münster.

Bolz, Norbert (1993): *Am Ende der Gutenberg-Galaxis*, München.

Bourdieu, Pierre (1998): *Über das Fernsehen*, Frankfurt/M.

Braithwaite, John (1989): *Crime, Shame and Reintegration*, Cambridge.

Brosius, Hans-Bernd/Frank Esser (1995): *Eskalation durch Berichterstattung?* Opladen.

Brüchert, Oliver (1997): „Die Inszenierung bedrohlicher Männlichkeit in Fernsehberichten über 'rechtsradikale Gewalt'", in: Kersten/Steinert (Hg.): *Starke Typen. Iron Mike, Dirty Harry, Crocodile Dundee und der Alltag von Männlichkeit*. Jahrbuch für Rechts- und Kriminalsoziologie '96, Baden-Baden.

- (2002): „Modellversuch Elektronische Fußfessel. Strategien zur Einführung einer umstrittenen Maßnahme", in: Heinz Cornel (Hg.): *Neue Kriminalpolitik und Soziale Arbeit*, Baden-Baden, S. 145-156.

- (2004): „Es gibt keine Kriminalstatistik nur eine Anzeigenstatistik ...und das ist auch gut so!", in: Hanak/Pilgram (Hg.): *Phänomen Strafanzeige. Jahrbuch für Rechts- und Kriminalsoziologie '03*, Baden-Baden, S. 87-106.

-/Christine Resch (Hg.) (2002): *Zwischen Herrschaft und Befreiung. Politische, kulturelle und wissenschaftliche Strategien. Festschrift zum 60. Geburtstag von Heinz Steinert*, Münster.

-/Christian Sälzer (1998): „Fragebogen und Umfragen", in: Heinz Steinert (1998a), S. 184-225.

Bude, Heinz (1998): „Die Überflüssigen als transversale Kategorie", in: Peter A. Berger/ Michael Vester (Hg.): *Alte Ungleichheiten – neue Spaltungen*, Opladen, S. 363-382.

Bulmahn, Edelgard et al (Hg.) (1996): *Informationsgesellschaft, Medien, Demokratie. Kritik, Positionen, Visionen*, Marburg.

Christie, Nils (1986): *Grenzen des Leids*, Bielefeld.

- (1995): *Kriminalitätskontrolle als Industrie. Auf dem Weg zu Gulags westlicher Art*, Pfaffenweiler.

Cohen, Albert K. (1955): *Delinquent Boys: The Culture of the Gang*, New York.

- (1965): „The Sociology of the Deviant Act", in: *American Sociological Review*, 30/1, pp. 5-14.

Cohen, Stanley (1972): *Folk Devils and Moral Panics*, London.

-/Jock Young (Eds.) (1981): *The Manufacture of News. Social Problems, Deviance and the Mass Media*, London.

Cremer-Schäfer, Helga (1995): „Einsortieren und Aussortieren. Zur Funktion der Strafe bei der Verwaltung der Sozialen Ausschließung", in: *Kriminologisches Journal*, 27, S. 89-119.

- (1999): „Zunehmende Lust auf Jugend, Gewalt und Kriminalität", in: *Bürgerrechte & Polizei/CILIP* Nr. 63, S. 6-14.

-/Johannes Stehr (1985): *Biographie und Interaktion. Selbstdarstellungen von Straftätern und der gesellschaftliche Umgang mit ihnen*, München.

-/- (1990): „Der Normen- & Werte-Verbund", in: *Kriminologisches Journal* 22, S. 82-104.

-/Heinz Steinert (1991): „Herrschaftsverhältnisse, Politik mit der Moral und moralisch legitimierter Ausschluß", in: *Kriminologisches Journal*, 23, S. 173-188.

-/- (1998): *Straflust und Repression. Zur Kritik der populistischen Kriminologie*, Münster.

Demirović, Alex (2002): „Rekrutierung von Intellektuellen im Fordismus. Vergleichende Anmerkungen zu Horkheimers und Adornos Analyse der Kulturindustrie und Gramscis Analyse der Zivilgesellschaft", in: Brüchert/Resch (Hg.): *Zwischen Herrschaft und Befreiung. Politische, kulturelle und wissenschaftliche Strategien. Festschrift zum 60. Geburtstag von Heinz Steinert*, Münster, S. 55-69.

Diehlmann, Nicole (2003): „Journalisten und Fernsehnachrichten", in: Ruhrmann et al. (2003): *Der Wert von Nachrichten im deutschen Fernsehen. Ein Modell zur Validierung von Nachrichtenfaktoren*, Opladen.

Dölling, Dieter/Karl Heinz Gössel/Stanislav Waltos (1998): *Kriminalberichterstattung in der Tagespresse*, Heidelberg.

Duchkowitsch, Wolfgang et al. (1998): *Journalismus als Kultur. Analysen und Essays*, Opladen.

Eco, Umberto (1984): *Apokalyptiker und Integrierte*, Frankfurt/M.

Ehrenreich, Barbara (2001): *Arbeit poor. Unterwegs in der Dienstleistungsgesellschaft*, München. (Originaltitel: *Nickel and Dimed*, ebenfalls 2001)

Enzensberger, Hans-Magnus (1997): *Baukasten zu einer Theorie der Medien*, München.

Ericson, Richard/Patricia Baranek/Janet Chan (1987): *Visualising Deviance: A Study of News Organisations*, Toronto.

-/-/- (1989): *Negotiating Control. A Study of News Sources*, Toronto.

-/-/- (1991): *Representing Order: Crime, Law and Justice in the News Media*, Toronto.

Fiske, John (1987): *Television Culture*, London.

- (1989): *Understanding Popular Culture*, London.

Flügge, Christoph/Bernd Maelicke/Harald Preusker (Hg.) (2001): *Das Gefängnis als lernende Organisation*, Baden-Baden.

Foucault, Michel (1976): *Überwachen und Strafen. Die Geburt des Gefängnisses*, Frankfurt/M. (Originaltitel: *Surveiller et punir. La naissance de la prison*, 1975)

- (1983): *Der Wille zum Wissen. Sexualität und Wahrheit I*, Frankfurt/M. (Originaltitel: *Histoire de la sexualité, 1: la volonté de savoir*, 1976)

Galtung, Johan/Mari Ruge (1965): „The Structure of Foreign News. The Presentation of the Congo, Cuba and Cyprus Crisis in Four Norwegian Newspapers", in: *Journal of Peace Research* 2/65, S. 64-91.

Gerhards, Jürgen (1994): „Politische Öffentlichkeit. Ein system- und akteurstheoretischer Bestimmungsversuch", in: Friedhelm Neidhardt (Hg.): *Öffentlichkeit, öffentliche Meinung, soziale Bewegungen*, Opladen, S. 77-105.

Girschner, Christian (2003): *Die Dienstleistungsgesellschaft. Zur Kritik einer fixen Idee*, Köln.

Glotz, Peter (1999): *Die beschleunigte Gesellschaft. Kulturkämpfe im digitalen Kapitalismus*, München.

Göttlich, Udo (1996): *Kritik der Medien. Reflexionsstufen kritisch materialistischer Medientheorien*, Opladen.

Goffman, Erving (1973): *Asyle. Über die soziale Situation psychiatrischer Patienten und anderer Insassen*, Frankfurt. (Originaltitel: *Asylums. Essays on the social situation of mental patients and other inmates*, 1961)

Gouldner, Alvin W. (1980): *Die Intelligenz als neue Klasse. Sechzehn Thesen zur Zukunft der Intellektuellen und der technischen Intelligenz*, Frankfurt. (Originaltitel: *The Future of Intellectuals and the Rise of the New Class*, 1979)

Habermas, Jürgen (1962/1990): *Strukturwandel der Öffentlichkeit*, Frankfurt/M.

Hall, Stuart et al. (1978): *Policing the Crisis: Mugging, the State and Law and Order*, London.
- (1980): „Encoding/Decoding", in: Hall/Hobson/Lowe/Willis (Hg.): *Culture, Media, Language*, London.
- (1989): *Ideologie, Kultur, Medien, Neue Rechte, Rassismus*. Ausgewählte Schriften, Hamburg.

Haller, Michael (1991): *Das Interview - Ein Handbuch für Journalisten*, München.

Hanak, Gerhard/Arno Pilgram (1990), *Der andere Sicherheitsbericht*, Heft 70/71 der Kriminalsoziologischen Bibliographie, 18. Jahrgang, Wien.

-/Johannes Stehr/Heinz Steinert (1989): *Ärgernisse und Lebenskatastrophen. Über den alltäglichen Umgang mit Kriminalität*, Bielefeld.

Hardt, Michael/Antonio Negri (2002): *Empire. Die neue Weltordnung*, Frankfurt/M.

Heitmeyer, Wilhelm (Hg.) (1997): *Was treibt die Gesellschaft auseinander? Bundesrepublik Deutschland: Auf dem Weg von der Konsens zur Konfliktgesellschaft*, Frankfurt/M.

Hess, Henner (1970): *Mafia. Zentrale Herrschaft und lokale Gegenmacht*, Tübingen.

Hoffmann-Riem, Wolfgang (2000): *Kriminalpolitik ist Gesellschaftspolitik*, Frankfurt/M.

Hoggart, Richard (1957): *The Uses of Literacy*, London.

Horkheimer, Max/Theodor W. Adorno (1944 zit. nach 1969): *Dialektik der Aufklärung. Philosophische Fragmente*, Frankfurt/M.

Hurrelmann, Klaus (1995): *Einführung in die Sozialisationstheorie. Über den Zusammenhang von Sozialstruktur und Persönlichkeit*, Weinheim.

Internationales Forum für Gestaltung (Hg.) (1997): *Mensch - Masse - Medien. Interaktion oder Manipulation*, Ulm.

Jäger, Herbert (1989): *Makrokriminalität. Studien zur Kriminologie kollektiver Gewalt*, Frankfurt/M.

Jäger, Margret et al. (1998): *Von deutschen Einzeltätern und ausländischen Banden. Medien und Straftaten*, Duisburg.

Jungk, Sabine (Hg.) (1996): *Zwischen Skandal und Routine?* Marburg.

Kaiser, Günther (2002): „Medienkriminalität", in: *Zeitschrift für Rechtspolitik* 35, S. 30-34.

Karazman-Morawetz, Inge/Heinz Steinert (1993): „Gewalterfahrungen Jugendlicher", in: Hans-Uwe Otto/Roland Merten (Hg.): *Rechtsradikale Gewalt im vereinigten Deutschland. Jugend im gesellschaftlichen Umbruch*, Opladen, S. 147-156.

Katz, Jack (1987): „What makes crime ‚news'?", in: *Media, Culture and Society*, Vol. 9, pp. 47-75.

Kausch, Michael (1988): *Kulturindustrie und Populärkultur. Kritische Theorie der Massenmedien*, Frankfurt/M.

Keckeisen, Wolfgang (1974): *Die gesellschaftliche Definition abweichenden Verhaltens: Perspektiven und Grenzen des labeling approach*, München.

Keppler, Angela (1985): *Präsentation und Information. Zur politischen Berichterstattung im Fernsehen*, Tübingen.

- (1994): *Wirklicher als die Wirklichkeit? Das neue Realitätsprinzip der Fernsehunterhaltung*, Frankfurt/M.

Kepplinger, Hans Matthias (1989): „Theorien der Nachrichtenauswahl als Theorien der Realität", in: *Aus Politik und Zeitgeschichte*, Beilage zu *Das Parlament* vom 7.4.1989, S. 3-16.

Kersten, Joachim (1999): „Vom Hölzchen aufs Töpfchen: Warum in Deutschland platte Gewalterklärungen so populär sind", in: *Neue Kriminalpolitik*, Heft 2/1999, S. 7.

-/Heinz Steinert (1997): *Starke Typen. Iron Mike, Dirty Harry, Crocodile Dundee und der Alltag von Männlichkeit*. Jahrbuch für Rechts- und Kriminalsoziologie '96, Baden-Baden.

Koch, Max (1994): *Vom Strukturwandel einer Klassengesellschaft*, Münster.

Koch, Ralf (1996): *„Medien mögen's weiß"* - *Rassismus im Nachrichtengeschäft*, München.

Kohli, Martin (Hg.) (1978): *Soziologie des Lebenslaufs*, Darmstadt.

- (1985): „Die Institutionalisierung des Lebenslaufs", in: *Kölner Zeitschrift für Soziologie und Sozialpsychologie*, Heft 1, S. 1-29.

Kursbuch 125 (1996): *Die Meinungsmacher*, Berlin.

La Roche, Walther von (2003): *Einführung in den praktischen Journalismus. Mit genauer Beschreibung aller Ausbildungswege*, 16. Auflage, München.

Lamnek, Siegfried/Astrid Pichler (1999): „Soziale Devianz und Lebenswelt. Eine hermeneutische Analyse subjektiver Relevanzstrukturen zur Typisierung devianten Handelns im Sozialstaatsbereich", in: *Soziale Probleme* 10/1, S. 3-21.

-/Gaby Olbricht/Wolfgang J. Schäfer (2000): *Tatort Sozialstaat. Schwarzarbeit, Leistungsmißbrauch, Steuerhinterziehung und ihre (Hinter-)Gründe*, Opladen.

Latzer, Michael (1997): *Mediamatik. Die Konvergenz von Telekommunikation, Computer und Rundfunk*, Opladen.

Legnaro, Aldo (1997): „Konturen der Sicherheitsgesellschaft: Eine polemisch-futurologische Skizze", in: *Leviathan*, 1997, S. 271-284.

Lehne, Werner (1996): „Kriminologische Aufklärung?", in: *Kriminologisches Journal*, Heft 4/28, S. 301-309.

Lemert, Edwin M. (1951): *Social pathology: A systematic approach to the theory of sociopathic behavior*, New York.

Löwenthal, Leo (1950): „Die biographische Mode", in: ders. (1980): *Literatur und Massenkultur*. Schriften, Band 1, Frankfurt/M., S. 231-257.

Löwenthal, Leo (1980): *Literatur und Massenkultur*. Schriften, Band 1, Frankfurt/M.

Lorenzer, Alfred (1984): *Das Konzil der Buchhalter. Die Zerstörung der Sinnlichkeit. Eine Religionskritik*, Frankfurt/M.

Luhmann, Niklas (1996): *Die Realität der Massenmedien*, Opladen.

Lule, Jack (2001): *Daily News, Eternal Stories. The Mythological Role of Journalism*, New York.

Marcinkowski, Frank (1993): *Publizistik als autopoetisches System. Politik und Massenmedien*, Opladen.

Marcuse, Herbert (1967): *Der eindimensionale Mensch*, Neuwied. (Originaltitel: *The One-Dimensional Man*, Boston 1964)

Mathiesen, Thomas (1995): *Driving Forces Behind Prison Growth: The Mass Media*. Conference Paper, Oslo.

McLuhan, Marshall (1995): *Die Gutenberg-Galaxis. Das Ende des Buchzeitalters*, Bonn. (Originaltitel: *The Gutenberg Galaxy*, London 1962)

Meyer-Lucht, Robin (2003): „Sinkende Auflagen, Einbrüche im Anzeigengeschäft, Konkurrent Internet. Die Krise auf den deutschen Tageszeitungsmarkt", in: *Analysen der Friedrich-Ebert-Stiftung zur Informationsgesellschaft*, Nr. 9, Bonn – Bad Godesberg.

Müller, Siegfried/Hilmar Peter (Hg.) (1998): *Kinderkriminalität. Empirische Befunde, öffentliche Wahrnehmung, Lösungsvorschläge*, Opladen.

Müller-Tuckfeld, Jens Christian (1998): *Integrationsprävention. Studien zu einer Theorie der gesellschaftlichen Funktion des Strafrechts*, Frankfurt/M.

Münch, Richard (1995): *Dynamik der Kommunikationsgesellschaft*, Frankfurt/M.

Negt, Oskar/Alexander Kluge (1972): *Öffentlichkeit und Erfahrung*, Frankfurt/M.

Neverla, Irene/Gerda Kanzleiter (1984): *Journalistinnen. Frauen in einem Männerberuf*, Frankfurt/M.

Otto, Hans-Uwe/Roland Merten (Hg.) (1993): *Rechtsradikale Gewalt im vereinigten Deutschland. Jugend im gesellschaftlichen Umbruch*, Opladen, S. 147-156.

Peters, Dorothee (1973): *Richter im Dienst der Macht: Zur gesellschaftlichen Verteilung der Kriminalität*, Stuttgart.

Pfeiffer, Christian/Peter Wetzels (1997): „Kinder als Täter und Opfer. Eine Analyse auf der Basis der PKS und einer repräsentativen Opferbefragung", in: *DVJJ-Journal* 8/1997, S. 346-366.

Postman, Neil (1985): *Wir amüsieren uns zu Tode. Urteilsbildung im Zeitalter der Unterhaltungsindustrie*, Frankfurt/M. (Originaltitel: *Amasing Ourselves to Death*, New York ebenfalls 1985)

Prokop, Dieter (2000): *Der Medien-Kapitalismus. Das Lexikon der neuen kritischen Medienforschung*, Hamburg.

Püschel, Ulrich (1993): „Zwischen Wissen und Gewißheit. Zur Ereignisberichterstattung im Fernsehen", in: Adi Grewenig (Hg.): *Inszenierte Information. Politik und strategische Kommunikation in den Medien*, Opladen, S. 269-286.

Rathgeb, Kerstin (2001): *Helden wider Willen. Frankfurter Swing-Jugend – Verfolgung und Idealisierung*, Münster.

Resch, Christine (1994): *Kunst als Skandal. Der steirische herbst und die öffentliche Erregung*, Wien.

– (1998): „Das Geschäft mit der Wissenschaft. Die Befragungsindustrie als Konsumentensucher und Meinungs(er)finder", in: Steinert (1998a), S. 226-250.

– (1999): *Die Schönen Guten Waren. Die Kunstwelt und ihre Selbstdarsteller*, Münster.

– (2005): *Berater-Kapitalismus oder Wissensgesellschaft? Zur Kritik der neoliberalen Produktionsweise*, Münster

–/Heinz Steinert (2003): „Kulturindustrie: Konflikte um die Produktionsmittel der gebildeten Klasse", in: Demirović, Alex (Hg.): *Modelle kritischer Gesellschaftstheorie. Traditionen und Perspektiven der Kritischen Theorie*, Stuttgart, S. 312-340.

Reuband, Karl-Heinz (1999): „Von der Kriminalitätshysterie zur Normalität?", in: *Neue Kriminalpolitik*, Heft 4/1999, S. 16-19.

- (2000): „Kriminalität als Thema ostdeutscher Massenmedien vor und nach der Wende. Eine Analyse Dresdner Tageszeitungen 1988-1994", in: *Kriminologisches Journal*, Heft 1/32, S. 43-55.

Rusche, Georg/Otto Kirchheimer (1981): *Sozialstruktur und Strafvollzug*, Frankfurt/M. (Originaltitel: *Punishment and Social Structure*, New York, 1939)

Russbad, Reinhold (2004): „Die Bewusstseinsindustrie blockt", in *SoZ/Sozialistische Zeitung*, März 2004, S. 4.

Sack, Fritz (1972): „Definition von Kriminalität als politisches Handeln: der labeling approach.", in: *Kriminologisches Journal*, Heft 1/14, S. 3-31.

-/Heinz Steinert (1984): *Protest und Reaktion*, Analysen zum Terrorismus, Band 4/II, Opladen.

Scheerer, Sebastian (1978): „Der politisch-publizistische Verstärkerkreislauf. Zur Beeinflussung der Massenmedien im Prozess strafrechtlicher Normgenese", in: *Kriminologisches Journal*, Heft 3/10, S. 223-227.

- (1986): „Atypische Moralunternehmer", in: *Kritische Kriminologie heute, 1. Beiheft zum Kriminologischen Journal*, S. 133-156.

- (1995): „Kleine Verteidigung der ‚sozialen Kontrolle'", in: *Kriminologisches Journal* Heft 2/27, S. 120-133.

Schmidt-Semisch, Henning/Michael Lindenberg (1995): „Sanktionsverzicht statt Herrschaftsverlust: Vom Übergang in die Kontrollgesellschaft", in: *Kriminologisches Journal* 27, S. 2-17.

Schneider, Wolf/Paul-Josef Raue (1998): *Handbuch des Journalismus*, Reinbek bei Hamburg.

Scholl, Armin/Siegfried Weischenberg (1998): *Journalismus in der Gesellschaft. Theorie, Methodologie und Empirie*, Opladen.

Schulz, Winfried (1976): *Die Konstruktion von Realität in den Nachrichtenmedien. Analyse der aktuellen Berichterstattung*, Freiburg.

Schumann, Karl F./Heinz Steinert/Michael Voß (1988): *Vom Ende des Strafvollzugs. Ein Leitfaden für Abolitionisten*, Bielefeld.

Sessar, Klaus et al (1996): „Über einen (vergeblichen) Versuch mit den Medien über kriminologische Erkenntnisse ins Gespräch zu kommen", in: *Kriminologisches Journal*, Heft 4/28, S. 281-300.

Shearing, Clifford D./Philip D. Stenning (1987): „Say 'Cheese!': The Disney Order That is Not So Mickey Mouse", in: dies. (Hg.): *Private Policing*, Newbury, S. 317-324.

Sofsky, Wolfgang (1993): *Die Ordnung des Terrors, Das Konzentrationslager*, Frankfurt/M.

Stehr, Johannes (1998): *Sagenhafter Alltag. Über die private Aneignung herrschender Moral*, Frankfurt/M.

Steinert, Heinz (Hg.) (1973): *Symbolische Interaktion. Arbeiten zu einer reflexiven Soziologie*, Stuttgart.

- (1976): „Über die Funktion des Strafrechts", in: Michael Neider (Hg.): *Festschrift für Christian Boda*, Wien, S. 335-371.

- (1985): „Zur Aktualität der Etikettierungstheorie", in: *Kriminologisches Journal*, Heft 1/17, S. 29-43.

- (1992): *Die Entdeckung der Kulturindustrie oder: Warum Professor Adorno Jazz-Musik nicht ausstehen konnte*, Wien, überarb. Neuaufl. Münster 2003.
- (1994): „Am unerfreulichsten ist der Kunstskandal, der ausbleibt. Anmerkungen zu den Arbeitsbündnissen in der Kunst, besonders des 20. Jahrhunderts", in: Christine Resch, (1004), S. 9-34
- (1995): „Soziale Ausschließung – Das richtige Thema zur richtigen Zeit", in: *Kriminologisches Journal*, Heft 2/27, S. 82-88.
- (1996): „Musikalischer Exotismus nach innen und außen. Über die kulturindustrielle Aneignung des Fremden", in: Helmut Rösing (Hg.), *Step across the Border, Beiträge zur Popularmusikforschung* 19/20, Karben, S. 152-171.
- (Hg.) (1998a): *Zur Kritik der empirischen Sozialforschung. Ein Methodengrundkurs*, Frankfurt/M.
- (1998b): „Bewußtseinspolitik. Über einige inhaltliche Konvergenzen der Methoden von Politik, Mediendarstellung und Meinungsforschung", in: ders. (1998a): S. 161-183.
- (1999a): „Reflexivität: Zur Bestimmung des Gegenstandsbereichs der Sozialwissenschaften", in: Wolfgang Glatzer (Hg.): *Ansichten der Gesellschaft: Frankfurter Beiträge aus Soziologie und Politikwissenschaft*, Opladen, S. 59-71.
- (1999b): „Kulturindustrielle Politik mit dem Großen & Ganzen: Populismus, Politik-Darsteller, ihr Publikum und seine Mobilisierung", in: *Internationale Gesellschaft und Politik*, 4/99, S. 402-413.
- /Arno Pilgram (Eds.) (2003): *Welfare Policy from Below: Struggles Against Social Exclusion in Europe*, Aldershot.
- /Huber Treiber (1980): *Die Fabrikation des zuverlässigen Menschen. Über die „Wahlverwandtschaft" von Kloster- und Fabriksdisziplin*, München, überarb. Neuaufl., Münster 2005.

Sumner, Colin (1991): „Das Konzept der Devianz neu überdacht: Zu einer Soziologie der 'censures'", in: *Kriminologisches Journal* Heft 4/23, S. 242-271.

Thomas, W.I./Dorothy Swaine Thomas (1928): *The Child in America: Behavior Problems and Programs*, New York.

Thompson, Edward P. (1963): *The Making of the English Working Class*, London.

Toulmin, Stephen (1991): *Kosmopolis. Die unerkannten Aufgaben der Moderne*, Frankfurt/M.

Wacquant, Loïc (1999): „Statt der Armut werden die Armen bekämpft", in: *Le Monde diplomatique*, Beilage zur tageszeitung, April 1999.

Wacquant, Loïc (2000): *Elend hinter Gittern*, Konstanz.

Walter, Michael (1999): „Von der Kriminalität in den Medien zu einer bedrohlichen Medienkriminalität und Medienkriminologie?", in: *DVJJ- Journal* 11, S. 348-354.

Weßler, Hartmut et al. (Hg.) (1997a): *Perspektiven der Medienkritik. Die gesellschaftliche Auseinandersetzung mit öffentlicher Kommunikation in der Mediengesellschaft*, Opladen.

- (1997b): „Der 'befremdete' Blick auf das Selbstverständliche. Wann ist Medienkritik kritisch?", in: ders. et al. (Hg.): *Perspektiven der Medienkritik. Die gesellschaftliche Auseinandersetzung mit öffentlicher Kommunikation in der Mediengesellschaft*, Opladen. S. 15-26.

Williams, Raymond (1952): *Drama from Ibsen to Eliot*, London.
- (1961): *The Long Revolution*, London.

– (1973): *Television. Technology and Cultural Form*, London.
Willke, Helmut (1998): *Systemisches Wissensmanagement*, Stuttgart.
Wilson, James Q./George L. Kelling (1982): „Broken Windows. The police and neighboorhood safety", in: *The Atlantic Monthly*, March 1982.
Wirths, Sabine (1994): *Freiberuflerinnen im Journalismus*, Münster.
Wright, Erik Olin (1997): *Class Counts: Comparative Studies in Class Analysis*, Cambridge

Transkription der Interviews

...	kurze Pausen, neues Ansetzen und „Hänger" im Redefluss
unterstrichen	besonders auffällige Betonungen
(lacht)	alle non-verbalen Ausdrucksformen
(Pause)	längere Pausen
[ja, ja]	Zwischenrufe und gleichzeitiges Sprechen, ohne den Redefluss des anderen zu unterbrechen
[...]	unverständlich
[u: Wort]	unverständlich, vermutlich „Wort"
Unvoll[ständig]	verschluckte Silben nachträglich eingefügt, wenn der Wortsinn eindeutig war

Nachträgliche Bearbeitung der Zitate

(...)	Auslassung gegenüber dem Transkript
TAGESEZEITUNG	(„Kapitälchen") Anonymisierung der Gesprächspartner, ihrer Wohnorte und ihrer Arbeitgeber

Elmar Altvater
Das Ende des Kapitalismus, wie wir ihn kennen
Eine radikale Kapitalismuskritik
2005 – 240 Seiten – ca. € 14,90
ISBN 3-89691-627-0

Elmar Altvater/Birgit Mahnkopf
Globalisierung der Unsicherheit
Arbeit im Schatten, schmutziges Geld und informelle Politik
2002 – 393 Seiten – € 24,80
ISBN 3-89691-513-4

Elmar Altvater/Birgit Mahnkopf
Grenzen der Globalisierung
Ökonomie, Ökologie und Politik in der Weltgesellschaft
6. Auflage
2004 – 600 Seiten – € 29,80
ISBN 3-929586-75-4

Aldo Legnaro/Almut Birenheide/ Michael Fischer
Kapitalismus für alle
Aktien, Freiheit und Kontrolle
2005 – 241 Seiten – € 19,90
ISBN 3-89691-616-5

Christine Resch
Berater-Kapitalismus oder Wissensgesellschaft?
Zur Kritik der neoliberalen Produktionsweise
2005 – 324 Seiten – € 24,90
ISBN 3-89691-617-3

WESTFÄLISCHES DAMPFBOOT
Hafenweg 26a · 48155 Münster · Tel. 0251-3900480 · Fax 0251-39004850
e-mail: info@dampfboot-verlag.de · http://www.dampfboot-verlag.de

Kritische Theorie und Kulturforschung

herausgegeben von
Ursula Apitzsch,
Alex Demirović und
Heinz Steinert

Band 7
Christine Resch/
Heinz Steinert
Die Widerständigkeit der Kunst
Entwurf einer Interaktions-Ästhetik
2003 – 217 Seiten – € 24,80
ISBN 3-89691-707-2

Band 6
Ursula Apitzsch/
Mechtild Jansen (Hrsg.)
Migration, Biographie und Geschlechterverhältnisse
2003 – 176 Seiten – € 19,90
ISBN 3-89691-706-4

Band 5
Kerstin Rathgeb
Helden wider Willen
Frankfurter Swing-Jugend – Verfolgung und Idealisierung
2001 – 231 Seiten – € 19,90
ISBN 3-89691-705-6

Band 4
Gottfried Oy
Die Gemeinschaft der Lüge
Medien- und Öffentlichkeitskritik sozialer Bewegungen in der Bundesrepublik
2001 – 296 Seiten – € 24,80
ISBN 3-89691-704-8

Band 3
Christian Schneider/
Cordelia Stillke/
Bernd Leineweber
Trauma und Kritik
Zur Generationengeschichte der Kritischen Theorie
2000 – 227 Seiten – € 24,80
ISBN 3-89691-703-X

Band 2
Tomke Böhnisch
Gattinnen –
Die Frauen der Elite
1999 – 263 Seiten – € 24,80
ISBN 3-89691-702-1

Band 1
Christine Resch
Die Schönen Guten Waren
Die Kunstwelt und ihre Selbstdarsteller
1999 – 346 Seiten – € 24,80
ISBN 3-89691-701-3

WESTFÄLISCHES DAMPFBOOT
Hafenweg 26a · 48155 Münster · Tel. 0251-3900480 · Fax 0251-39004850
e-mail: info@dampfboot-verlag.de · http://www.dampfboot-verlag.de

EINSTIEGE
Grundbegriffe der Sozialphilosophie und Gesellschaftstheorie

Band 15　　*Boris Michel*
　　　　　　Stadt und Gouvernementalität
　　　　　　ISBN 3-89691-686-6

Band 14　　*Carsten Rösler*
　　　　　　Medien-Wirkungen
　　　　　　ISBN 3-89691-687-4

Band 11/12　*Jürgen Ritsert*
　　　　　　Ideologie
　　　　　　ISBN 3-89691-689-0

Band 10　　*Heiner Ganßmann*
　　　　　　Politische Ökonomie des Sozialstaats
　　　　　　ISBN 3-89691-690-4

Band 8　　 *Jürgen Ritsert*
　　　　　　Soziale Klassen
　　　　　　ISBN 3-89691-692-0

Band 7　　 *Christoph Görg*
　　　　　　Gesellschaftliche Naturverhältnisse
　　　　　　ISBN 3-89691-693-9

Band 6　　 *Hanns Wienold*
　　　　　　Empirische Sozialforschung
　　　　　　ISBN 3-89691-694-7

Band 5　　 *Heinz Steinert*　　**2. Auflage**
　　　　　　Kulturindustrie
　　　　　　ISBN 3-89691-695-5

Band 4　　 *Rainer Rotermundt*
　　　　　　Staat und Politik
　　　　　　ISBN 3-89691-696-3

Band 3　　 *Reinhart Kößler*
　　　　　　Entwicklung
　　　　　　ISBN 3-89691-697-1

Band 2　　 *Claus Rolshausen*
　　　　　　Macht und Herrschaft
　　　　　　ISBN 3-89691-698-X

Band 1　　 *Jürgen Ritsert*
　　　　　　Gerechtigkeit und Gleichheit
　　　　　　ISBN 3-89691-699-8

WESTFÄLISCHES DAMPFBOOT
www.dampfboot-verlag.de